南希与里根传奇

[美]劳伦斯·利默 著　洪振国 李燕珍 谭外元 译

世界图书出版公司

北京·广州·上海·西安

图书在版编目（CIP）数据

南希与里根传奇 / （美）利默（Leamer,L.）著；洪振国，李燕珍，谭外元译 . —— 北京：世界图书出版公司
北京公司，2015.12

书名原文：Make-Believe: The Story of Nancy and Ronald Reagan

ISBN 978-7-5192-0607-9

Ⅰ . ①南… Ⅱ . ①利… ②洪… ③李… ④谭… Ⅲ . ①里根，
R.W.（1911～2004）– 生平事迹②里根，N.D. – 生平事迹 Ⅳ . ① K837.127=6

中国版本图书馆 CIP 数据核字 (2015) 第 320410 号

南希与里根传奇

著　　者：[美] 劳伦斯·利默

译　　者：洪振国　李燕珍　谭外元

责任编辑：赵鹏丽　侯　静

装帧设计：蔡　彬

出版发行：世界图书出版公司北京公司

地　　址：北京市东城区朝内大街 137 号

邮　　编：100010

电　　话：010-64038355（发行）　　64015580（客服）　　64033507（总编室）

网　　址：http://www.wpcbj.com.cn

邮　　箱：wpcbjst@vip.163.com

销　　售：新华书店

印　　刷：北京博图彩色印刷有限公司

开　　本：710 mm × 1000 mm　1/16

印　　张：25

字　　数：365 千

版　　次：2016 年 3 月第 1 版　　2016 年 3 月第 1 次印刷

版权登记：01-2015-7793

ISBN 978-7-5192-0607-9　　　　　　　　　　　　　　　定价：49.00 元

For Carol Mann

献给卡罗尔·曼

致谢

我写了这本《南希与里根传奇》，但它不是纯属于我个人的作品。与我合作调查的劳拉·埃利奥特做了大量繁琐的调查研究工作，并对大部分敏感和难度大的报道进行了编辑、校对。早些时候，她花了一周的时间坐在国会图书馆的地板上，翻阅成百上千的书报杂志。她采访了许多前所未见的人员。本书行将完稿之际，调研工作遇到了困难。当时我抽不出时间再次去洛杉矶一趟，于是便请劳拉代劳飞往洛杉矶。她一周后返回，风尘仆仆，劳累困倦，但却给本书带回了最好、最有价值的材料。她是个非凡的新闻工作者，对她提供的建议与帮助，她的热情的鼓励和表现出的道德精神力量，我将永志不忘。我希望在本书中寻找到有价值和有益之处的诸位读者能知道，她对该书做出了多么重大的贡献。

我非常幸运能有那么多的好朋友，而我倍感有幸的是，我的朋友中间有那么多的新闻记者。我亲爱的朋友，《洛杉矶时报》的记者伊丽莎白·梅伦，在里根当政的第一年，常对里根夫人和白宫的工作人员进行采访，并写出了一些出色的报道。伊丽莎白的作品以及材料，大大丰富了这本书的内容。埃伦·法利和威廉·诺德尔塞德为杂志所写的有关罗纳德·里根在好莱坞时期的文章是具有权威性的文字，他们把提纲和调查材料都给了我。《纽约》杂志的简·瓦因布伦纳给了我有益的帮助。基蒂·凯利用行动证明了她是一个好同事，一个好朋友。还有其他一些著名的新闻记者给我提供了记录、录音和背景材料。他们有意隐姓埋名，但是我希望他们能知道，他们无私慷慨的举动，对我和这本书而言都是至关重要的，曾在《通用电气剧场》栏目组工作过的洛杉矶的公共关系官员比尔·斯坦米茨曾借给我有关里根的档案和卷宗。

我要感谢《华盛顿邮报》的鲍勃·伍德沃德以及罗宾·格雷迪生。我还要感谢值得尊敬的记者罗伯特·雷德福，感谢他关于对里根作为演员、政治家方面的独到见地。我发现唐尼·雷德克利夫在《华盛顿邮报》上的报道对帮助理解在白宫东翼所发生的事情是极其有价值的。戴维·金斯医生在百忙之中抽出时间对调查工作进行指导，后来为了精确起见还阅读了关于里根被刺一章。马沙·博里和戴维·莱德把我介绍给了洛杉矶的有关人士。

比尔·坎贝尔和我在沙克电台的其他朋友们对我关于计算机操作的极其古怪的询问给予了宽容。小说家凯瑟琳·布雷斯林不断地给予我鼓励。巴里·杰戈达、拉里·科特利科夫、利萨·伯格和卡罗尔·曼阅读了原稿。我的编辑拉里·阿什来德知道什么时候不去惊动我，放手让我去干，又适时地提供专业性建议。用"图片编辑"一词是很难尽述文森特·弗加对本书提供的专业性建议，以及他所表现的热情的。他使本书更加丰富多彩。

调查研究及本书的撰写绝非易事，但是，每当我泄气之时，一想到要将此书奉献给我的朋友和经纪人卡罗尔·曼，这位为我的事业比其他任何人都做出了更多贡献的朋友，我的勇气便油然而生。

劳伦斯·利默

目录
Contents

Chapter 1　　　金色的黎明 / 1

Chapter 2　　　南希·罗宾斯 / 21

Chapter 3　　　"放荡的女人们" / 37

Chapter 4　　　"干吗不在银幕上试试" / 53

Chapter 5　　　一个胖荷兰仔 / 69

Chapter 6　　　"好小子，干得太漂亮了" / 87

Chapter 7　　　《空中情深》 / 97

Chapter 8　　　"这将是最后一次" / 117

Chapter 9　　　"嘿！我必须控制自己" / 133

Chapter **10**　　　"是时候了" /151

Chapter **11**　　　从头越 /167

Chapter **12**　　　抉择的时刻 /191

Chapter **13**　　　州长和州长夫人 /205

Chapter **14**　　　"需要换换干净空气" /223

Chapter **15**　　　从牧场到竞选 /241

Chapter **16**　　　"德性、神明、家庭和国家" /259

Chapter **17**　　　新的美好开端 /283

Chapter **18**　　　"生牛皮没有受伤，重复一遍，没有受伤" /303

Chapter **19**　　　"太阳出来了" /327

Chapter **20**　　　"我永远不戴王冠" /343

Chapter **21**　　　彩虹 /357

附录　有关资料的来源 /381

译后记 /383

出版后记 /385

Chapter 1
金色的黎明

在加利福尼亚一个阳光灿烂的日子里，罗纳德·里根和南希·里根最后一次乔迁。里根一家，在最近的二十九年中，除了其中的四年住在太平洋帕利塞兹之外，一直住在和大部分洛杉矶人隔离的圣奥诺弗雷大道一六六九号住宅。他们再也不会伫立着，朝西瞭望那碧蓝汹涌的太平洋，永久地期待着了，他们再也不必担心他们屋后东边山上丛林中的大火会蔓延出来，扑向他们了。

五天内，六十九岁的罗尼①就要宣誓就任美利坚合众国的第四十届总统。他是美国历史上年岁最大的总统。他的当选是罗尼，也是南希的最大胜利。当他离婚以为不会再有爱情时，南希开始与他约会交往；在他处于事业的低潮时，她与之结合，抚慰、支持、保护他，甚至多次保护他不受他自己子女们的伤害。

罗尼为其在政治上的成功付出了多大的代价，里根家没有其他人比帕蒂——他们二十八岁的大女儿——知道得更清楚了。她今天专程到此给父母送行。她无暇久留，不等散乱堆放在室内的行李运走，就会离开。她曾经写过一首名叫《没剩下地方好躲藏》的歌。当她在门槛旁，在这公开的场合、引人注

---

① 罗尼，罗纳德·里根的昵称。

目的时候吻别她的双亲时，许多部照相机咔嗒作响，摄下了这一镜头。她开始哭了，双手捂着泪眼。她哭，也因为有感于自作的歌词："它好像童年……在你脚下走开。"

在警用汽车和摩托车的护卫下，高级轿车载着南希和罗尼顺着阿马尔菲大道驰去。邻居们欢腾异常地向这对大多数人不曾亲近过，而且谁也不十分了解的男女，挥手告别。

当南希和罗尼坐在美国空军一号专机的机舱里，跨越大陆向东飞行时，成千上万的美国人已聚集在华盛顿恭候欢迎了。

总统就职宣誓是美国民主恢复最有象征意义的证明。四年前的总统大选，吉米·卡特在就职宣誓后，曾漫步宾夕法尼亚大道，此乃托马斯·杰斐逊于一八〇一年采用过的显示谦卑的一种姿态。卡特宣誓就职时，每张平民票价不超过二十五美元，设有二百个自由进出的音乐厅，敞开各种节日活动，还有六处票价为二十五美元一张的跳舞会。当时的这种做法，与安德鲁·杰克逊一八二九年就职时向千百万民众敞开白宫大门的举动是遥相呼应的。

罗纳德·里根的就职庆典将设有九个跳舞会，票价上涨，高达二百五十美元，五百美元吃一顿正餐，五十美元以上可得一张庆祝活动的座位票，七十五美元买一张演奏会的座位票，要是买票观看所有主要节目与庆祝活动，一个人最少得耗费两千美元。

美国有 7.4% 的失业人口，但是皮肤晒得黝黑而又忠实的加利福尼亚人，认为炫耀财富无可厚非，他们相信任何富丽华贵的事物，有钱就能买得到。罗尼本人认为，在美国，任何人只要努力工作，长期奋斗，就一定能挣到钱；拥有财富是好事，财富犹如沃土，从中可以增生更多的财富；挣钱是好事，花钱也是好事。因此，就职典礼就成了在自由资本主义社会下有可能享受财富的一个好时机。

与他的许多支持者不一样，罗尼并非那种势利小人。他认为每个人在美国这个自由企业的金制的大蜜锅里，都应有生发的机会。他希望各处的人们都能看到他的就职庆典，并且欣赏他认为是美国奇迹的东西。罗尼是影视民粹派，他的老朋友查尔斯·Z·威克——曾经的职业是制片人——要保证使就职庆典的实况录入电视。那将是一部供各地收看的大型电视录像。从曼哈顿东边的棚房到密西西比三角洲上的木板小屋，从毛伊岛上的公寓到迪尔本一片片住宅里的居民，都能收看到庆典盛况。

那些罗尼和南希认为实现了美国梦的人们纷纷来到华盛顿，参加耗资一千六百万美元的总统就职典礼。这是迄今美国历史上国家庆典破费最多的一次。人们可花七百五十美元从俄亥俄乘坐约翰·雅各布的私人火车到华盛顿，穿制服的搬运工随时听从吩咐；从印第安纳来的人乘坐属于 J. P. 摩根的有轨电车；人们同州长威廉 · P. 克莱门斯一起乘坐有三百八十个座位的波音747 飞机从得克萨斯州飞来；人们乘坐大型高级轿车从斯克兰顿、纽约和芝加哥纷至沓来。他们大多不坐一等飞机，或者乘预计能坐团体四百人的喷气式飞机。只见一排排华丽时髦的飞机列队停在国家机场上，光彩夺目。他们有的自己没备专车，便租高级轿车，有的省俭一点便租小汽车、赛车以及有限公司的双顶蓬小车，形色不一而足。

加利福尼亚人住在最好的旅馆里，他们尽情地到处蹓跶，所到之处受到特殊的礼遇与款待。当南希最亲密的朋友贝特西·布卢明代尔到达马萨诸塞大街精致高雅的费尔克斯宾馆时，宾馆经理约翰·科尔曼早已备好礼品相送，那是一只斯托本水晶造的小象。随后南希最亲近的男友杰里·齐普金到达此城时，也得到一只同样的赠品。麦迪逊宾馆的经理马歇尔科因对加利福尼亚人也大献殷勤。他举办了星期五晚宴，专门宴请总统就职庆典盛会的主持人弗兰克·西纳特拉。

罗尼将是在约翰·F. 肯尼迪之后第一个在宣誓时穿正式的早服和有条纹的灰色长裤、白色带褶衬衣的总统。这些衣服为贝弗利山庄的玛丽安所做，索款一千二百五十美元。女士们的新衣柜、衣箱里，装着比总统当选人更为光彩华丽的衣物。她们携带着大大小小的行李衣物来到首都，箱笼衣物之多足以造成围堵。在美国任何一地，十多岁的孩子都能识别衣服上的标记，就像法国工人熟知各种牌子的酒一样。衣着光鲜的妇女们是那些知名服装设计师的活动广告。

理查德·尼克松曾一度身着其引以为傲的、"质地优良的共和党人喜爱的布衣",已经过时了。对里根派的女士们,皮毛才是自然得体的衣着。未去时装用品店购买礼服、时装、珠宝之前,南希的几位朋友便在贝弗利山庄的罗德奥大道的爱德华兹·洛厄尔商店里,为参加庆典买了两三件新的皮衣服了。据说南希的一位女友买了二十一件皮毛衣,随身带到了华盛顿。要是她们忘了带长的白手套,那也会驱车前往威斯康星大街的尼曼去挑上几副一百七十五美元一双的手套。

对那些社会名流、晚会筹备者、参加晚会的常客和华盛顿的捐助者来说,在坚韧乏味的卡特年代之后,这一切正是社会情趣与风度之欣然再生。也有其他人对总统就职庆祝活动持不同看法:"真够狂热、荒唐!"亚拉巴马州的民主党参议员詹姆斯·艾伦的遗孀、华盛顿邮报的专栏作家马里恩·艾伦愤慨地说,"那成摞成堆的时装、皮毛衣服,他们都懒得包装,那成排的私人喷气机……那用珠宝装饰得闪光刺眼的女式靴子……简直是穷奢极欲的惊人浪费。还有那狂欢般的作乐,真叫人恶心。"

在所有这些有钱有魅力的夫人之中,南希确已是第一夫人了。多少年来的拼搏,就是为了取得她今天的地位。当她豆蔻年华以至妖娆少妇之时,体重方面有过一些问题,而今虽说已是五十九岁的人了,身材却变得分外苗条,只适用六号尺寸的衣裳。她那高高的颧骨,大大的眼睛,富有曲线的身段,加上异乎寻常地注意修饰,使她显得比以往任何时候都更加动人。

南希已经成为一派象征,为许多中年妇女注目并乐意仿效。她希望像三十年前的杰奎琳(杰基)·肯尼迪一样成为追求时髦的美国妇女的楷模。六十年代,当南希在她最喜欢的贝弗利山庄的阿梅利亚·格雷的商店购物时,她曾经常谈到杰基,谈起这位年轻的第一夫人把体面和风度带进白宫,影响了整个一代妇女的穿着。虽然南希公开否认此说,但却以自己的行为证实她企望成为八十年代的肯尼迪夫人,肯尼迪夫人进入白宫时比南希现在年轻二十九岁。

杰基当年在白宫的新闻秘书利蒂希亚·鲍德里奇已经来到华盛顿,自告奋勇为南希服务，装点在白宫东厢的第一夫人办公室，向华盛顿介绍南希。南希甚至邀请鲍德里奇暂居白宫一段时日。

南希一生喜欢衣饰，现在她终于几乎可以得到她所要得到的一切了。多年来她在洛杉矶的詹姆斯（吉米）·加拉诺斯的店子里购置衣服，那是美国要价最贵的服装设计师之一。加拉诺斯是一个气质高傲的寡合之人，他对南希的要求经常显得厌倦甚至不耐烦，但是总统就职庆典，他捐赠南希一件白色长服，衣服上镶有设计成雅致的羊齿植物形状的水晶珠宝制成的装饰物。这件华服少说也值一万美元，需女缝工做几周才能完成。

在就职庆典前的一个月里，南希在贝弗利山庄的罗德奥大道的商店里出现，引人瞩目。几个月前，在爱德华兹·洛厄尔皮毛商店，她已买了一件皮毛镶边的、价值一千美元的衣服，然后罗尼为过圣诞节又给了她一件开价一万美元的马克西米利安貂皮大氅。她想不需购新的皮毛衣服也就过得去了。而在罗德奥大道的商店里以及其他商场，她又得到了一件阿道夫外衣和一套女服，一件比尔·布拉斯晚礼服，一双戴维·埃文斯鞋等衣物，总值为二万五千美元。

从加利福尼亚乘飞机来华盛顿后，里根一家下榻在布莱尔宫。南希特别留意她们在就职庆典的衣箱是否得到妥善保管和衣服是否挂了起来。她还察看了宫邸内供外国元首们通常使用的房间。另外，双人床也已经被搬入一间为南希的母亲和继父洛亚尔·戴维斯医生准备的卧室中。

帕蒂将睡在有四根蚊帐杆的卧床上，南希事先把一盒香烟拿走，以免冒犯她那不吸烟的女儿。房子里还设有一套维多利亚式的卧室，那是南希的小儿子罗恩和他的新娘子多丽亚的。另外还为罗尼和他的前妻收养的儿子迈克尔·里根和儿媳妇科利恩，孙子卡梅伦及里根的另一个女儿莫林准备了房间。同时，也为南希的理发师朱利叶斯·本特森和南希的帮手利蒂希亚·鲍德里奇各自安排了房间。

罗尼留下一些散装的零星的东西让南希收拾，他从妻子帽箱里取出他母亲内利的一本旧圣经。这本圣经已经被用得破旧不堪了，用透明胶纸贴上才没有散架，这是他下周宣誓时要用的。"她留有遗诗！"罗尼边说边打开书，翻到他母亲生前所写的一首十四行诗，那是仿照埃德温·马卡姆的题为《梦》的一首诗写成的。

> 当我考虑如何度过来生
>
> 大部分作为将能证明
>
> 在他身边每日追求上进
>
> 胸怀崇高向高峰攀登
>
> 于是，使尽上帝给我之力
>
> 去安慰那穷苦不安的魂灵
>
> 让他们走正道，莫入邪径
>
> 我思我想我言我行，要能
>
> 在一生中活着的每一天
>
> 确证上帝威力浩大无边。

罗尼读完这首诗，眼睛里已经噙着泪水。

里根一家在布莱尔宫下榻之时，他们的朋友和支持者早已布满全城。罗尼的前公共关系合作事务负责副手彼德·汉纳福德做东道主，主持"加利福尼亚人来了"宴会的当天夜晚，迈克尔·迪弗就在他的新城住所挂起了加利福尼亚熊旗。

倘若你是接近里根的加利福尼亚人，最少也会受到邀请去参加一次宴会。俄勒冈的参议员马克·哈特菲尔德，和一个里根在加利福尼亚的老朋友南希·雷诺兹——现今是彭狄克斯的副董事长——为欢迎迪弗和他的妻子卡罗林备了星期日早午餐。那些非常重要的客人们都挤进了哈特菲尔德的在乔治城的家里，同时还有其他人等着要进去，华盛顿的社会名流也是不会不到的。南希和怀亚特·迪克森为里根的老朋友阿尔曼·多伊奇斯在他们的宫邸举行了宴会。即将就任的总统和马上成为第一夫人的南希参加了在杰基·肯尼迪童年时的住宅举行的高雅的宴会。

南希的一个朋友马里恩·乔根森在华丽的赛马骑士俱乐部，为她的同乡们举办午宴。她用马里兰蟹饼款待杰里·蔡普金、贝特西·布卢明代尔和哈里特·多伊奇，使他们对新的烹饪术感到兴趣。在华盛顿最好的餐馆——多明里克的莱昂德，或者是水门的琼·路易斯——私人的午餐和晚宴应接不暇，盛况空前，使得那些不是加利福尼亚人的外乡人伸长了脖子，睁大了眼睛，争相看个够。菜谱中有新鲜水果和加利福尼亚美酒，明显地表现出西海岸的风味。

这是节日，喜庆的日子，是名人露面的时候。里根派似乎已摆脱了纯政治的辛劳。但是，即使里根已被选为总统，里根派人士也得自己去搞票。将近四万参加庆祝活动的体面人聚集在首都车站，据说在那里可以买到庆祝活动的票。里根派人士发现他们也置身于极度混乱的人群之中，就连里根派的老朋友，那些后勤人员和马撒·莱尔斯，也为他们的门票万一落空焦急万分。

里根派人士来到华盛顿，心想他们是一帮新贵，但在此却要一站几小时去等那实际上是搞不到的门票。他们因此对庆祝活动的联合主席、国际通讯社的新任社长威克，及共和党公共关系新任执行主席罗伯特·格雷甚为不满；罗伯特·格雷在华盛顿的庆祝活动中，也和普通人一样无能为力。当他们发现几乎所有庆祝活动的门票出售数量大大超额之后，威克和其他人这才不得不考虑无论怎样拥挤，也得为他们的朋友、有特殊利益关系的集团，从计算机系统中抽出几百张票。

至少有三十九家饭馆和十九家酿酒厂供应免费食物和饮料。里根派这才领略到了真正的"美国口味"。城里的乞丐、又丑又脏的流浪女们，看到一处施舍汤粥，才知有这样的去处。他们满怀着对主办者的热情，奔向参观者中心，站着品尝佛罗里达的浓虾羹、捕虾隼……饱尝了食用蜗牛。

在预定的庆典活动之外，还有为当选派另加的一百多个宴会。宴会中有宴会，宴前又有饮宴。宴会后还有宴会，有州宴、鸡尾宴、招待宴等。早午餐和午餐之后唯一要做的事，是在午后晚些时候仍穿得整整齐齐再度去赴宴。

在国家广播公司举办的宴会上，进了白宫的参议员巴里·科德沃特，一边审慎地望着那形形色色的设计师们设计的时装和耀眼的珠宝，一边摇头嘀咕：

"炫耀！铺张！"他是针对这些庆祝活动而言，"我见到这样七个人，我说，这个国家的大多数人正处于不能雇上出租汽车的时候，你们却一连四天给一辆高级大轿车付二千美元的租车费，七元的停车费，和二点五美元衣服寄存费，真不像话，太过分了。"

一月十七日星期六下午，为新任命的五百名高级行政官员、过渡官员和里根的支持者们举行了招待会，室内坐满了南希和里根的老朋友。等着里根一家人的有威廉·弗伦奇·史密斯的妻子、南希的挚友琼·史密斯；威廉是罗尼的私人律师和新任的检察长。坐在南希身旁的是南希最亲近的男友杰罗姆（杰里）·齐普金，一个随时出现在她身旁、矮胖机智的人。杰里是一个说话像谢菲尔德的钢铁一般尖刻的人，又是南希和她所有朋友的社会仲裁人。

"仪表如何？"史密斯太太问，"没有什么问题吧？"齐普金用赞许的眼光望着她那绣有紫色小金片国花的黑长袍，连声称好，他的夸赞欣赏，使得周围的女士对她们自身的优美风韵与吸引力也充满了信心。

罗尼和南希出现了，罗尼身着深蓝色工作服，南希穿的是青光的无袖皮毛衫，戴着很沉的金项链，这副模样使她的一些客人回想起杰基·肯尼迪当年就是这副装束与打扮。南希一面望着一张张棕黄色的加利福尼亚面孔，一面说她将会多么想念他们。

里根的活动日程安排，就像苏联的芭蕾舞设计那样复杂，所以他们只待了十分钟。被伊朗扣押的五十二名人质这场闹剧正在上演，当选总统的心情就像空中的氢气球一样漂浮不定，但他那犹如新婚者一样轻快的步伐和绝对的善意与忠心，甚至使华盛顿比较爱冷嘲热讽的新闻记者也对新任总统写起热情的赞歌来。

在那个明澈、寒冷的夜晚，官方的总统就职庆祝节目开演了。就像塞西尔·B．德米尔七月四日的表演一样，晚会结束时放了十四分钟的激光焰火，此时由奥斯蒙德管弦乐队演奏迪斯尼兰的作曲家汤米·沃克写的歌曲。当罗尼和南希站立在林肯纪念碑前的台阶上时，莫蒙·泰伯纳克利合唱队唱起《上帝保佑美国》这支歌。

聚光灯的光柱穿过夜空，把林肯纪念馆、华盛顿纪念碑、国会大厦、白宫和杰斐逊纪念馆照得通亮，连成一片。

"我胸中的爱国热情，从未像这样起伏激荡。"罗尼后来说，"面对那整个场面，叫人忍住不哭是很难的。"

接连四十五分钟全城最精彩的场面与节目——展现在一万五千名与会观众和成百上千万的电视观众面前。耗资将近一百万美元的整个壮观景像，最后在一万二千个焰火火箭的燃烧中结束。在焰火把华盛顿的夜空照得通明后的片刻沉静里，一个中年人大声叫嚷："太棒了！太妙了！"

南希和罗尼接连四天有条不紊地频繁参加活动，就像他们坐着高级轿车一样平稳安然。星期天晚上，里根夫妇在三个肯尼迪中心剧场，观看了华丽铺张的舞台表演。为了抚慰在看演出时仍吵嚷不休、热情洋溢的观众，里根夫妇在每个剧场露面二十分钟。当南希穿着灰白色的长裙款阿道夫礼服和镶嵌珠玉宝石的紧身胸衣步入剧场时，她比舞台上的演员更吸引观众。

里根夫妇穿梭来往，从一地到另一地，有时在密探们称之为"禁闭室"的剧场。节目长短不一，停留时间也不尽相同。一般来说，他们只看看每场演出的片段。他们看了国家交响乐团演奏的罗尼饰演的最好的一部电影《金石盟》中的主题歌，米克黑尔·巴里谢尼科夫在现代芭蕾舞《迫不及待》中的片段以及洛林·马泽尔表演的舒伯特的奏鸣曲。

在等候进入艾森豪威尔剧院时，南希发现她的女儿帕蒂正在接受电视采访，这是一种寻常的会见。南希坐在用旧了的黑白布景前面，全神贯注地望着她的女儿，对周围的一切并不在意。

接着，进场时间到了，里根夫妇已经匆忙得和那些坐在附近包厢里的加利福尼亚的朋友们大大疏远了。下午他们没能参加一个老朋友弗雷德·韦林为他们举行的音乐会，朋友们邀请他坐在他们的包厢里，可他仅能礼貌地打个招呼。他们甚至连音乐会前和音乐会后举办的需五百美元一次的烛光宴会也无暇光临，而烛宴被认为是整个庆祝活动中最高贵典雅的一个项目。二千五百名客人穿过一小群穿着制服吹笛打鼓的美国第三步兵团老卫队进入肯尼迪中心的前庭。宴会厅用青灰色与白色的丝绸及牛尾菜的花环布置装点，客人围坐着品尝那昂贵丰盛的鲈鱼、牛犊肉和新鲜的加利福尼亚木莓。这些佳肴摆在贝姆特地为节庆设计的餐具上，摆在桌上的盘碟都是晚宴的纪念品。但有些客人却目不转睛地望着桌子中央摆着的盆景，那是具有中国艺术风格的、栽着玫瑰花树的装饰盆景。吃完餐后甜点后，很多穿着长外衣打着黑领带的就餐者，把玫瑰花树倒置，将泥土砂砾倾倒在有纹路的绿色桌布上，然后带着绿色、白色的花盆扬长而去。

里根夫妇沉浸在喜气洋洋的节日欢乐气氛中，不过，南希却感到累了。星期一早晨，她回到肯尼迪中心，向被邀请参加名流及著名女士招待会的七千名妇女致意。那天下午南希没有罗尼陪同，她前去参加了在美国国务院召开的残疾人和老年人招待会。由于释放伊朗人质事态紧迫，南希须得穿过在大楼外夹道等候的新闻记者和摄影师们。在八楼时有人抱歉地告诉她，请她等候片刻再进入聚集的人群中。她一声不吭，脱下一只鞋，斜倚在椅背上抓紧时间闭目养神。这时，她显得劳累和苍老，但是，当助手告诉她时间到了，她又显得精神焕发，走进了房间。仿佛世界上所有的照相机镜头，此刻都对准了她似的。

罗尼成年后的大部分时光是在好莱坞当电影明星，他对此引以为豪，他的两位妻子曾经都是影星。大女儿莫林也曾在电影界待过一些时日，另外一个女儿帕蒂正在努力成为一个电影演员，最小的儿子罗恩是个舞蹈演员。所以，很少有演出可以使他那样充满期待向往之心。而这次不同，像星期一晚上，位于马里兰市郊的巨大的牡蛎形的首都中心体育场，将要为他举办节目演出。这个运动场是华盛顿布里兰兹球队的驻地。

当总统乘坐的直升飞机向下缓缓降落接近入口处时，只见停车场密密麻麻已停满了各类小汽车。据说，如此大量的小车云集于一地还是第一次，里根夫妇早已在盼望这个夜晚的到来了。原来，委员会及其工作人员把许多座位票都出售了两次，二千美元一张的包厢票也预定了两次。

在主要进口处，满身珠光宝气的贵妇人以及显赫的达官贵人们，也在那里央求进入会场。罗伯特·格雷已来到大门口与那些抱怨与愤怒的里根派周旋。他信奉华盛顿的一条谚语并照它行事："留在那些又照相又发奖的地方，问题严重时，就逃之夭夭，越快越好。"那些打发人的工作，格雷把它交给两个高挑漂亮的人去做，她俩分别是职业摄影师和一家杂志社的编辑。一位穿着长袍的太太跪在她俩的面前，乞求得到一张小小的门票，染眉的油彩随着眼泪流到面颊上。但是，尽管她哭着哀求也毫无结果。

就职庆祝活动开始了。十分钟后，场内还有空位，进场的人通过检票员挤进首都中心体育场,检票员对普利特篮球和凯普曲棍球的球迷们是比较习惯的。为了取悦里根派，标准伙食除了热狗、啤酒、花生等原本已很丰盛的东西外，还增加了有一半壳子的牡蛎、香槟、冷冻螃蟹、瓜子等。

里根和南希坐在厚实的蓝色天鹅绒高背椅上，里根打着黑领带，南希则穿着比尔·贝拉斯设计的黑色长服。南希的黑色长服上部是合身的天鹅绒，下面是绸裙，而华丽鼓起的袖子、细长的胸衣和昂贵的黑色织物，更显出她腰身的纤细与皮肤的白皙。里根夫妇从突起和围满鲜花的主席台上举行朝见礼，俨然成了高贵的美国王族。

"是的，这是第一次总统就职日举行公演。"典礼仪式的指挥约翰尼·卡森面对观众这样说。至少有一半坐在首都中心体育场的人，他们打着黑领带穿着长外衣，只能够在悬挂的大荧光屏幕上较清晰地看见在下面远处的放大影像，但是这图像也远不及千百万坐在家里看 ABC 电影录像的观众看得那样清楚。

"我在此地仅呆了三天，我一生中从未见过这么多的午宴、招待会、文娱演出和舞会。"卡森继续说道，他打着讲究的白领带，穿着漂亮的燕尾服，"而这一切都并非花费不多，我还去过肖尔哈姆宾馆的男厕所，发现那也是凭请柬入内的。"

"明天……总统当选人将要宣誓就职……一小时后，特德·肯尼迪将要说，'问问你自己，你比罗纳德·里根第一次宣誓就职时的境况好得多吗？'所有这些话又会倒回来，你知道。"

无论这是卡森的独白，鲍勃·霍普的风凉话，里奇·利特尔的模仿，抑或是半打演员的歌声，都不能分散观众的注意力。几乎一切都集中在当选总统身上。埃塞尔·黙尔曼润了下她那铜铃般的嗓子又唱了《万物发芽了，玫瑰》《我梦见了你，孩子》。她唱时指向罗尼。唐尼·奥斯曼德选用一种古典摇摆舞曲的节奏唱道："去，罗尼，去，去，罗尼，去，罗尼，好自为之！"

从罗尼脸上片刻间流露出的惶惑不解的神情来看，他似乎并不知道唐尼·奥斯曼德要他去何处。但是对罗尼和南希还有大多数的观众而言，这确乎是一个不寻常的夜晚。罗尼像任何社交生活中的人一样，极其欣赏那种热烈、纯粹的情感和政治的舞台表演。当奥马·布雷德利——全美还唯一健在的五星将军，坐着轮椅进来时，他深受感动。罗尼听到他的老同事吉米·斯图尔德如此赞美他时，更激动不已。"罗恩！我要告诉你，你是不会知道的，你一定不知道当我怀着美妙的感情能够叫您一声总统先生的时候，我那激动的心情，多么难于用语言表达。"

晚会行将结束时，弗兰克·西纳特拉唱了一支混合曲。今晚，西纳特拉不仅是表演者，而且是作曲家和指挥。对他来说，今晚是一种证明。六十年代初，他曾经是"民主党员"。他与"肯尼迪们"接近，就像好莱坞的任何人一样，甚至他同杰克共有一个情妇。但是，他最终被抛在一边，据说是因为他与下流社会有着令人讨厌的往来。现在，正好在二十年后，西纳特拉已是共和党中之共和党了，能在白宫受到接待，并得到南希的尊重了。

"我愿为我们新的第一夫人特别做点什么。"西纳特拉穿着赴宴的礼服，头戴假发，俨然是个骁勇的王子，一边看一份卡片一边说："这是我最喜爱的歌中的一支，我对歌词作了些小的改动，但愿能得您的欢心，南希！"

……我欢欣，我们的第一夫人是南希

我快慰，我是他们亲密的朋友

八年定然有无尽乐趣

欢乐、美妙，一如他们初入白宫之时

……

南希，南希，南希脸上笑容可掬。

西纳特拉唱这支歌曲时，电视观众看见南希的半身影像呈现在荧光屏幕的一侧，面带红晕，显得格外美丽。唱到最后一段歌词时，南希向天仰望着，眼里噙着泪花，忽地，她向歌手甩去一个飞吻。

西纳特拉的演唱节目竟被认为是晚会的压台戏。而在庆典晚会之前，罗尼曾决定要向他在舞台上的影剧界的朋友们表示感谢。"这是不可能的！"特工局这样说，电视制作人员也这样说。但是今晚没人想向当选总统说个"不"字。所以，在几分钟的狂乱后，安排十分严谨的庆祝活动，被负责庆祝活动的副主席朱迪·麦克伦南及里根事先派遣的特工局人员巧妙地插进了新内容。

在雷鸣般的掌声和喝彩声中，南希和里根向下步入舞台。

在美国很少有演员能像卡森霍普或者西纳特拉那样影响观众的情绪，使他们激动起来，但是罗尼比他们更高一筹，更能扣住观众的心弦。他们向演员们一一道谢，一个不漏。然后，他兴奋地致词。

"我一直梦寐以求，有一天，对像这样多的观众们说点什么，在这样美好的人们面前说点什么。"他边说边望着演员们。其实，里根是在背诵一九五〇年弗里阿斯在好莱坞给他以殊荣时他本人要说的话。但是，在他后来的电影演员生涯中，他曾一度徘徊，他离了婚，是一个不幸的人，因而话语中带着异样的尖刻与辛酸。

"倘若此事属实，死者要进入天国，所有的人需得手捧他们对生活的赠予，向它的门槛走近。那么，影剧界人士在这个行进的行列里，手捧的便是纯净的珍珠般的眼泪，金子般的笑声，以及宝石般的幻觉，没有它们这世界便会更加沉闷乏味。当所有的人走近了最后的舞台，我相信守界人会说：'让我的孩子们进来吧……！愿上帝保佑你们！'"

在持续的雷鸣般的掌声中，罗尼又说，"我要用'上帝向你们赐福'这句话结束而退场。很久以来，人们几乎每天都对南希和我说：'你们真正弄明白了这句话吗？'我们总是面面相觑，最后说，'嗯，不，我们并没有真正弄懂。'好啦，今晚我们在节目中担任角色，我斜着身子对南希说，'真正明白了'，谢谢你们。"

第二天早晨，罗尼还躺在床上。

"到起床的时候了，州长！"当选总统最亲密的私人助手迈克·迪弗说。

"为什么我一定要起床？"罗尼躺在布莱尔宫的床上问道。

尽管昨晚在首都中心讲了那些话，但预感到即将要出现的场面，他和南希都觉得时日维艰，并不轻松。不过他并未感到那就是后来所说的"可怕的时刻"。

当罗尼望着窗外，他发现早晨本身倒是一个好的兆头。华盛顿的气候使人沮丧，罗尼是加利福尼亚人，他明白，在华盛顿，加利福尼亚一月份的天气在此已经提前逝去。

经过一周的寒流侵袭，波托马克河已经全结了冰。一九八一年一月二十日，星期二，早晨温暖的天气使人感到愉快，可以脱去大衣，走出室外。政治上的兆头也如同天气一样地好。五十二名美国人质被扣四百四十四天之后，看来即可得到释放，这是任何一位新任总统就职日所能得到的最好礼物。他和南希参加了圣约翰的主教派教会的早祷，以示感谢。

罗尼和南希都是演员出身，他们有使演员艺术舞台同历史政治舞台相互对称的意识。就职宣誓将选在国会大厦的西厢，面向着广阔无垠的美洲大陆举行，这在美国历史上还是第一次。

南希经过正面看台穿着柔和的灰颜色衣服的显贵人物的坐席，到主席台的第一排就坐。很少有人穿的皮毛衣服能胜过她所穿的，但她特别告诉共和党的妇女们：质地很好的共和党的布外衣，应是就职宣誓最合适的衣着。她穿着鲜艳的红色阿道夫外套和礼服，戴着光圈帽，整套价值三千美元。这副光彩夺目的装扮，和周围的单调黄褐色，恰成鲜明的对照。南希极其美丽时髦而神态自若，这是约翰当政以来前所未见的。全国广播公司的罗杰·马德说："南希的帽子，使人联想起二十年前杰基·肯尼迪的无边女帽。"

罗尼的四个孩子小声地说着话，面带笑容，审视着周围的人群，同时等着他们的父亲登上悬挂着旗子的主席台。帕蒂靠近她的兄弟罗纳德·普雷斯科特站着，他则用手搀着他的新娘多丽亚，以示亲密、保护。为她父亲助选极为卖力的莫林，向朋友们频频招手，不时同她兄弟迈克尔及其妻科利恩交谈。罗尼的哥哥尼尔和夫人贝斯，同南希的父母罗伊尔·戴维斯夫妇，都在那边和有名的共和党人在一起。

罗尼在国会大厦 EF100 号房间里等候着，一面同国会议员、众议院少数派领袖约翰·罗德斯及国会联合就职庆典礼仪委员会的主席哈特菲尔德交谈着。同时，电视摄影机镜头对准了他，向全美直播。面对摄影机他显得自在，宛如面对一双古老的长统靴子一般，他一点也不比老演员开始拍摄一部新片时显得更紧张。

罗尼的舞台仪容在美国政界人物中是首屈一指的。他站在台下数以十万计，和坐在家中电视机旁数以千万计的人群面前，态度既谦虚又具有总统的威严风度。就职宣誓之后，他发表了短短二十分钟的演说。那是特为电视观众们说的，用预定的摄影镜头拍摄。他讲话的大部分内容是从他的竞选演说中挑选出来的；他讲话的声音常常使人想起扮演亚伯拉罕·林肯的亨利·方达。

"让我们恢复信心与希望，"他说，这是他用不同方式说过一千次的内容，"我们有做英勇的梦的一切权利。"

无论南希是否已听过他老调重弹一百次，只要他讲话时，她总是一如既往地全神贯注地望着罗尼，不过今天她眼里闪着泪花。

他演讲的最后一页，他的人民称之为"神奇的一页"，似是为电视时代精心制作的一篇修辞艺术的杰作。

"就职典礼，正如你们所告知的那样，在国会大厦的西前方举行，这在我国历史上还是第一次。"他说，"站立于此，你面对着的是壮丽的景色，展现在眼前的是这座城市独特的美和它特有的历史。在这条宽阔的林荫道的尽头，是那些我们站在其肩上的巨人们的神龛。"

接着，新总统指着在他下面的纪念牌林：对面的是单一塔顶的华盛顿纪念牌；一边是像庙宇式的杰斐逊纪念碑；反思池旁边是林肯纪念碑；河那边是阿灵顿国家公墓，那里埋葬着几次战争中牺牲的美国人。

那天无论站着听总统讲话，或者舒舒服服坐在家里观看电视，看到这些纪念物，美国人都会情不自禁地想到他们国家的历史。与其说历史造就了人民，毋宁说人民自己创造了历史。

"我们今天面临的危机需要我们付出最大的努力，和信赖我们自己，相信我们自己有能力成就伟大的事业。"他概括地说，"相信这一点，连同上帝的帮助，我们将一定能够解决我们所面临的问题。并且，归根结底，为什么我们不能信心百倍？我们是美国人嘛！"

正值新任总统和第一夫人进入国会大厦之际，载着美国人质的飞机已经从德黑兰机场起飞了。这是一个欣喜的日子，美国历史上最为屈辱的外交事件中的一桩，在这一天了结了。新任总统宣誓就职这一天，总统的精神力量和乐观主义气概不可阻挡。至少在这一天是如此。

罗尼就职庆典的基调是"一个伟大的新的开端"，加之五十二个美国人得福获释，更似前景如此。罗尼现在公开称这五十二人为"战俘"。在国会雕像厅举行的，国会议员和最高法院法官参加的午餐会上，他骄傲地宣布"战俘"获释。午餐后，游行推迟了一个多小时才开始。

实际上，没有人注意到，像其他活动一样，游行也被安排拍成电视，把最愉快有趣的一小时剪辑下来。当游行队伍行至宾夕法尼亚大道时，看热闹的观众，喧嚣开心地观看一长串多种多样的具有美国象征意义的娱乐节目。地方色彩纷呈的游行彩车上，美女们载歌载舞，军乐队的钢管乐器闪闪发光。乐队的女队长挥动着指挥棒，所有吹奏曲都由职业节目主持人特里·钱伯斯谱写。特里·钱伯斯曾经组织过奥林奇圆形竞技场演奏会。

罗尼再三表明他要观看那"年轻人的海洋"。在高中时，包括他家乡伊利诺斯迪克森的乐队的演奏在内，他都喜欢听。二十六人一组的骑马的队伍经过时，大大满足了他对马群的偏爱。莫蒙·泰伯纳克利合唱队唱起终场曲《共和国战歌》时，罗尼热泪盈眶。这是他的人民，他的游行队伍。当罗尼还是五岁的孩子时，骑在他父亲肩上，他就喜爱这种热闹场面。

罗尼以新任总统的身份，第一次进入白宫时，他走进了椭圆形办公厅，办公室是空的，没有书，没有报告和文件，没有任何被人动用过的痕迹。华丽的经过雕刻的桌子上，除了一个文件夹外，也别无他物。

在楼上的私人住宅里，南希见到那些熟悉的私人用品已经摆设停当。一俟罗尼宣誓就职，南希的装饰师特德·格雷伯就赶忙来到白宫，将里根夫妇的家具和衣物搬入住室。

南希见到自己的东西甚是喜欢，但今晚有十个盛大、辉煌的宴会等着他们去参加，她更喜形于色，激动不已。她的衣着已经备好，任凭选用。整整一周来，她的加利福尼亚的美容师朱莉叶斯·本特森一直同里根夫妇一起住在布莱尔宫。几周前，他们就曾谈及今晚要为南希做一种特殊的发型。朱莉叶斯将南希的头发向后梳，尽量使之平坦，然后插进夹子，经过喷洒，再将四个珍珠宝石的发扣扣在发际。这种发型不是轻易采用的，但南希却想标新立异。这几乎是王室的头饰，足可为她在晚宴增辉。她的发型幻变，以致要不是后来那头金色的波浪发型，许多人还认不出她的那张小脸蛋来呢。

南希穿的衣服，并不比她的发型更易扮出，对于一个五十多快六十岁的妇人，穿斜肩的衣服，娇柔地将臂膀袒露在外，那是需要勇气的。但南希喜欢显得年轻，像加拉诺斯知道的那样，她喜欢斜肩和袒肩露背的衣服。摇曳拖地的、白绸缎的、银白色珠宝镶边的长衣，显得分外精致高雅，而且衣服笔挺，令人看起来比穿着还舒服。这种希腊风格的服装设计类型，的确不失为成衣中之杰作。她的外衣是白色飘拂的绸缎，却接的是伊丽莎白式的皱领，衣领像框架衬托着她的脸。

未去参加晚会前，里根一家聚集一堂，为里根的就任照了张全家福。南希坐在中间，衣着、风度显得格外雅致。她后面站着罗尼，打白领带，穿燕尾服，看上去似乎正要准备去指挥一个乐队。有着金黄色长发，穿条纹毛衫的两岁的卡梅伦也参加了合照，他被搂在迈克尔·里根的胸前，对着照相机乐呵呵地做着鬼脸。其余的人也都穿得整整齐齐，就连喜穿斜纹工装服的帕蒂也不例外。她显得不很舒坦，有点儿紧张，膝部露在外面。

当晚会的主持人彼德·索勒姆，给迈克·迪弗的助手一份安排里根在四小时内参加分布在全城的十个晚会的计划时，他们异口同声地说"这办不到"，但里根夫妇明白每一个晚会都是庆典的一部分，他们应该去露面。所以，他们和所有如皇亲国戚一般的随同人员一同出发。摩托警、密探、通讯、联络人员、随从参谋、报社和电台记者一行人，浩浩荡荡、威风凛凛地在城里几条大道上风驰穿梭。

据索勒姆说，起先只准备接纳四十二万人，但实际有五十六万到六十万人持票参加了这些庆祝晚会。在谢拉托宾馆有好几百名想进场参加庆祝活动却欲进不得、感到扫兴的人们，同时还有一千多人被调入 B 室，得不到款待，被视为并不显贵的客人。后来，不得不在寄宿学校大楼窗户旁架起临时楼梯井，这样，消防局长们才让更多的客人进去。

这一切，南希和罗尼都没有看见。对他们来说，晚会是一系列短小的表演。在暴风雨般的掌声中进场，总统简短地讲几句话，然后又在震耳欲聋的掌声中退场。好在他们在好莱坞已经学会了等候很长时间后突然出台表演。今晚每到一处，他们都要等候，要等安全问题反复落实，新闻界人士到场，晚会主持人将一切准备妥帖。他们的随处出现，都要转播到全国另外一百个卫星电视台上去。

在肖尔哈姆宾馆，他们正准备上台之际，晚会主持人卡尔·希普利悄悄地禀告，说小罗恩已在场，于是他们赶快溜到隐蔽的房间。南希兴高采烈，喋喋不休地同儿子和媳妇谈起晚间的活动。这时，总统却站立一旁默默不语。在希普利夫人看来，新总统显得非常轻松愉快，和蔼可亲，一点不紧张、激动。罗尼、南希离开后，小罗恩、多丽亚和他们的朋友们到城里去会餐，单独庆祝。至于尼尔·里根，倒遇到了不顺心的事。"我是总统的哥哥。"他这样说，满以为能免票进入舞厅，但门卫却不客气地告诉他："你是今天第十个想以这个方式混进场内的货色。"

在肯尼迪中心举行的晚会，是所有狂欢晚会中最盛大的，有一万名狂欢者参加，其中包括加利福尼亚人、好莱坞的演员，和南希最亲密最要好的朋友。

楼下的主要大厅里，埃德·麦克马洪的电视棚堵塞了去参加聚会的人流。在楼上的中庭聚会较为容易。客人们可以在周围摆有红郁金香和菊花的无花果树之间翩翩起舞。在人群的上面是各色明星：著名设计师，共和党最大的捐助者，以及里根的老朋友，像吉米和格洛里亚·斯图尔特，阿尔曼德·多伊奇，厄尔·乔根森，比尔·布拉斯，埃斯蒂·劳德，罗伊·罗杰斯，戴尔·埃文斯，鲍德·霍普，里奇·利特尔，亨利·萨尔维托里等。

南希一边吻着贝特西·布卢明代尔的面颊一边问，"吉米在哪儿？"

加拉诺斯在人群中无法向前走动，被挤在一间屋子里呆着，在电视机的检波器上看他自己的作品。

南希转过来吻了杰里·齐普金，并问："包裹收到了吗？"南希指的是给她最喜欢的男护卫的礼物。

"我想在这套衣服转到史密森尼安那里之前，能看到你再穿它一次。"当南希挽住罗尼的手往后退时，贝特西这样说。

刚过午夜，里根夫妇来到了他们的最后一站——美国历史博物馆。他们比预定时间提早了二十分钟。当时每层楼都挤满了人，与会者更关心的还不是找舞厅，而是要找个空的地方透透气。

"我同我夫人跳最后一曲，你不在意吧？"当汤米·多尔西乐队转奏起《你将不会知道我是多么爱你》时，总统问道。罗尼和南希亲热地跳了一分又二十秒，几千双眼睛望着他们。十二点半，他们返回新的家——白宫。而他们的朋友们在费尔法克斯宾馆吃完饭后接着跳舞，还有的各自在乔治城俱乐部和双鱼宫进餐，一直欢庆到清晨。

次日早晨，总统起身后，就投入到他第一天的工作中，而南希开始搬迁。在白宫的第三个夜晚，大约七点一刻时，南希同利蒂希亚·鲍德里奇上到三楼，看到罗尼快步跑上楼来了。从正午后，他就没看见她。当他张开手臂拥抱她时，他脸上露出了笑容。

"你上这儿来干什么？"他问道。南希带着他通过房间，指给他看他们新的巨大建筑物里的小而幽闭的房间与隐蔽的角落。他们手拉着手从一间房走到另一间，仿佛在一个神奇的王国里探索前进一般。打开其中一间房门，他们发现了一个六只落袋的桌球台。

"嘿，我多年不曾打这种球了。"总统边说边拣起一根杆子开始击球。南希一开始耐心地等着他，后来蹬起脚来，"我说，罗尼，我们还有更重要的事要做呢！"

鲍德里奇望着他们，心想，他们还是那样深深相爱着呢！

开头几天，罗尼专心当他的总统，但南希的情况可就不同了。她曾经发誓要"做点实实在在的工作"。但是她发现着手去做却非易事，她需要筛过那些各种想要她关注的利益集团，并找到一个参谋，有许多事情需要她快做决定。

南希打电话到加利福尼亚的帕索罗布尔斯找到她女儿的教母，也是她母亲的最亲密的老朋友科利恩·摩尔。科利恩·摩尔不敢相信是第一夫人给自己打来电话。

"南希，哪个南希？"

"是我，南希。"

"南希！啊唷，是你啊！怎么啦？"

"科利恩，我很害怕，很害怕，并且感到很孤单。"

"啊，南希，你现在不是电影明星了，不是最大的影星了，你是世界的明星了，所有明星中最大的明星了。"

"是的，我知道，这可要把我吓死了！"

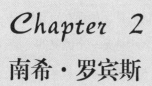 

Chapter 2
南希·罗宾斯

在长岛的大屋子里，客人们在房间里踱着方步，谈论着影剧和好莱坞这块奇妙的地方。房屋的主人理查德·罗兰已经把《四个得到天启的骑士》拍成了一部轰动一时的范伦铁诺式的影片。现在，他是国家第一制片厂的主任，负责不只是一部而是十多部影片的摄制工作。

在场的客人中有一位叫科利恩·摩尔的人，她在国家第一制片厂的新电影《火红的青春》中担任主角。凭她那顽皮大胆而又妖冶的神态，束起的卷发，好奇闪光的眼睛，科利恩就称得上二十世纪二十年代自由派年轻妇女的典型形象。罗兰深信《火红的青春》一定能走红，轰动全国。

科利恩正站着与罗兰的夫人交谈，目光扫射室内大批的来客。她凝望着一位白肤金发，有着一对大大的蓝眼睛的年轻女人。她很漂亮，但使科利恩疑惑不解的是她怀里抱着一个孩子。

"她是谁？"科利恩问道。

"哦，她是伊迪丝·勒基特。罗兰夫人说，是个演员，华盛顿人。"

"那个孩子呢？"

"伊迪丝刚同她那有钱的花花公子丈夫离婚。这样的废物，不值得她去呵责！"

人们不会抱着婴儿去参加一个高级聚会，但伊迪丝确也是无处托放自己的小女儿。就伊迪丝而论，这纯属是她那离异了的丈夫的罪孽。她现在可算认识了肯尼思（肯）·罗宾斯。肯曾经使她感到异常不安，因他是一个漂亮的、经常去戏院捧女演员的男人，善于虚饰，会献殷勤，使人倍感亲切。肯又是个很有钱的阔少，或者看上去如此，家庭出身远比伊迪丝高贵。罗宾斯有着殖民时期新英格兰移民的血统，出身于一个古老的新英格兰家族；拥有宽敞的房屋、毛纺厂、钱财，还有那时代相传的高傲。

伊迪丝一八九六年生于弗吉尼亚的彼德斯堡，父母名叫萨拉·弗朗西斯·怀特洛克和查尔斯·爱德华·勒基特。她的父母有九个儿女。她的父亲在首都华盛顿亚当斯运送公司——铁路特别快车运输公司的前身——工作。伊迪丝的叔父乔在省城里的剧院当经理，这家剧院是她离开家脱离贫困的一个去处。她在这里首次获得机会去替补一位儿童演员，从而走上舞台。从那以后，十五岁的她便成了全职演员，再也不能上学读书了。

与伊迪丝对照，此时的肯却享尽门第、地位给人的好处与方便。他进了一所预备军校，然后从那里转向普林斯顿。随后，在第一次世界大战中，他在军需部任军士。肯于一九一七年入伍服役时，他同伊迪丝还是新婚夫妇。那时，他有军人的职守，而她也有她的事业。那一年，她第一次交上好运，在以传奇式的阿拉·纳齐莫瓦为主角的影片《纽约城里的骗人陷阱》中担任角色，虽然是一个小小的角色，但毕竟是个角色。

肯于一九一九年退伍，伊迪丝尽力同二十三岁的丈夫维持夫妻关系，但苦心孤诣所得的只有一个孩子——一九二一年七月她在纽约城生下一个女儿。其时，丈夫肯甚至还不在该城。

伊迪丝分娩并不顺利，小生命似乎不愿从娘肚子里出来。天气太热，医生站在一边守着她，一边不停地怨天尤人，还说想快点结束去打高尔夫球。为了取出胎儿，他使用产钳。当伊迪丝首次看见自己的女儿时，孩子的右眼是闭着的，并且医生说孩子的这只眼睛可能会瞎。伊迪丝告诉医生说："我听见了你说要快点去打高尔夫球，要是我女儿的眼睛张不开，我一定宰了你！"

婴儿的眼睛最后还是张开了，大大的就像她妈妈的眼睛一般。孩子仿罗宾斯家的先祖——第一个美国圣公会的修女安妮·艾尔斯大姐，取名为安妮·弗朗西斯·罗宾斯。但伊迪丝决定叫自己的女儿南希，好像是让女儿在更大程度上属于她自己。

伊迪丝很爱南希，但是一个没有丈夫的女人，尽其母爱也是困难的。她只得抱着南希东奔西跑，从一个剧院转向另一个剧院，从一个旅社搬往另一个旅社。两年来，皮箱行李袋便成了南希的摇篮。最终，伊迪丝决定把孩子交给她住在贝塞斯达马里兰的姐姐弗吉尼亚。

南希被送往华盛顿郊外，在姨夫和姨母的收养和监护下生活。童年的情景有点近似雾都孤儿奥利弗和森尼布鲁克农场的丽贝卡。不过弗吉尼亚和奥德利·加尔布雷思倒是像对自己的女儿——南希的表姐夏洛特一样照料着南希，给了她一个舒适并充满爱怜的家。加尔布雷思一家住在巴特里公园一带，这是该地区最早计划安排的郊区居民点。当然，该地域已发展成为现役和退休军官的居住地，也有新招募的理了头的新兵。一排排的房舍坐落在光秃无树的、蜿蜒曲折的砾石公路的两旁。随着该地区的发展，又盖起了拥有两个网球场的小巧而朴实无华的俱乐部。加尔布雷思的小农舍，在巴特里公园一带可算是最小的住宅模式，但它还是宽敞得足以满足大部分美国中产阶级的幻想与追求。

跨过威尔逊巷道，在格伦布鲁克路旁的加尔布雷思的住宅仅几百米之外，一个有着林木和开阔草地的，更老些的居民点塔奇穆尔，便出现在眼前。豪华的建筑群分散矗立在两公顷的田园上。筹建人对《华盛顿邮报》记者说，"那是百万富翁的环境与住所，价格公道并且有好些家园什么的，值得拥有数百万家财的巨富们的青睐。因为比这更好的地域，在华盛顿周围实难觅到。"对住在这里的家庭来说，对欧洲老家尚未全忘，那里不过是个海滨，每天早晨用车把各家的孩子送往私立学校就读。

巴特里公园一带的另一边，过了老的乔治城街，便是伍德蒙特地域。那里居住着邋遢、拥挤的贫苦人家，房屋矮小，未经粉刷，有些还搭有偏屋。从弗吉尼亚西部和马尼兰农村地区来的劳工和小商贩就住在这里，他们寻找工价高和赚头大的工作。

当南希跨过威尔逊巷道，去同居住在埃奇穆尔的孩子们一道玩耍得很开心时，她知道她不应该进入伍德蒙特这样杂乱不堪的地区，她也很少想去闯闯那些地方，只与隔壁格林斯家的孩子在那块空地上玩耍。这块地上的草，由两家的家长轮流来割。巴特里公园一带的孩子们都乐意上这儿来游戏。

多年以后，夏洛特回忆得起来：夏天，南希和其他小女孩常坐在草地上用雏菊编制花环。有时，她们在某家的煤炭箱里找块小煤块来划框框，玩跳房子游戏。有时，穿着四轮滑冰鞋，又笑又叫地跑向两旁刚刚新种了玫瑰的人行道，或冒险跨过威尔逊巷道去采野花。晚上，两家的父亲都回来了，加尔布雷思一家和他的朋友们，有时也聚集在那块空地上，想尽一切办法，玩个尽兴。当华盛顿的夏天变得闷热，使人昏昏欲睡时，大家时而又坐在一起闲谈聊天。

加尔布雷思太太是南方人，说话时声音轻快而有节奏。两个女孩子她都喜爱。南希是个安静的小女孩，长得圆鼓鼓的像馅饼，她穿着搭扣的矮高跟皮鞋和短袜，摔在煤碴路上把膝盖碰青肿了，所以戴上了一副棉护膝。夏洛特又长又瘦，比南希差不多大三岁，也像个大姐姐的样子。夏洛特为狂欢节招徕客人，很善于交际。她不仅是南希的，而且也是巴特里公园一带大部分姑娘们的领袖。一般来说，只有在有夏洛特作陪的情况下，南希才会外出。

"南希·罗宾斯，南希·罗宾斯！"孩子们邀她出来玩时，尖声呼叫她本人的姓。只有当她的小男朋友来到时，南希才会冒然独自外出。"啊，是他！"她会边说边从桌旁起身，准备坐在一辆红马车上，绕过一排排住房驶向马路。

巴特里公园是个育人的好地方，它有益于南希的成长。尽管如此，最使南希高兴的还是她妈妈的来访。

伊迪丝在百老汇影剧界谋事，但到目前为止所担任的还都是配角——主要人物的女友或仆人之类的角色。她也从未在《纽约时报》评论上独占一角。但当她旅行到特伦顿、皮茨菲尔德和亚特兰大时，她已经担任了大些的角色，受到了盛情的接待。当她到巴特里公园地区时，她已经是个明星了。

"幸运儿"，有人给她取这样的绰号。她飘然而入巴特里公园一带，穿着浣熊皮的外衣，漂亮生辉，充满魅力。这里的每一个人都认识她，她给南希和夏洛特带来礼物，给她们讲电影明星科利恩·摩尔、沃尔特·休斯顿和扎苏·皮茨的故事。里弄里的孩子们把这些故事不知说了多少遍了。伊迪丝常常在小小的起居室的中央摆开阵势，表演她在最新剧目中扮演的片段。夜间，她常去该地俱乐部跳舞。有天晚上她回来时，手里拿着舞鞋，由几个邻居护送回来，委实把她姐姐吓了一跳。

每当伊迪丝来到纽约，南希的姨妈都会带她乘火车去看望她妈妈。伊迪丝住在一套黄褐色石头墙的公寓里。不过她真正的生活还是在剧院，在这个城市的夜晚。南希坐在黑洞洞的剧场里观看她妈妈表演。同样的表演即使看过十遍，她也决不会嫌多，再让她去，仍会欣然前往。

南希看戏很认真，觉得台上的事都是真的。有次坐在包厢里看一场戏，见她妈妈死在舞台上，南希便嚎啕大哭起来，哭声那样大，那样悲哀，伊迪丝不得不从灵床上坐起来向她女儿招手。"你不能把这些都当作是真的，"伊迪丝在台后对女儿说，"那不是真的，是编造的故事，那是在演戏，我是在扮演一个角色。"

南希想成为一个演员。在巴特里公园一带时，她喜欢独自在屋子里学着演戏，她希望有像玛丽·璧克馥那样长长的金黄色的卷发。当她妈妈给她买了假发，她便戴着它到处走动。她希望演电影，做一个与众不同的人。

夏洛特与南希那般接近，也不曾发现表妹想念自己的妈妈。快乐的时候，南希脑子里想着其他事情，但是痛苦的时候就不一样了。一次，她患猩红热病，一人躺在一间房子里，房门口挂起一张床单，此时她多希望妈妈能在身边；还有一次双肺发炎，她哭着说："要是我有孩子，她患病时，我一定要在她身边。"

伊迪丝企图对不在孩子身边这一憾事做些弥补，一次来看女儿时，带了一个漂亮的盒子，里面装满了巧克力，不是南希通常吃的那种方块的。当天，夏洛特和南希就已经吃了她们各自的那一份。下午，夏洛特跟她妈妈还有伊迪丝进城去了，糖盒子放在高高的橱柜上，待她们回来时，南希已坐着把一盒巧克力吃得精光。

加尔布雷思夫妇同伊迪丝一样，希望为南希创造最好的条件，就像他们为女儿所做的一样。当她到了上学的年龄，这里只有四间教室的贝塞斯达公校，对南希已不算很好了，她得同她的表姐一道去上一所私立学校，接受她妈妈也未曾享受过的教育。一九二六年的秋天，南希和夏洛特一同从威斯康星乘坐有轨电车到了四公里外的华盛顿的赛维尔友谊学校——首都最有名望的学校之一。头两年，加尔布雷思夫妇为南希她们付学费，第三年开始由伊迪丝接着缴付。

在赛维尔友谊学校，南希同学们的家长，是一些帮助统治这个国家、管理这个城市，或者指导商界的人物。当南希和夏洛特下午回家时，她们与巴特里公园地区的其他孩子们便显得有几分不同了。过圣诞节的时候，赛维尔友谊学校的孩子们，跨过威斯康星大街参加在爱德华·麦克莱恩庄园举行的舞会，麦克莱恩是总统沃伦·哈丁的牌友、《华盛顿邮报》的负责人。麦克莱恩夫妇向孩子们赠送了上好的礼物：给姑娘们送上一驾上面有布娃娃的四轮马车，男孩们则送玩具汽车。

南希去看望她在新泽西州的父亲时，发现父亲远不及她新结交的朋友的家长们那样有权有势，也不如她想象中的母亲伊迪丝的生活那样富有浪漫色彩。肯身高一米七八，蓝眼睛，有着褐色波浪式的头发，脸色白润，长得很漂亮，但是他那不定的眼神，却流露出了生活的遭遇。他双眼望着这个世界，仿佛对生活给他带来的东西，不能置信似的。

肯·罗宾斯是个软弱的人，倘若有人说他是个好人的话，那也只能说是未能摆脱软弱的好人。他有着殖民时期新英格兰人的血统：曾祖父迪肯·卢克·弗朗西斯是曾经帮助建设马萨诸塞州皮茨菲尔德的元老；祖父弗雷德里克·奥古斯搭斯·弗朗西斯船长，是美国内战时期的英雄；父亲约翰·N.罗宾斯是马萨诸塞的银湖地区蒂洛森毛纺厂的主管人。

不过，罗宾斯家族已经衰落，肯的父亲已去世，母亲住在新泽西州维罗纳庄园的家里。就在这里，南希常去探望她父亲和白头发的、身上散发着紫罗兰香水味的祖母安妮（南妮）·罗宾斯。安妮·罗宾斯是南希唯一还活着的祖辈，南希则是安妮唯一的孙女儿。夜晚，她们坐在这又大又古老的房屋的走廊上消遣，或是出去绕着网球场散步。

一九二九年的春天，伊迪丝前来告诉南希，说她最近旅欧期间结识了一位她想"与之结合的医生"。她愿意放弃她的事业，搬到芝加哥与洛亚尔·戴维斯医生结婚——但只有在南希同意的情况下，她才这样做。

南希到过大部分小姑娘们没去过的地方。她得天独厚，进了私立学校，能上剧院和餐馆。她又是一对离婚夫妇的孩子，颇知世道不是人们所说的那般理想，因而性情沉静而圆滑。她在贝塞斯达表现的是一套，而在新泽西又是一套，到了赛维尔友谊学校又有新的表现。甚至年仅七岁之时，南希就懂得在和母亲谈话时表现得像两个女演员在演戏一般。的确如此，多年后南希在自传中写到：尽管她死命反对那桩婚事，但她妈妈也一定要说服她。事已至此，更重要的还是要同妈妈住在一起，即使要付出代价——同一个生人在一起生活，她也只得在所不惜了。

一九二九年五月，在南希还差两个月满八岁时参加了她母亲的婚礼，在芝加哥的第四长老教堂，由她当持花女孩。新郎新娘都是第二次结婚，所以结婚典礼并未喧闹，也没有惊动外界。

大概任何孩子都需要很长时间方能培养起对洛亚尔·戴维斯的兴趣与好感。洛亚尔·戴维斯生于一八九六年，是伊利诺斯一个铁路工程师的儿子。戴维斯被很多人认为是一个固执、一本正经而又自负的人。但他也是个专业的医生，是波士顿的美国神经外科之父哈维·库欣的高足。戴维斯是全力攻读脑外科的第一个芝加哥人，成了美国神经外科的领导人物之一，美国外科理事会的创建人之一，美国外科医生协会的主席。他撰写过好几本医科书。

戴维斯坚持为医学原则而斗争，致力于改变庸医行医的现象。他是首先公开谴责外科和内科医生分开收费的人之一。他提倡严格限制发放行医执照，以防止没有经过训练的、不称职的医生进行外科手术。他公开反对那些因病人的保险费较多而提高收费的医生。他力图改革，便常引起争议，而他那股固执和自以为正派的劲头，更是火上加油，使得非议更加热闹起劲。

戴维斯是个至善论者，这就促使他对所见到的不足与不完美的事物都要进行改革。他相信神圣莫过于干净。三十一年来，他一直担任西北大学外科主任，他严格执教，走进教室后，总要转过来让学生看到并欣赏自己的日耳曼人面貌的最佳部分。他对新同学的告诫是：他们将要得到培养，穿上年轻医生的衣服，打上领带，但是他不认为一个学生应该只有一套工作服，不愿他们把它挂在散发着福马林溶液味道的医疗室里。

戴维斯对有些人不冲厕所异常反感，他在外科医学院的总部安装了一套设施，只要当厕所的每扇门一开或一关，厕所便会自动放水冲洗。有一天，他走进医院的楼梯井，发现地上有个烟蒂，他把它拾起来，如临大敌，怒气冲天，好像那烟蒂便是一切罪恶的化身似的。在医生们的换衣室里，他老是俯身去拾起那些长外衣，然后把它们扔进一个大篮子里。

戴维斯医生极端保守，有些住院医生因为他激进的医疗态度感到吃惊和害怕。当他们去少数民族居住区助产接生时，他奉劝母亲们给孩子取名"洛亚尔"。不过无论人们说什么或干什么来反对他，他对平等都不抱幻想。"人们最爱说'公民与公民都是平等的'这一口头禅，"他在自传中写道，"应该承认这是一种陈词滥调。只有政客们在某些场合才大肆鼓噪，或者是那些感情丰富而不切实际的社会改革家才引用它。"

戴维斯医生相信有钱有势的人道德品行更为高尚。有一次他认为一位女病人大概是生了肿瘤。可是两位年轻的大夫迪克·塞德拉克和阿瑟·诺顿瞧了瞧这位贵妇人的皮疹，断定她可能患有梅毒。他们自行做了化验，证实了自己的诊断是正确的。当他们自豪地向戴维斯报告他们的发现时，他涨红了脸说："我的病人应是不会染上梅毒的。"

学生和见习医生们谈起洛亚尔·戴维斯，可以滔滔不绝地说个没完。他使年轻的医科学生感到又害怕又生气，但是他无微不至的关怀与诲人不倦的精神，却永远留在他们的记忆深处。

对南希来说，戴维斯不仅是个严肃的令人生畏的医生，也是她敬畏的继父。戴维斯夫妇住在离湖畔林荫路不远处的一间宽敞的套房里，门前有波光粼粼的湖水。戴维斯在家里也像上班工作时一样有条不紊，把房间布置得清洁整齐，如同手术室一般。晚上，他口述帕萨万特纪念医院政策会议的记录，所以，甚至一年多以后，对每人在会上说了些什么他都能记忆犹新。

戴维斯曾经结过婚，并且有个孩子名叫理查德。但是，戴维斯与伊迪丝之间新的爱情却与两人以前各自的婚姻生活全然不同。它好似两个全异的物质聚合产生的一种新奇的结合体。对伊迪丝来说，这样结实有力、有地位、安全稳妥的丈夫，正是她长期以来所寻觅的。在戴维斯看来，她的妻子给他带来他不曾得到过的全部的自由、飘逸、轻快与欢欣。多年后，当戴维斯夫妇在菲尼克斯的比尔特莫宾馆过冬时，戴维斯坐在帐篷小屋的外面，瞧着伊迪丝就像轻音乐歌舞中的女主人公那样轻歌曼舞、踏着草坪向自己走来。"你瞧她，"戴维斯感情激动地对科利恩·摩尔说，"你瞧她，要是我能像她那样的话，我愿抛弃世上的一切。"

伊迪丝和洛亚尔吸引着南希，南希愿与他们共享家庭的天伦之乐。一天夜晚，小南希自行走出公寓去敲一位邻居的门，那是一位退了休的律师。律师打开门发现门口站着一位神情严肃认真的年轻女郎。

"律师，我来找您办件事。"

"是什么事呀？南希。"律师边问边向下凝望着她。

"我想知道如何办理过继给戴维斯医生的手续。"

"这有些难办。"律师轻轻点着头说，"不过，还是有办法的。"

南希离开后，律师忙打电话告诉戴维斯南希对他说过的话。

"我一直盼望着有这么一天。"医生说，"但是我不知怎样开口向南希或者向她妈妈提起此事。"

十四岁那年，当她获得法律权利时，南希带着过继文件前往维罗纳会见她的生父。肯·罗宾斯曾经到芝加哥去看过南希，他一直爱她，并要她仍然做自己的女儿。但是当南希要求他签字放弃做她父亲之时，他并没有流露出内心的难受与恐慌。而南希的祖母南妮，这个白发苍苍的老人，却禁不住伤心得老泪纵横，因为，在罗宾斯家里，南希对她的爱是最纯真的。但是南希还是带着工整的签过字的文件离开了他们，回到了芝加哥，并且在女子拉丁课上自豪地告诉她的同班同学，他们可以叫她南希·戴维斯了。

对南希来说，她的继父还是"洛亚尔医生"。有时，她到医院去看他。当她再大些时，戴维斯允许她观看他做手术，陪同他一起到病人家出诊。

南希有几分爱戴维斯医生的原因在于他们性情爱好相同。南希也爱整洁，做事也有条不紊，她也常常不能让人理解她的动机。待她更大一些时，她的性情变得极像戴维斯，看上去的确就像他的亲生女儿一样。

每天早晨，南希穿着蓝色的裙子，白的短上装和蓝的运动衣或毛线衫离家去上女子拉丁学校。在那个年代，拉丁学校的纪律仍是很严格的。老师都是女的，单身，令人望而生畏。教师或者大人进入教室，姑娘们要站起来，只有在得到许可的情况下，才能坐下。粗野被视为罪孽，任何人做出任何轻浮的举动，都得有劳她到女校长办公室去走一遭。有些女孩子被这样严酷的纪律约束激怒了，心情烦躁，下午一放学便迫不及待地飞似的跑出校门。然而，南希却是一个完美无缺、无可指责的姑娘。

南希的母亲总是生气勃勃，充满无限的活力。而这桩婚事更使她力量倍增。她放弃了她在百老汇的事业，选择芝加哥作为自己的舞台。一个可以说没有受过多少教育又离过婚的女演员，同一个离过婚的医生重新结合，而这个人是铁路工程师的儿子，一个立足于芝加哥上层社会的人，这不能不说是她最佳的表演。

伊迪丝以一个活泼而不矫饰的女人的形象，投身于社会慈善事业，还为共和党筹集资金。似乎人人都已知道"伊迪丝"。警察们在巡逻时遇见她，会举手轻触帽沿向她致敬；出租汽车司机们开着汽车旋风般地奔驰着，送她去赴一个个午宴做公益和慈善工作。那些她指导过演短剧、听过她讲她在百老汇时的有趣故事的医科大学生们，芝加哥社会上的贵妇人们，甚至她在演说技巧上给予过辅导的民主党的市长埃德·凯利，对她都很熟悉。

尽管她参加很多社会活动，但伊迪丝仍有从事职业活动的时间。她在最早的广播肥皂剧之一《贝蒂和鲍勃》中，不仅饰演鲍勃的妈妈，还饰演黑人女仆加丁。"她把您弄回来了，太好了，鲍勃先生！"她会用顺从谦卑的语气说。

对戴维斯夫妇来说，虽然南希是一切的中心，但在假日里不只有南希，南希亲近的朋友也会被邀来一起度假。有一年夏天，当南希的表姐夏洛特来访时，伊迪丝带着两姐妹进城到美国全国广播公司的蓝网的演播室，让她们静静地坐在那里收听向全国播放的《贝蒂和鲍勃》一剧。下午，南希和夏洛特穿起伊迪丝的旧衣服，乔装打扮，扮演公主、皇后和电影明星。虽然南希长得挺丰满，洛亚尔还认为姑娘们尚须增肥，他开了一剂黑奶油冰淇淋汽水处方，并连夜配齐食材制作。

尽管比邻秀丽的湖水，但它毕竟不是睡觉前的一剂巧克力苏打饮料。大萧条已经笼罩了全国的农场、家庭，人们的希冀处于瘫痪瓦解的状态。衣着褴褛、面色不好的成年人，站在大街的角落里为了挣很少的钱而叫卖苹果；饥饿的男女散布在像南希家住的那样的楼房前，在垃圾堆的罐头盒中搜寻，从富人那里寻找残羹剩饭。

南希有关经济萧条的知识是直接从洛亚尔医生和拉丁学校的课堂里得到的。医生愤然抨击罗斯福总统，骂他是他那个阶级的叛徒。贫穷对南希来说，是另外一个世界的事。最后她体验到了困难时期的滋味，那是在新泽西祖母家停留期间，南希的祖母南妮在证券交易所倒闭时亏损了大宗钱财。这个家庭的庄园成了一个没落绅士的家园，不再雇用人，并且网球场也已关闭。

但对南希来说，生活才刚刚开始。她不再寄人篱下而见不到双亲，不再与那好交际的表姐住在一起了。南希在茁壮成长。

在女子拉丁学校，南希班上有十多个女同学，她与同学们建立了友谊，轻而易举地加入了学校里的各种组织——曲棍队、合唱团、学生政府等。

一群住在湖滨的同学，穿着四轮滑冰鞋滑到阿斯特街，再骑摩托车到滨河赏景公园。科拉·埃利斯、简·贝克威思、金尼·斯全纳，以及斯坦森姐妹和南希常在一块儿玩。琼·韦斯科特——南希的同桌，成了她特别好的朋友。这两个姑娘以对方内衣的颜色给对方取诨名，琼的诨名叫"白人"，南希的叫"红娘"。她们是两个完美的姑娘，美丽娴静。"白人"波浪形的头发上，精巧地扎着彩色丝带，紧紧跟在"红娘"后面。

有时，在放学后——通常在星期天，她们抽时间去看电影。南希挺喜欢坐在电影院的毛绒座位上，要是电影里有她最喜爱的演员宾·克罗斯比或者是吉米·史都华时，她会完全被剧中的浪漫和冒险的情节所吸引而不能自已。

年满十四岁之前，南希每年夏天要在密歇根德凯彻温营地度过八周时间。这块营地的主人是三姊妹，她们是瓦萨学院的毕业生。在那里，她们每天有一定的任务，生活得有条不紊。她们把沐浴冷水、户外生活同艺术的追求与高度的文明结合起来。南希喜欢同其他姑娘们一起睡在帐篷里的木板平台上，摆脱了芝加哥那样纪律严格的学校生活，过这种轻松安适的原始生活，南希自然高兴。她爱好游泳、划船、帆船运动、射箭、文学和戏剧。

中学期间，南希的同班同学经常在戴维斯舒适的公寓里过夜，姑娘们一方面因为她们与南希的友情而被吸引到这个家里，另外也由于伊迪丝的充满青春活力的幽默感所招致。一次，戴维斯夫妇宴请客人们吃过饭，待洛亚尔睡着后，伊迪丝蹓到南希的房间，南希和她的朋友还在快活地小声说着话，伊迪丝偷偷地使了个眼色，示意她们起来。

"来喝香槟吧！电冰箱里还有一些。"

两个姑娘从床上跳起来，好不高兴。"但是不要出声！"伊迪丝提醒她们注意，"我们不可以把医生吵醒"。她们俩喝香槟时，伊迪丝仔细听着她丈夫的鼾声。

另外一次，湖面上吹来了一股冷风，风吹进了寓所，伊迪丝把裙子拉到头顶上，露出光亮的灯笼裤，这可把姑娘们吓了一跳。伊迪丝露出女主人的神态说，"这就是我保暖的方法。"随后便同姑娘们一起咯咯地谈笑开了。

伊迪丝曾经离家当过演员，后来与第一个丈夫离了婚，虽然现在已经发胖，头上有了银丝，然而当年她那艳丽的姿态和风度，却一直吸引着芝加哥社交界。

尽管她快活，爱开玩笑，她让女儿过继使其保持合法的地位，却依然为南希感到愁苦和忧郁。不过，南希将不需要纨绔子弟从后台来捧场、献媚，更用不着提着行囊到处奔波演出，过流浪生活，她需要的将是一桩美好的婚姻。

南希并未继承伊迪丝具有魅力的快活性格，南希将依靠她举止的文静优雅、社会关系和男人来求得发展。

七年级时，在第一次两周一次的舞会上，南希同拉丁学校的其他姑娘们挤在一起，她们一面谈话，一面打量舞场对面一端的一群十三岁的男孩子。当一个无伴的女孩子起身穿过舞池时，男孩子们作为男性，应当敢于邀请她跳舞。在小姑娘们看来，他们打扮得似乎饱经风霜、世故老练，但是他们却很害怕来邀请女孩子跳舞。南希察觉到了这种迹象，便走上前去和一个男孩交谈，她那活泼轻快的笑声，不时从他们的谈话中传出。

不久，南希便把同志式的友谊和那些不知名的同伴抛到了一边，她轻易地通过了从青春期到成熟女性之间的这道桥梁。实际上，她从未感到过一个妙龄女郎所承受的那种局促与尴尬之苦。她好像长大了，更严肃认真，更稳重了。她开始戴嵌有闪光斑点的宝石手镯，开始穿毛皮衣服——这衣服是她妈妈为她租借的。

上学期间，南希仍穿着女子拉丁学校的蓝制服，不涂口红或指甲油，戴一只戒指和手表，不戴昂贵的珠宝，但是她母亲仍给她买最好的衣服，带她到最好的地方去玩。有一年的复活节，父亲母亲让她带着她的好朋友怀迪·韦斯科特同他们一道去亚利桑那旅行，两个十几岁的姑娘在那里学会了开车。

一九三六年，南希生父那一方的表妹凯思林和她的母亲在芝加哥歇脚，她们刚刚去新泽西州看过南希的祖母南妮和她的父亲。她们有很多事情要告诉南希。十二岁的凯思林大部分时间是在法国度过的。于是，戴维斯夫妇想到让凯思林到法国餐馆就餐，一定非常有趣，同时，他们为凯思林买了衣服，使她感到她是受欢迎的。进出餐馆，凯思林都紧贴着表姐。十六岁的南希长得那么漂亮，又那样见多识广，世故老练，衣柜里又有那么非同寻常的衣服，摆放得整整齐齐，她的安哥拉羊毛被就晾在洗澡间里，这一切使得凯思林很羡慕并崇拜。

多年后，小凯思林还说：她很难相信南希会认识那么多人。

戴维斯夫妇不仅出入于芝加哥上流社会，而且由于伊迪丝的原因，他们还进入了这个城市戏剧界的圈子。那个年代，芝加哥不仅仅是全国旅行中的一个站口，而且还是法定的广播戏剧中心。南希不仅认识电影传奇式的人物艾拉·娜兹莫娃，"齐姆"还成了她的教母；科利恩·摩尔和扎苏·皮茨两位著名的喜剧女演员，也成了南希家亲密的朋友。

芝加哥外围的阿罗黑德湖是好莱坞电影演员隐退休养的地方，那里几乎成了中西部的棕榈泉。夏天，戴维斯夫妇经常驱车去那里度周末。他们认识有名的影业代理人迈伦·塞尔兹尼克，此人在湖畔有个住处；他们还认识名演员雷金纳德·丹尼；他们还和沃尔特·休斯顿在一起，对南希来说，他不仅是个名演员，而且还是她的"沃尔特叔叔"，她在家里最敬爱的朋友呢。他家的游泳池和网球场，戴维斯夫妇可以像是自己的一样任意使用。住屋里挂着一幅阿拉斯泰尔·达斯德·克劳维纳伊的油画，来访的客人们都认为画中的公爵便是休斯顿的先祖。实际上，这位前歌舞演员的确杜撰了家谱，南希虽也被开玩笑受骗，但她仍觉电影明星和演员是理所当然的上等人。

南希漫游在一个真实和虚幻混为一体而又无法辨认的世界里。吉米·斯图尔德是银幕上和她笔记本封面上光辉的形象，南希也曾在她的"沃尔特叔叔"家里见过，但是那个使她着迷的吉米，却仅是一个可笑的、爱说俏皮话的年轻人。

一年夏天，南希坐在休斯顿的游泳池旁，听着年轻的制片人乔希·洛根向她的"沃尔特叔叔"读着脚本。洛根正在为该剧本选演员，他很想要休斯顿担任主角。洛根每念到可笑的地方，南希总是发出轻松、高亢的哈哈大笑声，洛根相信南希是令他鼓舞的支持者。

但是当洛根一走，南希便转向休斯顿说："啊！沃尔特叔叔，我认为这个角色对你不合适。"她毫无经验而又自信地强调，"我认为你扮演这个角色是个大的错误。"但休斯顿还是一往直前，在《荷兰人的假期》中担任了主角，这是他主演的最轰动一时的一部影片。

南希想到，要是她所有的朋友都一同上寄宿学校，那才真棒呢！

"我要去上学。"琼·韦斯科特坚定地对父母说。其他女孩子们也像琼一样坚持,这也是南希的主意。但是,待其他女友都打好行装离开了时,南希却还留在芝加哥。

南希一直想旅游。在她三年级时,戴维斯夫妇为了让南希欢度复活节,许她到百慕大一游。因为一个十来岁的女孩子和女友到百慕大游玩,这是很少见的,所以南希在那里度假显得异乎寻常。《芝加哥论坛报》在一九三八年三月五日对她作了报导。她穿着短外衣,围上围巾,真像一位少妇,只不过她穿的黑色与白色皮拼接的浅口绑带便鞋,使人能看出她的真实年龄。

南希在女子拉丁学校最后一年开学之际,西班牙发生了内战,欧洲的政治家们在慕尼黑聚会,签订一个条约,给了希特勒占领苏台德的权力。芝加哥的报纸上登着希特勒的德国吞没东欧的漫画,也有人说,很快整个世界将要卷入一场世界大战。南希的继父是个很突出很直率的孤立主义者,他相信美国会摆脱欧洲的这场麻烦。

南希为了得到好分数,对当前的事件说得头头是道,写得也很好,但是她心里却在想着别的事。她喜欢娱乐、聚会和跳舞,喜欢痛痛快快玩耍。她有很多倾慕的对象,如博比·克兰、巴迪·贝尔德等。

当她十六岁时,桑斯托·赫特成了她的第一个真正的情人,他个子高高的,红头发,又叫"索克",是一个木材商的后代,是男子拉丁学校的学生。他把南希带到谢尔曼宾馆的夜总会,还把她介绍给他的当鼓手的朋友吉恩·克鲁潘。索克把自己的图章戒指送给南希。南希有些朋友曾戴过这样的戒指。南希和索克这一对,在《芝加哥美国先驱论坛报》的闲话栏里很值得一提。他们恋爱期间,两人经常坐在一起,认真地谈论他们的前途。报纸上登了他们的照片,下面还附上些说明性的文字,暗示他们将要结合,这使得索克的妈妈十分懊恼。

但是,索克、聚会和衣着并不是南希唯一关心的事情。在伊迪丝的激励下,南希每周去一次马撒华盛顿残疾儿童学校,安抚残疾儿童们。她为"训练导盲犬计划"积累资金,还同低智儿童服务俱乐部的人们一起工作。

念高中时,南希成了学生会干部,虽然她在选举学生会主席时落选,但她却当上了学生法官。法官南希对于穿着和桌面整洁方面的校规执法十分严肃认真。"为什么你要这样做？"她总是这样质问犯规的同学。她不明白女学生们居然能忍受得了桌面那样邋遢，不明白她们为什么还明知故犯涂着口红来上学。

除了做以上这些工作，南希还在高年级演出的由乔治·S.考夫曼编写的《第一夫人》中担任了第一夫人的角色。因为扮演第一夫人这一角色，所以在整个排练过程中南希最为忙碌。当用不着她劳神时，她便坐在体育馆的地板上，全神贯注地学习。南希是主演，首场演出的那天晚上，她已熟悉了每个角色的台词，当扮演者忘记时，她可以随时提词。

南希认为她在女子拉丁学校度过的那几年是最美好的。她和她的朋友们秋季就要离开女校去上大学或者上女子精修学校。一想到她只能间或回来看看这个学校的同学们，她就感到难过。她特别感到不好受的是不能常与怀迪见面，这时，怀迪已从寄宿学校回家了。南希认为这不行，所以她说服怀迪同她一起去上了史密斯学院。女子拉丁学校一九三九年的年鉴中，在南希穿着灰色的绒线衣、戴着一串珠宝的照片下面写着："南希在社会活动方面完美的表现，总是使人们惊奇不已；她的穿着总是那样合度得体；她知言，但她更善于倾听和领会别人的谈话，无论是万圣节前夕聚会中童年的小伙伴，还是朋友辈，或者是老祖母的谈话，她都能洗耳恭听。"

Chapter 3
"放荡的女人们"

一九三九年秋季，在初入史密斯学院的第一个月里，南希和琼·韦斯科特深居简出。北安普敦马萨诸塞校园里的高年级的女同学，显得持重老练，不可接近。她们中很多人是从纽约和波士顿来的，说话不像中西部的土腔，她们拉长语调说话，不像南希听惯了的那种像伊利诺斯的麦田一样平坦清柔的声音。

虽然学校招收了许多聪明、对教养完美比对严肃教育更感兴趣的女子，但史密斯学院的教育水准还是很高的。它是美国最好的大学之一。它的师资队伍中有世界著名的学者。该校的女生，像在普林斯顿或耶鲁大学读书的男生们一样，能够受到良好的教育；也可以寻求社交生活，物色一个合适的丈夫。

南希对后者表现出更大的兴趣，她喜欢迷人的、光彩夺目的晚会。圣诞节放假期间，她要做初次进入社交界的表演，这种亮相标志着她成年生活的开始。多年来，她一直对男孩子感兴趣，一旦她"走出来"，她将是一个十足的女性。在时髦的芝加哥杂志《市民》七月号上，刊登了南希的照片，她穿深色的丝织衣，指甲涂了红色，看上去非常像是一位社会名媛。

"东部学校有一大群年轻女学生，近来不安地望着日历，盼望假期到来，合上书本飞奔回家，过两周欢快的日子。"十二月号《市民》这样报道。

少女犹如"一朵花蕾"，只能盛开一次。"在一个女孩的一生中，当她刚入社交界，她决不可能成为一切的中心。"《芝加哥论坛报》这样评论。南希知道，这神奇美好的两周将会把整个城市变得像神话中的城市一般。五十个左右初次登台表演的女孩子，从一个晚会转向另一个晚会。披着天鹅绒的、饰有金属亮片的披肩的姑娘们从出租汽车、小轿车里走出，由打着白领带、穿着白色燕尾服的、站得笔挺的青年男子护送。各个报纸的社会栏目竞相报道这令人慕悦的景象。

南希从对她的邀请和来信中分辨得出，今年将会有比往年更多、更为奢华、放荡的舞会，这通常是美妙的。有个女孩子初入社交界，她的父亲为她初次登台而特地聘请了一位为世界博览会工作过的设计师前来改造布莱克斯托舞厅，仅布置费用一项就花了三千美元之多。

当南希返回芝加哥时，十二月二十八日是她自己首次出场的时间，她将去参加一大串的舞会。接下来的好些天，她接连参加四次或更多的舞会：有午餐舞会、茶舞会、宴会、晚餐舞会和狂欢作乐的聚会等，而每次出现在一种场合，都需要有不同的衣着和装束。

二十一日星期四，在女子体育俱乐部举办这个季节的第一次茶舞会。伊丽莎白（布巴）·斯坦森初入社交界，南希是舞会上陪着伊丽莎白的十名花蕾之一。作为助手，她有女候相的作用和荣誉。南希体面地戴着红玫瑰花在茶桌上轮流招待客人。然而，她仍然有很多时间和那些献殷勤的花花公子们翩翩起舞、旋转着绕过张灯结彩的绿色的圣诞树。

舞会过后，斯坦森夫妇计划带着布巴和她的助手们到城里布莱克斯托宾馆的巴林斯厅去进餐，但是姑娘们的日程表排得满满的，她们要赶到城里的布莱克斯托的水晶玻璃舞厅参加巴伯拉·贝内特的晚宴舞会，时间紧迫得几乎没法换上她们那全副绣了边的、裁得很短的舞衣了。

星期五晚上有一场特为怀迪举办的晚宴舞会。星期天，南希又践约去赴两周一次的茶舞会，为巴伯拉·怀特帮忙。大部分初次在社交界崭露头角的女孩子，都去为沙姆韦在卡西诺举办的舞宴捧场，随后又去布莱克斯托参加海伦·迪克的初次出场舞会。与会的客人有五百多个，现场有两个乐队，舞场布置得辉煌灿烂，有羽毛树、银边窗帘，还有花泉。

少女们和她们的情人们在月明的夜晚翩翩起舞。穿着绸缎的、丝的或天鹅绒长衣的女人们裹着羽毛、皮毛，戴着一串串的古玩珠宝，旋风般地跳过舞池，与穿着黑色或白色正式燕尾服的年轻人一起构成了一副五彩缤纷的图画。

南希到处参加舞会。圣诞节前夕，《美国先驱报》就称她为"聪明伶俐的小南希·戴维斯"了。到了星期一圣诞节那天，狂热到了极点。南希到她的老同学贝蒂·吉莱斯皮家里，为她举办舞会帮忙。会后，吉莱斯皮先生带这些少女到巴林斯厅去吃饭。当晚对南希来说最重大的事件是怀迪为进入社交界在卡西诺俱乐部的首次露面。怀迪的舞衣是质地轻薄的白纱绢，罩着一件饰有一串串珠宝的紧身胸衣，显得很可爱。音乐呢？由小牛顿·佩里和他的耶鲁管弦乐队演奏。他们还要为谁演奏呢？"牛蒂"也会为南希演奏的。

在星期二再次离开之前，南希简直很难睡好觉。当天下午在女子体育俱乐部为弗吉尼亚（金尼）·斯金纳举办了茶舞会。一周前南希曾到过那里，那是为了给布巴的登台露面帮忙。不过，这一天，这个俱乐部倒是全变了。金银色的舞台装饰，贴在大圆柱上的闪光的装饰物，这些为金尼的初次登台的独出心裁的设计把大厅装点得像童话中的仙境一般。

姑娘们相互拥抱时，摩擦得身上的绸缎沙沙作响。尽管她们当天都已经见过面，参加过当天的午宴已感到困倦，但现在她们又互相接吻，咯咯地笑了。她们很快地扫射对方一眼，看是否穿了更昂贵的衣服，更能吸引那些没带舞伴、很不自在地喝着舞会饮料的男子。许多年轻的绅士们懒得去等夜间舞会送来的马丁尼酒。比起饮茶时的交谈，他们更愿带着姑娘们在舞池里飘然起舞。

星期四不觉到了，这是南希的好日子。南希的父母算是有钱的殷实人家，但是南希知道他们不及她很多朋友们的家庭有钱。南希的父母没有为女儿开一个奢侈的午后茶舞会，虽然他们开的这个茶舞会不太昂贵，却是非常正式的。

伊迪丝要确保南希的社交舞会开得非常别开生面，她留心到，南希拥有人们竞相物色的所有商品中最为珍贵的东西——年轻男人。《每日新闻》报道说："今天城里有五十名普林斯顿大学生参加了南希·戴维斯在卡西诺举办的和普里斯西拉·布莱克特在布莱克斯托举办的社交舞会，他们使这两位名媛的舞会比预期的更为出色与欢乐。"每年的圣诞节，普林斯顿三角俱乐部都要在芝加哥演出，所以南希非常走运，这使得更多的献殷勤的青年男子来参加她的舞会。

南希提前到达了将于四点开始的在卡西诺为她举行的茶舞会，像所有初次参加社交舞会、正式在社交场合亮相的姑娘们那样，南希穿着白色衣裙——不是那种温柔的、少女的浅白衣，而是极其漂亮时髦的白衣。她穿的长外衣是纤细的平纹薄纺绸的料子做成的，紧身胸衣上编织着银花边，长的紧袖管把臂膀箍得紧紧的。她手里握着一束白色的荷兰石竹和一束白水仙花，笔挺的裙子在光滑的地板上嗖嗖擦过。

房间里的摆设也为南希增辉，在用白色亚麻布覆盖着的茶几的中央摆着一盆白色的荷兰石竹，石竹旁边是古色古香的银器茶具。舞厅里的八根柱子上有银白色的竹藤绕过，藤上装饰着高帽，扎着彩带，这充分反映了伊迪丝对戏剧艺术的偏爱。

四点钟已到，牛蒂和他的乐队奏起了华尔兹舞曲。南希挨着伊迪丝站立在大厅门旁。伊迪丝穿着天蓝色的丝绸，显得很年轻。此时万事俱备，只是还没有什么来客。戴维斯夫妇总是很准时的。这时南希脑子里闪过一个可怕的想法：假如只有零零落落几个人来，该怎么办？不过，至少普林斯顿的大学生们已经到了。

南希心绪非常烦乱，倘若不是普林斯顿那个小伙子在场，她会等得更加心焦的。小伙子看得出她是何等紧张。他不停地站到主人迎宾队列里来，用不同的名字不同的声音说着话。他一个人抵得上一大群人，显得狂热有趣。他漂亮而瘦削，名叫弗兰克·伯尼。突然间，他不在那里了。因为，大家都来了。

怀迪、布巴、伊丽莎白、韦吉尼亚、普里斯希拉、牛蒂的姐姐萨利都来了，还有其他六个少女，以南希的助手与陪伴的身份出现。南希跳啊，跳啊，最后她站到了牛蒂的管乐队前面。正值大家好奇地站着张望时，南希唱起了一支流行歌曲。她曾在拉丁学校的其他舞会上唱过歌，但今晚情况不同，这是她个人的舞会，是唱给她个人的观众听的。

南希还未来得及享尽她自己的社交舞会带来的快乐便离开去赴她家的朋友帕特里夏·瓦伦蒂太太专门为她举行的宴会了。客人们接着涌进市歌剧院去看三角俱乐部表演的《现在无论何时》。表演很逗人，但那还只是她的朋友普里斯西拉·布莱克特在布莱克斯托所举行的舞会的一个序幕。

南希喜爱跳舞，普里斯西拉的父亲雇来格伦·米勒的乐队，这使南希倍感兴奋。米勒乐队风靡一时，在东部曾引起过一阵狂热与喝彩，那是这个乐队制造的奇迹。南希在用粉红色玫瑰和镜子装饰的舞池里旋转。当米勒不在音乐台时，第二管乐队唐·佩德罗又奏起了拉丁旋律。这一晚，姑娘们又玩到黎明时分才尽兴收场。

那是一种紧张的生活节奏。如同《每日新闻》指出的那样，"无论哪个超过十八岁的人参加了这样一天的活动之后都要累垮，更不用说连续两周的时间了。"即使在自己的社交登台舞会之后，南希也得不到休息。这天晚上，她参加了罗伯特·J.邓纳姆夫妇为她举办的晚宴舞会。之后，她们又一起去参加巴利特·拉塞在人礼堂剧场的义演演出会。接着，人部分新晋名媛又到布莱克斯托去参加谢拉·卡达希的舞会，那儿有埃林顿公爵和牛蒂的乐队为之伴凑。

早上，南希也不能睡得很迟再起床，她还得到卡西诺去赴约瑟夫·G.科尔曼和沃尔特·柯克太太们为款待她而举行的午宴。

南希还得参加其他舞会和元旦庆祝会，但这一切像一个机器玩具一样都开始变得松弛了。那是一个青春、美丽、文明优雅、仪态万千的，充满了音乐和舞蹈的神奇世界。南希带着眷恋与回忆和从未有过的闪着银光的梦返回了史密斯学院。

南希从她的第一次社交活动中得到了一件纪念品：那不是一束胸花，也不是一份剪报。当她回到史密斯学院的塔尔博特宫之后，很快她便与普林斯顿的学生弗兰克·伯尼约会了。他在南希举办舞会的那天下午显得非常活跃。南希和她的普林斯顿的献殷勤的小伙子有许多共同之处。弗兰克是芝加哥人，就读于森林湖学院。他的父母也离了婚。他在舞台上所表现出的幽默感像止痛剂一样使南希感到轻松愉快。他总是那样滑稽有趣，使得南希忍不住大笑。弗兰克是个戏剧性的人物，所以他的朋友们预言，最后他会走向影剧行业。

普林斯顿有很多像弗兰克这样的过早读过菲茨杰拉德的书而又没有读懂的富家少年，和那些死抠书本、充满奇志和幻想的可怜的男孩们。弗兰克并无不切实际的表现，他喜欢喝酒、跳舞、坐着小车呼呼地到什么地方兜风。要是南希星期六不去普林斯顿看橄榄球赛，弗兰克就会驱车来史密斯跳舞。其他周末，他们会在纽约城的比尔特莫尔旅馆的钟下相会。

南希和弗兰克是一对快乐可爱的年轻人，但对很多旧时代的人而言，他们对外部世界显得太无知。他们好像看不出关于不列颠之战，和日本入侵满洲里的大标题下包含着的不祥之兆。他们对教授们所讲的有关纳粹的残暴行为，用沉重的语气所叙述的有关欧洲难民之事并不在意。

南希念一年级时，刚刚退休的校长威廉·艾伦·尼尔的思想在史密斯校园里仍很活跃。在教堂里，他很激烈地谈及纳粹德国的兴起。他把从希特勒桎梏下逃出的学者安排在教学岗位上。南希读二年级时，有些学生为流亡者募捐，征集寒衣，对美国在这场冲突中所起的作用提出异议。还有些教职工把英国流亡儿童接回家抚养。

南希未曾卷入以上那些活动，在拉丁女校时，她曾经当过学生领袖，但世道变化太快，她跟不上，并且兴趣也不在那些方面。与其坐在那儿听那些乏味的议论，倒不如去北安普敦的电影院看场电影。她经常说服怀迪一同骑自行车去城里。她仍然喜欢吉米·斯图尔德，但她新近又迷上了埃罗尔·弗林。同时也对一些新星，其中包括罗纳德·里根感兴趣。

南希在史密斯学院并非特别有名，但她对男大学生却很有吸引力，不仅只是对弗兰克·伯尼一个人。每到星期五，她桌上总少不了周末向她献媚取宠的男孩送来的兰花。南希身高一米六四，虽然体重有一百三十磅，但毋庸置疑，她长得很美丽动人。塔尔博特宫住着的六十个女生中没有一个比她穿得更漂亮。她穿的都是比较时髦的衣服：她在布鲁克兄弟店买的裙子，布雷马的绒线衣，与斯波尔丁的褐色浅口绑带便鞋或乐福鞋搭配得很协调。上骑术课时，她则穿马裤。

南希专修戏剧，在整个年级的五百人中，只有十一人学戏剧专业，仅此一件事已使得她与众不同。南希虽然文静，但却很有戏剧鉴赏能力。对她的同屋来说，她是很有魅力的，而另一部分人则认为她拘谨得可爱。少数人认为她太注重派头。在她的同班同学玛丽·安妮·吉塔，一个想成为作家，因而有兴趣观察人们的姑娘看来，"南希是一个漂亮的人，她似乎在等待着生活中即将出现什么，等待着某个更有进取心、更有生气的人来为她开路。"

南希对比较严肃爱沉思的同学言语不多，而与那些活跃分子，比如比她高一年级的贝蒂·弗里丹，又毫无共同之处。

南希爱笑，但她认为自己成熟有余，不便于和同学们一起胡闹，乱开玩笑。有一天晚上，有几个姑娘故意在抽水马桶的座位上倒上了一些蜂蜜，南希便没有参与。有一次周末，正值她要去纽约赴约时，几个姑娘在她的手提箱里放了一只闹钟，拨到火车到大中心站时起闹。

"南希，闹钟响时你在干什么？"南希回来后一位室友这样问她。

"啊！我没有去理它。"南希满不在乎地说，好像年轻人的嬉戏并不可能使她烦恼一样。

频繁的社交活动使南希极其忙碌，但她仍间或抽时间去看望她的生父。一九四一年，她前往马萨诸塞探望罗宾斯并和他一起照了一张像。肯·罗宾斯的汽车合股生意做得挺不错，他发胖了，显得迟钝淡然。

南希原打算在史密斯只读两年，届时她要返回芝加哥，选一个追求者，同他结婚，组织一个家庭。但当她离开芝加哥之时，和她的旧相好桑斯托便算永久分手了。现在她认真考虑弗兰克·伯尼，并且对戏剧产生了兴趣。

南希在演员的道路上尚未迈出大步。在求学的头两年里，她在史密斯戏剧演出中并未担任角色，她积累的大部分经验来自她在夏令剧目的演出。而升入高年级后，她在史密斯演出的一个剧中担任了角色，还在戏剧系以外的剧中担任角色。

一九四一年秋，史密斯学院的一小部分学生开始组织排练他们所期盼的音乐喜剧。他们很高兴地称自己为"班德尔－洛格"，这个名字来自吉卜林作品中那个因为善于模仿而生存下来的"猿人"。他们想欢快地表现他们对生活方式的研究，这是一年一度的颇为盛大的集会演出。

这是一个雄心勃勃的计划。《放荡的女人们》将由学生们自编、自导、自演，他们还从附近的艾姆赫斯特物色男演员担任重要角色。

"班德尔－洛格"的两个发起人玛丽·安妮·吉塔和哈里特·特雷恩写脚本到深夜。南希没有参加写歌词和讽刺诗文的工作，而是负责找服装、道具、演出厅和为要求得到批准等事务而与教务长劳拉·斯凯尔斯展开舌战。她是个初出茅庐的女演员，也被选在演出中担任角色。

《放荡的女人们》只不过是一组串起来的音乐节目，但在排练过程中就已很清楚地向人们显示，它有点不同凡响。短小的幽默故事是在一定时空以内的、具有现实意义的讽刺佳品。作者们直观地模拟自己时代的电影、思想观念以及学院生活。甚至四十年后，提起"班德尔－洛格"一词，演员和剧作者还能背诵其中部分诗文，吟唱其中部分歌曲的片断呢。

南希很卖力气，总是准时参加排练。她不负众望，总是那样有礼貌，考虑周全，但她却不甚知道自己该如何表演与演唱。她经常靠剧团的导演告诉她该站在什么位置，如何摆弄姿势。虽然《放荡的女人们》被认为是一出讽刺剧，但一到幽默滑稽之处，南希总是演得果断自如，她永远是一个扮演天真无邪的角色的女演员，一个完美的浪漫的女主角。

首场演出临近了，南希一心扑在演出上。不过，她与弗兰克·伯尼之间出现了问题。弗兰克很有才气，当一个三角俱乐部剧作的作者绰绰有余，但他考试不合格，有被普林斯顿开除的危险。他不再那样有风趣，而是很懊丧、易怒。南希不像以往那样经常去看他，甚至同屋的人以为他们的关系已经告吹。

"班德尔－洛格"剧组花五十美元租了当地的一所高级中学礼堂，演出了两场。十二月五日首场演出，期待已久的观众们，看到幕布在二十位穿着旅行服、坐在行李箱上的女子的合唱声中徐徐升起，这时，她们被坐在舞台右边的教授用怀疑的眼光望着。女生们唱道：

> 我们并不很莫测神秘
> 坦率地说，我们是群寻乐在外的女子
> 提防滑头的良家少年
> 我们是狄安娜① 出外游玩。

观众们认为这未免歇斯底里、疯狂可笑。

第二首诗文是对流行的德国米兰达电影的戏弄与嘲笑，女演员们的拉丁腔调重过故事情节。南希戴着一顶香蕉做的帽子登了场，她长得很丰满，犹如一枚熟了的芳香的水果。

> 我读过有关边境南部的诗文
> 我把每支伦巴舞熟记在心
> 拉宗加女士的课我听了六堂
> 打从一开始，我便是个好街坊
> "明天"这个词
> 从我嘴里吐出
> 当他们摇起沙球
> 我摆动我的屁股。

这是一支讽刺性的歌，但这并不重要。南希依旧流露出女性的脆弱，她很甜蜜、温柔，又给人以美感。她唱的第二支歌是关于一位女子在家想念她那当兵的男朋友。但终场曲却是南希显示自己的大好时机，她是有男士陪同的"四女士"中的一个。她独唱道：

---

① 狄安娜，罗马神话中的处女守护神。

我将会你在春天

啊！我多怕说声再见

我将会你在春天

我祈祷时日飞快过去

尽管我心在冬天要经历风雪严寒

但想到春日的你，我的心啊，便永保温暖。

南希眼望观众，审视那些黝黑的面孔，用她那甜蜜的痛苦扣动着他们的心弦。好一阵子观众席上鸦雀无声，大家都在品味那诗句中的情感，但突然爆发出一阵掌声。

第二天早晨，南希在塔尔博特宫进早餐时，同宿舍的人对她刮目相看，态度显然不同。在史密斯学院，至少在塔尔博特宫，南希是一颗明星了。

第二晚，也就是收场那晚，南希和剧组演员在城里的威金斯酒店举办招待舞会。那是一个殖民时期的酒店，天花板很低，挂着壶和锅。为准备参加当晚随后的慈善舞会，许多客人都打着黑领带，穿着长外衣。然而，由于《放荡的女人们》获得了如此之大的成功，好像人们仅仅是为它的成功才这般穿着打扮。

哈里特·特雷恩的父亲向南希表示祝贺。"孩子，"他说，"我给你取个诨名，我要叫你'卡德尔斯'①，因为当你唱歌时，你使我觉得你紧紧地抓住了我，在拥抱我。"

对南希和每一个与会者,这都是一个美妙的夜晚，并且这还仅仅是开始——还会有更多的"班德尔－洛格"演出，奉献给观众更多的音乐、舞蹈和欢笑。

次日早晨，每个人都有充分的时间回味周末的节目。塔尔博特宫的一群姑娘们聚集在厅堂里，悠闲地谈论着前晚的故事内容。在城里的威金斯酒店，普林斯顿的男学生们及他们的约会者坐在那儿吃早餐,慢慢饮着剩下的血腥玛丽。

---

① 卡德尔斯，意即拥抱。

"你听说过他们轰炸珍珠港吗？"一个匆忙走过酒店的人说。

"坐下，喝杯饮料。"杰夫·琼斯说，他是普林斯顿的学生，最近才同南希的男朋友弗兰克·伯尼住在一个寝室。这时，琼斯还认为这又是在毫无节制地开玩笑。

在塔尔博特宫，女同学们也正围在收音机旁。一个同海军预备役军人订了婚的低年级女学生开始哭叫起来。有些人找到了一张地图。每个人都想同"廷基"谈谈。因为她的父亲是将军，并且她在夏威夷住过。

很快，住在塔尔博特宫的女学生，在威金斯酒店逗留的人们，坐着车来上学的学生们都在听着收音机，他们都在想相同的问题：这到底是什么意思？这对全世界意味着什么？对美国来说意味着什么？这将会对他们、对他们的计划、他们的生活带来什么影响？

"班德尔－洛格"已经被遗忘了，南希的表演也被遗忘了，《放荡的女人们》已算不得什么了，前夜里那些机智、聪明的东西现在已变成微不足道、无关紧要的事了。

普林斯顿人在四五个小时内都返回了学校。这消息使弗兰克·伯尼深为震惊，心烦意乱。他为升级的事已经非常心烦，他担心会被普林斯顿大学开除。虽然南希和弗兰克可以通电话，但她与他相隔数小时的路程。几天前，他还曾对同寝室的迪克·佩特抱怨他无法安眠。他也曾去看过医生。

十二月十三日，星期六的早晨，弗兰克起得很早，穿好衣服后说："我完成了我的学期论文，迪克。"然后他说他这就去纽约市看他的半血亲的妹妹。他径直走向城市的小街，向着火车站走去。平时每天早晨有很多人乘车到纽约城去工作，但星期六的早晨乘客不会有那么多。在任何其他人看来，弗兰克也正是许多普林斯顿离校度周末的学生中的一个。

然而，就那么一会儿工夫，弗兰克便躺在轨道上死了。他被碾碎在车轮底下，血肉模糊，连他同宿舍的同学也难于辨认。

弗兰克之死引起双重恐惧，不仅是他死得可怕，而且死因玄奥莫名。是自杀吗？是心神恍惚、极度忧伤而麻木轻生？是纯属偶然或者仅仅是弗兰克的一念之差？

没有人能说得清楚，弗兰克的朋友们不能肯定，验过尸的普林斯顿警察也不能断言。南希也如此，南希同屋的人也搞不清。她们在四十年之后还记得那个周末，南希一直在塔尔博特宫里，她没有去纽约会见弗兰克，并不像她后来写到的那样。之后，南希去到伯尼太太家里，花了整整一个假期的时间安慰她。在伯尼太太伤心的时候，她一直很亲近地和这位美丽、文静的年轻女子在一起。

后来南希重新提到弗兰克之死。"有一次周末，我们约好在纽约相会，"南希在自传中写道，"我正在等他的时候，他打电话来了，说他晚了，必须赶快在普林斯顿赶火车，跳下车门跑在迎面开来的火车之前过铁轨。"

有时候，痛苦、悔恨或者内疚往往把事实扭曲得像得了关节炎的又弯曲又发抖的手那样，结果把事情搞得面目全非。这是南希年轻的生命中一场暗淡而带有戏剧性的悲剧。但是对她来说，把这段又苦又甜的罗曼史——维多利亚小说中的一个场景——伤心地结束，还是比较容易的。

一九四二年一月，圣诞节过后，南希返回史密斯。她开始和其他男孩幽会。给她取的绰号"卡德尔斯"已经被叫开了。战争时期，这个名字似乎再好不过了。南希像只小猫，一只不能让其独自跨过马路的极可爱的小宠物。

战事的紧迫动荡打破了平静的校园生活。全国参战，这意味着年轻人将可能会死于战场。假日里，很多女子订了婚。并且，有十一个女学生和即将入伍当兵的男孩结了婚。而在学校，有二十五个女学生迫切要求为战争服务而永远地离开了学校。

史密斯学院每间房屋都有一个空袭时的民防队员。有些学生每周花费数小时学习如何收装降落伞，把丝制的降落伞摊放在体育馆里。其他人则参加各种特殊训练，如摩托救护、急救、无线电通讯和飞行等。无论学生们聚集何处，在教室、在威金斯酒店，或者在宿舍里，都有女学生们为红十字会织着毛线衣。每逢周末，女学生们还穿着工装裤去农村，帮助农民收割庄稼。

有一些学生强烈要求工作，做任何事都行，几乎到了疯狂的程度。"我感到必须在大学这头沉睡的驴下面放一把火，让他燃烧。"登在学生杂志《观察》

上的一篇文章中这样写道，"我认为在战争期间大学应该停办……我们谁也不是纯粹的白痴，这样与世隔绝的大学生活，在和平时期是美好的，可是在战争时期，只有白痴才会喜欢。"

南希不是那种想脱掉便宜的平底鞋换上工作鞋的人，但她也不得不容忍战争所带来的变化。塔尔博特宫的暖气到夜间便被暖气管理员关掉了，在饭厅里学生们也开始喝黑咖啡，他们开始轮流抹食堂的桌子和整理床铺。有一天，有关鞋子要定额配给的流言刚传开，城里的商店就被人群围住了，但是最急需最短缺的还是人。不过，南希还是一如既往地出名，有许多追求者，其中包括在附近的阿默斯特的高年级学生吉姆·怀特。

由于南希对戏剧越来越有兴趣，她与怀迪·韦斯科特也便越来越疏远了，她们甚至不再住在一起了。南希的新室友弗兰妮特·格林尼相貌平庸，与怀迪大相径庭。南希认为美貌和风度是女人最有力的资本，所以有时她对待弗兰妮特就像公主对待侍女一般。

一九四二年秋天，南希仍需继续她的学业。戏剧系的新任系主任叫哈利·弗拉纳根·戴维斯，她是个可怕、易怒、好争执的人，不仅是个激进的新政主义者，而且肯定是个左翼女性。

第一天给学生上研讨课时，她全身都穿着蓝色花呢布衣，同她那火焰般的红头发互相陪衬。两个助教分别站在她的两侧。她静静地站着，两眼向下望着围坐在一张长宴会桌旁的十二个学生。

"我但愿能说你们这组同学比上一组更热情些，上次我也像这样站在他们桌前。"她说着话，她的戏剧课就算开始了，"他们就像是众议院非美活动调查委员会。"

学生们从未见过这样不可思议的老师，坐着如饥似渴地等待着，想看看从这位红头旋风的嘴里到底会迸发出些什么东西来。

"我要感到热情，"戴维斯夫人突然说，"热情！我要感受到热情。"

戴维斯夫人要求学生读穆里尔·鲁凯泽的诗——《复活岛》，并准备表演。这不是南希感到最为轻松自如的那种戏剧风格，但是把这本表现太平洋战争中最初几次战役的作品改编成剧倒成了新的戏剧系的第一部产品。

这便是史密斯许多专攻戏剧的学生们所认为的最激动人心的时刻了。学生们如何经常与哈利·弗拉纳根·戴维斯认为的有声望的人一同工作呢？她带来了著名的电影界和戏剧界的人物。同时，对于艺术为谁服务，她的想法很激进。她效法联邦舞台的戏剧报所提出的在工厂、学校演出的模式，试图在史密斯创作出这样的戏剧。

戴维斯夫人努力创作具有高度的政治和社会意识的戏剧。有时，学生们茫然不知所从，不知到底要求他们干什么。南希对此一点都不喜欢。在她看来，现在的戏剧系没有处于生气勃勃和创作力兴盛的大好时期，而仅仅只是"一个过渡时期，一个管理不善的时期"。

尽管南希有疑虑不安的表现，她在戴维斯指导的第一部主要剧作《苏珊和神》中仍担任了角色。春季，正值毕业前夕，南希在史密斯学院还担任了另一个角色，是在音乐讽刺剧《无所不用其极》中参加演出。这个由学生写成的剧是增强士气的作品，不只在史密斯，同时还在奇科皮的菲斯克轮胎厂演出。南希饰演因为战时失去了许多东西而感到不高兴的"漂亮动人的姑娘"，她唱道：

> 我想念纳索的冬天和春天里的帕里斯
>
> 我的管家做具体安排
>
> 他们把一切平均分配
>
> 要找一个多余的人简直不可能
>
> 城里的车入了车库
>
> 游艇已失修
>
> 当我开始埋怨——
>
> "太太，对不起，这是战争。"

一九四三年春天，史密斯学院同南希四年前进来那阵子相比，已判若两地。威金斯酒店已经停业，成了第一女子后备军官培训部的营房，南希曾经喜欢在那里吃蓝莓松饼。每天早晨，九百名卷发女郎在校园周围整队操练。很多史密斯学院的学生为了提早毕业而加快了功课的进度。南希同寝室的同学，有的去了华盛顿干很神秘的通讯密码工作。

至此，战争正在全面影响着美国人：从菲斯克轮胎厂的工人到像南希这样的已经进入社交界的女人都牵涉到了。到战争结束时，曾用手举起过南希充满青春活力的臂膀、同她跳过舞的男青年中就有二十七人战死，有一些在芝加哥初入社交界的女子也已死于战争。

Chapter 4
"干吗不在银幕上试试"

南希于一九四三年五月毕业后，便乘火车回到芝加哥同她母亲住在一起。其时洛亚尔医生以陆军医疗队中校的军阶在中国服役。南希发誓留在家里，陪着母亲直到洛亚尔医生回来。伊迪丝忘我地工作，为战时工作尽自己的一份力量。在军人服务中心，她那发胖的身上甚至穿上了蓝色的军服式的罩衫。她尽力使这间军人福利社成为远离家乡的军人们的温暖欢愉的家。她在社里备有品种齐全的糕点、甜饼，而且还像母亲般地陪伴他们。

伊迪丝对征募入伍的士兵们的关注，不只在福利社内，还扩展到社外。她的朋友凯利市长指定她做一名秘密女警察，她时刻留心不让坏人将士兵引入歧途。上个春天，曾有过多起抢劫、袭击酒店的事件发生，并且有酒馆向未成年的士兵卖酒，这些士兵们想在上船被运往战场之前，弄到一些瓶装酒。一名十八岁的水兵证实，正在抢劫事件之前，他和其他两名未成年的水兵到过伊迪丝·勒基特的公寓，在那里他们遇见过三个女护卫队员和一些警察，随后他们便去光顾小酒馆了。

芝加哥那些大无畏的记者们，决心把这件事查个水落石出。他们发现，住在湖边路一百九十九号的名叫伊迪丝·勒斯特的妇人是一位临时性的警官。有关此事的新闻报导使戴维斯夫妇感到很不自在。南希到芝加哥时，也有记者上前询问此事。"不可能是真的。"南希说。当记者问及她母亲是否间接参与了向未成年人卖酒时，南希回答说："据我所知，不是如此。"当记者带着几分紧张不安的神情问她妈妈是否对禁止饮酒持相反意见时，南希重复她的回答："据我所知，并非如此。"

伊迪丝短暂的执法活动已告终结，所以这种传说与论争也随之平息。伊迪丝和南希重新去做两个妇女社团的较为一般的日常工作。南希在芝加哥尚无明确、固定的工作。这种暂时的缓解，颇使她安然自得。还因为大学时追求她的人中有一个吉姆·怀特，就在芝加哥的海军部队中服役。中尉怀特是个漂亮的小伙子，常常驾着舰艇飞驶来密歇根湖停泊与南希幽会。

南希处于恋爱之中。但三个月后，怀特调往南太平洋，南希需得找些工作做。战事在进行，她不能闲着等吉姆。她决定去听课以便能当上一个助理护士。为了多挣点钱，也为了让自己有更多事可做，南希在马歇尔·菲尔德最早的芝加哥百货商场弄到了一份差事。南希披着长长的褐发，拥有优美的身材，穿着漂亮的、少女的衣装，算是那商场最美的女售货员。她喜欢时髦，这个工作使她逐渐学会怎样选购衣服，穿得华丽新颖。

偶尔也出现一些戏剧性的场面。有一次，南希发现商店里来了一个小偷，偷了一颗珠宝。她走近小偷说："你要买什么东西吗？"

"不买，我只是看看。"那女人说，"这手套多少钱一双？"

"七元九角五分。"南希答道，眼睛仍盯住那女人。小偷毫不在乎的样子，准备离去。

"你不认为在你走之前最好还是把珠宝留下吗？"南希大声说。

小偷慌忙向电梯跑去，南希紧追不舍。商场的保卫人员见两个女人飞奔而过，连忙拧了一下电梯开关。小偷伸出手，一把抓住南希新式的用纽扣扣在衬衫上的衣领，并把它撕脱开来。

那一天，对她来说是记忆犹新的，因为马歇尔·菲尔德商场毕竟不是一个冒险的王国。不久，南希就对护士助理的课程和每周两次去军人服务中心劳动感到满意。当吉姆·怀特从太平洋回加利福尼亚休假时，南希便乘火车前去看他。于是，他们决定订婚。戴维斯夫妇为女儿的订婚举办了宴会，并邀请吉姆·怀特的父母参加作陪。《芝加哥论坛报》以它在人们订婚时惯用的那种词句，诸如"婚礼将在战争结束后举行"，对此做了报道。

然而，南希越想越觉得她不该结婚，不仅不准备同吉姆结婚，也不准备同任何人结婚。她感到很尴尬，特别是还在报上登了订婚启事。而家里办了订婚宴会后，她更觉进退维谷。不过，战争时期，发生不一般的事情是屡见不鲜的。后来，吉姆服役期满回来，常去看望南希，之后，两个人保持朋友关系多年。

南希仍想在戏剧方面干一番事业。她腼腆，也不需为自己的事出外奔走；她真没这种必要，不需自己去找她妈妈在影业界的各种关系。

一天，伊迪丝的老朋友扎苏·皮茨前来拜访，答应让南希在她的第一个剧本《摇摇欲倾的旅店》中担任一个小的角色。皮茨是当时电影银幕上最出名的喜剧演员之一。也是差不多历经三十年，面容愁苦的皮茨方在百老汇初露头角。这次南希扮演的角色，只有三句话。但是，没有经验的女演员，应该尽力争取在打入纽约的演出中，扮演个角色。

南希加入了在底特律的剧团。活动剧团．特别是在旅途中的活动剧团，最令人感到高兴的一点，是大家所表现出的那种同志的情谊，以及滑稽演员的逗乐和演员们的好兴致。不过，南希是一位明星，在私人和职业两方面都是被保护的对象，因此，她同其他青年演员相距几个化妆室。她不仅同扎苏共用化妆室而且还在旅店同住一个房间。这部音乐喜剧，于一九四四年的一月五日在百老汇的皇家剧院开场演出。南希在一些主要评论文章里寻找她的名字，但没找到。其实，有没有，都一样。那些评论文章就像纽约的天气一样阴郁、沉闷。但观众们见有传奇人物扎苏领衔主演，都会前来捧场。

戏演完后，南希想留在纽约继续她的戏剧生涯。在纽约，南希通常是一个失业的演员，她最高超的表演是保持给人以成功和富有的假象。其他初出茅庐的女演员可能就住在格林威治村没有电梯的公寓里，而南希甚至很少去曼哈顿中部区域以外的地方。一般的年轻新演员只和那些同样在抗争着的同辈相约来往，而南希却来往于导演、制片商、走红的演员和军官们之间。其他女演员大口嚼着熟食店的三明治，或者将就着在内迪克店里吃点什么，而南希却在斯托克俱乐部和萨迪酒店里进餐。

有一阵子，南希住在第五十九街区第五大道的少数人可去的漂亮精致的皇冠假日酒店里，她虽感到舒适如归，但房价太贵，所以才搬到就近的巴比宗广场旅馆。

在巴比宗广场旅馆，她很高兴与一个曾在史密斯学院同住过一幢宿舍的女同学住在一起，并共付房费。这位年轻女子辞了工作来到纽约城，想一举飞黄腾达。可除了南希和另一个史密斯的同学外，她别无知己，不仅没能很快找到工作，她还发现纽约给了她何等的孤寂与艰难，她很失望。南希也几乎没时间带她去见纽约的有关人士，所以最后她只得决定离开这个城市。当她正收拾行囊准备去加利福尼亚之际，忽然电话铃声响了。

"是南希吗？"从门厅电话里传来一个男人的声音。

"不是，南希在演出班。"

他是南希的追求者之一，是海军医生，在布鲁克林海军船坞工作。

"喂，我上来，您介意吗？"医生说，"我很想见见您。"

中尉见这年轻女子形色不愉快，很觉奇怪。"您为什么要离开这儿？"他问道。

"纽约对我并不友善，一切毫无结果，我也觉得没有什么意思了。"

"我感到奇怪，南希为什么不把这事告诉我。"中尉说着，显得真正有些困惑不解，"嗨，我有好多当医生的朋友，正渴望有人同他们交往哩！"

南希最终搬进了东部的一间公寓。她喜欢让人带进斯托克俱乐部，沃尔特·温切尔和其他喜欢闲聊的报刊专栏作家在那里有固定的桌位。后来当她参加电台采访时，每次都有人带她到少数人才能去的夜总会进餐。她总是灵巧地偷上两个卷子塞进自己晚间用的袋子里，她相信不会有人发觉。但是，有天晚上，斯托克俱乐部的经理谢尔曼·比林斯利派人送给她一磅黄油和一张纸条，纸条上写道："我想，在敝店的卷子上涂些许黄油，您可能会更喜欢吃些。"

南希有时可能把这些偷来的卷子当作早点，但是，这不过是白璧微瑕，她仍是最优秀的。她可以从东五十一街的住处绕过一个转角到沃尔特·休斯顿的餐馆去吃正餐。南希家的朋友、著名的无声电影明星莉莲·吉什也住在那附近。另外还有一个明星斯宾塞·屈塞也认识南希的妈妈。斯宾塞把南希的电话号码给了克拉克·盖博，于是，在一九四八年，南希便开始与美国最有名的影星约会了。人们叫克拉克"皇帝"，他也像个皇帝的样子。当他们俩去看《高跟钮扣鞋》时，观众一个劲儿地对他鼓掌，克拉克只得站起来连连鞠躬。观看职业棒球联赛时，他俩无论进场出场都免不了警察的帮助。用饭时，甚至只去一些少数人才能去的餐馆（克拉克专去这类餐馆），他俩也会成为众人瞩目的中心。

一时间，在报刊的八卦栏目里，南希的名字和盖博常在一起出现，这使得全美国为盖博着迷的姑娘们，对南希嫉妒不已。

"最后，克拉克·盖博出了什么事？"一家影迷杂志自问自答，"他发生了一点新情况。确切地说，他生活中出现了一位身材苗条、碧眼、褐发的名叫南希·戴维斯的少女。她是他罗曼史上新换的一个女友吗？换言之，他是否最终挑定了盖博太太？他愿把盖博太太的称号给那个女人吗？答案似乎是肯定的。尽管如此，如果说他们之间真有爱情产生，恐怕仍只能说是一种隐约的爱情。"

说它是隐约的爱情，因为它并不真正存在，克拉克喜欢同南希在一起，但她并不是他主要的追求对象。南希也只是发现同克拉克交往很有趣，发现在大庭广众之中成为注目耀眼的中心，比对自己事业的追求，更使她陶醉。

就在这段激动而又引人注目的时期，南希碰到了一个大的家庭问题。她的生父遇到了严重困难，肯·罗宾斯在汽车股份公司的股东身份已经丧失，而且已经失业，于是，他求助于南希。但是，洛亚尔医生是她合法的父亲，就她本身而论，肯对她也并未尽过力，所以她拒绝再同她的生父见面。

但是，南希却可以无私地帮助一个身有残疾的人。斯宾塞·屈塞的儿子大学毕业后，很快前来造访。约翰·屈塞不是那种年轻女人愿意花时间陪同的青年。他生下来就耳聋，后来又患了小儿麻痹症，同时视力也很差。然而，约翰却在南希客厅的长沙发上睡了一星期。南希带着这位青年逛纽约城，去博物馆、餐馆，并且还去百老汇看戏。他说通过旋律的振动，他能感受到音乐的魅力，鼓舞人生。

约翰像尽情享受同南希在一起的时光一样，还特别期待着同曾在加利福尼亚碰到过的一位姑娘会面。南希知道只有特殊类型的女人才能了解约翰。然而，就在他们约好会面的那天，姑娘打来电话取消了约会。南希对社会上趋炎附势的严酷现实有深切的认识。她相信那位姑娘想与约翰交往，只是为了要在好莱坞遇见斯宾塞罢了。南希掉转身背向约翰，她怕他看见她抽泣颤抖的双唇。她在电话里告诉那女人走开，然后请约翰一起去吃饭，并同他一起跳舞。

约翰离开那天，在飞机场，南希上前帮助约翰去提行囊。"啊！不能这样，你是我的公主，我是你的仆人。"他一面说，一面自己拿起了提包。

她吻了吻他，含着泪向他告别。

南希本来将在另一个剧中扮演一个角色，但这天在早排练后，大家进午餐时，导演把她叫到一边，带她走出舞台门进入一个小巷子里。"我不忍告诉你，"导演说，"你不适于担任这个角色，我只得让你退出。"

南希请求他允许她回到剧院将她的衣服和提包拿出来。她不是一个很善于掩饰自己的困惑与尴尬的女演员。

为了多挣些钱，南希为科诺弗经销处当模特儿。每天下午去扮演模特儿时，她多次看到在史密斯就读时的一个老朋友凯茜·杜根——她也是"班德尔－洛格"剧团演出时的明星，当模特儿也干得很出色。在这里，南希被指派展出一种模特帽子，据她的朋友们说她的腿粗了一些，因而影响了她的前景。

直到一九四六年，这距离南希在百老汇初次亮相已经有两年时间，她才在百老汇剧院中得到另一个角色。她四处钻营，出入于一个个制片厂办公室，终于进到了迈克尔·迈耶伯格的办公室，他是桑顿·怀尔德的《九死一生》的制片人。

"你像个中国人。"迈耶伯格说。

南希一点也不像中国人，就如英国君王不像中国人一样。未经试演，迈耶伯格就让她在《琵琶歌声》——他新创作的音乐喜剧中担任一个次要角色，这是异乎寻常的事。尽管南希不怎么承认，但她仍得把自己能扮演公主的花女，归功于她艰难地在剧场奔走，同样也得归功于她那神秘的东方人的神态。

《琵琶歌声》是以大约十四世纪时的中国古典剧为基础而创作的，这在百老汇音乐喜剧中是一个大胆的尝试。排练很复杂，像捉迷藏：舞蹈演员在台上，主要负责人在后台，合唱演员在乐池，有的还在试衣化妆，穿插个不亦乐乎。

导演约翰·豪斯曼认为南希脸色红润美丽，但笨手笨脚，像个没经验的业余演员，他很少在她身上花时间。南希感到剧本很难理解。此时她把自己的褐发染黑了，穿着戏剧服装、眉毛画得像弯月。

《琵琶歌声》的剧组人员前往新英格兰地区的纽黑文和波士顿试演。这次，南希不是在扎苏·皮茨，而是在一个还很年轻的女演员的指导与监护下演出。同时，一旦她理解了情节，她就喜爱上了这出戏，并且与剧组人员的伙伴关系也更融洽了。

在纽约举行的第一次剧组人员宴会上，南希见到了领跳的舞蹈演员罗恩·弗莱彻。罗恩有风度，生气勃勃，热情洋溢。他对周围的舞蹈演员那些没完没了的职业方面的谈话，已经感到厌烦了。当剧团到达纽黑文后，他同南希便经常在一起。

南希同其他女演员交上朋友并不容易。罗恩也是众多男演员中第一个成为她的亲密朋友的人，很多人都没有兴趣同她约会。

"她具有一种品质，"多年后，罗恩回忆说，"一种非常吸引人的东西：她敏感，有力量和控制能力。这些品质，我在那些极好的演员身上发现过。她们完全有能力照料她们自己，而且你会说，'那挺不错。'她喜欢笑，惊异地哈哈大笑，而且笑得有点稀奇古怪。"

演完戏后，他俩经常去舞厅跳舞，罗恩是位职业舞蹈演员，南希则是十分般配的舞伴。看到她们像金格尔·罗杰斯和弗雷德·阿斯泰尔那样轻快地在舞池里飘荡，人们会以为他们是一对情侣呢。然而，虽然他们身子靠得很近，但各怀不同的梦幻，可谓貌合神离。

南希易变，同谁在一块就变得和谁一样。罗恩仅知道南希与他同样出身于一般家庭。在波士顿，南希和罗恩各自拿出二点五美元存在一家书籍出租处。几天后，他们决定去跳舞，但是，口袋皆空。"我们是否该把存的那几块钱拿回来？"南希说。她和罗恩边笑边在波士顿城里的街道上跑着去取回那笔储金。

《琵琶歌声》于一九四六年二月六日在百老汇的普利茅斯剧场上演，众多观众中有南希的妈妈和继父。该剧试图将中国古典朴素的传说故事，配上精心制作的布景，并使之和流行音乐融为一体。假如说评论家们对这一尝试的结果还不能完全抱乐观态度的话，但他们对这种努力还是高度赞扬和尊重的。不管怎么说，《琵琶歌声》的确不同凡响，加上玛丽·马丁超群的天才表演，使得该剧经久不衰，连续上演了六个月。

南希本可以随《琵琶歌声》剧组巡回演出，但她没有这样做，她再次选择在扎苏·皮茨的一个剧中担任角色。原说要在百老汇上演的《科迪莉亚》未能演成。于是，扎苏·皮茨所在的剧团的下一轮巡回演出将演出乔治·艾博特的作品《已故的克里斯托弗·比恩》。这样，扎苏让南希能再得到一次演出机会。

扎苏在巡回演出时，也像许多明星后来做的那样，带领一个主要由当地演员组成的班子在餐厅剧场演出。她每到一地前一星期，就会先派了先遣队和当地的一群人一起排练。

扎苏在很多地方演出，在马里兰的奥尔尼就搞过像这样有半职业演员参加的演出。着重强调半职业性，这是扎苏·皮茨演出活动中的一件大事。

扎苏和南希一到华盛顿，就有一位名叫詹姆斯·卡伦的年轻演员，走到这位无声电影明星面前说："皮茨小姐，我认为你是我们最伟大的女演员之一。"扎苏默不做声。

卡伦试着又说："皮茨小姐，我最爱《贪婪》。"他指的是那部有争议的无声的古典剧。

"是那部该死的电影吗？"扎苏大声叫起来，掉转身子走开了。

每逢新戏开场的当晚，地方人士经常要为明星举行一次大的宴会。而明星不可避免地要请上整个剧组人员出席。任何对戏剧界情况略知一二的人都知道这纯粹出于礼貌。明星还需在往后一周同这些人同台演出，得到他们一些推崇与捧场。不过，扎苏坚持只有她和南希去赴本地人为其举行的宴会。

无论剧组人员对扎苏怎样揣度，他们绝不会去责难南希。要说对南希有什么想法的话，那只不过是为她感到遗憾罢了。她完全为扎苏所控制，老是跟在她身边。人们无论如何也看不出，她原是一个笑声爽朗的年轻女子，跳起舞来可以通宵达旦，咯咯笑起来像香槟酒那样芳香醉人。

结束巡回演出回到纽约之后，南希又处于失业的境地。至此，她一直求职艰难。她只在《琵琶歌声》中扮演过一个像样的角色，然而就连谋得这个角色，也是源于某种关系。除此之外，她上台演戏，便是通过扎苏·皮茨的帮助。

南希在舞台上就像在现实生活中一样，总在扮演天真无邪的姑娘。在克拉克·盖博面前，在海军中尉和其他追求者面前，在约会时，她那天真无邪的性格，表现得淋漓尽致。她已二十大几，而在那个女人一般到了三十岁都要当上家庭主妇的时代，她那剩下的天真无邪的少女生活的日子已经屈指可数了。她濒临一种危险，有可能成为有钱的年轻绅士们休假时愿带着的那种有教养的年轻女伴。尽管她要去上表演课，购美容品，当模特儿和演戏，她还能有时间干其他各种事情。当好莱坞米高梅电影公司的副董事长本尼·托计划去纽约旅行时，他的一个朋友告诉他："你要想带什么人出去看戏的话，叫声南希·戴维斯，她是个好姑娘，她喜欢交际。"

本尼·托与克拉克·盖博是不同类型的人，他对付女演员很有一套办法。不过有些玩世不恭的人认为，这与他在选派、排列"米高梅"电影角色中的地位与作用有关。米高梅电影公司由一群传奇性的人物组成，它造就了明星，制造了整个传奇世界的最富有、最显赫、最伟大的一些人物。他们是：琼·克劳馥，艾娃·加德纳，埃利诺·鲍威尔，克拉克·盖博，罗伯特·泰勒，弗雷德·阿斯泰尔，朱迪·加兰，斯宾塞·屈塞，乔治·拉夫特，安·萨森，拉娜·特纳……

而且人们成名的渴望使得他们可以不断推出新的明星。

南希一般不稀里糊涂地与人约会，但她答应了本尼·托。他们一同去看斯宾塞·屈塞主演的戏。后来，据回忆，他说过："南希，干吗不出来在银幕上试试镜头？"

南希打电话给伊迪丝，说米高梅电影公司有个人看过她的表演，想让她试试电影镜头。伊迪丝雄心之大，远远超过她的女儿，只要听见机会之门有轻微的声响，她就会想法去为女儿打开好莱坞的大门。伊迪丝打了电话给斯宾塞·屈塞，于是，斯宾塞·屈塞劝说著名导演乔治·库克指导南希试镜头。

一九四九年春，南希到了米高梅电影公司，它本身是个电影城。本尼·托打电话给负责试镜头的女士说："我打算带一个女子来试镜头。"

为了测试，一个高个儿、备受重视与尊重的年轻演员霍华德·基尔，就在她对面表演即将上映的电影《东边，西边》中的一个场面。给南希摄影的是制片厂最好的摄影师乔治·弗利，在当时一系列情景里，南希从上到下的镜头都是最理想的。

嫉妒情绪在好莱坞是最易产生的，南希的异乎寻常的试镜，不会不引起注意。女演员们认定是克拉克·盖博在后面撑腰，一点也没想到米高梅电影公司最大的明星与此事无关，而且是她们的老板本尼·托一手导演的。一切安排得极好，艺术和技术方面的监督管理做得也极好，保证不会出任何差错。当这些细节为人所知时，好莱坞的所有有些抱负的小明星，都极坦率地表示嫉妒和吃醋。《现代银幕》对此报道说："她们讲话的主旨是'这种机会会降临于我吗？'或者像一个更心直口快的姑娘所说的，'他（盖博）该来找找我。'"

不管其他女演员们有何想法，南希认为这次试镜是她经历过的"最恐惧、最吓人的时刻"。使她忧烦的是"不仅要演，而且随后还必须观看自己的表演"。

这次试镜后不久，米高梅电影公司同南希签订了一个正式的为期七年的合同。南希加入米高梅电影公司时，好莱坞的合同制度都是事先就规定了的，就像星期六午后规定的戏剧或音乐会一样。制片厂培养演员的才能，修改他们过去的缺陷，修饰他们的衣着打扮，塑造他们鲜明的性格特征，然后把他们推向社会，向观众展示自己，就像元旦在加州举行的大学生橄榄球赛一样。

南希进了米高梅电影公司后，首先要做的一件事是填写一份演员自传，这是名人们在他们的工作中要用的一个基本文件，而新签订合同的男女演员通常要花些时间填写一份四页的情况调查表。在表格的第二行有年龄一栏，南希得决定填多少岁。七月份她就满二十八岁了。她没有结过婚，她将要同比她小五岁，有时甚至小十岁的女演员竞争扮演一个角色，于是她填了一九二三年七月六日生，整整砍掉了两岁。

然而，甚至在心怀喜悦兴奋，即将成为一个毛羽丰满、崭露头角的新星之际，南希仍在考虑婚姻问题。在自传中，她把建立一个美满幸福的家庭，列为自己最大的理想。

米高梅电影公司想知道南希的生活信条是否被什么准则所约束。"是的，"南希写道，"己所不欲，勿施于人，我坚信报应规律，善有善报，恶有恶报。"

她最恐惧的也是道德品行之类的东西，她不会被蜘蛛、蛇和形形色色的妖魔鬼怪弄得烦恼不安。她写道："对浅薄、冠冕堂皇、庸俗、吸烟，特别是女人的思想和身体的肮脏，感到深恶痛绝。"

遗憾的是南希所步入的好莱坞，恰好是一个充斥着浅薄、庸俗，特别是女人思想和身体肮脏并吸烟的社会。五十年代的美国，电影制片厂当权派和他们抽烟的董事们，提拔了很多本质庸俗而形体诱人的女明星，粗鄙的东西在银幕上没完没了地出现。当以前的电影剧本作者多·沙星当上了雷电华电影公司的领导后，他发现制片厂的工资名册上有五个所谓的明星，他们的主要工作就是为董事们服务。

在伊丽莎白·泰勒、安·萨森、玛丽莲·梦露、简·拉塞尔和拉娜·特纳以及她们公开的性行为的包围下，南希的确是一枚贞洁的花朵。米高梅电影公司中有些人认为南希是值得欢迎的接班人。这个公司的服装设计师海伦·罗斯感到："南希与来这里的大部分女孩完全不同，她不是性感美女，不是妖娆的女性，而是一个人们乐于同她一起工作的演员。像格蕾丝·凯莉和南希这样的社会家庭背景好的姑娘，言谈举止并不粗鲁，自是与人容易合作相处的。"

南希以一个有教养、非常合度的年轻的社会女士的形象前来拍片，她有着伦纳德·斯平格尔加斯所说的那种"体面女人的风度"。

南希不适合演米高梅公司电影中的那些嘴唇涂得鲜红、胸脯丰满这一类妖艳诱人的模式的女人。她也不适合演好莱坞五十年代另一类型明星所演的脸颊红润的、年纪很轻的、永葆童贞的女子，这一类角色，为简·鲍威尔、黛比·雷诺斯和琼·阿利森这类仍处于青春年少、充满活力和稚气的女演员所把持。

南希被慎重挑选来扮演庄重、文静而吸引人的这一类型人物。制片厂为她摄制了一些修饰过的美人照，那是一种诱惑，但她是不可能完全达到的，那不过是幻想王国中的有实际经验的艺术家们塑造出的标本而已。

"南希看上去真不像通常所认识的那种女演员"，好莱坞的专栏作家路易拉·帕森斯在向读者介绍米高梅公司的新星时这样写道，"她有可能是什么城镇里一个头等公民的女儿，或者是一个称职有能力的大官员的女秘书，你决不会想给她贴上演员的标签。'在你生活中有个意中人吗？'我问她，'还没有'，南希说，'我不想用那种陈词滥调，说我潜心于事业，和事业结了婚，然而这话却在很大程度上说明了我的实际情况。'"

实际上，南希却和本尼·托频频约会。漂亮的、十几岁的女接待员巴巴拉，经常看见她。多年后，女接待还记得她常接到吩咐，星期六上午把南希直接送到本尼·托的套间里。当戴维斯小姐走进副经理办公室时，巴巴拉向她点头欢迎，离开时，再次点头道别。

南希同米高梅电影公司副经理的友谊，对她的事业决不会是障碍。"你可以说我帮助了她，"三十年后，年迈病弱的本尼坐在洛杉矶外的电影电视医院的轮椅上这样说，"像璐玛·希拉、伊丽莎白·泰勒这样的明星，她竞争不过她们，她很有魅力，但不是你所说的美人，她是一个行为端庄的好姑娘。"

"你想和她结婚吗？"

"我同她的家人很友好，但因为我是个犹太人，我不知道。"

"你曾想过同她结婚吗？"

"我想过，但仅此而已。"

沿着树木稀疏的海边地和黄褐色的山丘，一个蜿蜒巨大的城市拔地而起。倘若无水，这里除了尘土、沙漠、太阳，便不会有其他，但是人们还是在这片荒凉的土地上建起了无垠的绿洲。

这片土地上有各种各样的移民：从澳大利亚移来的桉树和刺槐；从南美来的胡椒树；俄克拉何马洲流动的农工，在此再次寻找机会；得克萨斯州人来此挣钱；老练机灵的犹太人来此进入电影工业。几乎所有其他地方的人与物，都源源不断地来到这里。

洛杉矶是一个前途无尽的城市。在这个城市里，人们要不断地重写他们的历史和自传。现实与梦幻同乘着一辆双轮马车，马车套着百万个梦想向前奔驰。一盘盘电影胶片上交织着欢乐与悲哀，平庸与机智，有奇观迷人、光怪陆离的幻景，有拙劣的谎言，也有严酷的真理与现实。

假如你自认为属于洛杉矶，你便属于它。很快，南希也像其他任何人一样尽量把自己作为这个城市的一员。在这以前的日子里，坐在黑洞洞的电影院里，她曾梦想着好莱坞。电影明星，银幕皇帝和皇后，都是他们梦想祈求的。如今，他们坐在长长的车子里，奔驰在黄昏后的林荫大道上，去参加初次公开露面的活动，去舞会、餐厅。童话中的世界对他们成了现实。而南希·戴维斯也已成为他们中的一员，已有可能成为一位明星——电影明星。

一九四九年，南希很快被安排在《墙上的影子》中担任角色，这是她演出的第一部电影。这是"乙"级片子，由扎查瑞·斯考特、安·萨森和琪琪·珀露担任主角，南希不是重要角色。然而导演帕特·杰克逊在他能帮忙时，总是尽量帮助她。她无论台上台下都远非人们注目的中心，安·萨森几乎没有考虑到她有竞争能力，"她仅仅是合同中的一个小人物，一个温存谦逊的还没有往前冲刺的小人物。"

南希发现，像大部分出现在公共场合的职业那样，作为一个电影演员，其职业既那样迷人，又同样单调乏味。在银幕上她必须表现出色，做到万无一失，拍得尽善尽美。在韦斯特伍德郊外的只有一间卧室的住房里，南希六点半便起床，因为动身去制片厂之前，她要花上很多时间梳妆打扮。

　　南希不同于大部分同辈的女演员之处，在于她社交上的成功和得到的关照。米高梅电影公司的新头目多尔·沙里，是个比他的前任们更有文采、更开明的人。他曾得到南希父亲的治疗，他很乐意邀请戴维斯医生的女儿到他宽敞的家里做客。南希知道用什么样的刀叉，她从不喝醉，无论遇到什么愚蠢荒唐的事，定会处理得很有礼貌。

　　制片商弗兰克·麦卡锡星期天间或看见南希呆在阿尔弗雷德·赖特家里。赖特，这个电影协会的代理人，是南希父亲的朋友。通过科利恩·摩尔，南希又被介绍给罗伯特·斯塔克。斯塔克是个演员，但出身于有钱人家。在这里南希同样感到非常安适自在。斯塔克认为她很有礼貌，能克制自己，具有很强的幽默感。在纽约，南希同制片商、律师和社会名流在一起，比同她那些演员兄弟姐妹们更亲近密切。

　　正当南希参加的第一部影片即将发行上映之际，她获得了另一个机会——在由格伦·福特主演的影片《医生和女孩》中演一个小角色。接着，她很快便在另一部预算数字很大的电影《东边，西边》中参加演出。她在试镜时就曾使用过这部电影的脚本。南希在这部片子里也只是在一场戏中扮演一个小角色，她紧张地同巴巴拉·斯坦威克一道工作。但她长篇讲话说得很好，为了这，主角还祝贺了她。说起来，南希对自己的前途有些忐忑不安。此时，她已经在参加第三部片子的拍摄，她演的第一部片子还没有上映。她一点也不知道自己的演出会有什么样的反响，会得到怎样的待遇。

　　在战后的年代里，米高梅电影公司一直不景气。整个电影业感到不安，特别是害怕共产党人。南希开始收到寄给南希·戴维斯的共产党的宣传品，她的名字被划入了共产党同情分子的名单，她知道这对她的事业与前途意味着什么。所以她找米高梅电影公司去声明这件事。随后，路易拉·帕森斯在她的专栏里也为南希写道："还有另外的南希·戴维斯"。但是，她仍然感到很紧张。

　　有一天，南希在制片厂对《东边，西边》的导演梅尔文·勒罗伊谈起这件事，勒罗伊知道南希的困境之后，答应介绍南希与电影演员公会的主席罗纳德·里根认识，里根能洗刷她的名字，使事情烟消云散。

多年以来，南希只在银幕上见过里根。里根不仅是能帮她忙的人，而且非常英俊。她喜欢他在银幕上表现出的那种文雅、轻松的风度。当晚她在自己的屋子里等待着里根的电话，但不见有电话打来。

次日早起，南希所做的第一件事，便是问梅尔文·勒罗伊这是怎么回事。导演告诉她，里根没有直接打电话给她，却电话给他自己了。演员公会主席解释说，还有四个叫做南希·戴维斯的女演员，他表示会在各方面支持、保护南希。

"很好，"南希说，说话声显得忧郁不安，"要是电影公会主席能打电话给我把事情说清楚我会感到更好些。"

勒罗伊是个浪漫的人，他能制作出伟大的米高梅公司的影片《绿野仙踪》，他听着听着便自然明白了。如同他后来所说的那样：南希有心想同里根会面，不仅仅为了在那张名单上去掉自己的名字。他越想越相信，他们将会是蛮合适的一对。

Chapter 5
一个胖荷兰仔

罗纳德·威尔逊·里根三岁时，常常到自己的房间里取出铅制的士兵来玩耍。他是个结实、肩膀宽阔的小家伙，端坐在地板上就像凯洛格的装玉米的盒子一样方正。他具有丰富的想象力，这些铅人和金属片就已经足够了，无需别的东西，他便可以导演出一幕幕威武雄壮的战争场面。接连几个小时，大军在地板上集结，纵横变化。在这个战场上，国家几度兴衰，将相几度更迭，庞大的舰队在他的床下行驶，牧场骑士和印第安人在遮光帘下进行着殊死的战斗。

"达切，达切！ ① "母亲叫的是爱称，那是一九一一年二月六日，他在伊利诺斯州的坦皮科镇降生时父亲给他取的。他从娘胎出来，呱呱坠地时，有十磅重。他哭呀叫呀，就像胖胖的荷兰仔一样。

达切已经着了迷，他深深沉浸在自己创造的天地里，所以有时母亲叫他，他也听不见。不过，他一听到叫唤，会立即将他的小兵们搁在一边，听从母亲的吩咐。达切是个乖孩子，听父亲杰克的话，听母亲内利的话，对哥哥尼尔也很亲。

———————————

① 达切（Dutch），意即荷兰人。

达切是约翰（杰克）·埃德沃德·里根和内利·威尔逊·里根的第二个儿子。他出生在一套有五个房间的公寓里，套房在一条宽阔未铺砌的大街上的一家面包店的上面。由于车马多，又有很多整齐的木结构房屋建筑，住在伊利诺斯就像在蒙大拿一样舒适方便。坦皮科是个千人小镇，但它是伯灵顿线上的一站，镇上竖了一座十七英尺高的纪念牌来纪念美国西班牙之战和美国内战，即使这个城镇再大上十倍，这座纪念碑也是配得上的。

杰克是个个头高大、又黑又壮的爱尔兰人，是一个嗜酒并喜爱唱歌的民族的后裔。他粗鲁、颇有讽刺挖苦人的才能，讥讽中常掺杂些不三不四、亵渎肮脏的话语。他在城里时就是民主党，正如同住在罗马的都是天主教徒一样。有一次因为旅馆的经理夸夸其谈，说他不接待犹太人，杰克一气之下，离开了那家旅馆。他也不让自己的两个儿子看有名的电影《一个国家的诞生》，说这部电影颂扬了三K党。镇上其他的孩子及其父母都去看这部电影，他也不当回事，因为这并不说明看这样的电影是对的。

杰克是个美男子，他在干货店工作，他的英俊足以使他赢得那些和他一起工作的女人们的青睐与羡慕，但他是个忠实的丈夫，而且也是个慈爱的父亲。达切年幼时，有一年的圣诞节，他和哥哥想向圣诞老人要一台带发条的玩具火车。他们不知道父亲手头拮据，而他们所要的礼物又很昂贵。圣诞节之夜，到两个孩子该上床睡觉的时候，他们却悄悄溜到楼下来了，这才大喜过望地看见圣诞树下坐着他们的父亲杰克，试着玩他花了将近一星期的薪水买来的带发条的火车。

杰克·里根有两个好儿子，一个贤慧的妻子，一份稳定的职业，照说生活是欢愉的。谁知他内心却充满忧郁。他经常夜间纵酒，半夜三更才闹闹嚷嚷、踉跄归来，仿佛只有醉酒的爱尔兰人才真正理解这个世界。他并非每顿必须有酒，不过，一旦饮酒，期在必醉。这可大大影响了他的形象和好名声，也使他失去了许多好差事。"并非困境使他借酒浇愁"，尼尔·里根多年后回忆说，"而是父亲的酗酒使家境每况愈下。"

然而，无论杰克多晚醉醺醺地、摇摇晃晃地回家来，内利·里根都一直等着丈夫。她是苏格兰－爱尔兰血统，有着草原妇女那样瘦削坚毅的面孔。她是基督教徒，无论里根一家走到哪里，她对贫病和有困难的人都给予帮助。她也常去监狱探视犯人，把它作为生活的一部分。

达切幼年时期，里根一家过着在当时来说是漂泊不定的生活。他们跨越伊利诺斯草原，从这个城镇到那个城镇。最初在坦皮科，然后搬到芝加哥的南边。在那里，杰克在博览会找到了一份临时工作。后来，又搬到盖尔斯堡。没过多久，又搬到蒙默思郡，最后又搬回坦皮科。

达切却充分利用了这个机会，他不需要大群大群的伙伴，许多最好的时光，他是单独度过的。在盖尔斯堡时，有一天他爬上了阁楼，在房东的藏物中，发现了收藏着的大量的蝴蝶和鸟蛋。对达切来说，这些并不是什么无用之物，而是少有的珍品，是"通向神秘王国的门槛"。他瞧着那五彩缤纷的蝴蝶，触摸它们脆弱的翅膀，还有那些蛋壳。他"仿佛感到了山顶的清风吹拂，仿佛闻到了雨中的松针散发着的香味，仿佛看到了沙漠里日出时的海市蜃楼。"

达切是个梦想家，在蒙默思郡，没有什么比参观邻居那奇特美妙的房屋更使他感兴趣的了。邻居是一对无儿无女的老夫妇，他们的起居室是维多利亚时期的文化宝库：沙发、椅子是马毛马鬃做的，在阴暗朦胧中看去就像一匹匹的活马一样；栖息在球形玻璃罩里的鸟类标本也栩栩如生；室内充斥着旧书和皮革陈腐的气味。静坐在这样的客厅里，对达切来说又是一个别有洞天的世界，他会臆造出一个想象的世界来。

达切出生之时，适逢美国处于多种文化仍然共存和沿袭的十九世纪：如马车、马、教会聚会、蒸汽机、三K党、夏季教育性野外集会、每周六天工作日制、紧身胸衣、华尔兹舞等，仍存在于日常生活中；那些亲眼见过和聆听过亚伯拉罕·林肯讲话的长寿者还有很多；古怪的老人们坐在城镇广场，津津有味地讲述夏伊洛的故事和股市活跃期；以及像圣诞节的流行歌曲中唱的那样：雪橇上的铃儿响，圣诞老人滑雪过……这一切对达切来说都是真实可靠的事情。有一年的圣诞节，达切乘火车在叔叔的农场下了车，也坐上了雪橇。他裹着牛毛毡的脚，一会儿就因雪橇的快速滑动而发热了。

收音机对达切来说，可不光是什么咔嚓一声就打开或关上的一般玩意儿。那是个晶体管说话器，它发出奇妙低沉的声音："KDKA 广播电台，这里是匹兹堡。KDKA 广播电台，这里是匹兹堡。"每星期六下午，他啪的一声掷下一角钱进影院看场电影，他决不会不动脑筋去思考——他知道电影是一种奇异的新发明。

一九二〇年，里根家又一次搬迁。杰克昔日的老板 H.C. 皮特尼，把他安置在伊利诺斯迪克森的时髦鞋店里工作，这次他可交上了好运，得到了个真正的好机会。九岁的达切在这里深深扎根，茁壮成长。

迪克森位于洛克河西岸，在芝加哥正西一百英里处。这个城镇创建于一九二八年，原是一个渡口，只有一家旅店。从那以后，这里没有发生过什么大的事件，也没有了不得的发展。在坎卡基、罗克福德或迪比克，没有什么辉煌的业绩值得赞美歌颂，也没有什么大的社会变革能在这个城镇里那些世故老练的芝加哥人的心目中留下深刻的印象。最伟大的场面莫过于那些战士从战场回来的时刻，那是在里根一家搬来这里之前。那时迪克森镇上的人，搭起了拱门，庆祝官兵们从大战中凯旋，拱门算是该镇最值得骄傲的市政建设了。

在美国有成千上万像迪克森那样的小镇，镇上有许多像杰克·里根在南亨内平大街租的那种老式结构的住宅。这是一种两层结构的建筑，有一道游廊，屋顶是尖的，到处都有缝隙，这倒满可以使一个九岁的孩子快乐高兴的。

达切是个文静的孩子，他是那样安静、规矩，以致他那五年级的老师埃丝特·巴顿几乎记不起班上曾有过他这样一个孩子。小学阶段的达切表现一贯如此，他是一个不惹麻烦，也不给人留下深刻印象的少年。

从幼年起，达切就知道生活中有一些领域是朦胧和莫名的，他想避开它们。当他还是个七岁的孩子时，他就目睹过停战游行，他呆呆地站着观看那火炬和士兵队伍，看见人们焚烧凯瑟的肖像。他对超出他自己天地的这个世界的奇怪、狂暴的事件，非但不感到兴奋和激动，甚至深感不安。打橄榄球时，他有一种恐惧感，深怕被卷入殴斗，被一群扭成一团、狂叫不已的人们压在最底层。

在自己家里，当听见下面客厅里发出高声喊叫时，达切便躺在床上装作睡着了，没有听见。他明白：他的哥哥尼尔知道他所不知道的很多关于父亲的事情，只不过哥哥把这些都掩盖了起来。

　　一个寒冷的冬天，十一岁的达切回到家门发现父亲醉得不省人事，躺在门前的走廊上。他仰卧在地，打着呼噜，双臂撒开，满头的冰雪在融化。达切觉得他应该从父亲身边溜走，多一事不如少一事，得赶紧避开，应该跑到室内钻进自己的房间，爬到床上睡起来，装作若无其事，什么也没有发生。但是，脚下躺着的，木然呼噜着的，毕竟是杰克，是自己的父亲呀！达切一把抓住父亲的外套，吃力地把他扶了起来，又搀进屋里，安放在床上。从那以后，他不忍再用老办法看待自己的父亲了。

　　母亲曾让达切和尼尔坐下，听她讲一大堆关于他们父亲酗酒的故事。内利说，杰克得过一种像流行感冒或麻疹之类的病。内利只上过小学，但她是个聪慧的女人。达切长大后，相信母亲内利深沉、简朴、务实的性格特点是一般空想的人难以想象和媲美的。多年后，当达切谈及普通的美国人和他们的智慧时，他对母亲给予很高的评价。

　　尼尔和达切都很爱他们的母亲，但内利这两个儿子个性迥异，有如啤酒和牛奶，一个烈一个柔。尼尔酷似父亲，是个吵吵嚷嚷、性格外向、为所欲为、脾气暴躁的孩子。杰克是个天主教徒，尼尔也被培养成天主教徒。他们父子俩去做弥撒，大爱尔兰人就站在小爱尔兰人旁边。

　　内利·里根是个虔诚的、敬畏上帝的基督教徒，"小达切"这一点倒是非常像他母亲。虽然达切比尼尔只小两岁，但由于他个儿小，便显得非常小。当尼尔和杰克去做弥撒时，达切和母亲就上基督会主教堂去祈祷。

　　晚上，杰克经常坐在厨房的餐桌旁看报纸，这时，内利则大声读些什么给两个儿子听。他俩聚精会神地听着，同时大口嚼着桌子中间盘子里的奶油玉米花。同大多数迪克森镇上的家庭一样，对里根家来说，最愉快的夜晚，便是进城去看一场上下集的电影。

　　夏天，内利带着两个儿子到夏季教育性野外集会的老地方去听讲演。这个野外集会已不是二十五年前那个样子了，那时掀起了一场运动，把思想文化向美国农村地区传播。那时几百个家庭在河边宿营，听像威廉·詹宁斯·布赖恩和比利·森德一类的演说家演讲。现在除了坐在圆形露天剧场，就再也听不到那样有名的演说家讲演了。达切专心听人们如何使用语言，最出色的演说者就像语言的魔术师一样。一连串优美动听的词语，使前来听演讲的听众忘记了他们是在闷热的八月之夜，坐在硬板凳上，身上还淌着汗水呢！

内利有自己说话的习惯和遣词造句的方法，达切通过遗传和模仿，继承了母亲的特点。内利常常应邀在教堂的集会和女子缝纫会上做表情朗读。

达切上中学时，他家搬到了洛克河北岸的西艾威特街，他们滨河租了一间房子。北岸是该镇较好的地方，但尼尔已先此在南岸的迪克森中学读了两年，他拒绝上北岸的中学，拒绝同那些傲慢而又势利眼的小人一块学习。"我才不去！"他告诉父母说，"那里的人是一帮女腔女调的男人，是胆小鬼。"于是尼尔每天独自行走，一直走到小镇的另一边。当他冬天快步越过风雪弥漫的桥时，他冻得全身发抖。放学后，他常和一群纨绔子弟一起去地下室赌场玩弹子游戏。赌场很隐蔽，父母们和管闲事告密的人，从街上是看不见的。达切没有被邀去玩哥哥玩的那种游戏，也没有参与和尼尔斯混在一起的孩子们所耍弄的历险活动。

尼尔是橄榄球队的最后一名队员，作为后补队员，他干得不错。一年级时，达切也想去参加橄榄球队的选拔，问题是他身高只有五尺三寸，体重只有一百零八磅，甚至球队找不出一条更小的适合他穿的裤子，就更不用谈他在球场上遇到的问题了。他个头太小了，经不起扭打碰撞。虽然他只能站在边线外观看那些高大粗壮的男孩拼抢，但他总是坚持看完。到三年级中期时，他长高了，球队开始让他打前锋，四年级时转为擒住并摔倒对方的选手。

达切不是个出色的橄榄球队员，迪克森也没有一支像样的球队。还有，作为一个橄榄球队的前锋，他只是一个无名的选手，但是他仍然充满自信。多年后，一位市民还记得他曾看到的年轻的达切：有一次他在场上独自奔跑，好似他手里抓住了一个三十码的传球一般，脸上露出充满决心的表情。他拼命冲刺越过最后一个防守队员后，底线得分，他的脸因狂喜而变得通红。

一天下午，达切全家乘车出游，达切发觉哥哥能看清并说得出路旁的标记，而他看到的眼前的东西却是模糊一片。戴上母亲的眼镜，他才看清树上一片片的叶子、轮廓分明的房屋和独倚蓝天的远山。虽然他讨厌父母给他买的那副厚厚的近视眼镜，但戴上它才可看清这个世界，也只得对它加以爱护。

达切参加各种体育活动，但使他在体坛获得名声的还是在洛厄尔公园当救生员那几年。公园开业人埃德·格兰恩韦尔开始认为达切太小，不能把溺水的人从洛克河里拉上来，但是杰克·里根却支持孩子，"给他一个机会吧？"他说。

在河岸上大摇大摆，走来走去，注视着在河水里游泳的妇女、小孩、合家老小、各色美女，一星期挣十五美元不算少。洛厄尔公园是迪克森夏季生活的中心，达切喜爱这里的河，喜爱那长满树木的石灰岩基的山丘，以及他所遇见的和善的人们。这时，他身高已达六尺，颀长的身躯，加上像父亲那样丰满的面颊，母亲那样严肃的神情，使他成了一个英俊漂亮的救生员。达切对工作情况很了解，洛克河水缓缓流淌，就像夏日一样磨磨蹭蹭，但每当堤下面的水闸打开后，水的流速便加快了。达切每救人一次，便在一根圆木上刻上一道 V 形记号。在他担任救生员的七个季节里，共刻了七十七个这样的记号。

达切不是个很好的学生，但他是个极善于从日常生活中寻得乐趣的年轻人。像母亲一样，他对表演很感兴趣，是个不错的演员。凡是有他主演的中学生演出，他五年级时的老师埃丝特·巴顿都要特意去观看。

迪克森北部的戏剧教师 B.J. 弗雷泽，对明星演员特别喜爱。这位年轻的教师，使达切不仅对表演而且开始对写作感兴趣。弗雷泽督促他写大量有关体育运动方面的文章和一些他自己感兴趣的东西。

夏天，弗雷泽经常到洛厄尔公园同达切聊天。

"我喜欢这份工作，因为它使我有零用钱花。"这是达切在一个傍晚，暮霭笼罩河面的时候，对弗雷泽说的。夏昼漫长，有一天，几乎所有的人都走了，仅剩下一小股人在河水里嬉戏，从木筏上跳下，潜入水中。

"我最不喜欢的是那些天黑了还呆在河里的人。"说毕，达切跳入水中，向木筏游去，并高声叫道："你们知道天黑以后不准游泳的规定不？"

"知道，但是我们高兴在天黑以后凉快凉快！"一个很清晰的男子回声。

达切灵机一动，钻进水底，从河床拣起一块石片，"好的！"他冷笑地喊，"在水里泡下去吧！泡到烂臭，水老鼠都不愿啃你们为止。"随后，达切漂出那块平滑的片石，滴滴答答漂向那伙人，他们才一窝蜂似的拼命向河岸边泅去。

迪克森的许多青年男女受到的最好的教育，就是他们的中学教育。他们曾四年聚首同窗，忧乐与共。他们中有球星、有舞蹈皇后、有拉拉队队长、有钻研苦读的学生。他们这一个班的学生，只有少数人去上大学，大多数都参加了工作或与中学时的恋人结婚成家。

达切的哥哥尼尔，中学时，人们呼他的绰号"穆恩 ①"。要是在橄榄球赛场见不到他，你准能在那些秘密酒店里找到他。尼尔从不好好念书，毕业后在一家水泥厂捞到一份工作。晚上回家时衣服上沾满白色灰泥。"我从未想过要上大学，"尼尔说，"我想，我这样聪明，我已经什么都会了。"

达切既不像他哥哥那样盲目骄傲，也不和他哥哥的工人阶级的朋友们搞在一起。他是在北岸长大的孩子，结交了一批品学兼优的朋友。卡尔·巴克纳是他最好的朋友之一，达切曾救起他溺水的妹妹。卡尔的叔叔是水泥厂的厂主，他的父亲经管销售。卡尔的父亲有两部小汽车，所以男孩们，包括达切，有时可以驱车到处去赴约会。

达切经常带一个小女孩在身边，她叫玛格丽特·克利弗，基督教主教堂牧师的女儿。对达切来说，玛格丽特是一个"光艳夺目的浅黑型姑娘"。她有一双深褐色的眼睛，风度优雅，"是一个完美无缺的人物"。还有什么能比得上同她一起泛舟，沿五十一号线路航行，双双去看场演出，或者向东到芝加哥去赶晚上的娱乐活动更美好惬意的呢？他的手挽着玛格丽特，水风吹乱他那被阳光映得发白了的头发，他忘了人世间的忧愁，沉浸在幸福之中。

三年级时，达切和玛格丽特曾在班级演出的菲利普·巴里的《你和我》中，担任一对充满幻想的主角。达切认为同玛格丽特一起演出没有不成功的。他认

---

① 穆恩（Moon），意即月亮。

为同她一块办任何事情都会成功。他的父母只受过小学教育，但他相信自己能想办法上大学。自从在夏天开始工作以来，他一直在攒钱，已存下了四百美元。

并非达切想成为医生或者律师，他不是个用功的学生，他只是认为他也想像那些大学生一样能上大学。中学时他是个大人物，是学生会的主席、戏剧社的头头，第二学期的基督教男青年协会的主席，这个组织被认为是"创建、维护，并把基督精神的最高品德影响到整个学校及其群体的一个组织"。它在"语言美、体育道德美、生活洁净、学风正派"等方面起到了促进作用。

他认为那是一个"穿浣熊皮毛，言必称学院精神"的时代，他也想和时代合拍：参加球赛、学生联谊会，一同欢呼喝彩。当他还在念小学时，达切就知道该到什么地方上去大学，他要进尤里卡学院。他从未见过这所学校，只因为他崇拜的偶像——迪克森的橄榄球明星加兰·瓦戈纳进了这所学校。达切认为没有什么比步他的后尘更好的了。更美的是，尤里卡学院附属于基督教会，玛格丽特也要上这所学校。

达切知道他会想念迪克森，他对这座小镇和他活动过的天地有着深厚热烈的感情。中学四年级时，他为年鉴写过一篇文章，谈及他当救生员的经验，那是一篇对小镇充满依恋与爱慕的回忆录。其中有这么一段："他们到河边来了。一群人下河游泳、洗澡；一群人在岸边找阴凉处躺着，或者干着其他什么；一群人却是专门到水上来给河滩上我这个救生员添麻烦的……"

达切对家中细微末节的琐事，对那些美国小镇最好、最有特色的东西的细节，记忆犹新。达切认为迪克森不是舍伍德·安德森的小说《俄亥俄州瓦恩斯堡镇》，或是辛克莱·刘易斯的《大街》中所描写的，那种充满黑暗与病态，需得大笔予以讽刺揭露的地方。达切拥抱迪克森就像拥抱初恋的情人一样。他喜欢星期天早晨坐在教堂里，越过手中的赞美诗，偷眼去望玛格丽特；他喜欢B.J.弗雷泽，珍爱和他一起度过的时光；他爱橄榄球运动和冬天的雪；热爱那些知道他的名字、熟悉他的商人，还有他的近邻；他乐于做一个小镇上尽人皆知的明星。当一九二八年九月某日他离开小镇上大学时，他是带着对它的无尽的深沉的眷恋而去的。对往事的记忆，像清甜纯净的井中水，汲之不尽，尝之不竭。

通往尤里卡公路两旁的田野里一片丰收的景象，就天时而论，那是一个风调雨顺之年，但是对大平原上的农民来说，却是又一个高成本低售价之年。更多的抵押品的赎回权将被取消，生活变得越发不可理解了，男女农工一年扎实的辛劳，只换来更多的欠债。

达切能看出事情的反常，不同于往年。农民的谷物卖不了好价钱，手头便没有钱，没有现钱，就买不起鞋子，农民不去买鞋，杰克·里根就无钱维持家庭生活。不过，达切认为车到山前必有路，问题总会有办法解决的。从他第一眼瞧见尤里卡那刻起，达切就认为自己的选择是对的。尤里卡学院有五栋红色的建筑，呈半圆形排列，矗立在平旷的伊利诺斯大草原上。该校拥有二百二十个学生。尤里卡学院是迪克森风格的学院建筑，是个小而舒适的地方，青年人在这里可以出名，特别有那么一个人后来自己承认："我就是喜欢出风头。"

尤里卡是美国新教徒中心地区的一所基督教会大学。校园之健康，就像四对人跳的方块舞一样。达切进校前一年，学院还不允许跳舞。童贞被视为美德，而不是缺少机会的委婉语。星期五晚上十点、星期六晚上十一点，学生必须回到寝室里，他们要参加必做的礼拜仪式。

达切进到校园时，口袋里装了四百美元。他的学费是一百八十美元，学校负责奖学金的办公室为他减免了一半。为了交付伙食费，他在兄弟会会所洗碗碟，这显然是那时最繁重的工作。除此以外，一年级时他过着很悠闲的大学生活，他头戴绿色的新生小帽，一只胳膊搂着玛格丽特，另一只夹着厚厚的一叠书，骄傲地、大摇大摆地跨过小巧的校园。

达切马上就尽可能地参与学校生活各方面的活动，就像他曾经在迪克森中学时那样。他和其他二十五个男同学一起试图组成校橄榄球队。尤里卡学院小，要与拥有两千名学生的大学球队抗衡很难，所以教练拉尔夫·麦金齐需要尽可能搜罗球员，然而，在二十六个候选人中达切是唯一未中选的人。一九二八年的球队照片上，有二十六个粗壮的中西部球员，其中二十五人穿着学校代表队运动衫，唯达切一人穿着白汗衫。站在罗尼后面的一个队员，伸出两个手指，放在罗尼头后，给他安上了两只兔耳朵。

"那年其他的球队候选人都入选了。"当时主管球队的四年级学生霍华德·肖特回忆说，"就连其他的一年级学生也捷足先登了。达切没有同球队一起旅行远征，但他仍然参加每一场训练，比赛时他总是站在边线上，叫喊助威，拍拍队员们的肩膀。他的毅力，真使我感到由衷地羡慕与敬佩，他这种表现需要勇气。一所小型大学所表现出的傲慢情绪，往往比大学校更为严重，而学院尽人皆知，达切参加了选拔，但未被选中。"

达切在其他社团中运气要好一些，他成了校报《柏伽索斯》的记者，是获胜了的一年级辩论组的成员。他宣誓加入学院三个兄弟会之中的陶·卡帕·埃普西伦兄弟会。玛格丽特也帮助他减轻了没被选上橄榄球队员而蒙受的羞辱。她是位坚定、漂亮的女伴，她给了达切大多数一年级学生没有得到的那种成功的奖赏。她加入了德尔塔·西塔女生俱乐部。不念书学习时，她就同达切在一起。他们双双参加在特克兄弟会所举行的每周一次的舞会，每个星期天一起上教堂。

晚上，当达切手臂夹着毯子，带着玛格丽特上墓地去时，他并不曾见有兄弟会的会友斜目相视，或投以狡黠的目光。毕竟，那单纯的男女相邀的传统，是兄弟会友们最乐于继承的，他们也会很晚出去和他们的女友一起厮混。有时与女友出去散步时，达切感到有一种后来他称之为"异性的压抑的不满"。那是性的吸引力，不过他并不觉得必须用性行为来证明他是个男人。

当时最刺激一年级学生的是学院的财政危机，几乎没有一个学生不曾坐在教堂里，听牧师们为一个又一个的特殊拨款而辩护：为一所主日学校的建筑，为某教区，为海外传教团，或为某些教会学校等。危机频繁，所以学生们并不认真去听有关尤里卡学院境况如何窘迫的报告，是可以谅解的。但是正是感恩节之前，院长伯特·威尔逊宣布了一个缩减开支的计划，按照计划，专业课程要大大压缩或停开，许多教员将被解雇，并且，在一九二八年，董事会采纳了这计划。

学院的教职员和学生一样感到吃惊，师生联合传递一份要求威尔逊辞职的请愿书。这样的事在二十世纪二十年代的大学里，特别是在中西部的大学里是难于办成的。芝加哥甚至《纽约时报》的记者们纷至沓来，报道尤里卡掀起的这一特大事件。

感恩节的前夕，在学生尚未离校回家过节之前，理事会开会表决威尔逊提交的辞呈，达切和其他理事会的成员等待着理事会的决定。学生委员会由三个四年级，三个三年级，两个二年级，一个一年级学生，包括达切在内的九人组成。半夜时分，经过一小时的诡辩与策划，理事会开完了，达切和其他人得到的是坏消息。不仅校长保留原职，而且他的方案也要照样贯彻执行。

学院的钟声响了，学生和教职员知道这信号意味着什么，宿舍和兄弟会房间里的人出走一空，学生们在睡衣外胡乱套上大衣，急忙走向十一月深夜寒冷的室外，走到礼拜堂去。教职员也从家里出来了，不多会儿，礼拜堂里便挤满了人。

委员会已决定号召学生团体起来罢课，一直到威尔逊辞去校长之职为止。达切是委员中推选出来的发言人之一。他曾经辩论过，演过戏，但还从未激励、煽动人群去采取行动。他从未像现在这样巧妙地、极有成效地把情感和事实交融在一起。这使他陶醉、欢喜，达切将要把那个战果辉煌的夜晚，作为他一生中最令人高兴的时刻来回忆。他后来在自传中写道："我发现当晚听众的感情，用戏剧场面的语言来说，就是听众和我这个演说者已真正心心相印，情感交融。当我理直气壮陈述我的动议时，无需用国会那一套繁琐的程序，他们站起来高声欢呼，甚至在场的教职工也一样以他们的欢呼声表示投票赞成了。这是使人陶醉的醇酒。真见鬼，还讲两句，无需骑马我就可以使听众越过米德尔塞克斯的村庄和田野——使得群情激昂。"

达切当时在尤里卡学院的许多同学，几乎记不得他讲话了，而新闻报道中又没有把他的名字列入领导罢课者的名单之中。"他确实卷进去了"，肖特说，肖特是四年级的主席，罢课委员会主席，"不过是经我们邀请参加的。安迪·佩因发言后，另外一个四年级学生——一个篮球选手接着发言，随后是我，我后面是达切讲话。我们要他讲话，因为当时即使他胡扯也行，但他作了一次很好的具有煽动性的讲话，我们三人已使得听众完全听命于我们了。"

罢课取得了成功，二百二十名学生中，除了十二人外，全部罢课一周。在这样的压力之下，威尔逊辞去校长职务，他的裁员压缩计划也一并作废。

第一学年后半段时间，达切的生活平淡，没有什么戏剧性的冲突。那年夏天，他又回到洛尼尔公园，重操他救生员的旧业。他毫不考虑命运与前途，或者说胸无大志。所以，他打算离校去当一名测量员。然后，一走进校园，与玛格丽特谈了谈，又瞥见尤里卡新的橄榄球队的队服，他原来的想法就烟消云散了。他回到家里，告诉母亲说，"我要留在学校，内利。"

"穆恩说对了，你会这样做的。"内利说，"希望他也能同你一块去上学。"

"可别骗我！告诉他把东西都收拾好，我还要打电话回来的。"达切不是那样动辄说人坏话的人，特别是对兄长他更不会如此，但这并不意味着他思想上对哥哥没有看法。他长这么大，一直拾哥哥的破烂，他再也不想穿他扔下的衣服了。他认为尼尔不会与他搞好关系。尼尔向达切借小钱，从不归还，他太损人利己，又玩世不恭，而且太热衷于秘密酒店。

但尼尔毕竟是他兄弟，达切还是去找了教练麦金齐，待他再给母亲打电话时，他不仅给尼尔在特克厨房里找到了一份工作，而且学院还同意尼尔迟付学费。达切回到迪克森接他哥哥，还把他最珍爱最贵重的东西——新买的旅行箱带给尼尔使用。

"我为你搞到了橄榄球奖学金，穆恩，并且还给你找了份工作。"达切得意地说，"你每月全部所需不过十元。"

"我不打算去。"尼尔毫无表情地说。不管母亲如何劝说，尼尔对前去尤里卡学院都毫无兴趣。他觉得跟在瞧不起他的弟弟后面，亦步亦趋，生活未免也太嘲弄人了一些。

达切返回尤里卡学院的当天，尼尔到水泥厂上班去了。晚上尼尔回家发现达切留下的旅行箱还放在那儿。

"内利，我想达切今天回到学校去了。"尼尔感到困惑。

"是呀！"母亲生气地说，"你不感到害臊吗？他把旅行箱给你留下了。"

旅行箱最终起了作用，尼尔装满箱子上尤里卡去了。他爱他的弟弟，尽管他弟弟有时候自以为有德行。达切帮他上学，帮他找到了工作，甚至提供行囊。虽然尼尔不曾邀请弟弟进入他的圈子，但现在达切却为哥哥打开了大学之门。毋庸置疑，他给了哥哥鼓励与支持。

高年级学生常用木桨打一年级新生的屁股，这是兄弟会对新生的一种戏谑。尼尔年岁那么大，又洞悉世故情面，对他也不免除这一关，他觉得纯粹是一种侮辱。轮到达切执桨时，他也表现出自己是忠实于兄弟会同仁的，而不是尼尔的胞兄弟。他让尼尔站好，使劲击打，以致尼尔屁股上起了血泡，一瘸一拐地走开。尼尔对弟弟的行为的判断并不是那么公允，他认为达切击打他纯属取乐。当然，尼尔这种想法也是可以原谅的。

多年后，达切常讲起穆恩为什么要进尤里卡学院这件事。达切喜欢把生活变得与主日学校课堂中一系列道德寓言的说教一致。达切说，是工厂里一位年老的移民说服了哥哥，他这才上大学的。这是一个妙趣横生的小故事，他总是憋着外乡人的口音把它讲完。那老移民语重心长地对尼尔说："仔细瞧瞧我——我们两个，就你同我，老是在一起工作。有那么一天，你也会变得同我一样。这个样子，你看那有什么好的。"这的确是贤人指路。不过，尼尔多年后却否认说："那完全是虚构杜撰。"

人们喜欢帮助达切，而达切也知道如何使人们想来帮他的忙。他自知不是个用功的学生，难得看他打开一本书来阅读，但是他善于从其他同学和教授们的报告与讲述中汲取知识，因而考试时总能顺利过关。

升入二年级时，达切已成为一位无可争辩的学生领袖。他被选为布斯特俱乐部一个肩负着鼓舞士气的责任的主席。他是篮球拉拉队的队长，是尤里卡最好的男子游泳运动员，他依然是个有事业心的男子。"他经常站在临时讲演台上发表演说。"当时一年级的学生路易斯·宾克利后来这么说。他是在离里根家不远处长大的。达切仍然对橄榄球队表现出的那种英雄主义表示羡慕与景仰，他未能如愿加入球队，对教练麦金齐仍耿耿于怀。

那年秋天，一个叫伊诺斯（巴德）·科尔的人，进入达切的兄弟会会所，他很快成了达切崇拜的偶像。老巴德一年级时在芝加哥西北部踢球，接着又接连三个季度在半职业球队打球。达切正是通过巴德才获得了有关组建大学球队的知识。

在一场校内球赛拼抢中，巴德因膝盖受伤而退场，这可给了达切一个好机会，他猛冲猛打，向前切进，猛击第一中卫，把前卫球员逼倒在硬草地上——那是一个体重一百七十五磅的莽汉子。正是达切有这样一点小的优势，巴德会冷静地告诉他每种打法大致会有什么结果。

练完球走回兄弟会时，达切和巴德到教练麦金齐那里，教练说："就这样干下去，你们干得不错嘛！"

麦金齐耳聪目明，能合理判断。毫无疑问，他认识到那天他不是唯一的教练。在球场上达切足智多谋，诡计多端，脑力胜过体力。尽管达切向教练大大显示了他良好的素质，仍然只被提名为前卫。此后在尤里卡学习期间，他一直充当这一角色。

"达切有良好的精神品质，"麦金齐回忆说，"他工作努力，有献身精神，他最大的特点是他的热情和精神力量。在练球时，他总是大声鼓励其他人，制造一种令人激动与兴奋的气氛。他有点像是大伙的领袖。"

达切并不是那种沉湎于无谓的欢乐之中的人，他打球不是因为他打得好，而是因为重视它，所以才打球。他最精彩的表演是在球员更衣室模仿电台广播员的样子，神气活现地讲解球赛实况，或是在休息时间，为垂头丧气的队员打气，把死的说活。

晚上，在特克室里，经常有一群小伙子玩桥牌，其他人翻阅最近的星期六晚报，甚至也有少数人在啃书本。达切则经常播讲一场场假想的橄榄球赛。在更衣室里讲讲是好的，但是，他喋喋不休，唠唠叨叨，就像吃烤软糖一般发出响声，人们听够了，迟早要他闭上嘴。

达切指挥拉拉队时的各种滑稽动作，使学生们十分开心。有一次返校节，学生在城里的校园开过一年一度的舞会后，燃起了篝火，学生们围在篝火四周，突然人们看见达切站到中间的一个箱子上指挥着大家欢呼、歌唱。"太激动人心了，太富于戏剧性了。"宾克利回忆说。

达切对戏剧表演的鉴赏力，被尤里卡剧社发现了，他承担了很大一部分工作，成了"阿尔法－埃普西伦－西格玛"戏剧联谊社的司库。三年级时，他被指派在埃德娜·文森特·默蕾的《再现咏叹调》一剧里担任希腊牧人。尤里卡学院把这个剧拿到西北部大学每年一度的伊娃·利·加林戏剧节上公演。所有的东部和中西部的名牌学校，相互角逐，想方设法跻身于这次负有盛名的比赛。小小的尤里卡学院被选送为参加演出的十二所学校之一，这是一个了不起的胜利，更不寻常的是他们最终取得了第三名。

当五个个人演出获奖者的名字宣布之时，达切坐在大厅里，沉浸在光荣与喜悦之中。他再一次走向讲台，接受因塑造角色成功而给予的表扬。

每年夏天，达切回去重操他救生员的旧业。他认识许多从芝加哥和其他地方来度假的、住在苍翠的洛厄尔公园的小旅馆里的小家庭，他们都是小康人家。有钱人特别喜欢对有发展前途的年轻人大讲成功术，他们很乐意让达切听他们传授机宜。

像许多滑雪教练和职业网球运动员那样，达切表面上显得有些讨好有钱人，他和他们一起谈笑风生，但是他知道自己本身地位的局限性，从未冒昧地越雷池一步。人们表示在他毕业获得社会学和经济学学士后，要给他各种帮助。但是，他注意到随着经济萧条的加剧，他们的许诺也会成为泡影，他们自身难保，像其他人一样恐慌。

达切最终也无法逃避经济萧条的严酷现实。杰克失去了他在迪克森时髦鞋店的合伙经营关系。内利在一家成衣店工作，每周工资比达切当救生员还少一元钱。

之后，杰克也结束了在斯普林菲尔德经营的一个分店的业务。杰克把全部勇气和经商的知识倾注到他迪克森的鞋店，以出售优质鞋使商店营业稳定。达切曾参观过在斯普林菲尔德的店子，该店是一个商品售价低廉、简陋、邋遢的地方，窗户上贴着许多粗俗的桔黄色广告，还有一张有铁扶手的长凳子。

一九三一年的圣诞节是许多人度过的最糟糕的一个圣诞节。数百万美国人失业，几百家银行倒闭。杰克全家不得不从原有的住房中搬出，另租一间套房。但与那些受苦的人们比较，里根一家却在许多方面可聊以自慰。两个儿子仍在上大学，杰克和内利也都在工作。每逢节假，内利还可以不去服装店上班。杰克也可以从斯普林菲尔德回来小住几天。达切和尼尔也坐上尼尔的嘎嘎作响的旧汽车从尤里卡回家来。这是达切大学时代的最后一个圣诞节，第二年的圣诞节很可能他将不在迪克森度过。

里根一家人忘却世态和未卜的前景，尽情欢娱，享受节日的快乐。圣诞节之际，达切和穆恩打扮得漂漂亮亮正要去赴约时，一位邮递员出现在公寓门口，杰克打开信封将蓝色的信纸捏在手里。

"唉，真是糟糕透顶的圣诞节礼物。"杰克冷静地说。鞋店将他辞退了。

Chapter 6
"好小子，干得太漂亮了"

　　一九三二年夏天，达切又在洛厄尔公园干了一个季度。他可是以一个二十一岁的大学毕业生的身份来干救生员这份工作的。不过，在那个贫困的年头，工作就是工作。他不久就得去找个全日性的职业，虽然希望甚微，前景并不那么乐观。

　　达切却不那样认为。他是个对生活有着美好憧憬的人，没有哲学家，没有愤世嫉俗的人，也没有小城镇上唱反调的人能阻止他怀有这种高尚的感情。假如达切能把这种感情盛入瓶中拿到街头去出卖的话，他立刻就会成为一个有钱的人。

　　达切有时似乎像个在每周扶轮午宴上高谈事情该怎样变得好起来的迪克森商人。他的乐观主义远远超出小城镇上那些热心捧场的人。这种乐观主义使他给家庭、朋友、生活和政治上的每件事情都涂上了一层色彩。他还在中学时就写过一首诗，这首诗确切地表达了他的感情：

　　　我怀疑是怎么回事，又为了啥

出了点小事，我们竟轮番受苦

把生活变成了抗争与搏斗

当它本该是一支歌的时候

千百万古人在我们前面逝去

千百万来者在后面接踵而至

为何要诅咒，要冲刺

命运，本来既聪慧又仁慈。

有天晚上在洛厄尔公园，达切坐着听锡德·阿特休勒，一位堪萨斯商人谈话，达切曾教过他的女儿游泳。"当你决定了你想要干哪一行后，通知我一声，如果在我力所能及的范围之内，我一定给你弄份工作。"

另一位富有的商人也许诺过达切，他们的话像洛克河上映照着的阳光金碧辉煌，但却短暂。不过达切对锡德讲的话倒是很认真的。几天后他激动地告诉锡德，他想成为一名电台体育播音员。

"哟，你选择的这一行业里我没有熟人。"这位商人说。达切寻找的绝不是这样的支持。锡德又试图劝说："你选择了音响行业，一个纷纭复杂、头绪万端的行业，所以还是去敲门吧，告诉那些愿意倾听你讲话的人，说你相信在这一行业中会有前途，你愿做任何一种工作，甚至拖地板也无妨，只要能跻身进去就行。"

游泳的季节刚一结束，达切便打算打起行囊，着手寻找他在电台的第一份工作，即使是拖地板也行。可是杰克认为，如果在此之前这种幻想没有清除掉的话，那么大学毕业后，青年人的理想主义是应该抛弃掉的。他知道这是个什么世道，大萧条时期不是那些天真不懂事的娃娃们寻求缥缈的空中楼阁之时。"别去追求彩虹，异想天开，虚度时光吧！"他告诉他的儿子，"在迪克森能找到工作。"

达切很有礼貌地听着，然后告诉他父母，在开始寻找工作前他想去尤里卡看望尼尔。他想去看尼尔是真的，但那只是他计划旅行的开始，他计划从那里搭便车去芝加哥。

于是，游泳的季节一结束，达切就走了。在尤里卡特克室，他大摇大摆地进去并告诉他那伙弟兄们："要是我出学校五年后，一年赚不到五千元，那我就算在这里白白度过了四年。"达切的这番大胆的狂言，比他的许多玩笑所引起的笑声还大得多。在玛格丽特·克利弗家里有人更愿意聆听他的雄心壮志，那个人是玛格丽特的父亲，他现在是镇上的牧师。达切与玛格丽特的离别是又苦又甜。达切要到芝加哥去，在那里，还不知有什么大的冒险在等待着他，而玛格丽特则要到一个规模很小的中学去教书。

然而，达切可以对玛格丽特和他的兄弟会同仁夸口，但当他看见芝加哥闹市区的高大建筑物，漫步走在那成千上万的有雄心、有决心的人们中间时，他给吓呆了。他甚至连怎样找浴室也不知道了。

当他惊慌失措时也常常故伎重演：吹牛皮，说大话。那天晚上，达切和一位尤里卡的兄弟住在医学院兄弟会会所。他告诉那些医学院学生，说他星期四与全国广播公司有个约会。事实上，他只是到全国广播公司去过，得知节目导演在星期四会客。但是，接连好几天并没有任何人接见他。电台经理不乐于去听一位不愿用麦克风而是用扫帚开始他的事业的年轻人吐露他高尚的感情。

星期四在全国广播公司的"约会"变得越来越重要了。达切走进办公室时比任何时候都更坚决。节目导演没有露面，而是一位年轻女人跟他谈了几分钟。她没有告诉他她的职位、头衔，据他后来推测，她充其量不过是个秘书而已。但那会儿她却是代表全国广播公司呢。

那个女人听了达切的陈述，等他说完后说："在这个城市里，没有经验就想来碰碰运气的人还未曾见过，你很棒。走吧，到人们所说的偏僻的地方去，找个较小的电台去试试看。"

这个劝告倒是一味冬天的滋补剂，但良药苦口。她把酸话说得甜甜的，结束了她的谈话："我想你会找到工作的。待你有了经验后再回来找我。"

那段时日，达切在芝加哥沙里淘金，想至少能找到一片金子。但他所能得到的就是来自全国广播公司的劝告。不过，这次会见后，他越想越觉得这个意见有道理。当他搭便车回到迪克森，坐下来和杰克与内利共进晚餐时，他谈起这件事来就好像他在芝加哥发了财似的。

杰克曾经是个充满梦想的人。现在他寄希望于富兰克林·罗斯福在十一月的竞选中获胜。如果这样，人们会记得他在竞选工作中出了力，因而能得到一份工作。无论他是否很相信达切，他决定要他的孩子有一个施展其抱负的机会。达切为什么不能开着旧车，花上一天跑跑所有的广播电台呢？于是，达切把在芝加哥被拒绝的事全抛到脑后，他很快查看了地图，计划好了他星期一能去的地方。

达切的第一站是爱荷华的达文波特，需要驱车西行七十英里。那里是世界上最大的按摩疗养所所在地。WOC 电台为帕麦尔按摩疗法学校所有，广播信号遍及中西部。

广播电台是当时的奇迹之一，从一个小房间的麦克风里能带来一个巨大奇异的世界。电台台长皮特·麦克阿瑟可能曾演过《绿野仙踪》。听见过他在电台里用洪亮的声音播讲过的人都不会想到他不良于行。麦克阿瑟是一位老苏格兰轻歌舞剧演员，因关节炎需要治疗而在达文波特落脚。他坐在轮椅上面要人帮忙才能起身，并且只有靠两根拐杖才能站起来。

达切卖给麦克阿瑟的只能是他常想兜售的唯一产品：达切·里根本人。他是一位很有说服力的商品推销员，电台台长看来是被感动了。

"你到底从什么地方来？"麦克阿瑟大声喊道。他常常在他的谈话中夹杂着亵渎不敬的话，那些话往往使教友派教徒脸红，"你没听过广播吗？"

一个月以来，WOC 一直在登招聘一位新播音员的广告。麦克阿瑟已经从九十四名应聘者中做出了选择。

达切的心一下凉了下来。"如果一个人不能进电台里面工作，他如何能成为一个体育播音员呢？"他反问道，说话就像吐西瓜子那样干脆利落。

达切走到电梯旁等着离开，顺便读着墙上的训诫和警句。他的脚被一根手杖撞击了一下。"别这么快嘛，你这大小子。你没听见我叫你吗？关于体育广播你是怎么说来着？"

粗暴而好心的老皮特·麦克阿瑟把达切带进挂着天鹅绒帘子的播音室，让他在麦克风前坐下并广播一场想象中的橄榄球赛。

"当那个一亮，你就开始讲吧，"电台台长指着红灯说，"给我们转播一场橄榄球比赛，要让我好像亲临其境。你面前是麦克风——你看不见我，但我在听着。祝你好运。"

与其说达切是位年轻无经验的新闻记者，不如说他是个新演员。他在尤里卡那些入迷的观众面前已有了几年的表演实践经验。他挑选了在母校和西部州立大学两个队之间一场比赛的最后四分之一部分作实况广播。

二十分钟之后，麦克阿瑟走回播音室。达切坐着已是汗流浃背。"干得太漂亮了，好小子！现在告诉你，我们有一位爱荷华大学四场球赛的资助者。你从星期六起在这里呆一星期，我将会给你五美元外加车费。如果第一场你播得不错，其余三场也由你干。"

达切的生活像一部鼓舞人心的乙级电影一样展开了。人们易受电影大团圆结局的骗，这不足为奇，电影评论家们对这样的结局是鄙夷与不屑一顾的，因为那是不可能和不现实的。然而，达切在这方面是个有天赋的人，如果他为了找一份专职的工作而不得不等几个月的话，那只会使"剧本"更有意思。

当然，在他年轻的生活中，也在演出一场浪漫主义的悲剧。其实，远在尤里卡学院时，玛格丽特和达切的麻烦就已开始出现。后来，她在伊利诺斯大学读完四年级便常与别的小伙子约会。"达切和玛格丽特之间距离越来越远，"路易斯·宾克利回忆说，"他们各有洞天。她继续去攻她的硕士学位并在中学教书。然后她和她姐姐去了欧洲。在去欧洲的船上遇到一个男人，后来她同他结了婚。我相信达切不会再同她联系。他曾经深深爱过她，所以，他们分手时，他是很痛苦的。"

有一段时间，达切心神恍惚。据 B.J. 弗雷泽的遗孀说，他写过一封信给他的戏剧教师，说他当时对于是死是活全不在乎。但就在那前后，他的事业开始了。

一九三三年初，他有了一份每月有一百美元可观收入的专职广播员工作。他在广播业的兴盛时期进入了电台。那时，广播业已处于技术开发的前列。不久，这位新晋的广播员便一跃而在得梅因成为了WOC电台的体育节目广播员。这是愉快的时光。WOC电台的老板们对电台的前途充满信心，所以建了一个五十千瓦的电台。当时，这样的电台在美国仅有十二个。

达切的声音通过广播传遍中西部，衣阿华大学的橄榄球赛、芝加哥卡布俱乐部棒球赛、怀特以及索克斯棒球赛都由他广播。作为一个体育新闻播音员，达切观察入微，把细节都讲得很清楚。他不能像文字新闻记者那样停下写个简要报道。他得不停地说下去。他为中西部的体育迷们勾画出了一个个像后来的电视图像一样栩栩如生的比赛场景。

达切是个讲故事的能手。当其他的电台派他们的广播员到芝加哥的赖利公园去广播"卡布"比赛时，达切却仍坐在得梅因的WOC电台的播音室里。在芝加哥体育馆的记者席里，电报员嘀嘀嗒嗒地把摩尔斯电码发给坐在WOC电台播音室的另一位收报员。达切能得到的全是最简单的统计数字——好球、投球、出局，达切把这些素材润色加工，绘声绘色地向听众广播。

达切讲解的比赛不那么准确，但比他的竞争者们讲得生动得多。在一个很重要的比赛中，电报出了故障。然而，在电报重新畅通之前，达切让击球者一次又一次地把球打出线外至少有七分钟之多。

把某些困难的工作做得这样好是件好事情。不久，达切每星期从电台得到的工资已经到了七十五美元，这在当时已经算是很高了，特别是对一个二十五岁的人来说更是如此。而这还不是他收入的全部。在得梅因，达切成了个赫赫有名的人，他也很善于利用各种机会。有人送给他旅游费、宴会上的讲演费、写一篇应时专栏文章的稿费、公共关系费、介绍体育比赛费等等。仅在中学宴会上谈橄榄球，他就得到五十美元。钱财滚滚流入达切的口袋。

达切通过无线电了解到有关大萧条的消息。他在街上看见了乞丐，但这没有影响他。他得到的最坏的消息是杰克得了心脏病。不过，达切现在能帮助家里了，他的父亲再也用不着去工作了。他给在尤里卡的哥哥寄了钱，又寄了一笔可观数目的钱给父母之后，他还可以尽情花费。

像城镇附近的许多年轻人一样，达切开始常去西斯的月光酒店。失去了玛格丽特使他很痛苦，但有许多年轻女人可抚慰他的伤痕。当然，他不去老的、非法的烈酒酒店，那里会出售名声很坏的掺有酒精的淡啤酒混合饮料。达切常常出去骑马，为了得到最好的训练，他同第十四骑兵团签了条约作一名候补军官。

这是美好的生活，的确是美好的生活。这时，他已能帮助尼尔在得梅因的广播公司得到一份工作。他所埋怨的最糟的事情是爱荷华的冬天，不过他也会略施小计逃避那里的冬天。他说服 WOC 的头头，这个台需要那么一位播音员——也就是说需要达切·里根——需要他到加利福尼亚的卡特琳娜岛去领略"卡布"春季训练所具有的地方色彩。他是要播讲"卡布"比赛的人，而他却没有去过那里。他说得合情合理，很有说服力，所以每年冬天电台都派他的播音明星到加利福亚去。事实上，达切感兴趣的主要地方特色是那种被阳光晒出的棕黄色肤色。

加利福尼亚预示着美国的将来。当时，同美国其他地方的许多方面相比，加利福尼亚蒸蒸日上，繁荣昌盛。但这个州也有它的忧虑。仅洛杉矶一处，穷人和失业者就超过二十万。农场主把成吨成吨的桔子和蔬菜倒入洛杉矶的河里，与此同时，成千上万的穷苦人却在忍饥挨饿，在床上辗转反侧。

虽然，在海滨有蹒跚的乞丐，但从俄克拉何马州来的一户户红脸膛的流动雇农，坐在吱吱嘎嘎行走在大路上的旧货车里，其命运并不那般悲惨。他们不像那些无家可归、茫然无助、蜷缩在寒冷的芝加哥街头的游民；也不像过去的衣阿华家庭，因为生活困境而抵押出的物品会因他们无力赎取而被售卖。在这里，人们仍然要摆脱困境生活下去，而且要获得成功。

达切在加利福尼亚感到舒畅，与他当年去芝加哥寻找工作的情况可完全不一样。他现在是个成功者，这一点在洛杉矶至关重要——在这里重要的不是你的血统，不是你毕业的学校，而是你今天干得怎么样。

这时，达切已能看到电影业正在发生着变化。三十年前，电影先驱者乘火车和汽车来到西部，他们怀抱着被称为"摄影机"的新奇机械，扑通一声放下他们的行头装备，出现在洛杉矶的街上、海滩和街坊里弄。他们摄制一盘胶片电影，用几分钟考虑下一部电影的制作，再花上好些天去筹划如何得到经费。现在，华纳兄弟公司、米高梅电影公司、派拉蒙影业公司、环球电影、雷电华电影公司、二十世纪福克斯以及哥伦比亚影业公司是几家最大的领主和企业，都有自己分布在各地的剧院。

达切知道自己有可能在电影方面获得成功。WOC 电台的奥谷仓舞乐队"俄克拉何马的亡命之徒"就是一个先例。一九三七年冬，达切去卡特琳娜岛途中停下来拜访了"俄克拉何马的亡命之徒"乐队。这个 WOC 以前的乐队曾被吉恩·奥特里选中在一部歌剧牛仔电影中作主演。如果"俄克拉何马的亡命之徒"能参加电影演出，达切·里根何以就不能呢？他首先要做的就是去见他们的经纪人并显示其表演才能。

经纪人把达切介绍给一位在选择电影演员的导演。影剧界的人有许多表示不行的办法，其中之一就是说行以示否定。导演同意让达切先试演，给了他几本破旧的脚本好打发他走路。但达切能看得出那个人不认为他有天才可以施展。

得梅因人在好莱坞取得成功的不只有"俄克拉何马的亡命之徒"乐队数人。达切还拜访乔伊·霍奇斯，一位曾在 WOC 露过面的漂亮的歌唱家。她现在演电影，而且是比尔特摩碗酒店的吉米·格里尔管弦乐队中的领衔歌唱家。在幕间休息时，达切告诉乔伊，他希望成为一个电影演员。

"我认识一位经纪人，他会诚恳待你的，"歌唱家说，"如果你没有天赋的话，你应该打消当演员的念头，他也会告诉你的。"她定好第二天早晨便与名叫比尔·米克尔约翰的经纪人会晤。

这次与米克尔约翰的会面是达切的关键时刻。达切从小受到家庭的熏陶要讲真话，但对他来说，现实已经是泄了气的小气球，如果要让小气球能飞上天空并为人充分欣赏的话，就需要给气球打气。尤里卡戏剧俱乐部里只有一群学院娃子，但他们确实是好样的。达切把他们吹捧成了一个职业剧团，而他则是其中的明星、主要演员。在电台，他一星期拿七十五美元的基本工资外加许多外快，比中心地带的大多数人梦寐以求的薪资还多得多。为了让米克尔约翰看看和他谈话的人是一个怎样有成就的小伙子，达切又把自己的工资多说了一倍。

达切把夸张的话都说完了。"瞧，"他最后说，"乔伊告诉我，你会对我说实话的。我是不是该回得梅因去，把当演员这事给忘掉，或者，我该做什么？"

米克尔约翰拿起电话筒接通华纳兄弟公司负责选演员马克斯·阿尔诺，说："马克斯，我这里另有一位罗伯特·泰勒，他就坐在我办公室里。"

如果上帝决定那天早晨惩罚下小小的说谎者的话，他可以一箭双雕。连达切也自知把他同最近的票房轰动人物相比，米克尔约翰未免也过于夸张了。

"上帝只造了一个罗伯特·泰勒！"阿尔诺叫喊道。

上帝可能只造了一个罗伯特·泰勒，但他造了非常多的二流男女演员，他们参加了每年生产出的几百部影片的演出。阿尔诺让达切试了菲利普·巴里的剧本《假日》中的一个镜头，阿尔诺对"他的热情和他的声音"有着良好的印象。

此后不久，华纳的国际广告宣传部主任卡尔·谢弗接到电话，说电影公司的老板杰克·华纳想在放映室里见他。

"我要你看个新伙伴。"华纳边说边向放映员示意开始放电影。

"这是达切·里甘，"华纳说，他把"里根"说成"里甘"。达切出现在屏幕上，回答当时向他提出的问题。"这小子可能有点名堂。"

一个培养出了詹姆斯·卡格尼、贝特·戴维斯和埃罗尔·弗林这些明星的人说出这样的话决不是件小事情。

达切回到得梅因的头一天，电报就到了：

"华纳兄弟公司愿与你签订为期七年的合同，一年试用期，开始每周薪金二百美元，你以为如何？比尔·米克尔约翰。"

一九三七年五月底，二十六岁的达切启程去加利福尼亚。生活对他来说已是如愿以偿，他想要的已经在握。坐着他的新汽车一路向西，达切感到顺利如意。多年来，他听杰克不停地谈论新政。他认为罗斯福大致尽了他的所能。他也读报纸杂志上的标题——关于西班牙内战以及希特勒的叫嚣。的确，那边很糟，乱成一团。但这不是他的问题。他要考虑那令人兴奋和激动的未来。

那日，达切黎明即起，整日加速跨越加利福尼亚沙漠。傍晚前，他到达凉风习习的圣贝纳迪诺。当夜幕隆临时，他已驱车沿着一条有桔子树点缀增色的公路驶向海边。突然，洛杉矶的灯光像千万只火炬在下面闪闪发光。不久，达切·里根的车驶进了好莱坞。他不是作为一名不速之客，而是作为一位堂堂正正的被邀者来到这里。

Chapter 7
《空中情深》

　　罗尼驾着他的纳什敞篷汽车通过华纳兄弟公司的靠近布朗森的白圆柱大门。首先映入眼帘的，是电影制片厂的一排排使人着迷的建筑物和那儿的人们，那狂热的活动和没完没了的等待。继而看到的是摄影棚、录音室、制片人办公室、剧作家的小房间、仓库、服装室、食物及日用品商店。

　　就在二十年前，华纳兄弟——杰克、哈里和萨姆买下了这块当时还建有牧场的土地。他们在这里建了一个大的电影制片厂。这三兄弟是一个波兰补鞋匠的儿子。他们粗鲁，大致可说未受过什么教育，但对美国公众社会的洞察都很敏锐。哈里死于一九二七年。萨姆仍然管着公务，而杰克这个制片人却是影片公司一个很有创新能力的老板。杰克·华纳这个性格暴躁、不能自控的人，却有着纽约东南部娱乐场所里的喜剧演员那种敏捷的幽默和与之相同的气质。

　　华纳电影比任何其他影片公司的电影更能抓住三十年代公众的脉搏。它出了野蛮的匪盗影片《小凯撒》和《人民公敌》，社会意识影片《逃亡》和《永志不忘》，浮华的幻想音乐片《1933年淘金女郎》和《42街》，历险影片《英烈传》和《喋血船长》。

为达到目的，华纳兄弟公司从它的创作人员中组装了一部巨大的智力机器。作家们坐在他们的小房里冥思苦索，写出一页页活泼快速的对话，详细描述一个个摄影镜头的脚本。制片人拿来已经认可了的脚本和预算金额，并选择主要演员。导演带着脚本和演员，在严格规定的时间与金钱限度内抓紧拍片工作。优秀演员被叫做"明星"，但他们仅仅是这部机器的另一部分，经受切削磨练，直至他们被认可为止。

在华纳公司开始把他塑造成其他形象之前，罗尼的绰号早已不胫而走，传播开了。对此他并不介意。他欣喜若狂。"我这个以体育新闻播音员为业的人来到好莱坞，"罗尼在他的演员生涯结束之后的一九七一年给新闻记者查尔斯·马丁的一封信中这样写道，"心头充满了对明星的敬畏，这是一个从童年起就一直出没于幻想之宫，即邻近的剧院的游乐者的敬畏之情。当我发现自己与那些早已熟悉的人一道工作，也成了他们中的一员时，我那对明星的敬畏心理一点也未消除。"

好莱坞是美国的梦想之都，是美国贩卖虚幻的小贩。人们不是上电影院去看他们自己艰苦生活的如实写照。在大萧条期间，人们选择电影这一麻醉剂，花上一角钱或二角五分钱就能坐三个钟头左右看上两部影片——一部卡通片和一部新闻片。

大华纳的故事片吸引了许多观众，但是观众也看二流的乙级片。制片厂拍摄这类影片又快又省钱。通常大约只要三星期就可制作一部。乙级片是电影明星们的练兵基地，多数演员是从那里开始的。然而，对像罗尼这样天真无邪的人来说，电影就是电影。

对于影剧界，罗尼曾经只是个一般的业余爱好者，然而，不论他可能有什么样的疑虑，他已经没有空闲时间坐着担忧发愁。到达好莱坞三日后，他便开始在他的第一部乙级片《空中情深》中担任主演了。制片人布赖恩("布赖尼")·福伊曾是著名的歌舞轻喜剧《福伊七宝》中最年轻的成员。现在作为华纳的乙级片的管理人，早在境况变动之前，他已着手重复制片。这是一九三四年没什么价值的影片《喂，内利》的新版本，优秀演员保罗·穆尼被选派扮演主角。

罗尼时运不错，在《空中情深》中，扮演一位性急的年轻的无线电广播员安迪·麦克劳德。这个角色帮了他的忙，掩盖了他表演的笨拙。在第一次排练时，罗尼朗读台词就好像念洛杉矶的电话簿一样。第二天早晨，在摄影机前表演，他动作呆板，举止粗俗。但由于"他的热情和声音"，华纳公司选择演员的导演马克斯·阿尔诺已经雇用了罗尼。并且，罗尼在屏幕上的表演还是有许多极其逗人喜爱的地方。

尽管如此，很遗憾，罗尼远非新的罗伯特·泰勒或詹姆斯·贾克内，甚至也不是埃罗尔·弗林。罗尼并未能表现出成为大明星的那种吸引力。两年前，当罗伯特·泰勒在《上流社会医生》中演个小角色时，美国各地妇女每周数以千计的信件向着制片厂纷至沓来。当他的第二部电影《天老地荒不了情》上映时，他便一跃而为全国每个民意测验点声望最高的五个演员之一。罗尼比他们更和蔼，是一个你可以信赖、可以在街头把你的妻子或者女朋友托付给他的漂亮小伙子。女人们被他所吸引，但他不是在星期五夜晚会使女人神魂颠倒的那种男人，或者是让女人们给他写洒有香水的情书的那种男人。

虽然如此，罗尼仍是一位美国人的原型，一块未琢磨的璞玉，一个人们能从他身上找到自我的人。他散发出一种独特的美国型的"优良特质"。华纳公司知道如何使用他。马克斯·阿尔诺注意不让罗尼参加表演课学习——他不愿有人损坏罗尼的自然美。制片厂让他不再理海军发式，这种平头发型使得他的头像密西西比河以西的大平原一样外延开阔，他因此赚了个"五号户外体育场"的绰号。不久，他理了一种非常时髦的向后梳的发式。制片厂提的另一改进意见是，让罗尼扔掉那使他看上去好像仍然在橄榄球场上一样的带垫肩的衣服，但他说那是他的真正的肩膀，而不是垫肩。

"我是乙级片中的埃罗尔·弗林"，几年后，罗尼在《星期六晚邮报》上写道。因此，他在一部接一部的低预算的影片中扮演主角。他在好莱坞的头一年共在九部影片中扮演了角色。在其中的四部影片中，他被分配演同一类型的角色——无线电广播员。

罗尼的一位老同事基南·温说，罗尼不那么像一位演员，倒像是一个喜爱表现自我的人。"他不用感情来激发你，"温说，"而情景会使你感动。"罗尼不是一位出色的领衔主角，他也没有能力成为像保罗·穆尼那样出色的个性演员。保罗·穆尼溶化成了他的角色，因此观众不是以穆尼本人，而是以他的角色路易斯·帕斯特、埃米尔·佐勒或艾尔·卡封而记住他。罗尼深深感到他进入角色的路是这样遥远，以致看起来他也许永远不会破土而出。他没有那种深厚、本能的对职业的兴趣，而这种职业的兴趣是一个好的演员基本的、不可缺少的东西。

而这一切对华纳兄弟公司的布赖恩·福伊来说是毫无所谓的。他总是同时制作八部影片，这八部完了，接着又拍八部。他有二十个剧作家、八个导演和五个制片人。他需要所有的演员都像他找到的罗尼那样：听话、可靠、可爱。福伊对罗尼的深刻印象是什么呢？"他总在早晨出现，清醒、朴实。"

三十年代的好莱坞，宣传机器旋转得像电影摄影机一样迅速。电影记者没有鼓噪地要求有机会采访罗尼，但作为一个合同演员，制片厂务必使他有些名望。"我们开始做这方面的工作，"卡尔·谢弗回忆说，"依我看，我要安排外国记者与他见面。他们想会见明星。我常说，我很高兴介绍给你们明星，我也很愿把罗纳德·里根介绍给你们。他总是很能合作并与他人共事。"

开幕时，大明星、小明星和有希望成为明星的演员列队经过崇拜他们的公众，这些场面使得许多演员畏首畏尾。罗尼经常遵从制片厂的命令，带着小明星出去参加首次公演，到高级饭店，去那些灯光闪闪的地方。"我们非去不可吗？"一位新近签订合同的演员在参加一次华纳的首次公演时问罗尼。

"不，但是如果你去的话，你将连续待较长时间。"罗尼说。就在那天晚上，他和一位漂亮的碧眼金发的女演员，两人穿着从制片厂借来的晚礼服，乘一辆出租汽车在首次公演的地方停下。这是罗尼与拉娜·特纳第一次，也是最后一次约会。

罗尼为抛头露面做了他该做的事情——穿上衣服或者脱掉衣服。罗尼在制片厂有这样一段传说。有一天，一位有名的人物看见他在圣莫尼卡周围的海里时隐时现，像是海里的美少年阿多尼斯。美少年！一个新的形象被创造出来了。

从那时起，制片厂经常要他穿泳装或者光着上身。

"我不知道那人那天在海滨说了些什么，"罗尼告诉《现代银幕》说，"我刚下去游泳，而他不断地告诉我，说我应该早告诉他我是个身体健美的演员。好吧，我就算是的，他会怎么想呢？我在大学一直是个粗俗的人，但我也不能接受每当人们提到健康二字时，我就要当众袒胸露臂。"

罗尼不喜欢他所演的许多角色，但他热爱华纳兄弟公司。他是小城镇的孩子，而一旦在这个大门之内，制片厂也就像个小镇。罗尼能博得人们的信任与喜欢，不管他们是谁。他在由当时最大的明星之一迪克·鲍威尔主演的重要影片《好莱坞旅馆》中演一个配角。鲍威尔和他平等相待。当罗尼在《布鲁克林来的牛仔》中与帕特·奥布赖恩合作时，两人也同样相处得很好。

使罗尼最感到骄傲的是，他在华纳午餐食堂吃饭时，在一张特别餐桌上受到欢迎。那时候，明星不是与人隔绝地坐在化妆室里，他们都在制片厂进午餐。华纳演员休息室和好莱坞其他地方一样是个"凝视星辰"的好地方。明星们有他们自己的桌子——贝蒂·戴维斯、爱德华·罗宾逊、弗雷德里克·马奇都有。但对大多数人来说，唯一保留的地方只有导演布里克·恩赖特和体育教练、前少年组轻中量级拳击冠军马夏伊·卡拉汉的进餐桌。恩赖特和卡拉汉不是什么了不得的人物，不过他们是真正值得尊敬的人。帕特·奥布赖恩、迪克·鲍威尔、亨弗莱·鲍嘉，还有罗尼及其他几个人在固定的日子与他们共进午餐。这用餐的一小时，大家在一起谈笑风生，谈吐很有男人气概。罗尼喜欢这样的聚餐，并且乐于应邀参加。

尽管罗尼可以在制片厂表现得温和、平易近人，但他晚上却很少花时间和他那些演员伙伴们一起厮混。他仍然保持伊利诺斯迪克森少年的本色。和皮威、威利、布奇及利特尔·曼聊天，他感到更为舒服，他和他们在得梅因外面的月光酒店痛饮。朋友们到洛杉矶来找有前途的工作，罗尼会贷款资助他们。他们经常到圣莫尼卡大道的巴尼经济小饭店去，一起齐声唱歌，并喝上一两杯。

罗尼没有忘记他的父母。杰克的心脏病使他没有再工作的可能，罗尼在赡养他们。从他领到第一张二百美元的薪金支票起，他就一直在想他什么时候能把杰克和内利接到洛杉矶来。

仅仅过了三个月，他就觉得有足够的把握可以派人把他们接来。"你们什么时候准备好了就什么时候来，可别匆忙赶路，"《现代银幕》援引的罗尼的一封信中这样写道，"旅途中好好观赏一下大峡谷和所有的小峡谷，因为一旦你们来到了这里，你们就难得挪动了。"

"内利告诉我，罗尼曾打电话告诉他们，要他们迁到好莱坞去。"一位罗尼在迪克森的朋友海伦·劳顿回忆道，"内利原本对罗尼说，'你不会想让你的老母亲去你那里的。'而罗尼对内利说，'我需要你。'内利说她所要的就是为人所需要。"

当罗尼为父母寻找一所公寓之际，他让父母暂时住在好莱坞的一家旅馆里。星期日晚上，罗尼往往去拉鲁餐馆吃意大利面条和肉丸子，不过不是和漂亮的小明星们，而是和他的父母一起。英俊漂亮、未婚的年轻男子花如此多的时间去陪他的父母，这在好莱坞是异乎寻常之事。

内利因为两个儿子而倍感幸福。让这位瘦弱朴素的妇女特别高兴的是，尼尔也调到洛杉矶的电台工作。在华纳兄弟公司，她是无人不知无人不晓的，她不仅是在后台照料她儿子、支持他的事业的一位慈母，而且是一位慈祥的、对每个人都和颜悦色的妇人。她助人为乐。不久她便在助贫医院干起了义务劳动。

罗尼让他的父亲也有事做，要他帮他给影迷们回信。这可让杰克忙得不亦乐乎。给杰克提供经济来源安度晚年，这是罗尼给他父亲的一件珍贵的礼物。杰克也不再是对世道不公平而发火的、愤怒的爱尔兰人了。老人热爱加利福尼亚的太阳，喜欢长途散步。"我以前从不知道还有鸟儿，"他告诉内利，"我从不知道还有像花一样美的东西。"

一九三八年，罗尼在他参加演出的第九部影片《拉特兄弟》，一部关于维吉尼亚军官学校三个学员的甲级影片中扮演重要角色。韦恩·莫里斯领衔，埃迪·艾伯特和罗尼做他的帮手。在该片中，罗尼有一个女朋友，由曾做过舞蹈演员的简·怀曼扮演。像罗尼一样，她通常担任同一类型的角色：作女主人公的参谋和朋友，一位不客气地说俏皮话的，有时仍有性诱惑力的喜剧女演员。在《拉特兄弟》中，她像穿着比基尼泳装一样性感地出现在罗尼眼前。在一个罗曼蒂克的镜头中，她就是那个把沙发抚平并建议他们坐下的女人。当罗尼与她在花园散了一会步，最后吻她时，他说："我刚才在玫瑰园里忘了有些事要做。"他是那样不动感情以致还能谈论起修剪玫瑰的事来。

罗尼发现这位有金黄色头发的女演员有着异乎寻常的吸引力，但她正在办理离婚手续，他不想和她约会。在电影拍摄结束时，罗尼和珍妮 ① 被安排在一块拍摄宣传剧照。当他们到达照相室时，他们发现另一位演员坐在他们的位子上。珍妮大发雷霆说："他们作威作福，对我们任意摆布。"

"这只是个误会，"罗尼安慰她，和和气气地说，"这不是谁的过错。没人故意为难我们。"

罗尼的话使得珍妮的怒气平息下来。她开始对这个他不甚了解的演员产生好奇之心。

剧组里的演员都很年轻，彼此年龄接近而且无忧无虑。在华纳的伯班克制片厂拍成《拉特兄弟》这部电影是个突破与胜利。电影中的幽默与乐趣延伸到很多个夜晚的欢娱之中。埃迪·艾伯特和技术导演弗兰克·麦卡锡后来拍了《巴顿将军》。当时，他们和该剧组的其他一些演员一起住在日落大道旁的好莱坞运动俱乐部。他们有一部旧轿车，一起驾车在洛杉矶周围兜风，吃喝玩乐，和女人们一起出去厮混。

罗尼是个例外。一天的拍摄结束后，他没有和其他演员混在一起。"罗尼走的是另一条道路，朝着另一个方向，"弗兰克·麦卡锡说，"他对他的工作很严肃认真，对一切都很认真。"

罗尼并非道貌岸然。他对异性有自己的兴趣与追求。的确，罗尼发现对单身汉来说最好的地方是舞台本身。说着电影剧作家写的俏皮的台词，双臂挽着

---

① 珍妮，简·怀曼的昵称。

剧本角色中的姑娘，烦恼忧虑全给带走了。从舞台的风流韵事过渡到浪漫的会面是容易的。他和他的第一个在《空中情深》中的共演者琼·特拉维斯及其他年轻的女演员相邀相约过，但没有一个插曲比使他感动的电影情节具有更多的内容。

后来罗尼请简·怀曼出去玩。珍妮拥有三十年代妖娆女人的形象——她把棕色头发染为金黄色，贴上假睫毛，打扮成风流吸引人的样子拍成电视节目预告照片。他们第一次约会时，罗尼大谈体育并买了啤酒。珍妮不喝啤酒，对他高谈体育尚能忍受，但她还是呷了几口啤酒并听了值得她听的一切。罗尼是个杰出的健谈者。但是当他和像珍妮这样漂亮的女人出去时却没像广播时那样侃侃而谈。

罗尼没直接提出邀请她下一次赴约，而是提出为珍妮的高尔夫球比赛帮忙。接着他们又相约一同打网球、游泳，甚至还滑冰。从旁观者看来，很难说清他们是在谈情说爱还是在一起搞体育训练。

"我曾经是头戴一顶大帽子，叼着一根长烟斗，坐在华丽的夜总会的那种人，"珍妮后来说，"体育对我没什么吸引力。直到后来里根来了，我听到的全是橄榄球、游泳和高尔夫球之类的谈话。我能看见他的唯一的地方是在高尔夫球场上。所以你认为我能到哪里去？只有到高尔夫球场上去。"

"她是个好人。"一次约会后罗尼告诉他母亲。尽管她样子有点孩子气，珍妮二十四岁时已经和迈伦·富特曼，一位新奥尔良的衣服制造商结过一次婚。一九三七年六月二十九日，在他们结婚时，富特曼发誓要让珍妮过上好日子，但一年多之后，一九三八年十一月十一日，珍妮因精神上的极度痛苦被获准离婚。

对罗尼来说，是第一次遇到这样的人。以往在迪克森离过婚的妇女是不多见的。但罗尼认为自己是个通达事理之人，他能正确对待他不是第一个用双臂拥抱珍妮的男人这一事实。

像罗尼一样，珍妮是个中西部小镇的姑娘。她于一九一四年一月四日生于密苏里州圣约瑟夫的萨拉·简·富尔克斯家里。她的父亲是警察局的侦破队长，她年轻的时候过着比罗尼舒适的生活。后来她父亲去世，再加上大萧条的袭击，同许多美国人一样，富尔克斯家向西迁移到了洛杉矶。中学时，珍妮是一个很平常的学生。毕业后，她在曼宁咖啡店当女招待。

如果不想在咖啡杯和浆果馅饼中讨生活的话，她知道她应该找别的事做。有件她能做的事是跳舞。当时，音乐片开始出现，如《一切皆可》《学院节拍》《伦巴舞曲》《盗来的和谐》。珍妮被派拉蒙雇用了。如果不是一位名叫比尔·德马雷斯特的经纪人，珍妮的职业也许只是"第二排从左算起的第三个姑娘"和"最后的金发姑娘"。德马雷斯特使她相信她能演戏，果真在一九三六年她被华纳兄弟公司录用了。

制片厂倒不认为他们如获至宝找到个新的贝特·戴维斯。他们让她在二流影片中演二流角色，几乎总是演这样或那样老一套好争吵、爱说俏皮话的金发姑娘，如《漂亮的金发姑娘》《卷入丑闻的傻瓜》《多德先生开始广播》中的角色。

珍妮在荧幕上扮演小角色，婚姻不幸，脾气暴躁，动辄便与人争吵。如果罗尼的问题是轻信人的话，那么珍妮的问题是她根本不相信人。"对一切都不信任，这对我来说是可怕的事，"珍妮在一九四四年七月号的《电影界》中写道，"我是那样害怕走错一步棋或者害怕以某种方式丢失了机会。我死命地保卫我含苞待放的事业，对每个人都怀有很重的疑心，致使任何人想帮我的忙都非常困难……然后，当然，罗尼真正闯入了我的生活。是他平易近人的友谊首先把我吸引。每个人都喜欢他，在我看来似乎他也喜欢几乎所有的人。我开始试图分析他爱上了我什么……并力求有更多值得他爱的地方。我开始分析我身上存在的其他人也喜欢的东西，并想知道我能拥有怎样诱人的特质。"

珍妮有时认为罗尼对他的伙伴的认识有点天真和感情用事。"我倒想听到你能指摘一下某人，换个口吻，别老是千篇一律。"她边说边点出了她所知道的一个十足的无赖的名字。

"哦，他不错嘛，"罗尼说，"他对我总是挺好的。别听到什么都相信。"

"可是我并不是听人说的，而是我知道其人。"

"好吧，也许有人把他像个孩子般作贱，而他忍受不了这个。无论如何，这对我们又有何妨？"

"罗尼，你真的相信所有那些东西，是吗？相信人们都那么正派体面，他们会捧你，而不用刀子刺你？"

"唉！是的。如果你不相信人，你怎么能继续活下去呢？"

尽管有时受些挫折，罗尼还是与珍妮相处得很好。一天晚上他要乘火车去做一次宣传。当他站着对珍妮道别时，罗斯拉·汤——这位在华纳公司两部有关"秘密警察"的影片中与罗尼共同演出过的人——从车厢里看见了他们。罗尼热烈地拥抱珍妮，在灯光映照下轮廓分明。罗斯拉想，这几乎就是不折不扣的电影里的一个镜头。

罗尼和珍妮有着浪漫的时刻，但他们的浪漫时刻是戏谑玩笑的，几乎是朋友式的爱。珍妮是个有趣的、奇特的妇人。她的笑声和机智巧妙地同罗尼讲的故事相互衬托、恰成对照。虽然她妙语连珠，但道出时还是小心谨慎的。她需要罗尼，并且要赢得他。对他经常的信口闲谈，对他那没完没了的体育故事，以及他那些得梅因来的伙伴兄弟们，她极力容忍。

珍妮是个复杂多变的妇人。当不愉快的思想闪过脑际，她可以突然停住笑声。她是无忧无虑的，然而是敏感的；她是给人以美感的，然而又是孩子气的。她的一双褐色的大眼睛显示出的成熟超过她的年龄，然而这滴溜溜的眼睛却是嵌在一张有着钮扣鼻子的孩子般的圆脸上。这是一张喜怒哀乐溢于其表的柔顺的脸，也就是这张脸迷住了罗尼。

直到一九三八年春天，当珍妮生病，因胃痉挛住院时罗尼才知道他多么需要她。然而，即使在那时他也不会明显地表达他的感情。他送去一束玫瑰，附上一张上面写有"早日痊愈。罗纳德·里根"字样的枯燥无味的纸条。对于珍妮就像是来自堪萨斯城一位影迷的普通问候。

当罗尼来到医院门口，被珍妮的姐姐挡住。她姐姐把住入口，粗暴地说："珍妮不想见你。"

"她疯了，为什么不见？"罗尼问，他简直给弄糊涂了。

"罗尼，如果你不知道，这肯定不能由我来告诉你。"

那天晚上罗尼在他父母的房间里来回走动。"我不知道我是否已爱上了简，"他告诉内利，"但是我发现没有她便过不下去。你认为这就是爱情吗？"

"我不知道这还能是什么别的东西，儿子。"

罗尼把他的感情告诉珍妮，随后几个月他们的关系变得越来越亲密了，到后来好像结婚是不可避免、势在必行的。

那年秋天，珍妮和罗尼在另一部影片，《拉特兄弟》的平淡的续集《拉特兄弟和一个婴儿》中一起演出。十一月下旬，《故事影片》的一位记者，在珍妮小巧玲珑的、两人一间的活动化妆室里，得到应允独家撰写他们的风流韵事，但是他们似乎吞吞吐吐，不那么乐意说出来。记者大胆地提出，如果罗尼·里根结了婚，他的吸引力是否会减小。

"你明白了吧？你明白我在放弃什么！"罗尼直截了当地说。

"可是要瞧瞧你正在得到什么！"珍妮反唇相讥。

"唉！天哪！感情已经把我们引到了这种境地。"罗尼像经常下最后结论那样地说。

不久之后，一九三九年，罗尼和珍妮参加了一次由好莱坞著名的专门谈论娱乐新闻的专栏作家路易拉·帕森斯组织的，为期九星期的"明日明星"歌舞巡回表演。路易拉是位精明的、工于心计的妇人，她正好是从伊利诺斯迪克森小城镇来的姑娘，后来获得了成功。她的巡回表演名单中有个大名鼎鼎的迪克森人，这一点使她感到非常自豪。更为重要的是，罗尼体现了她所提倡的所有美国社会的价值准则。

旅行途中路易拉亲切地和珍妮谈话，并一直观察着她是怎样讨罗尼欢心的。在路易拉看来，珍妮不算什么，只不过是个一星期赚七十五美元的演员而已。她审视着珍妮的外表——染了颜色的头发，嘎嘎作响的服饰珠宝，还有路易拉狡猾地称之为"并非风度很差"的便宜的衣服。她注意到珍妮在晚饭时如何紧紧挤在罗尼身旁。有一天下午，在演出之前，路易拉从她的化妆室出来，意外地碰到正在拥抱的罗尼和珍妮，他们比在银幕上拥抱得更加热烈动情。

罗尼在恋爱。他们在旅途中宣布订婚。这是罗尼开始感到自己像个电影明星以来最为甜蜜的日子。影迷们呼喊他的名字并且在费城把他团团围住。在好莱坞还没有人对他这样大肆吹捧过。他演了一部又一部乙级片，总共演了十七部，同那些明星，如迪克·鲍威尔、贝特·戴维斯和奥利维娅·德哈维兰演出得一样多。但是，在这之前，他感到自己几乎还是默默无闻。现在他懂得了电影的力量，懂得了摄影机给被挑选上的人以怎样的荣誉和名声。好像突然间，拍摄沉闷、辛苦的乙级片似乎也不再是那么糟糕的事情了。

如果罗尼打算娶珍妮为妻的话，他们就得跟他的家里说一声。这天，内利正坐在她的卧室里，珍妮突然走了进来。"啊，内利，内利，我多么爱他，"她说，"我想我这一辈子都在等待着他。"

"我就是想听到这句话。"内利说。

一九四○年一月二十六日，罗尼和珍妮在格兰岱尔的林荫纪念公园的三个小礼拜堂之一的希瑟小教堂结婚。结婚典礼后，在路易拉·帕森斯家里举行了招待会。林荫纪念公园和路易拉都是好莱坞的出色的产物。林荫纪念公园是根据"使生存者尽可能地无痛苦地死去"这一想法建立起来的，并安排有"安睡室"和"不长的送葬行列"。当小教堂不用来行葬礼时，它们则被用来举行结婚典礼。

结婚时，珍妮穿着一套极美的紧身浅蓝色缎子衣服。她戴了一副毛皮暖手筒和一顶使她的深褐色眼睛更显得明亮的皮帽子。罗尼可能是乙级片中的埃罗尔·弗林，但他在结婚那天也同样有扮演什么角色的问题。他穿着他最好的黑西装,头发剪得很整齐,淡红色的脸颊有几分孩子气,使他看上去显得纯洁无瑕。

"别把达切从我们身边带走。"杰克边吻新娘边说。

"一切将会如旧。"珍妮回答。

能有路易拉在自己家里为他们举行结婚招待会，这样的一对该是很不寻常的一对。这位谈论娱乐新闻的专栏作家相信，她是在组合美满的好莱坞婚姻。"但是对我来说，所有最甜蜜的时刻只在我的这对年轻人溜走之前，"她后来写道，"他们把我叫进书房悄悄地说他们要走了。他们伸出双臂搂着我，我们都哭了，泪流满面。他们说，'世界上没有别人能为我们安排如此美好的一天。我们非常爱你——你将一直是我们幸福的一部分。'"

如果罗尼和珍妮要成为大电影明星的话，路易拉的确会是他们幸福的一部分。制片厂认为这种新的婚事是可以提倡的。华纳兄弟公司立即选派珍妮和罗尼在《喋血金沙》中演丈夫和妻子的角色。但即使在那时，里根夫妇也没有在海报上被列入明星的地位，只是在演《拉特兄弟》时的老朋友韦恩·莫里斯和埃迪·艾伯特领衔主演的剧组中担任角色。而《喋血金沙》是较差的娱乐行业喜剧，不当主角也好。

罗尼爱他的妻子并喜欢同她饰演夫妻，但他们两人的事业好像是静止的，没有进展而且使人感到困倦。珍妮倒不在乎，但罗尼却厌恶在造价很低的电影中演庸俗的角色。埃迪·艾伯特从演《拉特兄弟》后已经成了一位明星。但罗尼在演了一部甲级片之后，依然只是扮演特工局副官布拉斯·班克罗夫特这种角色。这个角色是只适合于孩子口味的、星期六下午演出的一系列历险影片中的一个刚勇无畏的角色。同时，罗尼开始感觉到，整个行业的人的身份都在降低，然而，他通常还是保持着一种冷静的甚至是布拉斯·班克罗夫特的气质。

"这又是一部令人作呕的华纳兄弟公司的乙级片！"一天他厌恶地喊道。剧组的其他演员心里也都有数，但这是工作。那时，即使你受聘于华纳兄弟公司，如果不工作也得不到酬金。

一九三九年的一天，罗尼虽然演乙级片已经演得够多了，然而在拍摄另一部廉价片《特工局的法规》的过程中，他还是跑到制片人福伊面前抱怨了一通。

"布赖恩，把我撤下来吧，"罗尼乞求道，"这会把我给毁掉的！"

如果一部坏影片能毁掉一位男演员或女演员的话，那么福伊就是一个主犯、一个十恶不赦的人了。毕竟，他在华纳兄弟公司一年要拍三十五部乙级片。"罗尼，我告诉你，这部片子不会让你毁誉的。"福伊爽快地说。

"可是，布赖恩，你为什么这样说呢？"罗尼很认真地问。

"因为，我的孩子，坏影片是不会有人去看的。没人去的。"

但是，如果在好莱坞不会有任何人看过这部电影，那也是福伊特意不让《特工局的法规》在洛杉矶演出的结果。

到一九四〇年，罗尼已经拍了二十部电影，但比较起来，他最喜爱的角色还是乔治·吉普，即甲级片《克努特·罗克尼》中的吉普。吉普仅在该电影一卷中出现，但罗尼知道这个角色对他意味着什么。当剧中的原型吉普在圣母大学大出风头之时，罗尼还正在成长。吉普是他崇拜的许多体育英雄之一。

罗尼认为体育比赛是道德和身体两方面的比试与竞赛。在中学时，他曾写过一个动人的关于"不卖劲的、学校有史以来最好的中卫"的故事。故事中提到，在该球队对某强队的倒数第二场比赛中，那个懦夫"怕有损他的好名声而不愿被撞倒在地以挽回败局"。比赛之后，"大伙呜咽、哭泣，使他深受震动，而他受到良心的无情的折磨，感到内疚和自责。"在球队决赛到半场时，"这个不卖劲的队员奋起直追……当这个懦夫坚守住中卫的岗位时，十一个小伙子兴奋得擦掉了他们眼中的泪水。也许应该以他们赢得这场比赛而结束这个故事。不过这是关于橄榄球赛的故事，结局是十三比十三的平局。那个不卖劲的队员一次又一次地在右边底线奔跑，漂亮地迈出大步得分，这一步使得教练高兴得唱了起来，唱得那么开心……。最后比赛以平局结束，两队握手言和。当他们把他抬出球场时，他受到两边站着的啦啦队对他所表示的最大的敬意，一阵阵欢呼声响彻灰蒙蒙的天空，这欢呼声好像也在不卖劲的队员胸中回荡"。

既然有演吉普的机会，而吉普又是罗尼信奉的理想之化身，上面故事的杜撰者怎能等闲视之。照克努特·罗克尼估计，吉普不仅是"圣母大学涌现出的最出色的橄榄球运动员，而且也是一个真正的人，一位英雄"。

当罗尼去见布赖恩·福伊时，这位制片人正在为罗尼能否扮演橄榄球运动员而为难伤神。但看过罗尼以前在尤里卡学院的几张照片后，他同意让他试演这个角色。

帕特·奥布赖恩已被选派演克努特·罗克尼。奥布赖恩是威斯康辛州的一个爱尔兰人，对许多美国人来说，他就像教会本身一样代表着天主教教义。奥布赖恩像爱人类那样爱罗尼。奥布赖恩并不打算以极其世故老练与和蔼可亲的面目出现在他面前。罗尼也是如此。"你不能要求从一个年轻人身上寻找到更多好的品质了。"奥布赖恩说。

使罗尼感到非常惊讶的是，当他去试镜头时，奥布赖恩已经在场并准备演他的对手。"我让他演吉普这个角色，"奥布赖恩说，"我替他投球，我穿上制服并且演了整场。"

在洛约拉大学，罗尼饰演吉普这段时间，生活过得很快乐。他同洛杉矶加利福尼亚大学和南加利福尼大学的真正的橄榄球队员一起，为了底线得分，正如他多次梦想过的那样，越过他们冲了八十码。《克努特·罗克尼》，这是罗尼拼了老命，使尽全身解数，对角色倾注了全部感情的一部伤感故事片。

在美国，人们相信电影，不仅从中能找到迷人的东西，而且还能发现他们有时在宗教、在政治活动或现实生活中找不到的道德的真理及希望。

《克努特·罗克尼》并不是一曲美国道德价值的赞歌式的电影。当这部电影公演时，十八个州宣布一九四〇年十月的第一个星期为"克努特·罗克尼周"。在印第安纳南本德的首次公演是电影界有过的最壮观的开幕式之一。在首次公演前的几天，为了能有一睹明星的眼福，人们开始在"联合车站广场"扎营露宿。

不仅那些陌生人竞相前去朝拜圣母大学，而且朝拜者中还有罗尼的父亲。杰克是像都柏林酒店那样的爱尔兰人。对他来说，圣母大学就是被常春藤遮盖着的哈佛和梵蒂冈。罗尼完全支持他父亲因感情上的原因到此逗留，特别是杰克的心脏状况已经威胁到了他的生命，甚至有很快致死的危险。他现在对杰克又怀有以往常有的那种担忧。尽管杰克已过上新的生活，但他积习难改，仍然嗜酒。

当"超级首领"号带着给明星的两部特别轿车离开洛杉矶车站时，车上不仅坐着罗尼，而且还有珍妮和杰克。帕特·奥布赖恩碰到爱尔兰人便一见如故，他和杰克在漫长的旅途中为他们新结下的友谊而开怀畅饮。

罗尼回到家里时，他已是一位明星，他向往的那种明星——在他相信的，也就是美国人相信的电影中演出的明星。二十五万余人在南本德的街上排队迎接奥布赖恩、罗尼和其他演员的到来。甚至富兰克林·罗斯福总统在他的史无前例的竞选第三任总统的活动中，也知道这部电影首次公演的重要性。他派来他的儿子和名人小富兰克林·罗斯福代表他自己。一九四〇年十月的那天晚上，罗尼不仅对聚集在圣母大学饭厅的上千人讲话，而且对美国的几百万听凯特·史密斯广播节目的听众讲了话。令奥布赖恩感动的是，"他（罗尼）成功地应付这一切，非常之谦逊，一点也不自夸。"

随后，杰克和帕特·奥布赖恩出去饮酒，喝得酩酊大醉，即便如此也不会有损罗尼的成功。杰克回到洛杉矶后告诉内利说："我现在一切都满足了。我已看到达切成为明星。噢，我知道制片厂还没有把他当明星，然而家乡父老已把他视为明星了。我希望你听到了人们所给予他的欢迎，内利。就我而论，我的满足已经到顶了，我现在随时要走都无遗憾了。"

罗尼为内利和杰克买了一栋有两间卧室的小房子。这是他父母第一次有他们自己买的房子。天气晴朗时，他们能看见太平洋。杰克喜欢在花园里散步，搭格子架，给植物施肥，修剪玫瑰。他做的事比指望他做的要多，罗尼和内利对此没说什么，因为，他好像很高兴。"如果你们要让我闲得无聊，"他对他们说，"我宁愿死了算了。当我处于正常状态，我会感到我还活着。"

一九四一年四月，罗尼和珍妮在乘坐去东海岸的列车之前，停在房前与父母道别。当罗尼要走进汽车时，内利和杰克在石阶上向他们挥手告别。当时罗尼好像有什么预感似的，他又返回到门前的走道上，吻了吻他的母亲，握了握杰克的手。

几天以后，杰克便去世了。

罗尼在《克努特·罗克尼》中获得成功后，他这个"乙级片中的埃罗尔·弗林"获得了一个与真正的埃罗尔·弗林本人共演《圣非小路》的机会。在演员群中，弗林一贯颇出风头、小有名气，是那种总为自己设计最好的角度的演员。在《圣非小路》中，弗林和罗尼向同一个女人，奥利维娅·德哈维兰饰演的角色求爱，但罗尼在这里像他在该片其他地方一样，不断以足智多谋而取胜。

　　和弗林及他的一些朋友比较，罗尼是个天真无邪的人，与淫秽、粗鄙的娱乐无缘。这部影片的导演迈克尔·柯蒂斯严格按时进午餐，极少例外。据新闻记者詹姆斯·培根所说，柯蒂斯经常在午饭时间与一位漂亮的临时演员调情，这个女人大部分时间要做的事就是为一位在匈牙利出生的导演服务。在摄影棚周围有大量的室内布景，因此柯蒂斯可以从"旧时的西部"或"二十年代"中，在富人或穷人中获得乐趣。唉，这样的布景是没有屋顶的。有一天，正在柯蒂斯狂喜之时，他往上望去，看见一群工作人员以超乎职业兴趣的眼光向下望着他。"你在那里干什么？"他对着那位临时演员一面嚷嚷，一面击她的头，"滚开！让我工作。"

　　在这样一类人中，罗尼不被认为是个有趣的人物。他为弗林和他的同事说话，说得太多，太认真了。一天，在拍一个场面时，罗尼跳上他的马准备飞驰而去——可是其他的演员没有放好他的鞍座，以致他跌下马来倒在地上。

　　后来罗尼和弗林又共演了一部新的影片《致命时刻》。他们两人又有了麻烦。弗林对星期六拍摄时间的安排甚为恼怒，所以请每个人喝一种威士忌酒，喝得醉醺醺的——除了罗尼。

　　当摄影机开始转动时，罗尼像他平常一样，像一个职业演员那样对弗林说他的台词。

　　弗林却对他说，"你他妈为什么不干你自己的事去？"

　　在制片厂拍完戏之后，罗尼差不多总是直接回到和珍妮在西好莱坞的住宅里。有时他们参加美国演员工会的会议，他们同吉米·卡格尼和罗伯特·蒙哥马利一起都是这个工会的理事。罗尼于一九三八年参加了当时已经成立了五年的美国演员工会的理事会。有些演员想避免过多地卷入政治活动，认为这可能有碍他们的前途。但当罗尼走进美国演员工会理事会会议室并看见了不少著名的人物都聚集在那里时，他觉得，这是他归属的地方。他渐渐相信工会运动，相信组织起来的群体能为人们做些事情。罗尼是口齿清晰、能说会道，而且态度严肃的人。他很乐意成为一个能帮助他的演员同仁的组织的成员。

在家里，罗尼不声不响地对珍妮施加影响，限制她拼命买东西，支配他们的预算，计划买新房子，并为生孩子做好安排。同时，珍妮精神焕发、热情洋溢，这使罗尼感到高兴。在她的指导下，罗尼甚至开始买新鞋和新衣服。一九四〇年春，珍妮怀孕了，没有比这更让罗尼高兴的了。这正是他希望中的事：一个婴儿，一个他能教他打棒球、打高尔夫球和骑马的儿子。妊娠情况良好，珍妮还能继续工作几个月。一九四一年一月，正好在预产期前一个月孩子出生了。那天晚上，罗尼从制片厂赶到，"扑通"一声坐到了珍妮的床旁。

"这使得关于我将要做父亲的小道消息贬值了，"罗尼对《故事影片》杂志的记者说，"我和珍妮在一起。我很忙，我无暇去想别的事情。这使我产生了一种合作共济感。我想，这对我，对珍妮都有好处。她好像没有意识到她在做什么，在生产时，她的眼睛一次也没有睁开过，然而她却会把护士和医生的手甩在旁边而死命抓住我的手不放。……这使我如此激动而不能自已。"

一九四一年一月四日，这天也是珍妮的生日。女婴出生几小时后，里根的宣传人员约翰·弗林出现在医院，他后面跟着一位摄影者。当珍妮抱着婴儿时，那位摄影者的闪光灯爆炸了。如果没有玻璃纸盖住灯泡的话，婴儿可能会受伤。

罗尼给女儿取名为莫林·伊丽莎白·里根，小名叫作"二号钮扣鼻子"，这是他把对简的爱称用在小珍妮身上了。"二号钮扣鼻子"成了一位有名人物。影迷们开始听说：她第一次疾跑；她跌断了腿；她的两只狗：斯科切和索达；甚至还有她叫一位慈祥的老人为"老山羊"这类细节。

像下一代政治家那样，罗尼和珍妮与制片厂合作，利用媒体对他们的私生活方面的渲染，开拓他们的影业生涯。在好莱坞丑闻层出不穷的年代，他们现身说法，以证明好莱坞不乏"正人君子"，不乏恪守美国小城镇道德标准、结婚过日子的好人。在一个没有皇室或贵族的国家里，美国人希望他们的电影明星居住在奇妙的另一个世界，然而又酷似他们自己。那些年，珍妮和罗尼在影迷杂志里的形象，比他们在自己的事业和实际生活中要高大和好得多。他们俩关系融洽，相亲相爱。在杂志上，连篇累牍地登载了许多有关他们婚姻方面的吸引人的故事，描写了那些值得赞美称道的情感方面的细节。

　　珍妮玩世不恭的性格为罗尼所和缓,但她对他们的婚姻也持有一定的看法。她毕竟以前结过婚,当过女招待和歌舞团的女团员,她经历过罗尼从未曾经历过的生活。她有她的丈夫不喜欢、不理解的暗淡的、痛苦的一面。每当珍妮显得情绪低落时,他试图努力像关掉自来水龙头似的关上她那忧郁的思绪。"你只要做一件事:别想那么多。我们定能过上理想的生活。"有一次罗尼对她这样说。

Chapter 8
"这将是最后一次"

"我身上其他的部分到哪儿去了？"

一九四一年夏天，这句台词一直在罗尼脑际萦绕。在罗尼的电影生涯中，他破天荒第一次在《金石盟》这样一部电影中扮演一个角色。这部电影探索许多暗淡阴郁的人类现实生活。在这部电影中，罗尼扮演德雷克·麦克休，这个角色是个放荡、迷人、愉快、和善的年轻人。由于这个角色性格淘气，爱装模作样、虚张声势，又热衷于寻求兴奋刺激，他倒很像罗尼的哥哥尼尔。

德雷克来自金斯旧区的右边。电影开始时，银幕上呈现出一个有着田园风光的城镇，在罗尼的脑海里，很可能自然地把它同他的伊利诺斯州的迪克森等同起来。德雷克预期有一笔遗产要继承，可以让他继续过那种放荡、无牵无挂、无忧无虑的生活。

可是沧海桑田，好景不长，他再也不能过那种预想的生活了。《金石盟》的故事发生在二十世纪初叶。这部电影部分地影射了一个国家面临着从狭隘地方性的十九世纪向着矛盾、困难莫测的二十世纪变化这一现实。小城镇不再是优美干净的地方。德雷克失去了安全感。社会不再是那样美好。邪恶的人甚至可能穿上医生的合法外衣干罪恶勾当。身居高位的人无善良仁慈可言，而这些品质只有在穷人的又湿又臭的住处方可找到。

德雷克的遗产被盗走了，然后一位虐待狂的医生锯去了他的双腿。当德雷克醒来发现自己的双腿不翼而飞的时候，这出戏达到了高潮，这是罗尼演过的戏中最好、最动人的一幕。

罗尼反复考虑了好几天。一个人失去了双腿事关重大。罗尼不是一个长于心智的人。并且，他有一副强壮年轻的身体。于是，他问心理学家他们怎么想。他和残疾人谈话。当他站在餐馆的盥洗室里，这一幕景象就出现在他眼前。夜里他躺在床上眼睁睁地望着天花板，低声念着台词："我身上其他的部分到哪儿去了？"

他就是德雷克·麦克林，好像在他的电影生涯中他还不曾是其他别的什么人。那天晚上，他久久不能入睡。第二天早晨他带着像一个经历了一次残忍手术的人那般疲惫不堪的样子，出现在场景之中。

"我身上其他的部分到哪儿去了？"这句话他已重复了那么多次了，他一点也不知道该怎么表演出这句话。这些话语已失去了语义。他穿上睡衣，化好了妆后，走进一间朴素的卧室。在白色的被子下面，道具管理人在床垫上挖了个洞并在下面放了个支撑的箱子。他朝箱子望了一会儿。

他被迫躺在床上，把双腿放进洞里。十分钟，他躺在那里望着他的截短了的双腿。二十分钟过去了，看上去如此真切。三十分钟后，他几乎感到自己的双腿好像真没有了。四十分钟后他害怕了，感到惊恐。五十分钟后，他感到极度恐怖。

他向上望去。摄制组已经出现了。

"想开拍吗？"导演萨姆·伍德低声问。

"不排练吗？"

"让我们开拍吧。"

场上顿时变得安静了。扮演他的女朋友的安·谢里登，在这一幕拍摄期间没有安排镜头。但是，为了让罗尼有个取宠的对象，导演就让她呆在幕后。此时除了摄影机的飕飕的响声别无旁的声音。

"兰迪？"罗尼尖声叫喊。谢里登从摄影机后面向他跑过来。

"兰迪！"他的双手往下摸，抓住他的双股。

"兰迪！"他像一只濒于死亡时痛苦挣扎的动物一样在战栗发抖。

"我身上其他的部分到哪儿去了？"

这是发自罗尼·里根感情深处的呼叫，而这是很少有人能估计到的。在好莱坞虚构的故事中生活惯了的在场人员，都禁不住要流泪了。

《金石盟》是部好电影，甚至是伟大的电影的传闻，在制片厂内外一时说开了。然而，罗尼刚刚被准予上演的影片《国际航空队》却不是这样。但有关这一组勇敢的、和英国飞行员比翼齐飞的、反纳粹党人的美国人的故事，却抓住了公众的想象力。

罗尼在电影中形象高大，言谈英勇豪迈，并跑去与德国人战斗，但他仍不是性吸引力的象征。一九四一年十月，他在会见《电影》杂志记者的一次午宴会上，提到自己的形象问题。"我要拍那些广告，做他们告诉我去做的一切事情，"他开玩笑说，"我要喜欢穿那些露出喉咙的短袖开领衫。我要买一盏太阳灯……为了使那些小妇人心绪不宁，我还能做什么更多的事呢？然而，想一想，那该会有多么糟糕——如果几年以后我的女儿来问我，'爸爸，埃罗尔·弗林得到的是什么，你为什么没有得到呢？'"

尽管罗尼是有名的缺乏性感魅力的演员，但他是受影迷们欢迎的。十二月二日，华纳兄弟公司宣布，一九四一年这一年，除埃罗尔·弗林外，他收到的影迷信件比其他任何男明星都多。詹姆斯·卡格尼仅次于罗尼。"他的情况正是一个开始走红的明星表现出的非常典型的青云直上的例子。"《洛杉矶时报》报道说，"华纳兄弟公司本该从这里开始为里根先生安排好的角色。"早期公众和批评界对《金石盟》的反应之强烈，足以清楚地表明罗尼已跨入主要明星的边缘地带。华纳兄弟公司三次重新商订了他的原有合同。

但是，一九四一年十二月七日，日本偷袭了珍珠港，发出了第二次世界大战开始的信号。四个月后，四月四日，罗尼接到了征召入伍书，命令他以中尉军衔进入美国轻骑兵部队。后来，又由于他近视而解除军令，被指定"不在战区担任任务"。他不能像在他演的电影《血路》里那样杀出一条血路通过德国边界，或者像在先前的《国际航空队》中与纳粹飞机战斗。他的职责是安静的。

在罗尼征召入伍以前，他只用了两星期便完成了《血路》的工作。这时，他和珍妮刚刚搬进他们位于好莱坞半山的、价值一万五千美元的七室新居中。他们计划、等待了两年，就是为了得到联邦住房管理局的同意，他们每月交付近一百二十五美元的管理费才得到发给他们的二十年的抵押单据。他们梦想的房子里有一间可容纳他们所有的朋友的大客厅。有两间大的化妆室和浴室，他们可以梳洗换装，互不干扰、互不妨碍。

战时，罗尼服役中途回来时，珍妮最要紧的事就是与他商量他们需要怎样的房子。正像《现代银幕》报道的那样，四月十八日，当她向罗尼说过星期六下午她必须工作之后，她和她的室内装修人康尼·伦尼克就安排把所有的新家具送回家里并摆设起来。那天晚上，当罗尼同他的好朋友鲍勃·科布、欧文和贝蒂·卡普兰打完球回来时，他发现房子外面停满了汽车，看上去像个停车场。

"这是怎么回事呢？"

"噢，我猜是伦尼克和简的车。"

"伦尼克和十六辆卡迪拉克，这很好。"

突然间帕特·奥布赖恩把门拉开，只见里根所有的朋友都站在那里——巴巴拉·斯坦威克、罗伯特·泰勒、杰克·本尼和安·谢里登，还有一些其他的人。里面无一间房没摆上家具。罗尼发现，温暖的起居室里挂上了英国狩猎版画、窗帘，摆上了雅致的沙发及直靠背的椅子。

第二天晚上，罗尼吻别了"二号钮扣鼻子"之后，和珍妮一起在布朗德贝饭店吃了晚饭，然后驱车到格兰岱尔车站。当晚九点四十六分往北的快车在这里停留四分钟。他吻别了他的妻子，登上了开往旧金山的列车。

罗尼被安置在海湾地区的麦逊堡。由于他是个明星，部队把他作为一位值得赞扬的公共关系人员对待。不到两个月，六月十日，罗尼被调到陆军航空队并派回到洛杉矶地区。罗尼就是在这里度过了剩余的战争年月。

在美国再没有比像洛杉矶那样的大城市受战争影响与危害更大的了。当年的二月二十六日，罗尼还是个市民时，在城市上空就能看见日本飞机。当炮组向天空发出一千四百三十三发高射炮火时，几十盏探照灯把夜空划破，照得通明。那时，日本飞机是模拟的。然而，还是不幸地出了意外，一位勇敢的消防队长摔倒在自己家的前门台阶上，跌断了左臂。

然而，战争决非儿戏。现在，罗尼走到哪里都能感到战争时代的生活节奏和力量。防御敌机空袭用的阻塞气球在城市上空飘荡。标语、布告警告大家讲话别太随便。日本血统的公民被赶进了集中营。当罗尼驾驶他一九三八年的拉萨尔敞篷汽车在街道上通行时，他看见一条条站在食品杂货商店前的长队，看见人们在餐馆等候空桌，看见公共汽车和电车拥塞不堪。一九三九年至一九四三年间，仅国家飞机工厂的工人数就从两万增加到二十四万三千。尽管如此，所有这些工厂还都任务饱满、全日生产。洛杉矶首次产生了真正的工业烟雾，这些烟雾给我们的进步发展蒙上了一层灰幕。

罗尼开始的一项任务是担任洛杉矶运输港口的联络官。成千上万的士兵要从这里乘船到海外去。

"我的丈夫在陆军航空部队，"珍妮在一次为战时救济筹款巡回演出中对一位观众说，"他被分配在一个运载军队的港口工作。他们允许我去看他。有一天我和他站在码头上看着军人们离去。我很快注意到一些情况。当他们到达跳板顶端时，他们每个人都久久凝望着地平线。不是很精明的人也能感知他们在想些什么，不知他们何时能再看到美国的地平线。"

"我对我丈夫说：'我受不了。'"

"他脸部显得有点儿冷酷无情。'你应该受得了，'他说，'他们都受过很好的职业训练，他们知道他们要去干什么。'"

电影业是同盟国的最大、最响的啦啦队。明星们为在海外的军人募捐了几百万美元，制片厂也大量生产爱国影片。而好莱坞对战争的另一大贡献是陆军航空队的第一电影制作组。罗尼就是被安排在这里。这个制作组大部分时间驻扎在曾经由哈尔·罗奇管理的卡尔弗特城的九英亩制片厂里。

一些最可笑的滑稽片曾经是在这里制作的。有些人给这个制片厂取了个绰号叫"罗奇堡"或"怪诞堡"——它仍然是个制作滑稽片的地方。这个一千五百人的制作组，主要由年纪太大的或不适合担任要求较严格的工作的人组成。许多美国人好像认为好莱坞塞满了健壮的人，事实上，很多人仅仅因为其相貌就足以使他们不能胜任那里的工作。但是，逃跑开小差的人在好莱坞比起其他任何地方都要少。

罗尼为没有参加战斗和失去了当英雄的机会而感到遗憾。事实上，部队的盛况他很喜爱，军人制服和军事术语就像一部电影一样神奇。然后，很不幸，他的新的好莱坞制作组，是像军医医院一样的非军事单位。这一群电影工作者认为那"小的帐篷"是养狗的地方。批评家们对他们的最后一部影片的评价是"乱七八糟"。

罗尼第一次戏剧性地出现在他的制作组，是一天下午坐着一辆吉普前去的。他穿着军人马裤和铮铮发亮的黑马靴，显得英俊潇洒。他被指派去监督基本训练，他到时正好看见这群杂牌军在操场进行操练。他立即着手逐步把他们变成一支像在《拉特兄弟》中的男人那样精明能干的部队。像罗尼一样，这里的许多士兵都是被较艰辛的部门所拒绝了的。这些部门认为让他们拍电影也能打击希特勒。但是他们可不曾想到会被一个穿着大马靴的青年模样的严格的指挥官，像指挥一群童子军一样，指挥着在操场上来回折腾。

在罗尼试验他的部队的能力之后，一组人向他走过来说："罗尼，我们不打算干这个。"

"你们是什么意思？"他问。他显得困惑，全然不理解。

"瞧，你是军官，而我们是士兵，对吧？"

"对。"

"你是一位演员，而我们中许多人是制片人和导演，对吗？"

"对。"

"而战后你打算再当演员，我们当制片人和导演，对吗？"

"对。"

"所以取消操练吧。"

罗奇堡的基本训练就这样结束了。

一天夜里，罗尼在值班时修改一篇给指挥官保罗·曼茨的报告。保罗·曼茨以前是一位特技飞行员。"这里是很差的拍片的地方，"他又在值班簿里写道，"建议整个营区迁到尽可能地靠近第四十二条街和百老汇的地方。并且建议拍几部西部片来实现这一计划。"罗奇堡是个奇异、怪诞、真实和非真实同时并存的地方。那些人以制造神话及幻想类型的作品谋生——他们写作、编导、制片、编辑和销售。现在，他们正在创作有关如何在经历战斗后仍然活着的影片。这些影片与乙级片中的场景没有很大的区别。

罗尼于一九四三年春拍的故事片《从军乐》，其至偏离战争的实际还要远些。罗尼临时被分配演这部影片，因为作曲家欧文·伯林要说服作战部借给他三百名军人，拍一部能赚钱的音乐片，为军队募集救济品。终场时，罗尼和其他战士扛着装有刺刀的枪站在舞台上。然后齐唱"这一次，我们都弄清楚了，这将是最后一次"。他们通过观众走向战场。

"跨越太平洋的丛林冲杀"，在前进的海军舰队和积压放置在诺曼底滩头的美国政府发放的军需品上，都有这种措词的宣传品。罗尼没有到过国外，也没有像比尔·莫尔丁在他的卡通片《威利和乔》中所表现的那样高明，没有战场上的战士们的那种讥诮的言词和见解。他微笑着从戏院出来，到战斗的艰苦中去。

战争期间，华纳兄弟公司把宣传的强度充分地对准新的上尉里根。那时，许多好莱坞人参了军。的确，一九四四年五月的《电影界》列出了七十二个演员，三十八个制片人和经理，一百三十二个导演和单位管理人员，二百一十五个作家和公关穿上了军服。这些人中有一些被安置在离罗奇堡不远的地方。但其他的却在离好莱坞最远的战场上。克雷格·雷诺兹是在图拉吉岛登陆的战斗中负伤的第一个演员。斯特林·海登被空投到敌后和南斯拉夫游击队并肩战斗。

詹姆斯·史都华驾驶着轰炸机飞行在欧洲上空。

当其他人在国外作战时，上尉里根在罗奇堡作为副手，负责管理一千五百个成员的制作组和为影片做旁白说明。他住在洛杉矶，离他妻子和女儿不远，在大多数美国人不仅在战争年代，就是在和平岁月中也想象不到的条件下工作。而且，当他还穿着军服时，他的经纪人卢·沃塞曼再一次与他商订合同：七年工作合同得一百万美元。

在电影杂志里，上尉里根被描绘为英雄人物。"我记得在战争期间，他虽然就驻扎在这个城镇，却仿佛在三千里之外的战场。"当时《现代银幕》的编辑西尔维亚·华莱士说，"这一切都在与制片厂的合作下进行，而他也帮助了《银幕浪漫曲》，使之情趣盎然。"

"再会，钮扣鼻子"，这是一九四二年七月号《现代银幕》的标题。"他露齿笑着说这句话，她以笑作答。但当罗尼骑着马奔赴战场时，他却把心留下了。"

那时罗尼已经在旧金山服役两个月后回到了洛杉矶。然而，在一九四二年八月的《故事影片》中，以他的名字署名的文章写道："在制片厂这里，我刚才得知有两个重要的角色是让我演的……但我不能拍这些片了。山姆大叔已称呼我为陆军骑兵兵团的后备役军官，我要去上战场了。"

一九四四年十月，上尉罗纳德·里根的带着愉快欢笑的照片出现在《现代银幕》的封面上。文章写得很清楚，罗尼的军职就在洛杉矶地区。

第一个真正的好莱坞的战斗英雄不是一个战士，而是一位女演员卡罗尔·隆巴德，她是在一九四二年的一次为巡回演出出售战争债券的差旅中，因飞机坠毁遇难身亡的。在后方，妇女的生活比男人的生活变化更大，妇女得适应定量配给和食品的缺乏。她们换上了工作服，戴上头巾，补上缺额，同工厂里的男人们一道工作。

战争期间，珍妮比她的丈夫更像一位真正的当代人物。她仍被选派演一个又一个愚昧无知的角色，但她抽时间为战争出力，提高士气。出国的士兵梦想有像珍妮、贝蒂·格拉布尔和拉娜·特纳这样的女人。对大多数的美国兵来说，漂亮女人不是四十年代报纸中的一张画像，而是他们所希望的，在他们返回美国时等待着他们的象征性的女性。珍妮到运转站去，站着给士兵们唱《丹吉尔》《他离家去当兵》《不是我的》《我说不》等歌曲，作为她送给那些离开洛杉矶的军人的临别礼物。

《故事影片》把当时兴起的用口红吻了印在给军人的信的末尾，而取代以诸如"你忠实的……"为结尾的风气归功于珍妮。她不仅和罗尼，而且和一个与军中伙伴打赌要见到简·怀曼的士兵共度战争中的第一个感恩节。他们的照片和这方面的故事登在报上传遍了美国。她还在电台用短波对国外的部队发表谈话。一九四二年九月，她刚刚拍完《奥罗克公爵夫人》，即去参加为期一月之久的巡回演出，募集了成千上万美元。在此过程中，她的体重减轻了十四磅之多。

尽管她拍一些轻薄、无价值的电影，珍妮在社交场上已逐渐地成了一个对她生活的世界很关心的、严肃认真的妻子和母亲的形象。影迷杂志把她描绘成一个像千百万其他军人家属一样的士兵的妻子，竭尽努力当一位好母亲并为战事尽她的一份努力。她为《电影界》办了一个每月一期的名为"你的和我的问题"的个人意见专栏，这再次证明了珍妮无异于任何其他女人。她在一九四四年五月的《故事影片》中有一篇题为"不该让我们的孩子憎恨"的署名文章。

华纳兄弟公司的宣传人员与珍妮和罗尼在杂志上署名并在公开场合露面一事有很大关系。他们不仅在他们文章的署名下面写些材料，而且参加对他们的采访。"他们合作得非常好，"他们在华纳公司的公关约翰·弗林回忆说，"但是起推动促进的还是我或者是制片厂。他们俩为我们做了许多好事。圣诞节那天，他们带着鲜花到这屋子来并把花留在了门边。"

扮演一对冷漠的、隐居的电影明星夫妇比扮演代表全美国的恩爱的里根夫妇要容易得多。珍妮和罗尼毕竟很难算是一对典型的年轻夫妇，而且珍妮远非一个普通的劳动者的妻子。妇女们与珍妮一样，并融为一体，但她们身居的世界完全不同。在道格拉斯工厂的工人们午饭小憩时，铆工罗西和她的朋友们就不会花很多时间去讨论雇用仆人的问题。

战争期间，珍妮雇用过几个仆人，其中有对新婚夫妇，男的当管家，女的当保姆。

"夫人，您家的绒毛全都有毛病。"那男人说。

"哦？"

"地毯上的绒毛，夫人，应该都朝一个方向的。"

"啊，啊，好，这很好。我们将来要让它朝一个方向。"

这一对仆人对里根夫妇来说是太刻板了一些，他们走了。所幸巴巴拉·斯坦威克是个好人，决意把她儿子斯金普的保姆给他们，所以他们可指望有个人照顾莫林。

罗尼和珍妮极其喜爱他们的女儿，但是他们和女儿打照面比大多数父母要少得多。很少有母亲离开两岁的孩子，一走就是一个月的。即使是为了诸如募集债券这样崇高的事业，也不能离开那样长的时间。他们是慈爱关切的父母，但是给孩子洗澡，喂养孩子，把孩子放上床之类的事都不是珍妮，而是保姆干的。

留给珍妮和罗尼的一项做父母的职责是对孩子严加管教。一九四三年圣诞节假日时，《现代银幕》报道说，快两岁的莫林决心要为一碗汤的事展开一场斗争。

"如果你晚上不喝，早餐时你得喝，早餐不喝就留到午饭，再不就留到晚饭喝，一直留到你喝了为止。"珍妮望着在餐桌下的莫林说。

"我偏不。"莫林说。

珍妮命令女儿站到角落里。莫林不仅遗传了她母亲的外貌，而且也有像她母亲那样倔犟的脾气。

"罗尼，今晚你替我教训教训她好吗？我正好没时间。"

罗尼继续给莫林讲解喝汤的许多优点，试图以好言相劝，引导她喝下那一碗当时还温热的汤。珍妮对罗尼的没完没了的长篇道理听得不耐烦了。她一把抓过莫林，要叫她的女儿从小就知道点厉害——用手掌狠狠地打她的屁股。

罗尼和珍妮并不是很多晚上都外出，但是当他们外出时，他们必定要去西罗或者布朗赛马会，在那里露面是很重要的。佩吉·科布的父亲拥有这个布朗赛马会，战争期间，在一次舞会上遇见里根夫妇时，她还是个小姑娘。"那时明星们出去时都不穿引人注目的衣服，"她说，"罗尼穿着军服，是个美男子，珍妮是个歌舞演员。她喜爱唱歌。宾·克罗斯比和珍妮以及另一对夫妇常围坐在一起表演四重唱。"

珍妮和罗尼还常和尼尔·里根及他的妻子外出。尼尔在做广告工作。罗尼和他这位哥哥仍是很亲近的，虽然听他们讲起话来却很难这样说。尼尔是保守主义者，就同罗尼是自由主义者一样。他们为政治问题争论不休，直闹到珍妮心烦意乱听不下去为止。

《现代银幕》报道说，一个星期六晚上，在一家拥挤的饭店，罗尼被影迷围住。他又是签名又是谈话，说个没完。待他把话讲完，饭店里有限的定额食品已全卖完了。

"那是我的兄弟！"尼尔大叫道。

"听着，如果我没穿军服，我就狠狠地揍你们一拳！"

"你有这个胆吗？"尼尔说。

这就是里根兄弟之间的爱。

在罗奇堡，罗尼逐渐对政治发生兴趣。他是在一个崇拜富兰克林·罗斯福、认为这个名字神圣不可侵犯的家庭中长大的。并且像大多数比较年轻的演员一样，罗尼是个激进派，一个强硬的自由主义者。进步小组，包括从新政主义者到共产党员，大家围坐在一起，像讨论一周演戏的卖票收入那样劲头十足和兴奋激动地讨论着马克思和列宁。

在战前，里根不常出入于时髦的左派沙龙。他喜欢谈论政治，但在这样的聚会上他要坚持己见，那他就是个大傻瓜。他是在中西部小城镇长大的，像好莱坞共产党人的令人敬畏的领袖约翰·霍华德·劳森及其同类人那样，有如政党的首脑人物一样畅谈意识形态，对此，他是望尘莫及的。从纽约来的难民讨论时事的集会上，罗尼不能凑进去；同时，为萨利纳斯的罢工者、忠于西班牙共和国政府者或为罢工的煤矿工人募集款项的集会，罗尼也是不适应的。如果不说他的政见，那么，他的大多数想法都是从《读者文摘》中获得的。每月他都迫不急待地要得到那本小册子。

"我记得他不知用什么方法在邮局比任何人都更早地搞到了一本《读者文摘》，"小说家欧文·华莱士回忆道，"他连夜从头到尾一页一页地读，第二天就把他读过的一切原原本本地告诉大家。当我们收到册子时，上面的全部内容我们早已听里根讲过了。"

罗尼是罗斯福要求连任第三次总统的热心拥护者，并且也这样支持协会和斗争性强的退伍军人小组。"你要参加美国退伍军人委员会，"他对他在罗奇堡的同事霍华德·科普曼讲，"当你退伍后，不会有人把你当个啥的，比狗屎还不如呢。你必须加入一个组织，那个组织能为你的利益而斗争。"

科普曼从未参加过任何组织，但由于罗尼的劝说他参加了美国退伍军人委员会。罗尼没再当执委会的委员。罗奇堡的一些士兵也没有参加这组织，因为据说这个组织里有许多共产党人。被认为是好莱坞的自由主义者的电影剧本作家菲利普·邓恩也是拒绝参加这个组织的人之一。战前，非美活动委员会议院曾试图把他列为共产党同情分子。他发誓不参加任何有很多共产党人参加的组织。

在战争年代，罗尼工作很努力。在男人的世界里忙于男人的追求，他几乎没注意到珍妮在发生变化。像她经常扮演的那样，她扮演着忠实的妻子，但她也让自己恢复自己的本色，而且她比原来更自主、自信了。当《金石盟》拍成后，片刻间，罗尼曾达到了明星的地位。他流露出一种使观众迷醉的、恢复信心的热情和引诱力，他表现得那样强烈，因此华纳兄弟公司很快抓住他订了一份新的七年合同。现在，轮到珍妮了。

"事情发生在上尉罗纳德·里根的女人身上，"影迷杂志之一《现代银幕》的"伤感姐妹"艾达·蔡特林在一九四四年四月号中写道，"大钮扣鼻子——华纳兄弟公司的简·怀曼突然一跃而进入了明星行列。小钮扣鼻子已经度过了婴儿时代……。至于罗尼,身心都为军务所占据,对他来说,电影已不存在了。"

珍妮的新影片——《夜幕下的罪恶》《动物王国》《自食其果》《美国步兵》——并不一定都是很值得注目的,但是,制片厂几乎在不断地利用她。一天又一天,一月又一月,她早晨五点半起来去到华纳兄弟公司,晚上带着满脑子的问题与疑虑归来。

"你不知道现在的事情是什么样子,"她责备罗尼,"你离开得太久了。"

"像那样的事情是不会变的,"他平静地回答,"仅仅是个外交手段的问题。"

这个在家或在制片厂都要做到至善至美的珍妮,她的勤勉开始得到了报偿。导演比利·怀尔德对她在《公主想飞》中的一个按原著演出的镜头,印象深刻。因此他选派她在《失去的周末》中扮演酗酒者唐·伯纳米的未婚妻,酗酒者由雷·米兰德扮演。她在一九四五年的电影中的表演出色,使曾经怀疑过珍妮的表演能力的人再也不怀疑了。她渐渐成为比罗尼更著名的明星。

珍妮和罗尼夫妻恩爱,而且他们什么都想要。他们追求声誉,也要个人生活的小天地。他们要伟大的事业和过有钱的婚后生活。他们想要拍摄外景或有赞助的旅行,而且还要有丰富多彩的家庭生活。他们努力建立起他们的这种生活,以便能全部享用它。

他们有一个保姆和几个女仆看管房子和料理家务。他们让公关写他们若有时间便能写出来的东西,他们只在上面签上个名字。他们想要第二个小孩,一个男孩,事实上,他们第一次就想要个男孩。但是珍妮正处于飞黄腾达之际,她没有时间。"我太忙,没有时间怀孕生孩子。"她后来这样说。为此,一九四五年他们收养了一个新生婴儿小迈克尔,他就像他们亲生的孩子一样。

"我非常想要一个小弟弟,我跑到沙克斯第五大道玩具商店,问他们是否有像小兄弟的玩具。那时,我可怜的父亲,只得站在旁边听着,又惊讶又懊恼。"莫林回忆说,"在这个世界上我要两件东西——一个小弟弟和一辆红色踏板车。他们不断告诉我,如果我想要一个小弟弟,我就得存钱积蓄。有一天他们说,当天晚上我就能得到我要的东西。我一个劲寻找红色踏板车,但不是踏板车,果真是个小弟弟，一个刚出生四天的小弟弟。我父亲说：'东西在哪里？'我跑上楼去取。我存了九角七分。于是我把我的猪形扑满给了那位收养机构的女士。"

尽管从表面的情况看，罗尼没有他的妻子成功。但罗尼和珍妮并没有谁要压倒谁，而且谁也不能压倒谁。他们的女儿被宠坏了，他们的两只狗斯科切和索达也被宠坏了。而他们的婚后生活也到了毁损的边缘。

罗尼并不妒忌他的妻子——或者，如果他妒忌，他也不会承认的。他有着政治家和演员共有的那种敏感的自负与虚荣心理。当里根夫妇出去上饭馆时，引人窃窃私语和举目张望的当然是珍妮，而不是罗尼。由于珍妮如此名声大噪，似乎里根夫妇的婚后生活遇到麻烦也是当然的了。

一九四五年的一个晚上，罗尼在珍妮前一小时离开西罗夜总会——一个高级的好莱坞饭店。她继续留下和他们的家庭朋友，以及另一位明星范·强生跳舞。第二天报纸上出现了一条新闻，说她"仔细窥测范·强生的眼睛"。另一天，里根夫妇打开报纸读了一条更不吉利的新闻："罗纳德·里根夫妇正准备在任何时候登不幸的启事"。

珍妮告诉路易拉·帕森斯，一位妇女打电话说，她听说里根夫妇的房子要出售或出租。另一位来客，到珍妮这里滔滔不绝地说："啊，珍妮，亲爱的，你现在干得这么好。那天夜晚你们到饭馆时，侍者说：'怀曼上尉想要什么？'这是真的吗？"

罗尼还不是罗纳德·怀曼。然而，在罗奇堡，他听见几个十几岁的速记员，像着了迷一样，夸奖罗伯特·米彻姆、吉恩·凯利和范·强生这样的电影明星；她们说的不是罗尼·里根、罗伯特·泰勒或詹姆斯·史都华。这些年轻的女人是自己买票看电影的，她们崇拜新的男主角。

一九四五年九月十三日当他退役时，他知道他不再是往日的罗纳德·里根了。他依然把每周三千五百美元的薪金收入口袋，不像大多数退役军人那样面临着寻找工作的现实。但是制片厂却不急于让他担任角色，而且他也有许多其他的想去做的事情。

　　珍妮捷报频传，连连获得成功。好莱坞许多重要的女演员，对米高梅电影公司拍制的由畅销小说改编而成的《鹿苑长春》中的马·巴克斯特这个角色垂涎三尺。但米高梅电影公司挑选了珍妮扮演佛罗里达边远林区的一位母亲。当这部影片在洛杉矶外的箭头湖拍外景时，罗尼和莫林也同珍妮在一起。莫林喜爱九岁的、扮演珍妮的儿子乔迪的小克劳德·贾曼，并跟着他待在布景周围。但罗尼却要独自一人。几年以后，在自传里，他将会写他是独自一人到湖边的。他的确是孤独的，对这个他已三年半没有拍片的制片厂来说，他已是一个陌生人了。对《鹿苑长春》这个亲如一家的摄制组和演员们来说，他也是个陌生人。

　　罗尼租了一只快艇在清澈如镜的蓝色湖水上来回游荡了几个小时，以便使头脑清醒。出租船的船主认为罗尼一天二十四小时地租那只船，只是需要时才使用，真是发疯了。因为他花的租金足够他买一只船了。不过罗尼一星期挣的钱比大多数美国人一年挣的还要多。

　　罗尼不喜欢现在他身处其中的这个民众社会的面貌。由于他们夫妻关系开始极度紧张，曾经似乎是这样熟悉的、欢迎他的世界，已变得咄咄逼人和腐败不堪。在他通常的乐观的谈话中常夹带一点讥笑的言词。正如他看见的那样，"战争期间富人更富了些，许多穷人干得挺不错，赚了好赚的钱。"

　　曾经是他在罗奇堡的通常谈话中的主题的战争策略问题，再也不需要他或任何别人去分析研讨了。不用他飞越太平洋岛屿，不用他跋山涉水去柏林，战争就打赢了。现在罗尼相信，真正的和平必然实现。在这个和平世界里，工人和退役军人能得到他们应得的一份美国津贴，而罗尼自己也必须赢回他自身的和平。

Chapter 9
"嘿！我必须控制自己"

　　里根夫妇家里蓝灰色壁炉的上方挂着一幅珍妮的画像。那是画家保罗·克罗门斯照她在《鹿苑长春》中扮演的角色马·巴克斯特的形象所作的画，画面上是一位朴素强壮、淡妆素裹、不爱装腔作势的妇人。马·巴克斯特是珍妮扮演的第一个使人深受感动的角色，那是一个坚强、积极、善良的女性，与家人住在佛罗里达的埃弗格莱兹一座偏远的小屋里。

　　珍妮和罗尼倒是很愿意让他们的婚后生活能像电影中的巴克斯特夫妇那样：家庭中有一个勇敢、果敢的父亲；慈爱、体贴、智慧的母亲；在父母的保护下，孩子们好奇冒险，害怕长成大人；要说有什么问题，那也并不复杂，只不过偶尔有只横冲直撞的熊前来光顾罢了。不过，战后美国的普通生活却远非那般，甚至连里根夫妇也过不上那样恬静的生活。

　　周末，罗尼穿上他的马靴和工装服，像个西部英雄那样外出，走进山林。但他不像帕·巴克斯特那样能够射一两只鹿来养家。相反，他有一套人马侍候他：会计员、女仆、厨师、代理人、顾问都为他服务。他在城镇长大，在城市里干一整天工作得一天的报酬，没工作就没报酬。现在，罗尼已连续几个月除了签签合同没做什么更费力的活，可一个星期还挣三千五百美元。

起初，日子过得并不那么坏。他造了几只船模，铲除了几吨污物垃圾送到灌木丛林子里，建造了一个内院和铺平了服务门廊，为美国电影演员工会工作，参与其中的活动。另外还发表了一连串有关退役军人的权利及自由主义事业方面的、喧嚣热闹的讲话。不过，当珍妮忙完了一天的工作，从制片厂回来时，他经常早已坐在家里了。

拍摄《鹿苑长春》期间，接连两星期，珍妮须得求助别人，对她的动作给予暗示与指点。"为了表演，我不得不竭尽全力，以便能进入角色，动作能恰到好处地表达情感的激越与冲动。"她过后说，"很自然，当我夜里回到家时，身心皆已疲惫不堪。无论我是何等地爱孩子们，他们也可能一下子就把我激怒。莫林搅得我烦躁不安，我就对她破口大骂。"

珍妮需要摆脱职业与婚后生活、日常事务和礼仪的束缚，需要有做自己想做的事情的自由。一九四六年二月的一天，《鹿苑长春》的拍摄工作行将结束时，她告诉《故事影片》的记者："我欢快地走进屋子，用爱称对罗尼说：'喂，罗尼叔叔，来喝上一杯怎么样？'"

罗尼知道摸清珍妮的情绪是不可能的，但是他想知道她邀他喝酒的原因。

"因为我们要庆祝一下，"珍妮说，"我明天戏就拍完了，并且我们要去纽约。"

"噢，我们不能这样做！"罗尼说。他在外是个自由开明人士，但是在家却是十分拘谨保守的。

"摆出一条充分的理由来——说出来，只要一条。"珍妮说，她知道罗尼并无充分的理由，"懂了吗？我跟你说了什么？你想不出一个理由来。"

这时珍妮边说边拨电话与旅行社职员通了话。"但是我们从未一起去过纽约，罗尼。你怎能不激动呢？"

"我会激动起来的，亲爱的。"

罗尼从未乘飞机旅行过，他喜欢乘火车去纽约旅行。但他仍为他的事业而担心。华纳兄弟公司不断告诉他，他们正在寻求在适当的电影中为他安排适合的角色。制片厂不再制作那么多乙级片了。一个演员一年只可能演一两部影片。事业的成败起落就系在这一两个角色上。

直到一九四六年三月，在他退役后整整九个月后，华纳兄弟公司才为它的不复年轻、工薪很高的战前明星罗尼找到了一个角色。《骏马之路》是一部描写牧场生活的影片，本来要起用罗尼同亨弗莱·鲍嘉和劳伦·巴考尔一起担任重要角色。鲍嘉和巴考尔像任何一对夫妇那样办事可靠，并且罗尼知道他们的初次登台一定会成功，而这成功又是他非常需要的。但是鲍嘉夫妇却变卦了，因为《骏马之路》的角色与他俩这样一对世故老练的城市夫妇的形象是很不相符的。虽然华纳兄弟公司继续拍摄此片，但他们决定改拍黑白片，使得加利福尼亚的内华达山脉壮丽的全景画面像舞台背景一样显得苍白，暗淡失色。

罗尼不是个吹毛求疵的人。他很高兴再次在山野中骑着马同扎卡里·斯科特和亚历克西斯·史密斯并肩工作。在这里，他摆脱了他的婚后生活的逆境和政治生活对他的要求。骑马、管马，他对此感到乐趣无穷，所以他决定同他在影片中的马术教练尼诺·佩皮通，就在洛杉矶之外的北岭合伙经营一个八英亩的养马场。

罗尼在政治上再次活跃起来，他在美国电影演员工会任理事，也是美国退伍军人委员会和好莱坞独立公民委员会的理事——这两个机构都是自由主义的、进步的组织。罗尼是新的退伍军人组织的有发言权的、热情的支持者。他奋力把它建成一股突出的全国性的势力。

像大多数的好莱坞的自由主义者一样，罗尼同情造反的制片厂工会联合会和它的最左、最激进的领袖赫伯特·索雷尔。他曾看到较老的、较保守的国际戏剧舞台雇员联盟在三十年代后期是多么腐败，但他渐渐知道政治生活比他预想的要复杂得多。罗尼退役前一年，制片厂工会联合会举行了一场在其管辖范围内的反华纳兄弟公司的罢工。制片厂搞了一大堆障碍物、小汽车、三十年代华纳电影的布景，堵塞在路上。很难说是谁掀起事端，制造麻烦。一位前水兵，当他想越过罢工群众的前哨线时，被打得失去了知觉，而另一位工人，在警察挥动警棍来到之前，鼻子上被刺了一刀。

虽然罗尼起初同情制片厂工会联合会，但这种同情变得越来越淡漠了。作为影响演员工会的一位领导，他迫不及待地要演员们回去工作。为了一九四六年的罢工，罗尼对制片厂工会联合会为争取广泛承认而进行的激烈斗争，甚至不再持中立态度。他是一个引人瞩目的人。一九五四年，在一次反对电影临时雇员协会的演员所犯诽谤罪事件的审讯中，罗尼作证说："我得知，如果我做了报告（有关罢工的性质），就会有一小队人马准备收拾我，扬言要烧我的脸，使我永远上不了银幕。"

有时，珍妮希望罗尼有更多时间同她和孩子们在一起。可是他不断地出去参加一个又一个的会议。她现在是这个家的明星，因《鹿苑长春》演出的成功而被提名为奥斯卡金像奖的候选人。所有的制片厂都邀请她演出，为她提供角色。但她仍希望有时间同家人一起而不受干扰。

星期天，当仆人们离开后，她都要进游泳池里游泳。这时电话铃总是响个不停，使她觉得，如她所说，仿佛"有人密谋要让我走出游泳池"。一旦有了新的设备，她就安装了一部电话分机。有个星期天，罗尼出去参加一个会议，珍妮和莫林在游泳池里泡了一个下午。"几个小时过去了，"她说，"没有一人打来电话。最后，在四点钟时电话铃响了。有人想知道里根先生是否能去做报告！'我怎么知道，'我答道，'我已几天没看见他了！'"

罗尼宁愿去他在北岭的小马场，而不愿待在游泳池里。他喜欢自己干活，并为马匹修建了跳跑的马道。正如《银幕》报道的那样：一个周末，他站在珍妮旁边，得意地观察那些整齐地铺开的、一堆堆的红木木料障碍物。

"这绝对不是一般的木栏，"他说，"这能用来考验我们的勇气。"

"勇气？"珍妮笑着说，"你是指用来做木栓、固定折骨的那些木材？"

一天晚上，在家里，当仆人休假时，珍妮决定自己做晚饭。这的确是件大事。他们喝酒，唱歌，请来好朋友一起庆祝。里根夫妇邀请的是琼·阿利森和迪克·鲍威尔。

珍妮喜爱烹饪，并做完了几个重要的主菜。当这三人就座席间时，珍妮送上烧牛排和蔬菜。正像所有著名女演员，在观众未能充分观赏她们的表演之前，她们不露出拿手好戏一样，珍妮不到最后也不拿出她的拿手菜——冰淇淋饼。她坐着等待着他们对这道主菜的裁决，就像她曾经忧虑地等待着对她电影演出的评论那样。

"菜怎么样？"她终于不能自制地问道。

"太好了！"他们叫起来，口气就像三个苏联评论家评论斯大林的"自传"一样。但问题是他们对她做的菜甚至一口都还没尝过。

"那你们为什么不吃呢？"珍妮迷惑不解地问。

他们笑了，并且告诉她，他们事先约好，不吃任何东西，只是目不转睛地看着她。

在这些普通的场合中，罗尼和珍妮看来仍是那般夫妻恩爱。当时的一位明星朗达·弗莱明记得，他看见他们"坐在电影院里分享一盒爆米花，看上去像是一对美满的夫妻。"

但是，他们晚上外出的活动越来越单调呆板。只要罗尼讲上几句该讲的幽默打趣的话能摆脱得了，他就会跑到一旁同人去谈论政治。珍妮爱她的丈夫，对他无休止地谈论政治问题百般容忍，但她耐不住这寂寞与孤单。

"好吧，里根，"她在一九四六年末的一次晚会上说，"散伙吧！快去吧，去找姑娘们谈谈，她们也喜欢你的！"

在《故事影片》的记者杰里·阿谢尔看来，罗尼看上去像个"受伤、受压制的丈夫"。从嘴里拿开他的烟斗，他继续扮演一个好丈夫，一个比他在银幕上所扮演过的不那么令人信服的丈夫要好。

"你赢了，"珍妮最后说，"回去拯救人民吧。"

珍妮知道她不是个最容易与之共同生活的人，她原谅罗尼做得过分像他原谅自己不好相处一样。有一次她曾讥讽道："如果你问罗尼什么时候了，他会告诉你怎样制造手表。"起初，这些话只是无害的小玩笑，但随着时间的推移，珍妮说话的语气变得更辛酸痛苦。她渐渐厌烦与他谈话。像任何不关心制片厂工会联合会、戏剧舞台雇员国际联盟及美国退伍军人委员会的人一样，她认为这些组织都是非常可怕，令人讨厌的。

　　珍妮比以前更加想扮演主角，成为一位著名的女演员。一九四七年三月十三日，当他们的朋友杰克·本尼主持颁发奥斯卡金像奖时，她挨着罗尼坐在圣殿礼堂里。许多人觉得，在三年前当《失去的周末》获得最佳影片时，她就该被提名的，而她的共演者雷·米兰德却夺走了最佳演员的荣誉。但是这一次她不能再被忽视了。她因为在《鹿苑长春》中扮演马·巴克斯特而入围了当年的最佳女演员提名，她感到极其自豪。这天晚上，在剧中扮演她的儿子的小克劳德·贾曼已经荣获优秀儿童演员奖，接着便是颁发最佳女演员奖。然而，最终这个奖项由另一位华纳的女演员奥利维娅·德哈维兰，因其在《各得其所》中扮演的角色而得到。当她走向舞台时，珍妮坐着鼓掌。

　　珍妮知道奖赏只是奖赏。她要成为好母亲和好妻子。那天晚上她坐在那里时最确实无疑的证据是她已经有了身孕，怀了一个新的生命。对罗尼和珍妮来说，这个新的小孩将会对好莱坞那些冷嘲热讽的诋毁诽谤，连篇累牍的卑劣的流言蜚语，及等待着他们分裂离散的人证实，他们的夫妻关系是坚实的。

　　当珍妮身怀莫林的时候，妊娠的最初几个月她还继续工作。现今，她既然已是主要演员，这样做赌注未免下得太大。她正和詹姆斯·史都华一起主演《神奇小镇》。导演威廉·韦尔曼说他从未见过有比她更刻苦努力的女演员了。"她是无懈可击的。"他说，"她非常卖力，坚持表演要达到十全十美。"但是电影不是针线活，凭着非常的细心就足以织出一件锦绣佳作。那部电影没有达到珍妮曾经预想要达到的水平。

　　至于罗尼，他没有着眼去争夺任何奥斯卡金像奖，而仅仅拘泥于演好一两个像样的角色。在演了《骏马之路》之后，他勉强演完了《夜夜惊魂》。在这部影片中他扮演了一位注定要失败的患癫痫症的生物化学家，和扮演苏格兰女王玛丽的多丽丝·戴一样担任了自己不适合的角色。他极力拒绝在下一部影片《斑鸠的叫声》中同埃莉诺·帕克和伊夫·阿登一同演出。

　　一九四七年春，当珍妮在《神奇小镇》中碰到问题时，罗尼正在《哈根姑娘》中与一位首次扮演成人角色的、刚刚十几岁的前儿童明星秀兰·邓波儿演对手戏。罗尼相信电影是积极的道德精神力量，和一位可以做他的女儿的年轻女人谈情说爱，使他感到惊恐不安。晚上当他回到家时，他的心绪常常不比珍妮更好。

罗尼的野心并不比珍妮的小，虽然他的目标远比珍妮的模糊。他已成了个强硬的反共自由主义者。他批判美国退伍军人委员会、好莱坞独立公民委员会及制片厂工会联合会。这些组织的目标宗旨都是他曾经明确给予支持的，而现在他断定这些组织中充满了共产党人。他不是战争中的英雄，但在这个公众大舞台上，他要扮演他心目中的英雄的角色。在公众会议和私人聚会上，他抵抗共产党人和他们的追随者，像他们嘲弄攻击他一样攻击他们，和他的朋友一起共谋击败他们认为的共产党的阴谋。这是令他喜欢的事，比他拍二流电影，比听珍妮和她的朋友讨论电影和谈论孩子的事更让他感兴趣。

罗尼日夜忙碌。当《哈根姑娘》临近拍摄完毕时，他演了这部片子还要尽力保存面子。在后来几年中他公然轻蔑地说，他在电影中几乎总是演与姑娘有瓜葛的角色。但是他不想要秀兰·邓波儿那样的姑娘。"你知道，人们对跟年轻到可当他们的女儿的姑娘结婚的男人是会蹙眉不悦的。"他告诉导演彼得·戈弗雷说。

"我的年纪够大的了，可以当我妻子的父亲。"戈弗雷答道。

在不说明片名的新片预映中，当罗尼去吻秀兰·邓波儿的镜头出现时，观众抱怨说："啊，不能这样。"罗尼在座位上低头弯腰，不愿让观众看见扮演好色之徒的罗纳德·里根本人，他悄悄地溜出了戏院。单凭观众反应就足以使华纳兄弟公司砍掉了接吻这一幕，而留下一个含糊的结尾。

不久后，一个炎热的六月的夜晚，罗尼参加了卡瑟环形戏院的首次公演。当他和珍妮走出戏院步入闷热窒息的空气中，他感到气喘、呼吸困难。他咳嗽了，但他认为这没什么要紧的。夜里他病势愈来愈重。早晨珍妮只得叫来救护车，让他躺在担架上。汽车把他送进了小亚细亚大杉医院。

珍妮来到医院看护罗尼。他患了滤过性病毒引起的肺炎，全身淌汗、颤抖，躺在一间隔离病房里。她让护士用毯子紧紧裹住他的身子，并用玻璃管喂他喝茶——这使他回想起了内利的关心抚养。他梦见他在扮演穿着军用雨衣的亨弗莱·鲍嘉的对手。他沉涵于回忆和梦想的有害的气氛里。他发着滚烫的高烧，好似整个身体都在燃烧。他想他是死定了。一位白衣护士向他走过来，告诉他吸气。"现在呼出，"她说，"开始，再来一次。"最后，他又出了汗，他知道他能活下来了。

当他们用车把罗尼推走时，珍妮感到心神恍惚。不知是什么原因，在三个月前她就开始感到阵痛。"几乎在被急忙送到医院时，怀曼小姐就坐在他的床旁。"《洛杉矶时报》报道说。一九四七年六月二十六日，在安吉尔斯女王医院，由罗伯特·L.布莱克门大夫助产，珍妮生下了一个女婴。第二天报纸报道说，母亲的状况"令人满意"，婴儿"很有可能得救"。但是，待那则报道在洛杉矶的报纸上出现时，婴儿已经死了。

像许多不稳定的夫妇一样，珍妮和罗尼也许很周密地考虑过，孩子的诞生可能再次燃起他们的爱情火焰。但是孩子之死意味着什么？当珍妮怀着小孩时，曾因为能全日工作而感到自豪，但按当时的民俗——这仅仅是民俗而已——妇女在怀孕期间都该呆在家里。而罗尼和他那似乎足以引起珍妮早产的突然生病意味着什么呢？那是什么征兆？他对他过的极度激动的生活又作何评述？

珍妮和罗尼不喜欢公开谈论，或去想孩子的死亡一事。他们力求避开这个话题。多年后，罗尼在自传里也没有提及珍妮曾经在医院坐在他的床旁。并且，罗尼把这死亡称为"流产"，好像孩子生下来根本就不是活的。

罗尼和珍妮的生活很快又回复到同往常一样。但是，再次以这样的节奏生活，使得他们并不愉快。罗尼对他事业进展的方式并不满意。他闭口不谈他目前扮演的角色，只对《金石盟》的演出津津乐道，沾沾自喜。当里根夫妇有客人时，罗尼经常坚持放映这部影片。好像在《金石盟》中他瞥见了他本可以成为什么样的演员。

罗尼越来越深地卷入美国电影演员工会的事务之中。一九四七年十月，他和好莱坞的一群人在美国众院非美活动委员会作证。在随后几年中，许多美国人被传唤到美国众院非美活动委员会作证。非美活动委员会不是一个很像法庭一样的国会委员会。罗尼提供了他与好莱坞的共产党性质的组织打交道的难受的经验，但他没有点这些组织的名。然后，他弄清楚了非美活动委员会的确了解他对共产主义在美国的立场。

"我憎恨，我痛恨他们的哲学，但我更深恶他们的战术，那是第五纵队敌人间谍的战术，是不诚实的。"他身穿一套褐色西装，打着蓝领带，挺直地坐着说，"但同时作为一个公民，我决不愿看到我们的国家被这一群人所造成的恐惧或怨恨所驱使，不愿看到我们因恐惧和怨恨而对我们的民主原则有任何的妥协与违背。我仍然认为民主能解决问题。"

罗尼的证言公平和没有诽谤中伤，给自由主义者和保守主义同样留下了深刻的印象。第二个月，他被选为美国电影演员工会主席。这是一个无报酬的职务，在那困难的、受了创伤的年代，这差不多像第二份全日性工作。

珍妮正像她的丈夫一样忙碌。在她的婴孩死了几星期后，她接到了新电影的制片人杰里·沃尔德的电话。"让我们开始拍《约翰尼·贝林达》吧。"他说。这是为了帮助他自己和他的影片，也同样是为了帮助珍妮。

珍妮以前曾经扮演过使她深受感动的角色，但《约翰尼·贝林达》却超过所有那些角色，更叫她动情。贝林达这个角色是一个只能发出咕噜含混之声的聋哑姑娘。这个聋哑姑娘被城里一个恶棍强奸，生下了一个儿子叫约翰尼·贝林达。孩子几乎快被那个恶棍从她手中夺走，然而，最终聋哑姑娘杀了这恶棍。在剧本里一个接一个的感人场景里，贝林达是个接连出现的角色。

珍妮去了一间聋哑学校。她学习口唇读法，她和心理学家谈话。她甚至戴上耳塞来体会聋哑人的苦衷。起初，她几乎要打退堂鼓了。她做不好，理解不了。"你为什么不叫别人来演这一角色呢？"她问沃尔德。

但是，她最终进入了这位聋哑姑娘的内心深处。她体重开始减轻了，从减五磅到减十磅。在镜头中，她哭得像个泪人儿。当导演让·尼古拉斯科喊"停"时，她还抽泣不已。剧组的其他人开始担心她神志是否正常。她不像是在扮演角色，而是入了魔，好像她就是贝林达本人。当她把那个城里的恶棍想从她手中抢走的孩子紧紧抱在怀里时，沃尔德想："这个角色本身勾起了她难于承受的回忆。"

罗尼知道在拍摄《失去的周末》和《鹿苑长春》时珍妮发生的事。他最能理解她，但现在对她来说，他已是个局外人。作为丈夫，作为演员，他都没有如此深深地进入和溶化在角色里。他在剧组里消磨时光。他带莫林和迈克尔去制片厂。他甚至和拍摄组一起在旧金山的海岸拍了几星期的外景。

珍妮和罗尼从不公开争吵，但拍摄组的人员也注意到了珍妮对自己的丈夫的态度是多么粗暴无礼。另一个晚上，在洛杉矶贝弗利俱乐部外面，看门人无意中听到里根夫妇争吵。"以前没有你我过得很好，现在没有你我也能过！"有报道称珍妮讲了这番话。

到十二月份时，珍妮的别具意义的表演结束了。她决定到纽约城去拜访朋友。二十二个月前，当她拍完《鹿苑长春》时，她曾经欢快地跳着进屋，说服罗尼与她一道启程去那个城市。这一次她要独自去了。

在纽约，她离开了华纳的公关经理慈父般的关怀，摆脱了家里人和朋友的束缚。当有人问到她的婚姻生活时，她说了真实情况。而一旦道出了这真实的情况，她也就永远改变了罗尼和她自己的生活。"说谎是无济于事的，"她这样告诉好莱坞的记者哈里森·卡罗尔，"我不是世上最幸福的女人。最近并没有发生什么了不得的事情，事情由来已久，都是日积月累起来的……我们将讨论这些事情，我希望，也相信我们会解决我们间的问题并避免分居。"

罗尼知道他们在婚后生活中存在些问题，但他没有想到问题已变得如此严重。十二月四日，当他为珍妮买完圣诞礼物回到家时，他得知了他的妻子说了什么。他从小就养成了将个人感情藏在心里的习惯，想到他现在必须从报上看到他妻子对他的感情，着实吓了他一跳。他立即到赫达·霍珀那里去，她和路易拉·帕森斯曾一起支持里根夫妇的结合，推崇他们为好莱坞理想的一对。"我们发生了争执，"他告诉她，"是的，我们以前也曾争吵过，哪一对结婚八年的夫妻没吵过架的？但我期望，待珍妮从纽约回来后我们能言归于好，和往常一样生活在一起……好莱坞的坏处就是你得公开地没有隐私地过日子——而你在公开场合看见的事情往往又是被歪曲了的。"

当他们的婚后生活幸福美满时，罗尼又沉浸在幸福中，所以没能让观察家们窥视其中。于是他们把它描写成像是纯金子般的，而不是有血有肉和剧烈痛苦的婚姻。现在使他厌恶的是，他们个人的极大的痛苦要公开化并供人品评。当下一周的星期五珍妮回来时，报纸上谈论娱乐新闻的专栏作家们便不断出现在他们身边。

罗尼从未想到，他这个来自伊利诺斯迪克森的里根·达切也落到今天这一步——中年离婚，从他的住房里被赶了出来，与孩子们离散，被迫扮演他认为是标志着耻辱和道德上失败的角色。但是他的痛苦远远超过公开受到的羞辱，因为，他仍然还爱着珍妮。

珍妮要求离婚。一九四七年十二月十四日，按照法庭的文件，她和罗尼第一次分居。两周半后，罗尼独自去参加新年晚会。离新年的时刻愈接近，他愈是变得抑郁不乐。正好在午夜之前，从纽约来的年轻女演员帕特里夏·尼尔发现罗尼和一位老妇人走进了后院。当参加庆祝活动的人们唱起《很久很久以前》这支歌，管弦乐队在吹奏，人们在接吻、尽情欢乐之际，罗尼把头靠在那位妇人的肩上哭开了。

珍妮和罗尼尽力想办法解决问题。"他们的一些朋友冥思苦索，甚至找了一位西洛杉矶的精神病医生来同他们谈话，试图把事情澄清理顺，"《电影》杂志报道说，"但医生没有能获得初步成功。"珍妮有一连串的委屈与苦衷，而罗尼不能理解他的妻子。他一直想，她会息怒的，待怒气消了她会回到他身边来的。

然而，七岁的莫林，甚至连只有三岁的迈克尔都知道发生了什么可怕的事。"我记得父亲一边尽力解释是怎么回事，我坐在汽车里一边歇斯底里地嚎啕大哭。"莫林说，"他说的是父母们在此种情况下经常说的一些话。说他们仍然是我的父母，我仍然是他们的孩子。我们都要学着适应这个情况。还说了一些有关这件事情的古已有之的解释，虽然在那个时候人们不那么经常说它。"

珍妮看得出孩子们是多么痛苦。二月六日，罗尼的生日，她特别做了安排。当时，罗尼被叫去拍新电影《约翰爱玛丽》。莫林和迈克尔向一辆停放着的罗尼坐的凯迪拉克敞篷车送去了生日卡片。

罗尼生日的晚上，孩子们要他们的父亲出来到他们的房子里去吃晚饭和生日蛋糕。对孩子们来说，晚餐是希望的象征，希望这可以使他们的生活回到过去那样。对罗尼来说，那个夜晚意味着终结。"最近所做的调停、让步以及所有的努力已经失败，"他在过三十八岁生日时告诉一位记者，"我今晚到那幢房子里去，但这可能是我们家庭团聚的最后一幕，从今以后它将不属于我了。"

二月十七日，里根夫妇对财产安排取得了一致意见。珍妮到拉斯维加斯去旅行，在弗莱明戈旅馆投宿。除了和律师约翰·科普谈论有关确定离婚后的合法住处的问题外，她坚持回避爱窥探打听的记者。和她谈过话的朋友说，她似乎怕她的孩子们感到沮丧与孤寂。于是，几天后的一个清晨，正像她突然到此一样，她付了款，突然离开弗莱明戈旅馆，回到了洛杉矶。但和解持续了还不到一星期，罗尼再次离开了那幢房子。

他们的婚姻破灭时的痛苦已经成了公开的新闻。路易拉·帕森斯报道说："从我写过了'美国的情人'玛丽·璧克馥要离开道格拉斯·范朋克的故事后，还没有其他夫妻的离异比里根夫妇的分手影响更大了。"

照社会上的道德家们看来，珍妮应该受到谴责。"对这一离婚案例，好莱坞百分之百的人同情罗尼，他是个好人。"《银幕》杂志报道说，"珍妮是个喜怒无常的人，爱发脾气，野心勃勃，焦躁不安，不断探求。此外，不仅她现在身体不好，而且这种状况已延续了好一段时间了。相信她的健康状况一旦好转，她的其他问题也将迎刃而解，而这座城市里的两个受人喜爱的人将结婚，重新组织他们的家庭。"

在诺埃尔·科沃德为琼·克劳馥举办的晚会上，珍妮独自来了。她扫射了房间一眼，听了一会儿人们快乐、友善的闲聊就哭了起来。不久她就离开了。

罗尼忍受不了记者们每天来探听他们夫妻离婚的动向。在华纳兄弟公司，他对一位找他探听最新消息的娱乐新闻专栏作家突然大发雷霆。在他不幸的时刻，他要独自一人不受干扰。一天晚上，两位明星碰巧驾车经过里根夫妇的房屋，他们看见在外面的马路上，罗尼坐在他的小车里向上凝望着亮着明亮灯光的窗户。

　　五月，珍妮在洛杉矶提出离婚申请，其理由是两人"不可能"幸福地生活在一起。一九四八年六月二十八日，珍妮和她的律师查理斯·E.米尔肯来到了法院。她的头发向下卷及双肩，身上穿着桔红色的华达呢服，显得很年轻，看不出是个三十四岁、有两个小孩和离过两次婚的女演员。

　　用当时法律上的术语来说，珍妮指控他"精神上极度冷酷"，这是一个虚伪空洞的词语。她告诉法官，罗尼与他的朋友和同事无休止地讨论政治。"他们讨论的大部分问题我都听不懂。"她说。尽管她的意见与想法"从未被认为是重要的"，罗尼还是坚持要她一道参加会议，坐着参加那些冗长的讨论。

　　"我们之间最终已无共同之处，已没有什么赖以维持我们婚姻的东西存在。"

　　罗尼那天没有在场听珍妮的尖刻刺耳的言辞。而他的律师威廉·伯杰也没什么可说的。协议已经由两个律师拟好了。价值七万五千美元的夫妻共有财产差不多是平分了。珍妮对两个小孩负监护的责任，罗尼每月给小孩五百美元作为赡养费。如果珍妮因病或出了事故而不能工作，罗尼每月另外加付五百美元。

　　在他们离婚后不久，格利高里·派克在一个晚会上走到珍妮跟前。"听到你和罗尼的事我实在感到遗憾，"他认真地说，"发生了什么事？"

　　"我只是受不了再看一次那个讨厌的《金石盟》。"珍妮说。

　　在像格利高里·派克这样的人看来，珍妮会像良种马摆动鬃毛一样轻而易举地说几句无情的话。但她不愿再谈到或再想起罗尼。早在一九四九年七月十八日发布离婚的最后判决前，珍妮已搬出他们的房子，迁入了荷尔贝山上的新住宅。

　　当罗尼需要住处时，他打电话给他们好莱坞的老房东。那个人给他提供了他和珍妮刚结婚时曾经住过的那套房（与莫坎博夜总会只相隔一条街）。许多离了婚的人一想到要重新住进他们第一次带新娘进来的那些房间时都会感到害怕，畏首畏尾，但罗尼却毫不迟疑地要了这套房，好像在那里他能发现问题的症结与秘密似的。

一九四八年，在罗尼因离婚而造成的精神上的创伤还未恢复时，他便开始在《从琼斯海滨来的姑娘》中担任角色。这部影片就像果汁饮料和可口可乐一样宜人，罗尼扮演一个杂志的插画人，像那时出名的瓦尔加斯一样，他以画美女为生。他的共演者是弗吉尼亚·梅奥，她看上去像一个瓦尔加斯的令人愉快的金发的漂亮女人。在这部影片中有很多其他漂亮的年轻女演员和模特儿。罗尼相信经过这部影片漫长的路，会"解决我的社会问题"。

"他似乎并不沮丧或有其他什么情绪，"弗吉尼亚·梅奥说，"我们在海滩进行了一天的射击。我们在周围乱跑乱叫地嬉戏，做跳背游戏和一切有趣的事。他非常吸引人。如果我没有结婚的话，我可能会跟他出走。"

春天，他开始的几顿晚餐是和多丽丝·戴一起吃的。他整晚都在谈珍妮。他的名字也和鲁思·罗曼、雪莉·巴拉德、凯·斯图尔特和活泼的金发喜剧女演员安·萨森联系在一起。

罗尼带萨森上西罗夜总会，他们坐在那里有说有笑。他甚至送给她一枚金圣徒奖章，这枚奖章她珍爱了多年。但她知道罗尼的心不是供人用高价竞相购买的。

"新闻报道总是夸大事实，"萨森说，"我是一个大明星，引人注目是一种生活方式。常有摄影记者进来拍照片。连他们的名字我们都知道。我们习惯了那一套。"

"罗尼具有无穷的魅力，他长得非常俊，常常表现出一点作一名演员的窘迫为难。他有健美的体魄，因为他总是骑马。他是一个有魅力的、很温和的人。"

"但他是十二星座中的宝瓶座，我也是宝瓶座。你不能让宝瓶座不运行、不转动。我们都憎恨受到束缚和压制。"

一九四八年罗尼最杰出的表演是他扮演成一个快乐的单身汉。他不喜欢孤独。他一夜又一夜地外出。正如他后来在自传中承认的那样，他在夜总会和餐馆一个月要花费七百五十美元。他漫不经心，对自己的生活状况毫无察觉，直到他的会计告诉他，他才意识到花了那么多的钱。

几年以后，当他喝了几杯酒时，他就喜欢像个男子汉那样地回忆起一连串有关他在爱情方面的胜利。罗尼告诉一位公关经理乔·桑特利，一天早晨他发现自己在真主安拉的花园里，著名的神话传说中的有游廊的平房庭院，在好莱坞是带有半色情性的场景。"一天早晨，我醒了，我不记得和我同床睡觉的那个姑娘的名字了，"罗尼说，"我对自己说：'嘿，我必须控制自己。'"

罗尼不能避开珍妮。在制片厂的化妆室，他会偶然遇到她。当他在华纳兄弟公司吃午饭时，她扮演的贝林达的影照从墙上对人微笑。她好像无处不在。

罗尼独自去参加《约翰尼·贝林达》的首次公演。珍妮也去了，她穿着一件罗尼特地为某事临时送给她的衣服。这件衣服是浅蓝色的，和她的结婚礼服的颜色相同。他告诉记者们："我这样说并不单纯是因为珍妮是我的前妻，而是因为我的确相信：她在这部影片中的表演是我所看过的最了不起的表演之一。"英雄所见略同，和罗尼有同样判断的大有人在。珍妮被再次被提名为奥斯卡金像奖的候选人。这次她胜利了，获了奖。

珍妮并不和任何人认真正式地约会，虽然她的名字和她在《约翰尼·贝林达》中的共演者卢·艾尔斯联系在一起。珍妮和罗尼常常一起吃饭谈论有关孩子们的事。罗尼偶尔也到她的新居赴宴做客。

罗尼也离开好莱坞的社交生活，在圣弗尔南多山谷他的小牧场里度过了很多时间。珍妮和他为纪念《鹿苑长春》和《金石盟》而称这牧场为"小兽盟"。他喜欢骑马、跳马或者只在周围缓缓而行。周末，他有时带上华纳的公关经理迪克·卡罗尔与他同行。他们一起工作，在地上挖洞、插电线杆。他喜欢同不打听他人隐私的、像年轻的卡罗尔这样的人交往。

在制片厂，罗尼几乎知道每个人的名字。在华纳兄弟公司无论他走到哪里，都有人招呼他"嗨，罗尼。""你好，罗尼。"他是个有名的人物，但他说话太多了，就好像他不能静下来似的，他的部下没有别的选择，只得听着。但遇上与他地位相同的人，那就是另外一回事了。他们对他没完没了的絮叨多生厌倦。一天，一位好朋友带他出去吃午饭。"罗尼，你不要老说个没完，"这位朋友认真诚挚地说，"你是个大名鼎鼎的人，但你却弄得人们对你烦得要死。"

正当珍妮的事业看来一再获得成功时，罗尼的事业却在一个接一个的羞辱中逐渐枯竭、萎缩。他所要的一切就是演一部极受欢迎的西部片，但华纳兄弟公司一直像使用棒球赛中的外野手一样使用他，哪里需要就把他塞到哪里。制片厂在英国有被冻结的资金，所以一九四八年十一月，华纳兄弟公司派他和他在《约翰爱玛丽》中的共演者帕特里夏·尼尔到伦敦去四个月，与新手理查德·托德一起在《急切的心》中扮演角色。罗尼只是第二号主角，这使得他成了正如他当时冷嘲热讽所说的"好莱坞薪金最高的配角演员"。

不能去抢一个不成功的人、一个小孩或一个垂死的演员的戏。《急切的心》是属于一个（三十岁的）苏格兰演员托德的，他扮演缅甸医院里的一个垂死的士兵。罗尼扮演的是同情他的好朋友，这种角色罗尼以前演过很多次了。

伦敦的天气像罗尼的心绪一样难受。他甚至都不能照他的办法吃喝得痛快和有兴致。他叫人从纽约的第二十一俱乐部海运牛排来。他住的萨沃伊旅馆把牛排存放在他们的冰箱里。好的肉食奇缺，旅馆工作人员拿他储存的肉类做样品。当他食用过半打左右牛排后，侍者很抱歉地通知说剩下的全坏了。

帕特里夏·尼尔和罗尼住在旅馆里毗邻的套房里，他们经常在他们的房间里一起吃饭，共同度过了很多时间。这位年轻的女演员刚与结了婚的加里·库珀断绝关系不久。这类爱情故事在好莱坞是人们的谈资。她能同情罗尼。"我同他外出是因为我不去找任何人，而他也不去找任何人，"她说，"这太悲惨了，因为他有两个小孩，他不愿离婚，但是简·怀曼却一定要离婚。当我们要见其他人时，我想他并不知道，但是我暗示他讲个有趣的故事。讲完后，我又暗示他再讲，他能讲好些好听的故事。"

在伦敦的四个月期间，罗尼对小杰克·华纳和他的新娘巴巴拉特别喜爱。小杰克在处理这部影片上代表他父亲。罗尼在多切斯特旅馆后面的华纳的住处度过了很多时间。"他神情沮丧，"华纳回忆说，"我们讨论了他的个人处境。他像个政界元老一样提出建议。"

罗尼喜爱谈论的一件事是他的下一个角色。几个月来，他因一直想在一部西部片中扮演主角而耗尽心力，好像只有演这样一个角色他才能重新恢复他的男子气概。他一心想扮演一个西部片的主角。在边境线上住着的有好人也有坏人，这里六响枪就是唯一的法律，好人必须比坏人拔枪拔得更快些，但好人总是要赢的。

他已让华纳兄弟公司为他购买了西部故事片的脚本《鬼山》。制片厂答应让他来主演。当他回到好莱坞时，他将会有机会大显身手了，那将是个与蒙蒙细雨和烟雾弥漫的伦敦有天壤之别的另一个世界。

一九四九年三月，罗尼乘搭的船停靠纽约码头后，他在《杂耍》杂志中读到一篇文章，该文谈及电影《鬼山》已安排由埃罗尔·弗林主演。罗尼对此万分气愤，他感到华纳兄弟公司对他多年来勤恳工作的回报，就是给他安排一个接一个不适当的角色以降低、束缚他事业的发展。他对这种不讲信用，不仅是在个人生活和政治方面，而且现在还有职业方面的背信弃义感到烦恼厌倦。他威胁说他要在下一部影片中尽可能给制片厂出难题、找麻烦。

罗尼在 MCA 电影制片厂的经纪人卢·沃塞曼听到他的主顾口吐狂言，便想出了一个比较切合实际的解决办法。沃塞曼重新商订了罗尼新的三年合同，根据合同他只需每年拍一部片子便能领一半的年薪。

能卸下老合同演员这些包袱，华纳兄弟公司自然是再高兴不过了。制片厂也碰到了困难。一九四七年到一九五一年期间，其纯利从 22 094 979 美元减少到 9 427 344 美元。华纳兄弟公司也开始正式裁减公关、秘书，甚至像罗尼这样的长期合同演员。

罗尼演电影的运气不怎么好，但找了个好经纪人，运气也算不错。一周后，沃塞曼商订好了另外一个合同：五年为环球电影制片厂拍五部电影。罗尼知道得很清楚，环球电影制片厂在该城算不上是最好的制片厂，但这也是一份工作。他喜欢这个厂的作风，他们马上就安排他演出《逃脱恐怖的难民》，这是同艾达·卢皮诺合拍的一部惊险片。对罗尼来说，这是一个新的开端。

罗尼是参加垒球义赛的一群演员中的一个，六月十九日该片开拍的前四天，他参加了比赛。与其说是比赛倒不如说是一场表演。同往常一样，罗尼是主力队员。"有一个玩笑倒是非常真实的，"地方专栏作家艾尔·沃尔夫写道，"某主力队员击球击得很好，向第一垒疾跑过去，本可长驱直入，只是被一个可鄙无聊的大汉一下绊倒了，两人倒在飞扬的尘土中——但只有那个坏家伙爬了起来，那个主力队员仍躺在地上翻滚挣扎，直等到担架队跑进场内把他抬走。这个插曲使得看台上的观众都开心地笑了。"

主力队员罗尼的右腿有六处骨折。他的腿上了石膏夹板，在圣莫尼卡的圣约翰医院住了八周。他拄着拐杖，过了好几个月才渐渐恢复健康。环球电影制片厂把本打算给罗尼演的角色给了另外一个演员。一九四九年七月十八日，当他还躺在医院的病床上时，他不情愿的离婚最后定案了。

随后的几个月，珍妮住在伦敦，主演阿尔弗雷德·希区柯克的《欲海惊魂》。罗尼一面养伤一面同两个孩子住在珍妮的新住宅里。本来，珍妮要带着孩子同她一起去英国的，但罗尼说伦敦对莫林和迈克尔太艰苦了些，他说服珍妮改变了主意。当莫林放学回家时，常常有她母亲的信在等着她。"亲爱的莫林，"珍妮在一封有代表性的信中写道，"我希望你和你的同窗好友们都能有机会到这里来。亲爱的，我爱你们两人，我把装有你们相片的小盒子一直贴身带着，这样我便能感到你们离我很近。"

孩子们深深爱着他们的父母。一天，一位记者来家里接罗尼去参加海滩聚会，莫林和迈克尔高声叫道："好好照顾我爹地。"

罗尼总是看到事物的最好的方面，他深信，甚至一条断了的腿也有它完好的部分：他感到他用越来越多的哲学观点来看待生活。他从脚踝到臀部都上了钢架，但他拄着拐杖一步一步蹒跚走动。在那些日子里，他做自己力所能及的事情。他祈祷他的腿能够康复。

他强装微笑，但这微笑看起来更像是苦笑。他是一个三十八岁离了婚的人，虽然还待在珍妮的房子里，同他的孩子们在一起，但这不过是过渡而已，是短暂的。他现在没有工作。他现在已经能看清，几年来自己的事业一直在走下坡路。他孤独，孑然一身，比这更可怕的是，他并没有意识到自己是孤单的，正如他后来所写的那样，"谁也摆脱不了真正的孤寂"。

Chapter 10
"是时候了"

　　一九四九年秋天的某日，导演梅尔文·勒罗伊，也可以说是一系列优秀影片，包括《小凯撒》和《绿野仙踪》等影片的制片人，打电话给罗尼。勒罗伊虽说已不是第一流的导演了，但他仍有相当的声誉。罗尼希望他能提供角色。不过，近来的情况是，一般来说，勒罗伊是把罗尼作为美国电影演员工会主席而与之交谈的。

　　这次，勒罗伊有一事求助。在他最近制作的米高梅电影公司的一部电影《东边，西边》中，他雇用了一位合同演员南希·戴维斯。这个南希·戴维斯最近发现她的名字被列入了同情共产党组织和极左分子的名单之中。她也收到了共产党的宣传邮件。她才刚刚展翅飞翔，对此感到恐慌，怕影响了前程。

　　要是被发现是共产党人，那是足以断送前程的。在罗尼担任电影业理事会和美国电影演员工会主席期间，他被卷进了积极清除共产党人的活动。同时他也要求确保只让真正的共产党人工作无着，前程毁灭。罗尼可以为人澄清开释，为悔改了的共产党人和极左同情分子取得证明，可以引导他们重新回到他所认为的真正地对美国信仰与忠诚的方向来。

　　罗尼去电影演员工会总部，查出还有其他名叫南希·戴维斯的人。他打电话告诉勒罗伊，表明要是戴维斯小姐遇到什么麻烦，他和电影演员工会将出面保她，证实她与此事无牵连。就罗尼而论，此事已算办完，但是勒罗伊却又打来电话，说戴维斯小姐想亲自与罗尼谈谈。

　　罗尼仍然挂着拐杖，要是他想找借口推脱，是有现成理由的。但他知道，米高梅电影公司的合同女演员应该都是漂亮而有吸引力的。他曾被女人弄得够伤心的了，他得小心翼翼、永远警惕着。

　　他拿起电话筒。"早晨我很早就接到了电话，"他在说谎，"要是您不在意的话，我约您晚上吃顿便饭，我会很高兴同您谈谈有关您的问题。"

　　"这是个非常突然的通知，但是我想，我能安排好时间，"南希说，"我今早也很早接到一个电话。"她也在撒谎。但她也在明确自己的立场。同时，她在某种程度上利用了有共产党嫌疑一说，趁机与罗尼相约。她请求导演打电话给罗尼，安排一次面谈。尽管她愿意承认，当晚她没有其他约会，但她不打算毫无掩饰地讨好他。

　　稍后，罗尼来到了靠近洛杉矶加利福尼亚大学校园的好莱坞西郊，南希住的韦斯特伍德的二层楼的公寓中。他挂着拐杖在房门口站了一会儿。当他敲门时，他心想，从屋内翩翩向他走来的米高梅电影公司的新星，定会像底特律城的最新的奇特产品一样，光彩夺目，完美无瑕。可是出来迎接他的却是一位娴静的浅黑型的女人，她最突出的是她那对淡褐色的大眼睛。她长得漂亮，但却没有鲁思·罗曼或者安·萨森和其余与他约会的女演员所具有的那种如花似玉的诱人的魅力。

　　罗尼带她到拉鲁饭店去进餐，随后他们驱车前往西罗夜总会。他每月在夜总会和餐馆花费的七百五十美元之中，很大部分是撒在西罗。罗尼有讲不完的笑话和故事。南希洗耳恭听，笑个不停，她用娇柔的、咯咯的笑声表示她的赞赏与欢心。索菲·塔克当晚开场演出，南希和罗尼并坐着看完了两场演出。随后，索菲也来到桌旁同他们畅饮。待罗尼离开南希公寓的大门时已是次日凌晨三点十分了。

"我不知道那是不是一见钟情，"南希后来在自传中这样写道，"但是有点儿近似那么回事。我们相互喜欢，都想能多些机会见面。第二天晚上我们又一起吃饭，第三天，第四天晚上……我们依旧相逢。"

"罗尼和我这样往来做伴大约有一年时间，但我想，从我们第一次约会，我打开房门迎接他的那一刹那，我便知道这人是为我而生的。"

实际上，南希与罗尼结婚前断断续续来往不止一年，而是将近有两年半的时间。

当南希初遇罗尼时，她已经二十八岁了，不过在当时的好莱坞无人知晓此事。她不曾结过婚，已开始感到青春悄悄消逝。至于罗尼，他的第一次婚姻把他的心刺伤得太深了。

"实际情况是，每件事我都做错了……总之，要不是总有人关照，我会把事情都做错而失去她。"罗尼在他的自传中这样写道，"尽管我决心就这样自由自在地生活，尽管我相信我的生活模式已定，并且将要不变地继续下去，但直觉试图告诉我一些非常重要的事情。"

罗尼继续与其他女性来往约会，到纽约及全国各地办理电影演员工会的事务。然而，他同南希见面也非常频繁，因为在娱乐新闻的专栏里，他们两人的名字经常连在一起。早在一九五〇年二月就听到有关他们要结婚的猜想。"那时罗尼简直吓得要死，当时凡与他谈及过此事的人都知道得很清楚。"《现代银幕》后来这样报道说，"老实说，他从未想到还要结婚——当他去想这件事时，他感到惊恐异常。"

听到这些闲言碎语后，罗尼决定尽可能远远避开摄影记者和专栏作家们，让他们看不到他与南希在一起。恰逢《急切的心》初次上演，罗尼的约会将会引起注意。仿佛要证明他对南希的心一点也不急切，他不是带南希而是带着迷人的鲁思·罗曼约会。此举莫不又要招惹一连串有关"罗尼新罗曼史"的流言？再这之后，一九五〇年，观察家们认为他在认真考虑罗伊·罗杰的新的女主角彭尼·爱德华兹，然而，这一风闻也没有后文。

南希也继续与其他男人约会。她与好莱坞社交界最出名的男演员罗伯特斯塔克约会，交往甚密。一九五〇年三月，在他的影片《战场》初次上演时，南希同他的照片在《电影明星展览》中被同时摆出。那时，南希只是一度被认为是罗尼的女友。

罗尼的心仍然向着珍妮。他送了一只卷毛狗陪伴她。当她开始参拍《三个叫迈克的小伙子》时，他在制片厂给她送了鲜花。一九五〇年二月，他到珍妮的住处，去祝贺她的三十六岁生日。为了庆祝她的生日，迈克尔和莫林也得到允许可以很晚睡觉。莫林已经被送进帕洛斯弗迪斯的查德威克学校就读。这是一所寄宿学校。不久，五岁的迈克尔也将去那所学校就读。

珍妮告诉作家阿德拉·罗杰斯·圣约翰，她的九岁的莫林同她所拍的新片《玻璃动物巡回展览》的制片人查尔斯·费尔德斯曼跳舞，并且还同另一个她喜欢的人柯克·道格拉斯跳舞。然后她就似睡似醒地坐在她父亲的膝上。当珍妮走到女儿跟前时，莫林抬起头说："哦，妈妈，尽管有这样漂亮的晚会，我还是打瞌睡，这没问题吧？"罗尼把莫林和迈克尔扶上床去睡了。

星期六，罗尼常带莫林和迈克尔去圣费南多谷地牧场。对他们进行轻松的体育训练之后，他又教两个孩子驯马。莫林和迈克尔骑着父亲专为他们买的两匹比较温顺的马，绕着训练场地跑动。好莱坞的单身汉一般不指望这样度过周末，然而罗尼却喜欢独自一人或同自己的孩子一起来到牧场消磨时光。

一九五〇年初的某个晚上，当罗尼受到修道士俱乐部嘉奖时，珍妮同一群朋友来到了俱乐部，坐在后排。当罗尼一再受到夸奖和表扬时，珍妮的眼里噙着泪水。几天后，当珍妮因《约翰尼·贝林达》中扮演的角色得到故事影片金奖时，罗尼坐在大厅里为她热情鼓掌，同大家一样拍得起劲。每当有人发现他俩在一起时，和解的希望又继续在专栏里被提起。

"他们被往日完美纯洁的爱情缠住了吗？"罗尼和南希开始相约已一年多，两人的关系已变得稳定牢固之后，在一九五一年二月号的《现代银幕》中，路易拉·帕森斯谈及罗尼和珍妮时还这样说。

"不久前，我到他们家去赴宴，莫林跑进来切开她的生日蛋糕，她的父母相互尊重，彬彬有礼地站在她身边。莫林与那些和我一起参加巡回演出的、快活的孩子们大不相同。我转过身子，生怕他们看见我眼眶里的泪水。

"从那以后，当我看到珍妮时，她开始显得满足，独立自由，那样欢乐。但我记得不久前，她还对人说过，'我到底是怎么啦？我好像不能再拣回我那些生活的片断了，我能往前找到幸福吗？'同时，一个看似罗尼一度感兴趣的、可爱的姑娘曾告诉我，他最近告诉过她，'的确，我喜欢你，很喜欢你，不过我早已忘掉了如何爱恋他人。'

"我怀疑，他们相互间曾有过的那种完美的爱情的余烬，随着那些难忘的往事的萦绕与追忆，是不是还在他们内心深处燃烧。"

南希并没有坐等罗尼的电话。当了米高梅电影公司的新星是要全天工作的。其他女人对各种限制常常发怒，对公司干涉个人及其私生活，她们感到心烦意乱。但是在洛亚尔医生身边成长起来的南希，对纪律严格的生活早已习惯。她能顺应公司宣传部门的要求。

当南希搬进她的错层式的五居室的套间时，宣传部集合了另外一对米高梅的合同演员，装出一副帮他们亲爱的朋友南希·戴维斯搬家的架势。皮特和马歇尔·汤普森以及皮特的妻子巴巴拉还去了南希的住屋。摄影师拍下了这些照片，登在一九五〇年五月号的《电影生活》上，占了四页的篇幅。因此电影中心以外的人都知道，他们四个人是最好的朋友。但是马歇尔·汤普森后来说，"我不认识南希，那是一种宣传手段。"

南希穿着工装裤、方格呢衬衫，骑着马去赴一个假想的约会，会见名声正在上升的米高梅男演员彼得·劳福德（"彼得·劳福德当日扮作纨绔子弟，带着城里姑娘南希·戴维斯像牛仔那样去狂欢作乐"）。她为广告、推销而穿上套服、雨衣，戴着珠宝当模特儿这一角色。为了影迷杂志上的侧面画像，她很能合作（"南希只身住在贝弗利山庄一个小套间里，有一个女佣每日下午来帮她清洗打扫，有时为她准备晚餐"）。她会见写有关好莱坞一群新星的生活方式文章的作者（"南希对追逐女人的人并不担心。'不管怎么说，你得对大部分追求者敞开大门。'她说。")。她告诉影迷杂志，旅行时如何保持美容，并且她的美容方法被摄制成照片登在另外四页的显著版面上（"浴后能马上使全天精力充沛，能可靠地防止腋下排汗，当然……随后要撒些含有去臭配料的香粉。"）。她在时装展览会上当模特儿，这包括一九五一年春天那次，她同伊丽莎白·泰勒、安·米勒和卡曼·米兰达都出了场。这几位是她十年来，在未进史密斯学院前就立意模仿的人物。

几乎她所有的宣传照片上，她都执意不追求华丽妖艳。当《电影界》以"一个明星在诞生"为题单独报道她时，她突然穿上工装裤打扫起房间，让摄影师拍下这样的镜头。在她的第一部主要影片《你接着听到的一个声音》首次上演的那天，她恐怕是表现得很焦虑的。同经常登在同一杂志上的叫人倾倒的简·怀曼的照片相比，南希无疑显得黯然失色。

南希试图打扮自己。米高梅宣传部的一个女人经常伴随南希到阿米莉亚·格雷的商店去，借服装让她穿上拍照，登在杂志上。阿米莉亚商店是贝弗利山庄第一家卖许多法国设计师设计的服装的商店。南希喜欢去长着美丽棕榈树的、变化缓慢的乡间旅行。在阿米莉亚商店试衣时，她穿着她妈妈当年穿的华丽的服装，就像个孩子一样。阿米莉亚用咖啡款待她的顾客，好像对天南地北的闲聊及出售服装同样很有兴趣。南希租借和买的都不是年轻女演员们穿的，而是有钱的三十年代已婚主妇们穿的衣服。

《你接着听到的一个声音》初次上映时，罗尼同南希一起去观看，这是南希与詹姆斯·惠特莫尔合演的一部影片。罗尼没有看过南希演的前几部影片，包括《东边，西边》和《墙上的影子》。观看完毕，坐在电影院里，罗尼告诉南希："你可以回去卸妆了，你还要在附近花好多时间呢。"

这部片子是多尔·沙里的一个特别项目，将在纽约的广播城音乐厅上演。沙里认为该片将会触动美国感伤的心。《你接着听到的一个声音》设想以上帝的声音在电台播放一周。不幸的是，上帝也没有什么新的东西可讲。这种突如其来的圣母访问并不比一次星期天布道会更能改变世界的习俗。这部电影对挽回米高梅每况愈下的经济状况起的作用甚至更小。

南希扮演惠特莫尔的怀了孕的妻子乔·史密斯太太。她在产妇穿的衣服下面塞上了鼓起的铁线做的架子，走路时迈着沉重的步子，像就要生孩子的女人那样。南希善于把不好的角色尽可能演得最好。她恰到好处地表现了一个五十年代的做饭、养儿育女，以家庭为中心的贤妻良母的形象。她的丈夫挣钱养家，是一个温和、喜欢开玩笑和捉弄人的人，好似是家庭的中流砥柱。但是从更深层的意义上讲，不是史密斯先生，而是他的太太是这个家庭的道德力量之所在。她是唯一关心孩子和他的文书工作的。她很微妙地，有时迂回地指挥着这个家，甚至还帮助她丈夫记住讲话要得体而有礼貌。她是使全家维系在一起的主心骨。博斯利·克劳瑟在《纽约时报》撰文说，南希是"乐意"当乔·史密斯先生的"温柔、坦率、理解而有同情心的妻子的"。

《你接着听到的一个声音》放映后，一系列"坏影片"的导演一旦遇到孕妇类型的角色，首先就会考虑南希。正像罗尼在自己的电影生涯中所做的那样，南希在扮演一个传统的美国妇女，这个角色就像女士用茶点时戴的白手套那样得心应手，完全适合她本人。

她在《你接着听到的一个声音》中扮演的角色比她在米高梅电影公司所参拍的其他八部影片中的表演更多地得到了人们的认可与赞许，被认为是更加成功的。南希作为"黑眼睛、惹人注目的"电影明星而被列为《故事影片》的"挑选你的明星"竞赛中的十个候选人之一。一九五〇年十一月，读者选南希为第五号明星，她被排在未来的明星默塞德斯·麦坎布里奇和派珀·劳里之后，巴巴拉·贝蒂和朱迪·霍利德之前。这个角色的成功扮演，还使她同罗尼一道得到克里斯托弗奖。罗尼因为"创造性的、具有精神意义的工作"而获此奖。

南希与詹姆斯·惠特莫尔合演了《天空阴影》，与雷·米兰德合演了《从黑夜到天明》，这是她为数不多的不扮演妻子的几部影片。在《这是个大国》中，她与弗雷德里克·马奇演了其中七个插曲中的一个。一九五二年，她与乔治·墨菲演了《话说一位生客》。《话说一位生客》是她终止与米高梅电影公司合同前的最后一部片子。该片那样阴郁沉闷，连南希自己也不愿看。她在以上几部影片的表演都未能得到像在《你接着听到的一个声音》中那样高的评价。

　　罗尼赞赏南希的演技，但是他并不是没有意识到自己在与一个在电影中形象可爱，却又衣衫不整、乖戾守旧的女人来往。罗尼甚至向南希建议："把你的剧装送给干洗工，把洗衣条丢掉。"南希感到人们在"偷偷地向着我张望——差不多好像他们期望我也像电影中那样怀着孩子！"

　　银幕以外，南希绝非穿着宽大便衣的主妇与母亲，但她也没有五十年代美国所追求的那种青春的魅力。她不像其他新星那样会说话，会吹捧奉承。她性格安静，仔细听人讲话，她是年长些的男子所喜欢的女人。与她约会的人走到她寓所门前时，常常背有往事的包袱。罗伯特·沃克是其中的一个，南希的名字经常和他联系在一起。他是离了婚、有两个孩子的人。南希很明显地正在举棋不定地与沃克和罗尼约会，这两位同约翰·艾加一起被一九五○年七月的《现代银幕》称为好莱坞三大孤独男明星。

　　南希是个漂亮的装饰品。她经常被邀去参加宴会，有些出身比她低微的同等地位的公民，在那里总感到不舒服。星期天晚上，她常常去米高梅电影公司的头头多尔·沙里的家。在好莱坞，沙里被认为是有知识、凭理智办事的人，他认为米高梅提拔南希·戴维斯是严肃认真的表现，南希在宴会上比庸俗低级的人奉献得要更多一些。

　　南希还有其他的朋友。电影剧本作家伦纳德·斯皮革尔加斯是去她住所的常客之一，他发现她很"迷人"。斯皮革尔加斯有歪才，坐在她的小客厅里，他能把好莱坞的出名人物像串羊肉串那样编织在一起。在南希咪咪的笑声的怂恿支持下，他可以滔滔不绝地讲几个钟头。也还有其他人，他们看到快乐、无忧无虑的南希，没有什么比晚间天南地北地闲聊更使她快活，而且她觉得这种闲谈越尖刻和个人化就越过瘾。

　　但是同罗尼在一起时，南希会比较严肃。一九五一年已经过了一半，三十岁的南希感到岁月催人，把她一直想要的对丈夫和家庭的指望与憧憬暂时抛到了一边。在她结识罗尼之后，她很快放弃了同本尼·索的恋爱关系。

　　罗尼已不是当年南希在大学时坐在北安普敦影剧院看到的那样，是在银幕上像埃罗尔·弗林、詹姆斯·史都华一样使人神魂颠倒的人了。虽然罗尼显得年轻，但他已是四十岁的人了。他的最后一部大影片还是十年以前拍摄的呢！他离了婚，前妻的形象从影迷杂志到大门罩上比比皆是，南希似乎随处可以见到。他是有两个孩子的男人，每逢星期天他要去看他们。

罗尼开始公开埋怨他的演员职业。"我喜欢成为可鄙、不道德的人，"他在一九五〇年十一月号的《银幕》杂志上写道，"你们知道那种斜着眼向姑娘们传送秋波，又得到眉目传情回报的那些家伙吗？谁对女人粗野，谁就会得到她们的喜爱……你知道为什么我愿意成为一个卑鄙的人？因为公众喜欢这种人，而他们则为其雇主大赚其钱。他们为人们所谈论，被吹捧得神魂颠倒。他们在《银幕》杂志的书页里扮鬼脸，而人们则到他们的门前甜言蜜语进行诱惑。因为卑鄙之人的行径在电影业是万无一失的，公开走向成名的道路。"

在罗尼的政治生活中，他的观点仍远非洛亚尔医生所持的那种固执的右翼观点。他是个地道的自由主义者。事实上，一九五〇年在国会议员选举物色工作人员时，海伦·加哈根·道格拉斯立即拒绝关于请罗尼帮助他本人竞选参议员，以对抗年轻的、指责他人为共产党而加以迫害的理查德·尼克松的建议。"他（里根）是有名的极端的自由主义者，我们觉得此举只能加深海伦是自由主义者的印象"，莱昂内尔·范·德林说，此人后来自己被选为国会议员。

但是一种苦涩的特质已潜入罗尼的思想信仰，像他认为离婚是对他个人价值的背叛那样，他相信共产党违背他的政治准则。虽然他并没有带着报复的心理去搜捕共产党及其同路人，置他们于死地而后快，但是他那喷向他们的难听的、激烈的言词却远为传播，超出他预想攻击的目标，在麦卡锡时期它起到了火上浇油的作用。在一九五一年一月号的《双周》刊上，罗尼撰文写道："有些国会议员是有名的共产党。"罗尼后几年继续写道："甚至最保守的报纸也会标上像'卑鄙的共产党'之类醒目的标题，但是他们没有意识到他们正在同时大登（就在同一版面上）那些赞扬共产党兄弟们的创造性劳动的戏剧评论和书评文章，而与此同时对非共产党人的作品却百般挑剔与苛求。"

回过头来看，他的许多同时代人对于当时设法"清洗"共产党的活动有两种情况：一种是出于道德上的矛盾心理，一种是真正出于卑鄙肮脏的行径。

一九八〇年七十五岁的自由主义者多尔·沙里去世的前两周，他对记者埃伦·法利和小威廉·K.诺德尔塞德说，他对他当时扮演的角色很悔恨。

在"清洗"中的罗尼的另一个同事也有同感："我同罗尼一起在电影业理事会工作，"伦纳德·斯皮革尔加斯说，"那是我一生中做过的最刚愎自用、自以为是的事情。我们那样做，因为我们以为我们能帮助那些被指控为共产党的人。我们给他们机会到我们面前来甄别，说他们不是共产党。错了！错了！错了！我们跌入了圈套与陷阱。"

在罗尼看来，批判那群人，挺身而出谴责共产主义，直呼他们的名字是英雄行为。斯特林·海登是第一个前来找罗尼和电影业理事会寻求帮助的共产党员。然后，海登去了非美活动委员会宣布放弃信仰。当被问及好莱坞的共产党出了什么事时，他说："我们跑到一个叫罗尼·里根的一个人的集团。"清洗脑袋之后，海登回去当他的演员。多年后，因为海登的声明，罗尼还称他为英雄。然而这个演员在他一九六三年的自传《徘徊者》中写道："一个人发现自己所轻蔑的行为得到人们的颂扬是很鲜见的。"

那是表现好的人受到曲解的时代，而罗尼还是诚实地去干。使得罗尼和斯皮革尔加斯或沙里那些人有所不同的是他不顾及行为的后果。他拒不承认曾经有过什么黑名单，否认有那些随意的私下里流传的、使很多人的身家性命遭到毁灭的名单的存在。他所见到的唯一无辜受伤害的人们是那些起来反对共产党和极左分子的人。他简直不会，甚至也不能想到办法去理解他那个时代的错综复杂的政治现状。

罗尼的生活不都是政治方面的。骨折过的腿治愈后，他最终能坚持正常工作了。一九五〇年，他为环球公司拍了电影《路易莎》。在该片中他同鲁思·赫西和斯普林·拜因顿一同演出，他成功地扮演了一个受尽痛苦折磨的丈夫。他下一部在华纳兄弟公司演出的影片《暴风警报》是他与金格·罗杰斯和多丽丝·戴合演的一部关于三K党的野心勃勃的征战故事。在以后的日子里，罗尼因为他的下一部影片、一九五一年演出的《是邦佐睡觉的时候》没什么价值而受到嘲笑。他是与奇普合演的这部影片。但是，他为环球公司演的两部和为华纳兄弟公司演的最后一部影片表明罗尼是一个职业的、并不阿谀奉承的个性化的演员。

他仍保持着在一九三七年的第一部影片《空中情深》中作为一个演员的鲜明特点。他是一个异乎寻常的可爱的人物。一九五一年影迷杂志《现代银幕》的读者极力推举罗尼和珍妮为理想的伉俪，把罗尼选为继约翰·韦恩、艾伦·莱德、克拉克·盖博和法利·格兰杰之后的第五个最有名的演员。

一九五一年，在演过四十部电影，从影十四年之后，罗尼得到了演西部片《最后一个前哨站》的机会。本片大致以一个真实的、关于南部联邦军企图夺取运往西部的黄金的故事为基础改编而成的。

西部牧人和演员不同于其他电影中的人物——他们粗犷，具有男子汉大丈夫气魄，酒量大，不定居，从西部一个地区移到另一个地区，就像牧人们从一个牧场游牧到另一个牧场一样。同这样一群人一起，罗尼需要证明自己是好样的。当制片人把罗尼的马运到亚利桑那时，有些牧人心想，这种纯种马一定会被烤焦。但是这匹马表现出色，罗尼亦如此。"我发现他是同我一道工作过的人中最好的驯马人之一。"演过很多西部片的、有经验的演员比尔·威廉说。

环球影片公司在这方面的电影是由两个在惊险片中闯出来的专家威廉·H.派因和威廉·C.托马斯制作的。他们花有限的经费，用一两个鼎鼎有名的演员参演以吸引观众。与罗尼合演的朗达·弗莱明是一个极其漂亮的红发女人。迄今为止，她一直在重要的甲级故事片中扮演角色，但是影业情况正处于不断变化之中，没有大的影片公司作后盾，她发现自己也陷在一系列的乙级影片的演出之中。

"罗尼骑马是很在行的，"弗莱明回忆说，"我也是那类在农村长大的姑娘，是他很乐意在一起共事的人。他很孤僻，喜欢独处，但舞台上他又很活跃，不过社交往来并不多。他专心致志，潜心于艺术，十分认真，仅在换场景时，他才肯花时间同人们讨论时事问题。"

在罗尼离婚与反对共产主义之前，他是个很合群的人，但现在他是孤独内向的人。在图森拍外景时，罗尼扮演孤寂者。"他仍然是那种热衷于要伤害苏联人的美国人，"威廉说，"他把许多时间花在打电话上，他与不同的男人们一起去咖啡馆。他总是经常在自己的房间里吃饭。"

一九五二年初，罗尼在他演出的华纳兄弟公司的第二部故事片《她在大学获得成功》中与弗吉尼亚·梅奥合作。电影在当地大学拍摄时，女大学生们向罗尼传送秋波，但是华纳兄弟公司毫不掩饰该片不为其他，只作为他们名声正起的年青女明星弗吉尼亚晋升的阶梯。"这是一部处处考虑了我而写出的大影片，"梅奥说，"罗尼不会抢我的戏，他一直是这样一个正人君子、理想先生、完美先生。"

自从离婚之后，罗尼每周至少去蔡森饭店吃两次饭。这个沿墙摆着华丽舒适的软长椅的餐馆，是令人喜欢的好莱坞聚会的地方。当罗尼在好莱坞开始电影生涯时，以前的演员埃德·蔡森就已经在这里不声不响地经营了。罗尼在做电影演员工会的文书工作时，他通常很早到这里吃饭，饮一瓶酒。在那些闲聊的食客、酒吧间的半醒半醉的酗饮者之中，罗尼甚至显得更为严肃。

多年来，南希的母亲及其朋友们都在讨论"南希问题"：她什么时候能最终遇到一个如意郎君并同他结婚呢？伊迪丝知道南希的幸福系在她的婚事上。十五年来，伊迪丝的朋友科利恩·摩尔和利莲·吉什见过南希那些川流不息、经常来往的男朋友。大战期间，无声电影古典剧《一个国家的诞生》中的明星利莲·吉什曾预言：南希不会同她的情人吉姆·怀特结婚。"他一点也不像洛亚尔医生。"她这样告诉科利恩·摩尔。

在一次乘火车去东海岸旅行时，罗尼在芝加哥遇见了伊迪丝和她的朋友们。从一开始，伊迪丝同罗尼便谈得很投机。当吉什第一眼望见罗尼，她就知道南希找到了她的意中人。她边说边指出他同洛亚尔的相似之处。科利恩也发现了这些。在她看来，戴维斯医生和罗尼都是伊利诺斯小镇上长大的，正直、诚实、敢于对当代有争议的问题直抒己见的人。她认为他俩甚至看起来也很相像。

对于一个追求优雅的浪漫爱情的女人来说，罗尼可能的确是一个奇怪的、被选中的对象。他被往日爱情的失败吓怕了，而不会轻易陷入一个典型的年轻女子的初恋的激情之中去。罗尼是南希碰到的第一个可以和洛亚尔医生相比的人。她爱罗尼，她需要他。他是她能够始终不渝地爱慕的、像她始终能敬仰的洛亚尔那样的人。

然而，罗尼的心已经冷冻。对他来说，春天并不是夏日的前奏，而只不过是另一个冬天罢了。南希对罗尼的矛盾心理是理解与宽容的。他倾听珍妮受不了的、罗尼的那种没完没了的政治谈话，她甚至同他一起去观看珍妮演出的电影《蓝色的面纱》的首映。

罗尼需要南希，就像南希需要他一样。她信任他胜过以前任何人。其他女演员希望他在谈话时能同样地多听听别人的讲话，但南希却喜爱他所说的每一个字。她认为他那些平庸的政治性谈话具有深刻的意义。她用纯粹崇拜的眼光望着他。

她爱他，是出于对他的信任，出于她自愿要与他融为一体。她愿用她所有的力量、所有的爱去支持他。这在好莱坞的女演员中是少见的品格，这爱情是她母亲给她父亲的那种爱情。那是五十年代理想的妻子所应该具备的。

最后，罗尼把南希介绍给了莫林和迈克尔，并带她去他马利布湖畔的新买的三百五十英亩的牧场。他是在一九五一年夏天买了这个牧场，这象征着他决心过新的、更宽阔的生活。南希十几岁时曾学过骑术，在史密斯学院时还定期骑马。但是，突然间，她变得手足无措，一筹莫展。"我记得第一次他扶我上马，他告诉我握好缰绳，"她在自传中写道，"我高高地坐在马背上，我以为我下不了地了。"

"南希的骑马排练获得完全成功，"《现代银幕》报道说，"她开始骑马时很糟糕，但是后来渐渐就骑好了，而且很出色。两个孩子很欣赏、羡慕她，因此南希得了一分。"

南希比大部分爱出风头、被夜生活所缠住、迷了心窍的女演员更愿意撤退到隐蔽和不为人所知的罗尼的牧场上去。在这个大牧场上，他想要她做什么，她就做什么。她所谓的打扫房间，只不过是打电话通知清洁女工前来打扫罢了。但是在牧场，她却使劲干活，在马后面打扫，拖走粪便。她没学过烹调，但她间或也拿了鸡蛋来炒。她是个讨人喜欢的人，埋头工作、运水、帮助做牧场里的各种杂活，好像她就出生在一个蒙大拿的三千英亩的牧场上似的。

一天晚上，南希邀请她过去在纽约的朋友罗恩·弗莱彻到她的寓所与罗尼见面。"罗尼谈关于电影演员工会的问题，"弗莱彻回忆说，"我就这样被他带进了影视界，我听得真有些心烦。南希说话不很多。我想要是他想谈关于橡胶胶水的事，那一定会很好。有时你会和这样的一对夫妇在一起，他们对于自己的成功各自都是那样地关心，但她让他在前面，而且毫不感到是在牺牲自己。"

"他们是美满的一对，相互间非常关心。你能发现两人间充满了信赖，两人完全融为一体。"

"我与她从小在一起玩耍，是朋友，是小伙伴。后来，我问她是否愿意同我到外面去吃饭，她说她认为这不好，因为看起来不好，像个守旧的女孩那样。对此，我感到很有点吃惊。"

在同女人的关系上，罗尼生平第一次成为了无可争辩的大丈夫，是主人。他很喜欢这样。最后，经过近两年的时光，他开始认识到南希给了他多么好的印象，他愿意总是待在她周围。现在，当他七点四十五分驾着他的绿色卡迪拉克敞篷汽车去蔡森饭店进餐时，差不多总是带着南希。他们坐在正面的一张桌子上，悠闲自在地品尝着盘中餐。摄影记者不被允许进入餐馆，但是娱乐新闻专栏的记者们并没有忽略里根与陪伴的常客按时来进餐意味着什么。（"唯一符合逻辑的进展……便是某天晚上吃结婚蛋糕和喝香槟酒，酒瓶的塞子扔满屋子。"）

罗尼仍然为人们对他的离婚案件的处理，和他所认为的对他私生活的干预与侵犯而愤愤不平。他想做的一件事，是能在影迷杂志上登一篇有关他与南希轶事的报道文章。

这一对情侣经常同比尔·霍尔登夫妇，在他们的托卢卡湖畔的家里以及格伦·福特夫妇一起度过许多平静的夜晚。新年前夕，一位朋友来访，发现南希穿着宽松的裤子，罗尼穿着工装裤，两人一边吃爆米花，一边看电视。然后，他们很快一起去吃一年一度好莱坞新闻社的晚餐。与他们坐在同一张桌旁的一位记者注意到，"罗尼滔滔不绝地谈论各种事情，从好莱坞的公共关系谈到他约会穿的漂亮衣服，南希对他讲的每句话都听得入迷。"

南希和罗尼所拥有的，正如同罗尼后来在自传中写到的那样，是"一个美妙、神奇的、充满温暖与满足的世界"。他没有突然堕入情网，但他是慢慢地、温柔地被引了进去的。

一天，电影业理事会开会，罗尼坐在那儿并没有去听大家的讨论。他拿起一本便笺簿，写了张字条，把它递给坐在旁边的比尔·霍尔登。霍尔登读着这张字迹潦草的纸条："当我同南希结婚时你愿意当我们的男傧相吗？"

"是时候了！"霍尔登叫起来了。两人从会议桌边溜走，到外面去了。

时间紧迫，甚至连买结婚戒指的时间都没有了。一九五二年三月四日在圣费尔南多山谷的小布朗教堂，南希和罗尼举行了结婚仪式。比尔·霍尔登和他的妻子阿迪斯，分别作男傧相和伴娘。假如新的里根先生和夫人需要一个好莱坞的样品，他们已经有了，他们就站在他们旁边。霍尔登夫妇用不着相互商量，举行仪式前，他们两人就对坐在教堂的两边。

南希等待这一天，已经等了很长的时间了。她差不多三十一岁了，她与罗尼交往已经过了漫长的两个年头。这两年是充满了悬浮不定和浪漫爱情的两年。从他们第一次相约时起，她就一直想得到他。除了南希本人，无人知道她的努力是多么艰苦，她的计划是多么耐心，她对他的追求是多么小心谨慎，她曾经又是多么用心良苦地去争取他的孩子们。那马和牧场，还有他的政治说教，她都认真对待。

"让我第一个吻吻里根夫人吧！"霍尔登站在她面前说。

"还不到时候呢！"南希有些茫然地说，竟没有发觉仪式已经完毕。

"到时候了！"霍尔登边说边靠上前去吻她。

霍尔登夫妇在他们家里安排好了摄影师和结婚蛋糕。然后，南希和罗尼坐车去里弗塞赛德旅馆，度过他们的新婚之夜。对经理来说，罗尼仍然是个明星，他给他们房间里摆了一束玫瑰花。次日，当他们去亚利桑那旅行时，房子里只剩下玫瑰花和厅室对面住着的一个年长的妇人。

Chapter 11
从头越

　　度完蜜月两周后，罗尼带着南希去参加奥斯卡金像奖的颁奖典礼。里根以前的朋友，见他看上去已经大变，无不感到惊奇。里根与珍妮早年在一起的那种青春的欢愉与轻举妄动，已经一去不复返了，现在这一切已为恬静、执着和相亲相爱的关系所取代。新的里根夫妇一点不像好莱坞的情侣与伉俪。有位观察家写道："这一对高雅、体面、笑容满面的年轻夫妇，看起来像一对在限制最严格的野外体育俱乐部的成员中较有前途的、具有公民意识的公民。"

　　他们的结合很快改变了南希与里根的生活。南希马上退出了影界，取消了与米高梅电影公司签订的合同，仿佛他们一直被镣铐束缚了手脚似的。

　　"她对我说声谢谢，意思是说她要离开好莱坞，因为所有让她扮演的角色都是系围裙的下人之类的角色——其实不尽如此。"多尔·沙星多年后回忆说，"但是她终于辞去了这份工作，他们不愿说其他的东西，可人们众说纷纭。"

南希之前为何在事业上挣扎？为什么一百八十度大转弯去扮演一个全新的角色？对此，在米高梅电影公司没有人比本尼·索知道得更清楚了。"她是个在各方面都要强的女演员"，索说，"但是米高梅电影公司有二百个明星，她需要同他们竞争，而她又不是凯瑟林·赫本那样的人物。"

南希竭尽全力当好罗纳德·里根夫人，一个家庭主妇。罗恩·弗莱彻注意到，她变成了她想象中的罗纳德·里根夫人应该变成的那种类型。"突然间，在某种程度上她变得很适度，循规蹈矩，几乎一切都适从于他。"弗莱彻回忆说，"她去掉了性格中那种异想天开、不切实际的部分，成了一个跟在丈夫后面五步远的'三寸金莲'的中国小脚女人。"

他们一面住在南希在韦斯特伍德的那间屋里，一面寻找新的住宅。期间，他们经常到罗尼在好莱坞的住处停歇，拿些新的换洗衣服。他们最后找到的房子，表明他们的婚姻是打破好莱坞常规的一个典型例子。那是有四间卧室的牧场型的住房，地处太平洋帕利塞兹的阿马尔菲大道边。在一九五三年，那里的房租一般是二万四千美元。那是大部分美国人可望而不可及的。然而按照好莱坞的标准，那只是一般的家庭住宅而已，远不及附近享有盛名的贝弗利山庄或者贝尔艾尔的住宅那般豪华。

二十年代，卫理公会教徒在那里开辟一个布道会场地时，那一带除了几个牧场和俯瞰着大洋的峭壁上长着的一丛丛柠檬树以外，便什么也没有了。当把该地区取名为太平洋帕利塞兹时，教会就已着手把它发展成一个真正的城市了。然而，待一九五二年罗尼和南希移居到那儿时，太平洋帕利塞兹已发展成了远远超过卫理公会教徒开发者们设想的城市。那里仍然是多种文化混杂的地方，有各式各样的建筑、各种各样的追求与幻想，但始终保持着中西部城市的许多特点。正如其城市志中所写的那样："我们觉察到了当陡峭的山崖和峡谷发生变故时，来自自然方面的，如火灾、地震、山崩等威胁。同样也感到了来自人为方面的威胁，两者正在毁灭我们的天堂。"

"许多朋友感到我们远离好莱坞中心是愚蠢的。"南希后来这样写道。在五十年代初，里根夫妇新搬的地方没有什么值得炫耀的。日落大道和安蒂奥克街两边的商店稀落，不足一打，只有一个市场，一个酒店，一个文具店，一个由演员巴迪·埃布森的妹妹开的舞厅。多年前在夏季剧团演出时，南希碰到过那位演员。但帕利塞兹却以它的小镇风貌、清洁的海边空气和能将太平洋的全景尽收眼底而引以为自豪。

里根与南希并不是好莱坞明星中最先搬进这个居民点的第一对夫妇，在他们住所边，还住着格里高利·派克、约瑟夫·科顿和劳伦斯·韦尔克几位影星。不过，随着这些新的家庭不断在前面安家，邻居们敏感地发现，上中层阶级在往郊区迁移。里根的邻居主要是商人、内外科医生以及牙医等往上层社会流动的美国人，他们知道什么是好交易，只要一见到，便及早买进。

新结婚的夫妇，通常大都希望在有家庭负担之前，能过几年轻松自如的日子，但南希已经怀孕。孩子的淋浴器就像他们买的房子一样结实耐用，朴素又显然是中产阶级用的。南内特·法布雷还记得大家当时赠送的礼物都是很实惠的，不是无用的好莱坞的银器之类的小玩意儿，而是毯子、暖瓶和衣服。

结婚典礼举行七个半月之后，即于一九五二年十月二十二日，南希通过剖腹手术，生下了七磅重的帕特里夏·安（帕蒂）。五十年代，美国最中意的新婚后的产儿，是算起来要达到九个月的。帕蒂提前降生，会引起"不一定是早产"的猜疑与流言。南希对其明显的内涵自然很敏感。在她一九八〇年撰写的自传中，她写了第二个孩子的生辰，却没有写出帕蒂的出生日期。

罗尼面临着新的严峻的困难。他成年后的大部分时间是在华纳兄弟公司当合同演员，生活有保障，养尊处优，犹如温室花朵。现在可没人那样关照他了。他是个上了年纪的演员，一般说来，已不在好莱坞人的猜测与闲谈之列。他以大宗的抵押买了一幢新宅，娶了新媳妇，新添了个女儿，对前妻生的孩子要付给生活费。他经济上的窘境已为人所了解，每次他去芝加哥，伊迪丝都同当地一个年轻的公关人员说好，要他带罗尼去吃午饭，记在公司的账单上。

像许多其他的明星那样，罗尼也被推到电影公司门外，自谋生计。他在极其不景气的时机，在影业大动荡大萧条时，尽力想找个好的职位。虽然还不见有明星站在街头巷尾叫卖苹果或者乞求一个寄人篱下的住所，但是好莱坞的好景已经不长，罗尼的电影生涯也随之惨淡凋零。

派因和托马斯提出，让他与朗达·弗莱明作为配对在《热带地区》一片中担任主角。读了这部关于中美洲的腐朽堕落的脚本后，他能看出本片大概也会像它的主题一样腐烂发臭。尽管如此，他还是答应演出。

罗尼从来不是那种斤斤计较公司给影星补贴或小费多少的演员，他习惯了在待遇方面的某些差别。派因和托马斯不打算在所有细微末节上浪费，包括电影公司通常要给影星的钱这方面。制片商们只舍得在喜剧演员身上花钱，罗尼对此并无怨言，在不出场的间歇时间里，他通常坐在道具或布景上给他的听众们摆龙门阵。

导演刘易斯·R.福斯特经常对演员严厉训斥，朗达·弗莱明常常被搞得痛哭流涕，罗尼每次都设法调解。"罗尼总是带着一点轻松的幽默，用戴着柔软光滑的山羊皮手套的手摸摸导演。"弗莱明回忆说，"在当时，我明白不能用强硬的办法来解决问题。"

拍摄接近尾声时，福斯特告诉全体工作人员当天要全部拍完，要一直搞到深夜。弗莱明不是一个性格怪僻的明星，但导演一再催逼。那天早晨四点她就起床了。

"我已经精疲力竭了。"她说。

"好啦，我们必须就在今晚拍完。"

"我就是不干了！"

弗莱明正要走出摄影棚——她这种举动会严重损坏她职业上的声望，此时罗尼走上前来，几乎是奇迹般地把此事圆了场。他把事情做了妥善安排，使得他的共演者能在她的化妆室里休息，小睡一会儿，吃点什么东西，然后再来接着干。"他是个和事佬"，弗莱明说，"我只能容忍到这种程度，罗尼帮了我，使我免于被人认为是个脾气乖张的女人。"

罗尼明白他已经在诸如《热带地区》等一系列坏的影片中，大大玷污了自己的名声，他已看出这类电影会给一个影星带来什么。这是一场可悲的交易，罗尼再也不想干了。他决定等着，待有健康、干净的脚本后再去拍片。

在《法律和秩序》中扮演过像马一样背脊凹陷的西部人之后，罗尼取消了合同，失去了十五万美元的收入。他拒绝扮演其他讨厌的角色，坐在家里，眼见经济状况日趋不妙。在战争期间，他已推迟了支付联邦所得税的期限。他发现自己已经欠山姆大叔的账了，他必须将他的两项财产中的一项再度典押。

婚后一年半，他无力装饰住房，他需要有像往常一样多的钱才够开销。但他仍在继续推掉一个个要他扮演的，而他认为没有价值的角色。

多年后，南希为了保全罗尼的面子，还说他们新婚后几年的生活，像一首田园诗般质朴宜人。实际上，婚后接踵而至的所有艰难的重负直接落到了南希肩上：新生的婴儿，一个在事业上摇晃不定的丈夫，已经够她受的了。在顺境中，几乎所有的人都可过上美满的婚姻生活，真正的考验是在境况不佳或恶劣之时。当一个人坐在家中等待着电话而老是等不到时，当发现自己在白白浪费日子时，考验应该是够严峻的了。罗尼的艰难岁月，若是没有南希，日子会加倍的艰难，即使在那每况愈下的日子里，她仍是他的精神支柱、他的保护人和他最贴心的崇拜者。

南希的行为表现出的是，她似乎要尽一切努力去做罗尼的第一和唯一的妻子，但她又显得有些焦虑。简·怀曼的形象更加深了这种不安全感：一个是珍妮——当代最大的明星之一，可怕的、滑稽的、难以对付的女人，而实际上得到人们的赞赏、喝彩或议论、批评；一个是南希自己，被人们遗忘了的新星，现在是郊外的一般家庭主妇，谈话的中心只是柴米油盐和孩子。罗尼注意自己当着南希的面，不会失口谈到珍妮。但是星期六，迈克尔和莫林来同他们的父亲相聚时，珍妮似乎总出现在眼前。婚后，很快就有了关于"一个很慈祥的妈妈"南希与里根的女儿和珍妮之间存在纠纷的传闻。

帕蒂出生后五个月，南希与罗尼便在福特的电视剧《初生》中共同饰演角色。罗尼扮演一个严肃而又体面的医生，这个医生忠于职守，就像罗尼对演员工会一样尽心。在开始半小时的戏中，医生同一个漂亮、金发碧眼的女人结了婚。金发女郎由保拉·科戴扮演。金发妻子因丈夫过分热衷于医道而心烦意乱，独自驾车去赴一个宴会，途遇车祸而身亡。

南希扮演医生的第二个妻子，一个体面、平凡的女人，她发现要得到医生的儿子的承认与接近非常困难。"我知道你爸爱我，"她坦承地对儿子这样诉说，"但是不像是那样的爱，我并不漂亮，并且我还会变老。而你金发碧眼的妈妈——她将永远以那样稚气可爱的形象活在他的记忆里。没有什么比初恋和长子更重要。"

住在太平洋帕利塞兹的头两年，南希没有交上知心朋友。到一九五四年，罗伯特·泰勒和他的德国妻子厄休拉搬到了圣雷莫大道，步行一段路程即可到里根家。鲍勃（罗伯特）和罗尼早在华纳兄弟公司时就相互认识，当时罗尼被捧为新罗伯特·泰勒。现在罗尼和鲍勃还拿这开玩笑。因为泰勒的文雅的、几乎是过于完美的风度，与罗尼迥然不同。

厄休拉和南希成了亲密的朋友。这两位女人有很多共同之处。厄休拉昔日也是个演员，同雷电华影片公司订了合同来到美国。她同前夫有两个孩子，为了组建新的家庭，她放弃了事业。圆滚滚的小帕蒂偶尔大发脾气时，厄休拉也在场，根据她的经验，她向南希担保小姑娘有朝一日会去掉这种坏脾气。南希终于找到了一个真正的女友，建立了没有嫉妒猜忌、用不着互相提防的友谊。这不是贝弗利山庄的豪华酒店里那种招摇过市的、虚伪的友谊，而是两位母亲围坐在游泳池旁，谈论着她们的孩子而建立的友谊。两家人还常在里根的牧场一起共庆生日。每年当戴维斯夫妇来此欢度圣诞佳节时，鲍勃·泰勒和伊迪丝都走开到一个角落里。南希的母亲伊迪丝便告诉这位漂亮的男演员她近来的一些龌龊的笑话。

两位年轻的妈妈间或一起出去参加午餐聚会，观看时装展览或者有时间同他们的丈夫一起到蒂华纳结伴旅行，或者到墨西哥去看斗牛戏。两对夫妇把自己的汽车停放在国境线上，乘坐出租汽车去城内，汽车在城市街道上歪歪斜斜玩命似地疾驰。南希一度想告诉司机放慢行车速度，但她又不敢让自己这样做。后来，她突然松了一口气，用手指着在反照镜上小孩的鞋子笑着说："瞧！他不会出事的，他应该知道他在干什么，他还有个孩子。"

厄休拉看到了一个在婚姻庇护所里找到幸福的南希·里根，除了丈夫和家庭，她什么都不需要。"我们在一起度过宁静的夜晚，"厄休拉回忆说，"我们不去光顾俱乐部，不去搞社交活动，里根和南希之间的恩爱感情，从那时起多年如一日。南希是典型的贤妻良母，她不遗余力，一切为丈夫着想。"

太平洋帕利塞兹并非如厄休拉所说的是"一个邻里关系很好的地方"，里根夫妇没有交上其他亲密的朋友，他们几乎不参加当地居民的活动。罗尼也不愿劳神把退伍军人关系从好莱坞转过来。五十年代的大部分时间，里根夫妇在社会交往方面很严格，社会圈子很狭窄，仅限于家庭之间的交往。他们的好朋友还有莱尔斯和他的妻子马撒。这两对夫妇，在求婚恋爱期间就相互来往。莱尔斯是制片商，是个性格温和热情的人，这两个新组合的家庭相处得很融洽。

里根夫妇还定期去看望罗伯特·戈迪斯·阿瑟。罗伯特·阿瑟曾出过《路易莎》一片，该片是一九五〇年出的一部轻松愉快、美国味很浓的喜剧片，罗尼在片中扮演中年建筑设计师。他不仅丰富了观众的晚间娱乐与精神享受，而且，一般来说，会使观众产生好感。战后不久，阿瑟夫妇在纽约举行的一连串棒球比赛中遇到过南希，他们认为罗尼和南希是好莱坞的夫妻中搭配相当好的一对。像泰勒夫妇和莱尔斯夫妇一样，阿瑟夫妇也是正派人。他们是谦虚、成功，具有很强的传统观念的人。阿瑟夫妇没有孩子，里根夫妇每周常同他们在蔡森饭店吃饭。新年那天，他们一起去看加州大学冠军橄榄球联赛。"这是一种极大的温暖，"罗伯特·阿瑟说，"我们大家愿意在一起，戴维斯夫妇常从菲尼克斯或从芝加哥来此，穆恩也常偕妻子前来——一切皆出于传统习俗。你可以看到罗尼的价值观念，那不是出于政治的动机或偏激的考虑，这些正是他长期形成的习惯。"

罗尼的经纪人塞给他一件又一件事情使他忙个不停。他做得也太离谱了，竟安排罗尼在拉斯维加斯以挂头牌的名角出现，他既不善唱下流调，又不会开那些肮脏的玩笑，不熟练民间舞蹈与打牌游戏。不过他是以极和蔼可亲的态度来主持与演出的。他得到了好评，拉斯维加斯给他提供了更多的演出机会，但他知道他不属于那一类人物，待了两周之后，他和南希便离开那里到洛杉矶去了。

一九五四年二月，正值罗尼在拉斯维加斯初次亮相之前，他对洛杉矶记者鲍勃·托马斯抱怨说，不该废止电影明星制度。看来差不多每个演员都将被遣散、打起背包走路，甚至连克拉克·盖博和格里尔·加森也不能幸免。"制片厂逼得我们进入其他宣传娱乐部门，"罗尼说，"只有为数很少的几个演员能得到制片厂的资助，许多人只得屈就于广播业、电视舞台剧、夜总会，以及到那些其他接受他们的地方去营生。"

那年晚些时候，MCA 电影娱乐公司的塔夫脱·沙伊贝尔向罗尼谈起，有可能让他介绍一个新的每周电视系列节目——《通用电气剧场》。沙伊贝尔个人对罗尼有好感，并希望他成功。沙伊贝尔能当上 MCA 电影娱乐公司的新的轻歌舞剧制作的负责人，多亏了电影演员工会的决定，而罗尼对这个决定又起了帮助作用。

很长时期以来，好莱坞的基本规则中有一条，即要是谁当了经纪人，谁就不能出片。经纪人被认为是要为委托人搞更多的钱的人。要是他也出片，就可能有自肥之嫌。然而现在好莱坞的每个人都把手伸向电影业的其他方面，因此，演员工会愿意放弃这一规定。

罗尼在辞去电影演员工会主席之职前不久，做了这一件前所未有的决定：一九五二年七月三日，经过一系列会议讨论之后，罗尼给 MCA 电影娱乐公司送去了信息，他保证经纪人有权出片。

在几年之内，MCA 电影娱乐公司成了影业界的支配力量。在电视方面，每周的轻歌舞剧制作出四十个左右的节目，远远超过其他方面提供的节目。（一九五九年罗尼重新当了一届电影演员工会主席。）

当沙伊贝尔想为新的《通用电气剧场》对罗尼进行适当的测试时，他干脆让他在另一组新制的系列电视剧《大奖章剧》的一段剧情中充当主演。现场演出结束后，共同制片人亨利·登克尔回忆说："当两个摄制员让里根站在灰色的布景前，开动摄像机，连续摄下开场、中前部和结尾，似乎他就是这一系列片的主持人。"

罗尼充当节目主持人，就像灯泡旋进了灯头插座一样，他表现出《通用电气剧场》所需要表现的那种健康、乐观的品质。无疑，他这种乐观精神也因每年又新入了十二万五千美元而有所增强。不仅如此，据他在 MCA 电影娱乐公司的个人经纪人阿瑟·帕克说，罗尼还从轻歌舞剧制作中得到"一笔巨额收入"。

周复一周，《通用电气剧场》成了电视选集系列剧中最好的节目之一，几乎在它首次演出时，就成了当时二十多个最受欢迎的电视节目之一。罗尼间或也在半小时的节目中担任主演。一九六〇年的感恩节，他和南希在《给总统的一只火鸡》中就共同演出过。在充当节目主持人这个角色时，罗尼介绍了琼·克劳馥、艾伦·莱德和弗雷德·阿斯泰尔等影星首次在电视节目中同观众见面。介绍节目并不是很费力的工作，有时罗尼常从他的牧场跑来，用一个下午的时间就可把半打节目介绍完。

由于节目的成功，罗尼于一九五六年，在离他们旧的牧场式的住屋几分钟路远的、高高的绝崖上，建起了一幢新的房子。新房建在清静的高原上，是帕利塞兹较偏僻的地方。当里根夫妇搬进建筑师比尔·斯蒂芬森所设计的这座超现代化的住宅时，圣奥诺弗雷大道还是一条油渍斑斑的泥土路，道路两旁只有零零落落的几间房子。由于里根提出申请，这条路才得以铺砌整修。即使道路被铺平，路旁增修了房舍，里根夫妇的住宅仍独立隔绝。石门外种着杜鹃花，周围有林木环绕，沿两旁种有矮树篱的车道上去才是住宅，房屋隐蔽，从大路上是望不见的。

根据通用电气公司的意见，虽然里根夫妇的住宅什么都有，但没有一整套电气化装置是不行的。的确，里根家是全国较少的具有较完善配套的电器的家庭，这是《通用电气剧场》给罗尼的礼物。每个商店都保证提供最新改进的产品和配件。"除了椅了以外，房子里全是电器装配。"罗尼当时这样开玩笑说。

看到背墙上安有一个三千磅的转换开关盒，人们会感到很惊奇：那是一个大到足以向一个城镇供应动力的装置。但是在拥有五间住房，面积有四千七百六十四平方英尺的、石头装饰的房子里的客人，却找不到一个简单的电闸来开关电灯，进行日常工作。

罗尼和南希经常爬到山上察看工程进度，他们把自己名字的第一个字母刻在游泳池和能放三辆小汽车的车库的未干的水泥地上面。避开山下人们窥探的眼睛，他们站在游泳池的阳台上，向外瞭望太平洋的无边洋面。

对南希来说，这里的一切都是新的，但这却是罗尼的第二个"梦幻之乡"。他同珍妮曾住过的房屋，连同行猎图画和乡村风味的、有男人气概的、舒适的家具陈设，无论是在装饰还是在精神方面，都是他和珍妮的房子。但是，这幢高踞在加利福尼亚的圣奥诺弗雷大道顶的白色的住宅，却真正是南希精心营建的安乐窝。罗尼喜欢用他那有趣的新工具给围篱剪枝，他还喜欢围着游泳池闲逛，但房子却是南希的。

南希的老朋友伦纳德·施皮格尔加斯把南希的风度描写为"保守的芝加哥风度"——每件东西都应该是最好和最相称的，她的房子及其陈设即如此。南希喜爱亮的和淡而柔和的色彩，喜欢淡红色和灰绿色，喜欢娇柔似花的装饰物。两张相称的黄色的长沙发和乌木的鸡尾酒桌相配衬，并且面向着壁炉和窗户摆着；窗户从地面到天花板有十八英尺高，窗户朝向水池和房子中的内院。里根夫妇没有什么藏书和珍本艺术品，房子总是收拾得干干净净，周围种满鲜艳的、长着小花的热带灌木。这里的庭园楼榭，这里的依山傍海，美不胜收。住在这儿，宛如人在画中。

南希即刻着手让道路也符合她的要求。她和罗尼申请安装路灯，没有得到批准。随后她把"不准停车"和"严禁儿童在此玩耍"两块牌子安装在坡旁，使车辆在陡坡上能安全行使。她的邻居玛丽伯·诺埃尔发现这对南希倒是个自我讽刺。她说"南希是所有开车人中，车开得最快而又最害怕出事的人。"

星期六，罗尼通常开着车去贝尔·艾尔的贝弗利·格伦，接迈克尔或者莫林来过周末。珍妮的家住在一个对电影明星较为合适的地方，从戴比·雷诺兹的住处前去，拐一个弯就到了。珍妮的住所不止一次在夜间被盗。楼梯地毯下面的横木板太松动，所以迈克尔老是把它移开。

迈克尔是个个头小、脾气不好的孩子，在学校经常惹是生非。他喜欢看见他爸爸坐着有木制操纵盘的福特旅行车来接他。有一次在牧场度周末，罗尼给儿子看一匹叫里贝尔的巴洛米诺马。他说那匹马是留给一位朋友的，但同时又说，他愿用它教迈克尔骑马。迈克尔生日那天，走到了马厩，见里贝尔伫立在那儿，佩戴着一块很大的生日丝带，"当时我简直欣喜若狂。"迈克尔后来回忆说。他一直忘不了那童年里最幸福的时刻。

迈克尔很淘气。有一天当罗尼高声呼喊两个孩子，准备坐上旅行车送他们回家时，迈克尔和莫林已经在等候他了。罗尼不是一个多疑的父亲，但当他发现有什么东西在毯子下面的时候，他估计迈克尔又在耍什么鬼把戏。迈克尔把毯子掀开，露出他心爱的山羊。他恳求罗尼让他把山羊带回家去，罗尼同意了。但当他把两个孩子和山羊放在珍妮门前的石阶之后，便加快速度，像汽车比赛般地飞跑了。珍妮一打开门，山羊猛地冲进客厅，随即在灰白色的地毯上拉起屎来。山羊被拴在门前的草坪上过夜，到清晨，山羊已经嚼了好些花卉和灌木了。珍妮朝草坪看了一眼，即打电话给罗尼，限他五分钟内也来"摧毁怀曼"。罗尼又像离开时一样匆匆赶来把山羊运走。

又有一次，罗尼开车同迈克尔和他的好友杜格·普雷斯蒂纳去牧场，在马利布木材公司停了车。两个男孩盼望着周末在牧场周围嬉戏欢闹，在牲口棚里玩耍并骑在马上。但是当他们看见几桶白色的涂漆、三把刷子和三双手套之后，他们明白罗尼另有主意和安排。

罗尼并不是真想让小孩们粉刷篱笆，但迈克尔和杜格却很欣赏这项工作。天色渐晚，罗尼和两个孩子已累得头晕目眩，最后有人把小块小块的涂料乱甩一气。不多久，三个周末粉刷工全身白如雪人。南希从屋里出来，给他们照了几张像，这是为了给子孙后代看的。然后她同他们坐在一起，想法把他们身上的白漆弄掉。

罗尼有半步青云、境况好的时候，但平日却很少尽一个父亲对孩子的教养之责。至于南希，她处于继母的地位，自己早年主要是靠亲友抚养大的，她知道对于一个法定的孤儿来说，意味着什么。她可以和两个孩子接近，达到了解的地步，并爱他们。她并不狭隘或敌视迈克尔和莫林。但她似乎不想让罗尼被他的第一次婚姻的复杂的压力而弄得忧心忡忡，她希望他能像他的笑声那样新鲜爽朗。这新的婚姻和新的家庭与罗尼的第一次婚姻相距甚大。所以，在多年后，迈克尔说，他常常感到对那个已经没有他和莫林的"总统家庭"充满嫉妒。

好莱坞的孩子们，常在小小的年纪就被送往寄宿学校，莫林和迈克尔也被送去了。珍妮爱她的孩子，但她在不停地工作，并且与乐队领队弗雷迪·卡尔结了婚。迈克尔念中学期间，同南希和罗尼一起过了两年。但是几乎所有的时间，他不是外出在亚利桑那所寄宿学校念书，便是离家参加夏令活动。

"直到我二十五岁，我才开始从个人角度上了解我的母亲和父亲。"迈克尔说，"妈妈做双份工作，我大致是被妈妈和厨师卡里抚养大的。有什么问题，心里有什么想法，我总是去找她。"

"同我一起上学的孩子们都很有钱，"迈克尔回忆在寄宿学校那几年的情况时说，"他们有自行车，有玩具，他们的家庭关心照顾他们。我妈却说，'教育是造就人，而不是娇惯孩子。'""父亲又不相信给小孩很多东西是好事情。我见到其他孩子每晚回家，就很嫉妒他们可以和父母一起度过很多时间。"

莫林感到离婚是成人的一剂极难咽下的苦药。"不过，离异使你成熟得更快。"她说，"我认为小小的年纪便应意识到你必须照料自己，自己做出决断，人生就是不寻常的——即使当时我团聚在家里，情况也仍会是一样。因为我妈妈有句口头禅：'要是我明天给卡车撞了，你就非自己照料自己不可了。'"

帕蒂是南希的亲生女，她是在体贴与无微不至的关怀下长大的。这体贴与关怀是莫林和迈克尔所缺少的，但是却成了帕蒂的一大负担。

当帕蒂到了上学年龄时，她本可以像圣奥诺弗雷大道的大多数孩子那样，进太平洋帕利塞兹地区第一流的公立学校。但是南希想要她女儿读她自己读过的那种私立学校。一九五八年，帕蒂上了贝尔艾尔地区的约翰·托马斯·戴伊学校①。该学校的女校长卡西赖恩·戴伊是二十年代从洛瓦来的。一九二九年，她和她在印第安纳长大的丈夫约翰建立了这所极其保守的、面向一部分家庭的学校。孩子们及其父母，要经过这位被学生们称为"卡西赖恩阿姨"的厉害的女人的严格审查后，学生方能被接受入学。卡西赖恩阿姨不管那些父母们如

---

① 这所学校，最早叫做布伦特伍德城乡学校，为了纪念在第二次世界大战中阵亡的戴伊的儿子而改为现名。

何有钱，社会地位如何显贵，只要他们在社会上被认为是不稳重、保守的人，他们的孩子便不能被接纳。卡西赖恩认为那叫人眼花缭乱的"好莱坞"是色情和淫荡的同义词。她把戴伊学校极少接收电影演员的后代作为一种廉洁的标志，并引以为荣。不过南希和罗尼完全不像是好莱坞的人，所以小帕蒂被批准入学了。

南希经常搭乘大家合伙使用的接送孩子的专车往返学校。在戴伊学校里，帕蒂穿着老式的、藏青色和白色方格的围裙，白的、袖子蓬松的罩衫。她在一座看起来像一个很大的洛瓦仓库的宽大的主楼里上课，那里的屋子的钟楼顶上装有一套风标。帕蒂是个安静的小姑娘，她穿梭往返于家庭和贵族学校之间，这所学校同下面那个洛杉矶现实生活的世界远远地隔绝着。

里根夫妇随后又将小罗恩送进戴伊学校，主要原因在于这所学校信奉他们所主张的社会道德标准。中西部小镇最高的社会道德标准是诚实和关切，不过有地方性和狭隘性。"当然，这里没有黑人学生，我是仅有的三四个犹太学生中的一个。"比帕蒂高一个年级的弗朗辛·阿普尔鲍姆·沃纳说，"要说有过关于种族的问题，就是我们听过一个关于皮肤色素方面的报告，仅此而已。有两个黑人在那里工作——一个是厨师，另一个是看门的人。要是学生们对待他们比学校其他人稍不礼貌，就会受到严格的纪律处分。"

学校把当一个好的公民的原则，不断向学生灌输。所谓品德表现，主要是指礼貌与良好的态度。每周一，卡西赖恩阿姨主持对品行优良者进行表彰的大会，给那些表现特好的，诸如举止安详和关心他人的人发奖品，但并不会很多。"做一个有德性的人，你会在不苛求和不使他人为难的同时，对集体做出贡献。"沃纳说。每天早晨，学生们升起美国国旗，背诵忠诚誓言，向黎明致敬，一个印度教徒感谢黎明和白昼带来了生机。

庆祝传统的五一节时，帕蒂穿了一件白色长外衣，同姑娘和男孩们一起跳舞。罗尼和南希总是和其他的家长一道参加，很自豪地望着自己的孩子。南希是母亲俱乐部董事会的成员，每月参加例会，计划安排特别的活动与节目。有一年她负责布置五月柱、检查柱子上的彩旗绸缎是否安置得恰到好处，柱子是否稳稳地插在地上。

无论罗尼什么时候在学校出现，或是观看演出，或是同红妆素裹的孩子们一起在烛光下唱圣诞颂歌，或是在一年一度的博览会上看守着热狗摊，都没有人把他作为一位名演员而特殊对待。他以一个普通家长的身份出现，并显然对此感到快乐。

帕蒂在戴伊学校一年年读下去，但大多数人对她没有深刻印象。一个女孩子胖乎乎的阶段已经过去了，她变成一个高而苗条，又很腼腆的少女。她算最高的了，比班上其他同学都要高一个头呢，穿在身上的校服，看来已不怎么合身。"我只记得她很害羞，除此以外，便说不上来了。"她的一个同班同学回忆说，"她一点不自负，也许这是她作为孩子时的特点。"

无论南希对自己曾有过怎样的抱负与幻想，现在她已把注意力转向丈夫和孩子了。她演的最后一部电影，一九五七年与罗尼一同主演的《海军悍妇》，前景并不乐观，没有什么事能激起南希重返银幕的心了。她是一个家庭主妇和母亲，她非常喜欢这天然的角色。但她还不是典型的郊外主妇，她不会做饭，而且大多数妇女还要打扫房间，抹擦地板门窗，做菜洗衣，可是南希却用不着干这些，这些都由佣人安妮·欧文斯代劳了。

南希常去布伦特伍德市场购买东西，那里有为有钱的顾客们开设的特别商店，这些店子里的东西琳琅满目，诱人入迷。间或，她也去太平洋帕利塞兹的科尔维商店，为罗尼买一套棉质的三号长的睡衣睡裤，但是人们却很少看见罗尼或者南希进城。有时候，在去牧场的途中，罗尼可能把烤面包机或熨斗之类的东西放在小电器行里修理。南希和罗尼尽可能过独居幽静的生活，并且也很少有人去打扰他们。

之后的几年，罗尼常常大谈贝尔艾尔的基督教的长老会和牧师穆英，因而有人认为里根夫妇是长老会教徒。其实他们并不是，只不过偶尔去教堂罢了。

打从帕蒂出生后，里根夫妇就希望再生一个孩子。在婚后的头几年里，南希几次小产。她和罗尼很想要个男孩，罗尼因为他自己是个像样的男子汉，他想要有个能在牧场上奔跑的儿子，他可以教儿子骑马，还可以在院子里扔垒球。

南希也希望有个儿子，一部分原因是因为罗尼太想要了，另一部分原因是，如果她给罗尼生个儿子，她就给了珍妮不曾给过他的。

当南希再次怀孕时，她听从生帕蒂时为她接生的医生的劝告，在床上躺了三个月。一九五八年五月二十日，南希再次经过剖腹，生下罗纳德·普雷斯科特·里根。

厄休拉·泰勒同罗尼、伊迪丝同去医院看望，伊迪丝是前来照顾女儿的。厄休拉和她的丈夫鲍勃被尊为罗恩的教父教母。一年后，南希也花了几小时，守候着厄休拉生下她的女儿特萨，同样，罗尼夫妇也成为了孩子的教父教母。

当小罗恩和帕蒂长大了，南希开始对他们严加管教。她的近邻，住在对街的马丽布·诺埃尔，记得南希爱过分的挑剔。"罗尼家的保姆常常把孩子带来玩我孙子的玩具，"诺埃尔夫人说，"他总是玩那些又脏又旧的玩具，并且把他们带回家去，可几天后送还时，总是比原来干净。保姆告诉我，南希对孩子们的要求绝对严格。她感到她是在与简·怀曼及其孩子们竞争，她要子女像怀曼的孩子一样好或者更好些，这样，罗尼就不会拿孩子们相互比较——其实他是不会这样做的。"

"我有个很突出的印象，里根夫人对给孩子礼物、营养品及对于有关孩子感情方面的事不感兴趣。"帕蒂儿时的一个朋友说，"她只对外表感兴趣，对有些又规矩又聪明的孩子感兴趣。里根夫人非常溺爱她的儿子，而且看帕蒂做的每件事都不顺眼：她说话的样子，她穿的衣服，夫人都看不惯，甚至我们坐在游泳池边，里根夫人也要批评。她还经常偷听我们的谈话。"

厄休拉·泰勒对南希持完全不同的看法，她把南希看作"天生的母亲"。她记得两对大妇是怎样和什么时候出去进餐的，留下了帕蒂同她的英国保姆在家里，孩子把鼻子贴于玻璃窗上向外张望。看到这样的神情，南希几次跑回去安抚说："我爱你！""孩子沉浸在母爱之中"，泰勒夫人说。

南希最亲密的朋友此时承认："南希尽力保护孩子，特别是对小罗恩更是如此。她太想有个男孩，所以在孩子生下后的头几年里，她爱护得太过了一些。"

南希是一个衣着考究的女人，甚至坐在院内的游泳池旁也穿得严严实实，并且她要求小罗恩和帕蒂也要穿着完整。她很害怕很多电视和杂志广告中所登的裸露的那一套。也像很多同辈的主妇一样，她害怕给人发现起居室肮脏、杂乱无章，亚麻地毯已经磨损或者孩子的鞋子破了洞。

洛亚尔医生教给了南希养生法和安全而又井井有条地治理家庭的方法，她似乎在想法控制孩子们的生活。她还有着南加利福尼亚人的那种恐惧与担忧，一种恼人的预兆：有朝一日，一切都将完蛋。对兴旺发达的南加利福尼亚人来说，他们的生活离天堂看来也只差一小步了。然而他们却害怕这得到的一切，随时都可能失去，被天灾、盗贼、变化着的生活方式和其他看不见的力量所夺走。里根夫妇也不乏这样的朋友：他们也曾名声鼓噪，红极一时，但不出短短几年时间，也就一落千丈，销声匿迹了。他们也有这样的朋友：家住好莱坞山，拥有豪华的公馆、别墅，就像建在公地上的棚屋那么多，耸立在一片黄褐的山边。只要一次地震，所有的房屋就全完了。在太平洋帕利塞兹一带，古典式的加利福尼亚家庭住宅多极了，形式和特征都是开放性的，然而这些住宅却有其自身的安全防卫和巡逻体系，以防止盗贼光顾。

在干旱季节，森林火灾是很可怕的。一九六一年，一场毁灭性的大火从山上席卷而来，一直烧到贝尔艾尔，烧毁了高岭上六百多栋房屋，其中就有戴伊学校。南尼特·法布雷是那天早晨与南希合伙使用汽车的司机。她刚送完孩子后回到家里，就接到电话被通知要返校去接孩子们回来。南希也开车去接帕蒂和三岁的小罗恩——他刚入戴伊托儿所不久。在五十英里外就能看见天空中弥漫的烟雾，那就像是遭到空袭大轰炸后的情景。距学校的最后几英里，警察安上了照明灯，指挥车辆穿过被滚滚浓烟包围着的区域。孩子们被胡乱地塞在车厢里。南尼特和南希的汽车从学校返回，车上没有她们自己的孩子。"南希和我处于同样的境况，"法布雷说，"她同我一样心急如焚，那真是太可怕了。但是我们又必须和我们已接在身边的孩子们在一起，真是太可怕了。"

最后，所有的孩子都安全无恙，不过最后一辆车开走不一会儿，大火就延烧到了学校仓库式的主楼。大火顷刻就把房屋吞噬了。所有的档案记录、藏书颇多的图书室和戴伊夫妇苦心孤诣所收藏的古玩字画，全都毁于一旦。

虽然法布雷通过电影制片厂早已认识南希，但他们作为戴伊学校的孩子们的家长见面的机会更多一些。法布雷的儿子杰米和小罗恩是同班同学，她常开车把儿子送到里根的牧场参加小罗恩的生日宴会。

"她们为孩子们扮演丑角，或者让孩子们做竞技表演。"法布雷说，"通常有十至十五名孩子聚在一起，大部分是戴伊学校的学生。小罗恩和我的儿子是班上个头最大的，他俩很腼腆，非常安分守己，常站到后面冷静观察。南希对小罗恩总是那么甜蜜温柔，她为孩子感到十分骄傲。"

在《通用电气剧场》中，罗尼介绍剧情，间或在半小时节目中担任主演。他的其他工作包括作为"公司使者"到全国各地作报告或演说。每年总共有三个月时间，他往返于工厂之间，参加新闻会议和午宴会。他乐于发表演说，就像他在参加竞选似的。他每到一地并不仅仅是重复那些唱过的老调，他听取听众的意见，然后修改发言，这里加上些新的轶事趣闻，那里添点儿老掉牙了的笑话，以增强演说的情趣与感染力。他乘车走遍美国，通常会找一名公关助手陪同。他收集报纸上的故事，从《星期六晚邮报》上剪下一些文章，也把道听途说的情况记下来。

当他在《通用电气剧场》时，他的演说，在政治上是同好莱坞一般性答辩相联系的那种爱国主义的温和的混合物。但随着岁月的流逝，他的讲演发展成了一种有力而热情的庇护美国资本主义的辩护词，并且，他时常攻击大政府。

当罗尼卷入右翼人民党时，有人以为是南希怂恿的。"在那前后，他与南希相遇。"多尔·沙里说，他不是唯一注意到这一偶然巧合的人。其他人则看到罗尼背后有着洛亚尔·戴维斯的身影，并指出里根夫妇甚至在亚利桑那度蜜月时，都有洛亚尔和伊迪丝作陪。

罗尼的哥哥尼尔则准备把部分功劳归于自己。他在罗斯福就职总统六个月后登记为共和党党员。尼尔之保守，对立于罗尼之自由，多年来，他们进行过激烈的没完没了的争论。尼尔，就他本身所从事的工作而论——作为麦卡恩·埃里克森广告经办处的高级执行人员，他是成功的。使得尼尔恼怒的是，罗尼现在领悟到了，可他却摆出一副像是他自己发现了保守主义似的样子。"很早以前，我就开始反对他所干的像支持海伦·加哈根·道格拉斯这一类的事。对此，我说了些暗讽的话。当我要把我的话讲给他听时，他定会说：'啊！你就是说这一套。'当他也成了保守党时，我提醒他，他准又说：'嘻，我没有那样说呀！'"

其他人更偏激些，乃至赞扬（或责备）《时代》杂志出版人亨利·露西和他的难以对付的妻子克莱尔·布思·露西。"要是认为我能对罗尼的思想有所影响，那可就对我过奖了。"露西夫人说。她作为剧作家、国会议员、外交家，该有多少当代更有趣的人物能引起她的好奇心呢！"我想，他的这些想法是他在同业工会的工作实践中形成的，他看到了在那些做好事的组织中也有破坏性的力量。他是一个健康、正常、喜欢一心干自己事业的人。后来他开始与洛杉矶的更高阶层有社交来往。人们不喜欢承认有钱人往往聪明和高尚一些。"

五十年代末期，罗尼日渐跻身于一个不同的社会环境里。他有一个保守的妻子，住在保守的邻居之中，现在他又往来于高级社团圈子之内。他渐渐把具有海盗般掠夺性的美国企业家看作是美国的伟大英雄。当初，罗尼看到的是政治风帆的一面：看见工人被辱骂，被欺骗；看见人民需要政府的保护与支援；看见工会保护工人免受大企业的专横摆布。现在，他开始注视其他方面，并且看见了其他的真实情况：政府官僚总是压抑实业的活力与创造性；大政府是美国人的个人自由的一大危险；人民总是要求不受干预，用自己的方式解决问题。他无力把这些各种各样的矛盾着的现实，在思想里求得统一。对他来说，真实的东西差不多常常是一种令人激动的现实，而且他接受这些新的现实，谈及他们如同谈及那些比较陈旧的、比较自由主义的现实一样。

五十年代末期，罗尼开始把有着很强思想意识的右翼的节目加在《通用电气剧场》中，他大力谴责共产党人及把亲共的材料搞进电影银幕的共产党的同情分子。比如说，一九六一年，他想要搞一个描写三个苏联年轻人的、关于他们在苏联的经历的节目，其中一人是前红军军官。这肯定是一个很有价值的想法，但是却并非典型流行的电视系列剧的材料。

　　在制片厂，罗尼常与斯坦利·鲁宾——六十年代初的老一辈制片人持不同意见。两人曾在罗奇堡相遇。鲁宾仍然是个顽固的自由主义者。按照新订合同，罗尼有权每年出些节目。他想搞的节目，用鲁宾的话说，"几乎是无一例外的，都是政治性的极端反共的节目。有一个节目是讲一个教员，那人是个暗探。罗尼的思想与意见，不是来自《读者文摘》，就是《星期六晚邮报》，我怀疑他读的东西仅此两种而已。"

　　鲁宾不是对罗尼关于读物选择方面做出评论的唯一人物。在《通用电气剧场》播演欧文·斯通编写的林肯青年时期的浪漫故事《爱是永恒的》两周之后，这位历史小说家邀请罗尼参加一个大的宴会。斯通家来访的客人得知罗尼将前来赴宴，一位女士便要求坐在他的邻席。宴后，在客厅里，小说家问起她对里根的印象。

　　"我们一入座，里根就说，他读过早晨的《星期六晚邮报》。"斯通记得那女士是这样说的，"他把看过的整版的东西，从头到尾，一字不漏地复述了一遍，他花了整整一个半小时才把它'背完'"。

　　排演场上，罗尼是很惹人喜欢的，他常从牧场给剧组人员带来鸡蛋，坐下来喋喋不休地讲埃罗尔·弗林的故事，一讲就是几个小时。但是罗尼也可以使人感到很讨厌，特别是他开始谈论政治的时候。在电视台，鲁宾和罗尼有过很多激烈的舌战。但是，尽管大谈政治，甚至在最激烈的辩论中，罗尼还是不失平素和蔼的政治家风度。不过经常的争论也使得出片人很心烦。"有天晚上，我回到家里，"鲁宾说，"我对妻子说，我再也不打算同他干仗了，不打算同他争论政治问题了。他坐在那里杜撰一些统计资料与事实，他这样搞，破坏了我们在演出中得到的快乐。"

　　罗尼的政治观点也开始破坏了通用电气公司对他的兴趣。他开始攻击新政实用主义者引以为傲的象征：田纳西流域管理局。有些通用电气公司的经理，看到他们的雇员攻击田纳西流域管理局是不会袖手旁观的。罗尼得知他面临严重的被解雇的危险。听到董事会董事长拉尔夫·科迪纳为他辩护，并表示拒绝照任何议论行事后，罗尼打电话给董事长："我知道您碰到了一个问题，是关于我的问题。"这是他第一次同董事长讲话。

"我很遗憾,你知道了这一点。"科迪纳说,并要罗尼放心,他可以继续讲他想讲的。

"科迪纳先生,要是我使我的讲话具有同样的效果,只是不提田纳西流域管理局,您以为如何?"罗尼问。

"好吧!那会使我的工作好做些。"

罗尼把田纳西流域管理局完全从讲话中删去,用其他他认为属于政府浪费的例子来代替。

尽管科迪纳一再保证他可以讲他愿意讲的,但罗尼决定停止攻击田纳西流域管理局,这大概是使他保住了工作,又干了一两个季度的主要原因。约翰·F.肯尼迪新任总统后,数以千万美元计的政府合同即将出现。罗尼成了一个不同的吹鼓手。"通用电气公司的一个主管人员到我这儿来,"鲁宾回忆说,"主管人说,'明年我们不仅只要罗尼一人,而是要三四个人当节目主持人,你以为如何?'我说,'罗尼怎么啦?'他说,'唔,他可以是四人中的一个,或者可能完全不是。老实说,公司有些高级主管人员被他演说中那过分保守的调子弄得很尴尬。'"

"我没有将此事告诉罗尼,我跑去同我的老板塔夫脱·施顿伯商量。他极少干预此类事情,但这次还是插手了,并且将此事平息了下来。"

施顿伯的行动仅是为了暂时平息忧虑与不安。罗尼在全美已成为一个非常理想的讲演者。他不是讲关于面包机和电视机的问题,而是谈论"反对政府控制"和"我们不断失去的自由。"这些演说似乎是为了建立民主的行政管理。自由主义和保守派照样买电炉和电吹风,罗尼越是成为有名的右翼积极分子,他便越变得不是通用电气公司理想的代言人。一九六二年,通用电气公司声言该节目不受欢迎,而将它砍掉。

南希总是支持罗尼的,她决非那种纯粹一心追逐上流社会的女人,但她是追求成功的人。像在洛杉矶这样一个变幻不定的社会里,她懂得一个人的知名,首要的是靠外界。一个人交不起坏朋友，不能和不好的邻人住在一起，不能上名声不好的学校。

在戴伊学校，卡西赖恩阿姨是孩子们教育的指导者，在某些方面又是孩子们的父母在社会上成功与否的仲裁者。在轮流开车送孩子们上学的女人中有玛丽·简·威克，她是洛杉矶的制片人和商人查尔斯·Z·威克的妻子。玛丽·简是一位金发碧眼的女人，以前当过模特儿，现在把大部分时间用于抚养孩子和侍候丈夫。她的大儿子与帕蒂在一个班学习。查尔斯这样的人很可能成为辛克莱·刘易斯在小说中创作的那种矮小的、性急的、在好莱坞办事积极的人。他最伟大的杰作是《白雪公主》和《三个滑稽演员的副手》，他及时投身于开发新的行业，并办有小型私人疗养院。

里根和威克的孩子们，同两家的父母一样和睦相处。两个家庭间的友谊不断发展。罗尼很欣赏查尔斯，但罗尼不是一个很易深交的人，并且两位主妇之间的友谊也过于严肃了一些。

两位主妇都参加了在洛杉矶最负盛名的慈善事业组织"同仁会"，该组织一九五○年成立，为巴顿收容所筹募资金，它是一个为困境中的妇女所设的中途收留所。六十年代早期，南希成了其中一个积极的成员。同事们计划为被损害的儿童建一个婴儿看护中心。每年五月，他们安排服装廉价出售活动。"我们称它为明星服装义卖。"弗吉尼亚·米尔纳说。她是洛杉矶上流社会的女士，她与南希二十年的友谊在"同仁会"中得到了发展。"附近有许多电影演员，他们有些衣服只为礼仪庆典或演出穿过那么一次，然后就捐献给了我们。"

多年来，这种衣服出售的活动一直在贝尔艾尔一个私人住屋里举办，这里已为公众所熟悉。最有名的一间屋子是所谓的蓝屋，里面装着人们羡慕的、昂贵的服装，这间房子是玛丽·简·威克特别设计的。女士们不仅送衣服，有时她们还买这里的衣服。南希拣选、划价，并和其他人轮流充当售货员，她干得真是出色极了。

要加入"同仁会"，就像被挑选到限制严格的大学女生联谊会一样的困难，光有钱是不够的，它要求新的成员漂亮而有风度，她必须与这个组织一致，不仅不能拥护极端自由主义，还必须能体察社会和文化的细微差别。"同仁会"不仅给南希提供了间或给她自己的衣柜增加几件不很贵的衣服的门路，而且还使她结交了新的朋友。在每月一次的社团成员的午餐会上，南希把她社交的梯子竖立得更高了，直指洛杉矶的社交界的高峰。在这个有六十个人的"同仁会"中，她结识的人，有些后来在新闻界被认为是有名的、"一群"在洛杉矶被宣传得最多的要人。马里恩·乔根森是出纳和司库长，贝特西·布卢明代尔经常为义卖捐献多种衣服。

"同仁会"中的女士们对她们的事业确实很认真，她们跑遍了洛杉矶，收取一箱箱的衣服和长衫。当时，南希开一辆旅行车，为其奔走。这些女士中，大多数没有全日制工作，但实际上南希和她的许多同仁们把慈善工作和社会生活当作了她们的事业，它能带来荣誉、友谊，并能使她们接触更富有和更显贵的人物。这些女人们特别爱闲谈。她们知道谁出了事，或做了整容手术，谁的孩子即将与父母脱离关系，谁的女儿体重二百磅，谁家的丈夫被惹怒了的妻子咬掉了手指，等等。不过这只是她们内部闲谈的素材，对外界她们倒是守口如瓶，只字不提的。

南希通过罗尼所交往接触的人中，又结识了一些新的朋友。罗尼第一次遇见洛杉矶最大的汽车商之一的霍姆斯·塔特尔，是在一九四六年他买一辆福特牌汽车之时。既然罗尼和南希是一对往来于洛杉矶的、非好莱坞圈子的人物，塔特尔夫妇也开始有机会见到他们。有一年，塔特尔夫妇邀请罗尼和南希一同去参加众多慈善舞会之一的秋季舞会。当晚，塔特尔将罗尼介绍给厄尔和里恩·乔根森认识。南希在"同仁会"中已对他们有所了解。罗尼无疑还是那样和蔼可亲，他保守而健谈，给人以深刻印象。乔根森，一个船长的儿子，十三岁时开始当办公室勤杂人员，第一次世界大战后，他带了二百美元，租了一张桌子起家，后来建起了一个巨大的乔根森钢铁公司。

南希无论到何处，都在结识有钱的新朋友。里根夫妇在一次宴会上碰到过布卢明代尔夫妇（艾尔弗雷德·布卢明代尔和贝特西·布卢明代尔）。艾尔弗雷德是个拥有数百万家财的富翁，他发展了大莱卡，使它成为了主流信用卡中的一种。贝特西是个快活的、引人注目的女人，头发整理得极好，善于修饰打扮。南希羡慕她的风度以及她参加"同仁会"午餐时所穿的衣服，但是她第一次同贝特西畅谈，是在她和罗尼带着帕蒂去道格拉斯布道会的时候。那次，布卢明代尔夫妇的女儿也去了。

罗尼这人需要信赖英雄，并且他渐渐发现他的这些新朋友是这个时代的真正的英雄。在罗尼看来，这些人是真实的，可以触及的，而又是他在好莱坞不曾找到过的。

南希不再那样老呆在家里，同厄休拉·泰勒在游泳池边谈论着孩子了。她不像往常那样与厄休拉频繁往来。她觉得和新朋友们在一起是对的。并且她喜欢开车到贝弗利山庄去购物和吃午餐。专卖店里的人都知道她是个精明厉害的顾客，买东西比她的朋友们要少得多，而问题在于她没有足够的钱购买她想买的东西。

Chapter 12
抉择的时刻

　　"每天都有人登门要求罗尼参加议员或州长，乃至美利坚合众国总统的竞选。"南希一九六二年在给一位大学同学的信中这样写道。这位女友多年后还记得南希说过，"我们想来想去，犹豫不决。"

　　多年来，人们要求罗尼去竞选，先作为民主党进众议院，然后作为共和党进参议院。他为自己有同代人这样重视抬举而感到自豪，但他不认为自己适合当候选人。他把自己看作是"美国独立战争时的爱国者保罗·列维尔"，为人们敲警钟而已。

　　罗尼从一个城镇到另一个城镇，一次又一次发表演说，声嘶力竭地反对政府侵犯个人自由。他开玩笑说："政府像个婴儿——只顾满足食道和大胃口一端，对出口一端却不管它。"虽说是玩笑，他批评时的态度是极其严肃的。他参加了美国医疗协会反对总统肯尼迪的医疗补助方案的斗争；他出了一套罗纳德·里根录音带，警告听众注意公医制度散布滤过性病毒的问题；他继续他的反共活动，为弗雷德·施瓦茨博士的基督徒反共运动说话；他是"祈祷计划"的成员，那是好莱坞为反对最高法庭关于结束在学校做祈祷的决定，而掀起的一个运动。

罗尼为自己被选定为保守党候选人的热情的鼓吹者这一角色而感到极为高兴。由于他哥哥的帮助，他再次回去工作了。《通用电气剧场》取消后，尼尔曾去找他，为他介绍工作。尼尔所在的麦肯世界集团需要一个节目主持人，介绍他们联合企业的电视节目《死亡谷岁月》。"我想为他签订合同，"尼尔说，"但他什么角色都不想担任，我想他是不想干这项工作了。"最后，罗尼还是签了字，薪金同他从通用电气公司的节目那里拿到的一样多。

同年（一九六四年），罗尼拥戴的总统候选人巴里·戈德华特获得保守党总统候选人提名。在去参观南希父母冬天在菲尼克斯的住所时，罗尼常同亚利桑那的参议员谈话，赞赏戈德华特的直率、不妥协的保守主义。他还前去为候选人工作。他是作为加利福尼亚的拥护戈德华特的联合会主席去工作的。

罗尼是个热情的支持者，他接连六个星期到处奔走，每天发表几次演说。罗尼一时成了叱咤风云的人物。但是总统林登·约翰逊和民主党人有充裕的时间把戈德华特描绘成一个极端主义者和主战的鹰派干将，要是让他当了总统，会导致合众国走向毁灭。当选举临近时，戈德华特的支持率急跌直落，成了现代政治史上败得最惨的一位竞选者。

十月下旬，戈德华特不能到洛杉矶大使宾馆举行的集资会上讲话了。罗尼的朋友，一个共和党的大集资者霍姆斯·塔特尔要求罗尼在紧要时刻代替戈德华特出场。

要求罗尼谈论"理想目标"，就像要让比利·格雷厄姆讨论罪过一样。当他为大选周游全国的时候，他已经为他的演说准备了十多年之久了。他一次次、一点点地去粗取精，反复整理他所列举的每一桩奇闻轶事，每一件都检验过其结果与反应。一件件令人不能容忍的事，一件件骇人听闻的事，都经过多次的反馈。

听众中有些有钱的共和党人已是多次聆听罗尼的演说了，对他们来说，就像听凯特·史密斯唱"上帝保佑美国"一样，永远也听不厌。对罗尼来说，这正好是又一次演说，又一次迷惑听众。但这次讲话是号召泄了气的戈德华特支持者重整旗鼓，是要警告人们必须反对苏联的威胁。

"我们正在与敌人作战。这是人类从栖身沼泽，到进入宇宙星球这一漫长的进化攀登过程中，所面临的最危险的敌人。据说，要是我们打输了，我们就失去自由；然而那些坐失其大部分所有，却没有尽微薄之力去阻止事件发生的人们，历史将以极大的惊叹，记载下他们的无能。"罗尼用他那悦耳而恳切、热情而富有魅力的声音，说了这一席话。

"他们说我们对复杂的问题作了简单的回答。是的，也许是简单的回答——却是不容易的。假如你们和我有勇气告诉我们被选出的官员们：我们要让我们国家的政策建立正确的道德基础上的话，那我们就不能从炸弹轰炸的威胁中买得安全和自由。我们就对我们所说的在铁幕后受奴役的人们犯下了极不道德的罪过。放弃你们自由的梦想，因为我们愿意同你们的奴隶主们搞交易，以保全我们免受损伤。"

塔特尔坐在亨利·萨尔维托里旁边，他是个拥有百万以上资财的企业家，同右翼反共选民团、警戒方案组织搞在一起，是戈德华特竞选运动的财政部长。他们两个是美国最强大、最得力的保守党干将。他们正在物色一个候选人，在一九六六年的州长选举中同州长布朗进行较量。

"亨利，那是一个极妙的讲话，"塔特尔马上干脆利落地说，"让我们推荐他竞选州长吧！"

"啊！看在上帝份上，"萨尔维托里噗的一笑，说，"你不能推出一个演员来竞选州长！"

虽然萨尔维托里并不特别记得他作了这一评论，但他说他可能说过。许多加利福尼亚的保守党认为罗尼充其量是个茶余饭后的献演者和啦啦队队长而已。尽管如此，他作为募资人的潜在能力却是显而易见的。由于全州范围的电视播送，他的讲话挣来了很多的钱，所以州委会同意出资将其讲话在全国用电视播放。

一九六四年十月二十七日，"抉择的时刻"在全国电视中播放。在某种意义上说，这不是戈德华特竞选演说。在整个讲话中，罗尼对总统候选人只提到了五次，那是罗尼为鼓吹他自己的理想而做的一次讲演，因此讲话只是鼓舞了一下戈德华特保守党人而已，在竞选中别无他用。讲话论及关于美国经验的理想主义，对政府官僚中滋生的腐朽堕落表示愤慨，并相信所有美国人应该做的事是回复到更简朴、更传统的方式上去，情况才能复苏。

"你们和我要与命运相会于一地，"罗尼结束讲话时说，"我们要么把地球上最后、最美好的希望留给孩子们，要么判处孩子们跨上终将通向千年黑暗的一步。"

保守党知道，即使戈德华特走向失败，他们仍有新的走向白宫的勇士。在奥瓦索和密歇根，一群人成立了一个"里根竞选总统委员会"。

正值罗尼在全国收到赞扬和议论之时，在新墨西哥，他却被剥光上身绑在火刑柱上，一个印第安人挥舞着被俘者的马刀对他进行威胁。因为罗尼在向全国电视台发表演说，和在电视节目《死亡谷岁月》中扮演一个被印第安人抓获的骑兵军官的角色，都是同一天发生的事。当剧组人员准备靠近拍摄这个特写镜头时，管道具者的手往下滑落，同时罗尼肩上留下了一道小小的刀口。

"我在这儿流血，快要死了，你在什么地方？"罗尼问影片的宣传人员乔·桑特利。

"我进城去喝了两杯番茄混合酒。"桑特利说，他知道罗尼是在开玩笑。

桑特利迈着很重的步子回到城里的报社，写有关罗尼的报导，写他所受的伤和著名的讲演，对他的擦伤有某种程度的夸张。等到稿件在电台播放时，听起来罗尼像一头被刺了的猪一样流了大量的血。"我忘了告诉南希，"桑特利说，"她是从收音机里听见的。等消息传到她耳朵里时，好像罗尼已经被一刀子捅穿了一样。"

几天之内，戈德华特遭遇了当时极其重要的失败。他只获得了两千七百万张选票，而约翰逊总统则得到四千三百万张。

作为一个年轻人，罗尼曾经是开明和信赖他人的，但是他在好莱坞对付共产党人，和在戈德华特竞选活动中积累的经历，使得他成了一个用"他们"和"我们"来看待世界的人。"我们不想在刚刚结束的战役中，把保守党交付给那些叛徒。"在戈德华特只得到六个州的选票，而在选举中土崩瓦解后的一周，他对洛杉矶的青年保守党人这样说。在他看来，戈德华特是个牺牲品，最恶劣的诽谤人的竞选运动和那些应给予我们信任，而又大大背叛了的人的牺牲品。

被击败了的混乱的共和党右翼，发现里根是他们的一位新的英雄。塔特尔、萨尔维托里、鲁贝尔以及其他百万富商们，催促里根当一九六六年共和党的候选人，他们认为他可以击败那个象征开销大、许愿大的自由派的州长布朗。

"当有些混政治饭吃的人聚集在一起谈论罗尼当州长的事时，他们要我们到他们屋里去开会。"尼尔·里根回忆说，"他们怨他迟迟不决，把他从一边投掷到另一边。我说，我认为他能够当选。"

像罗尼回忆的那样，塔特尔最后找到他说，"你能同意不给我们以绝对否定的回答吗？还是好好考虑考虑吧。"

对像塔特尔、萨尔维托里和鲁贝尔这样一类人来说，政客们和候选人，甚至罗尼，都是孬种。"里根没有深邃的头脑，"萨尔维托里承认说，"但是我没有见过一个政客具有深刻的思想，他不是最聪明的有深刻思想的人，可我从未见过有深度的政客。我不知有何政客聪明机灵到足以经营我的企业，但里根却有这种可能。"

一九六五年春，四十一个富商组成了"罗纳德·里根朋友会"。他们以每年五万美元的款项，聘请了"斯潘塞－罗伯茨"政治咨询公司作为罗尼竞选的顾问。斯图特尔·斯潘塞和威廉·罗伯茨给罗尼摆出了一系列紧迫问题，并为他提供政治表演舞台。罗尼同意参加一九六五年六月开始的为期六个月的预选，他要待一九六六年一月获知是否得到足够的支持，要在预选中获胜后才能正式宣布参加竞选。

虽然罗尼表示，假如他的"朋友会"不能发动足够的支持，他将不参加竞选，但罗尼并不像他所表露的那般犹豫不决。当他到东海岸对全国广播工作者协会发表演说时，他就考虑到竞选问题。在返回途中，乘坐上等的纽约到芝加哥的二十世纪公司的特别快车时，他在车厢里与乔·桑特利说话。"我们真正想知道你是否参加竞选。"桑特利说。要是罗尼参加的话，《死亡谷岁月》就需要物色一个新的节目主持人。

"他们正在研究切实可行的办法。"罗尼仅给予一般性的回答，"只要办法是积极可行的，我将参加竞选。"

桑特利越听越感到罗尼有意参加竞选，在竞选开始之前，罗尼需参拍对二十六集《死亡谷岁月》的介绍。其中他参加演出的四集，要赶在他一月份宣布作为候选人之前就播放。

"要是我当了州长，你知道我要做的头一件事是什么吗？"罗尼问。

"不知道。"

"我要做的第一件事，老天爷！就是要赶走大学里的那个克拉克·克尔。"

似乎无人喜欢加利福尼亚公共体制大学的校长——那些右翼分子不喜欢，他们把大学看作是无政府主义、渎神和男女混杂的围栏小天地；伯克利的激进分子不喜欢，他们认为克尔是大学最大的出钱以讨得年轻女人欢心的人物，还认为大学把人们变成人类的国际商业机器公司的纸牌；甚至有些比较中间状态的政客也不喜欢，他们认为那个克尔是个政治上不称职的校长。

罗尼的讲话对选举团的政策而言是太粗俗苛刻了些。他谴责累进所得税，说那是"已被马克思说成社会主义国家的第一要素的东西。"他的顾问参谋们开始从大家所说的、那些使保守的美国人感到震惊的"演说"中，剪去大部分激烈的言词，于是，他与许多很右的人物的联系被切断了。

罗尼与右翼的约翰·柏奇会有来往。一九六三年，约翰·柏奇会的成员鲁斯洛在进入议院的竞选中失败，罗尼曾在其集资会上讲过话。鲁斯洛现在是该协会的全国公共关系主任。罗尼在一次加利福尼亚共和党大会的非公开的会议上说，鲁斯洛表示支持他。

罗尼曾经的一些想法可能显示他已经变得何等的敏锐机灵。但是，一九六五年八月，当他的讲话出现在报上时，并未让人们觉得他是精明的。

约翰·柏奇会支持他的这一污点，在整个预选中不断地折磨着他，竞选团参谋部已下令不得让罗尼与该协会的任何成员一起照相。

因为罗尼的极端主义者渊源和他的演员出身，州长布朗仅仅把他看成是最新冒出的加利福尼亚右翼狂人。布朗只花费力气摧毁罗尼的对手——前旧金山市市长这个稳健的共和党人的名声，给他脸上抹黑。

一九六六年一月，罗尼被宣布为候选人。实际上，几个月以前，他就知道他要参加竞选了。他坐在洛杉矶城里的斯塔特尔希尔顿酒店，面对一百五十名记者，他的两旁摆着他本人的六英尺高的画像。他的签字被复制后，印在闪着银光的、有二十英尺长的旗子上。在后台，乔·桑特利想到："南希是那么紧张、憔悴，泪水在眼眶里旋转，飞快走向墙的另一边，而在陌生的记者群中，仰望那副她最熟悉的面孔。她高兴得在心里笑开了。"

从那天起，里根夫妇便要过一种新的生活。对手们试图把他们的每一个失误扩大，把每一个小的污点说成政治脓疮。罗尼和南希两人都在好莱坞当过合同演员，被公关、导演、跟班、化妆师监视和保护过。他们知道如何待人和善于待人，但现在比以前任何时候都更严重了，赞助者的命运和里根夫妇的利益及他们所呈现出的形象更加紧密地连在一起了。

南希认为谋得一官半职，同成为一个电影演员是相似的，但她很惊奇地发现这与她在米高梅电影公司安逸的生活，极少有相似之处。"政治生活是一种完全不同的生活，"她后来说，"在影视界你多少能得到些保护——得到制片厂、制片人和其他方面的保护。但搞政治无论如何都得不到保护，不像演员，一个晚上只属于一个剧院的观众，搞政治的人总是属于所有人的。这一领域更宽广，更深透。人们给你写信，向你诉说心中所想的一切。每到一处决不会没有人前来提出问题。电影演员旅行和郊游，制片厂的工作人员经常在周围为你挡驾，还有一点隐蔽感，但搞政治就没有这种方便。"

罗尼灵巧、顺利地以多过乔治·克里斯托弗 64% 的选票，在一九六六年六月共和党的提名中，获得了胜利。休息几日后，里根夫妇去了马利布一个有钱的支持者的家里，那是太平洋帕利塞兹以北的一个独特的海滩城镇。

"我想要你去好莱坞取点东西。"南希对她的私人助手说。

"您要取什么，里根夫人？"那人心想，要他返回城里必有重要使命。

"我想要本特迪·怀特写的《总统的气质和条件》。"

尽管南希对竞选表现出自然的缄默，尽管不喜欢政治的那种汗臭与喧闹，但她已看出罗尼正朝前走去，前途不可限量。甚至在秋季竞选未到之前，她就雇了一位公共关系官员——她以前在米高梅制片厂宣传部门的朋友梅尔维纳·庞弗里，抽出部分时间来作她的新闻秘书。然后，马上就有人指责她，说庞弗里给了她一本《杰奎琳·肯尼迪》，不过这一指控很快便被否定了。

在竞选活动需要时，南希也出现在一群妇女中，参加茶点、集资会等活动。她只回答一般性问题，而避开个人方面的询问，但她很情愿与罗尼一同出征。他的"演说"，她听过几百次了，但她还是张大了眼睛望着他，就好像他在宣读一小时长的关于他妻子的奇迹的论文一样。有些记者报道说，她目不转睛的"凝望"是一种虚伪或者做作，对此她感到很受委屈。

保罗·贝克，当时的《洛杉矶时报》记者，后来是罗尼的新闻秘书。他说："她是保护她钟爱的幼兽的一只母虎。"南希随时保护罗尼的身体健康。早在竞选活动一开始，工作人员就知道，要是把活动安排得过于紧凑，早上叫醒他太早，或者到处游说，搞得太累，都会引起南希非同寻常的愤怒。无论工作人员对她个人有什么看法，他们从未怀疑过，她对罗尼爱情的真挚与深沉。

私下里，罗尼常常叫南希"妈咪"。罗尼曾叫他的妈妈为"内尔"，南希是第一个被罗尼叫"妈咪"的女人。南希则叫他"达切"，这也是她亲切地直呼其名的第一个男人。

在竞选表演中，南希竭力表现她有一个完美的家庭，这是政治礼仪的一部分。既然形象越来越具有关键性，即使情况不全是那样，南希也会粉饰出一个和睦的家庭。

有些工作人员感到南希尽力要让莫林和迈克尔远离竞选。既然莫林是家里的真正政客，她的情况倒有几分讽刺意味。她是早在一九六三年就写信给罗尼，要他参加竞选的保守党人。

此时，莫林已是一位酷似她母亲的少女——金发碧眼、端庄大方、美如雕塑。在保守主义信仰方面，她又可以和父亲相比。罗尼的这个大女儿，与其说她在父亲或母亲身边长大，倒不如说是在寄宿学校长大的。她显得抱有很大的自我怀疑，虽然她与父亲见面不多，但是莫林爱罗尼，深怕父亲被南希完全夺去，因此而惴惴不安。"南希非常爱他，"莫林后来说，"唯愿她是唯一爱他的人，这一点我理解——现实生活在干预，这完全是可以理解的。"

过着孤单的生活，是莫林的特征。"直至今日，一说再见，我就感到难过。"她说。

莫林十七岁时，进了维吉尼亚阿灵顿的马里蒙特专科学校。几个月后，她退学了。"我厌倦了在学院中生活和受训练。"她说。莫林在华盛顿的一个房地产公司谋得了每周六十美元的文书工作，在偏僻的第十六街租了一间阴沉的小房间。她没有把这些情况告诉罗尼。"我离开学校时，没有打电话给他，"莫林说，"我就那样离开了。他说，'我希望你不那样做就好了。'我说，'我知道。'他说，'好吧。无论干什么事情都要把它干好，人们是给你付了钱的'。"

有一天，莫林碰上了一个指挥交通的警察约翰·菲利庞尼，此人是意大利鞋匠的儿子，比莫林大十二岁，她居然和这个三十二岁的警察结了婚。对菲利庞尼来说，莫林是一个"失态而愚蠢的人"。一年后，她为此付出了代价，以离婚而收场。

莫林回到了洛杉矶，在她设法进入影业界时，她爱上了海军陆战队的一个军官，但这桩婚姻不到三年又告终结。"我不喜欢结婚"，几年后莫林说，"我不愿成为一个被人认为并不存在的人，我要一生做某人的女儿，不打算在我的余生里成为什么人的妻子。我是一个人！"

以她对政治的极大兴趣，加之又有演说家的一般才能，莫林应该有可能成为里根竞选活动中很宝贵的人才，但是她却被视为一大负担与障碍。

至于迈克尔，那是一个吵吵嚷嚷、嗜酒、出手大方以至愿给同饮者每人买一瓶酒的人。他很难使南希喜欢，也很难在选举中被竖在罗尼旁边。罗尼为迈克尔在亚利桑那州立大学求学缴了六个月的学费，但他离开了亚利桑那，进了洛杉矶瓦利学院，他的父母都没有给他提供帮助。为了挣钱，他到货车运输码头工作，但他也像他姐姐那样辍了学。他似乎在挣扎着。

　　缺了门牙的只有八岁的小罗恩还太小，对眼下发生的事情还不能理解。但比他大些的姐姐帕蒂，已开始感觉到政治对她个人生活可能产生的作用。而且，她准备公开确立她那开始形成的自由主义立场。根据她的老师诺曼·卡格尔提供的情况，有一天她穿着恰好合适的、黄褐色短袖圆领紧身男汗衫去了戴伊学校。

　　次年，即一九六五年，罗尼的竞选期临近，十三岁的帕蒂被送到亚利桑那的奥姆学校去读书。二百五十英亩的校园，就建在菲利克斯以北七十五英里处的一个四万英亩的活动牧场中间。那是一个崎岖不平的牧区，一百八十个学生早晨起床后，像牧场工人一样挤奶、喂猪、捡鸡蛋、做杂活。骑术和沙漠生存是帕蒂感兴趣的两门课。

　　帕蒂是马术队的五十名队员之一，四万英亩的牧场可供他们任意驰骋，像帕蒂这样的学生，既学西方的竞技术，也要学传统的表演骑术。一年有两次帕蒂要帮助把牛赶到一起：春天，学生们给牛马接种，打火印，给新的牛犊剪耳毛作记号。秋天，他们把牲口挑选出来到市场上去卖。但无论在校内或牧场内，规则都很严厉，在学校里，每晚都有人查床，教室及房屋各处每天早起也要检查。

　　许多像南希和罗尼这样有钱的美国人，都不愿付现金让孩子们受六十年代的纵容和过度行为的毒害。对于青少年来说，奥姆学校是想得到好的旧式的纪律教育的好地方。这里的环境对十几岁的孩子来说不是坏事，不是很差的成长方式。

　　南希对学校这一切仍不放心与满意，所以老打电话询问帕蒂的情况。"她是非常关心的。"校长，也是学校创建人的儿子小查尔斯奥姆说，"里根夫妇是保守的，并且越来越保守。我们学校是个保守的学校，但她认为我校还不足以保守到能抵抗典型的时代的造反热，也不能使帕蒂这样年轻的孩子，在五光十色、华而不实的好莱坞世界免受污染。但是时代和帕蒂的生活在一个不那么僵化的好莱坞世界之中，也引出了问题：那就是她与父母之间的紧张关系。"

　　帕蒂身材高瘦，脸色红润，十分好看，但她的脸常常沉着，显出烦恼痛苦的神情。她独自坐着，好像不愿让人们瞧着她。"帕蒂意识到她的父母正卷入

了政治，而她对此却只字不提。"奥姆说，"她对父母的权威，像正常人那样
反抗。但因为她那样反对父亲进入政界，所以对父母权威的反抗显得比较强烈。
这是他们之间关系紧张的部分原因，但不是唯一的原因。"

帕蒂认为她的父母同她的世界相距太远，所以大概无论罗尼干什么，她都
要与之抗争。一九六五年的感恩节，里根夫妇第一次去学校看她。罗尼和南希
把帕蒂送到奥姆学校，是为了让她远离他们认为俗不可耐的、不道德的、六十
年代的那个危险的世界。但是他们却看到那些他们公开表示可悲与惋惜，以及
私下表示害怕的东西，在他们的女儿身上都形象具体地体现出来了。

前来迎接的似乎不是他们的帕蒂，而是一个看不出性别的米莉·克里斯
蒂——浓密的头发分向一边，直垂到脸上，涂着黑色眼影和白色口红，穿着超
短裙。裙子是那样短，要是在几年以前，她会有被抓起来的危险。

罗尼和南希气得喘不过气来。"既然你们对这一切都看不惯，"帕蒂说，
"看看这个如何？"话音刚落，她将头发往后一甩，露出戴了耳环的耳朵。

罗尼没有再表现出气愤与困惑。"请帮个忙，可以吗？"他用安抚而幽默
的语气说，"在你切除阑尾之前，请通知我们一声。"

南希期望帕蒂能成为她上流社会的有教养的女儿。她不了解帕蒂到底要抗
议什么，她想要保护她，使她避开太平洋帕利塞兹那边严酷的现实。

一九六五年八月，在洛杉矶的瓦茨发生了一起大的暴乱。瓦茨这一黑人居
住区成了好斗的民权小组的血腥的象征。暴乱被平息之前已有三十四人死亡。
南希认为这些人曾获得了机会与自由，然而他们却野蛮地冲击了他们自己的邻
里。

她对那些使洛杉矶成为世界上民族种类最多的城市的少数民族了解甚少。
除了墨西哥城外，洛杉矶拥有世界大都会中最多的墨西哥裔的公民；除了在日
本本土以及巴西的圣保罗以外，洛杉矶的日本人也最多；这里还有除朝鲜本国
以外最大的朝鲜居住群；在西方范围内，这里的黑人也是最多的。

一天，当她坐车回家时，她的车被一列汽车挡在后面。她为参加竞选活动
搞得晚了。当高级轿车设法开到三十多辆车的前面去时，她发火了，原来阻塞

的原因是两个黑人在推一辆挡道的旧车。

"原来是这么回事。"一个乘客记得当送她的汽车加速越过那些被阻塞的车辆之后，南希这样说。

帕特·布朗曾经是一个有名的州长，他因为想连任第三届而将自己弄得很劳累。他企图把罗尼当作最危险的右翼激进分子进行攻击，但他难得有机会来反对这位装扮得又好心又鼓舞人的罗尼。

一九六五年夏天，当罗尼开始竞选时，他对加利福尼亚问题的了解，还像他对原子裂变一样一窍不通。但他宣读竞选书，并且很快站住了脚跟。在电视上，已没有比罗尼更好更有说服力的候选人了。他的外貌、发表的"演说"，都给人以良好的印象。新闻记者们和许多的自由主义者都喜欢罗尼。他们听他的演讲听了很多次，乃至自己都能照样演说了。但罗尼却一改单调沉闷的演说，在选区几英里外的选举车上，讲起了关于埃罗尔·弗林或是杰克·沃纳的故事。

罗尼的知识的贫乏，却仍然很尴尬很明显地表现了出来。

"罗尼刚刚步入政界，他还很缺乏经验。"亨利·萨尔维托里说，"有一次，他不知道那该死的运河和它的流向。另一次，他站在伊格尔河畔，却不知道自己到底身居何处，那是一个极大的州呢！"

没人给他事先简要介绍一下伊格尔河，这使罗尼感到愤怒。在公众面前他虽保持镇静，但当晚在汽车旅馆，他可就情不自禁地发作起来了。他拿起一盒史密斯兄弟咳嗽滴剂向窗户扔去，因用力过猛而打碎了玻璃。

帕特·布朗对伊格尔河知道得一清二楚，可是选举者好像并不注意这一点。一九六六年八月，盖洛普民意测验表明，罗尼比布朗足足多十一分而遥遥领先。民主党的主席罗伯特·科特气急败坏，发表了一份有二十九页的题为"看清罗纳德·里根极端主义者的嘴脸"的宣言。然而，甚至温和的共和党及民主党人，都不接受里根是危险的极端主义者的观点。当选举临近时，一切迹象表明，罗尼将不仅获胜而是获得全胜。

甚至在全力投入选举活动时，罗尼还抽出时间处理些小事。有一天，他的秘书凯西·戴维斯给他看了一封信。交信给秘书的人自称是写信人，一个在街角叫卖报纸的报童的叔叔，他说报童每卖一份报纸就说一句："请投罗尼一票。"两周后，罗尼告诉司机说："让我看看能否设法找到那个孩子。"虽然选举活动搞得很晚了，载着罗尼的小车仍在洛杉矶的大街小巷里穿行，直到最后找到了那个小孩。罗尼在高级轿车的后座里和报童谈了二十分钟。

在罗尼看来，美洲的确是一块福地，然而，甚至在他自己的国度里，政治如今也已充满血腥和积怨。三年前，肯尼迪被暗杀了，他当时的政治进程极其猛烈迅速。选举期间，罗尼的指挥部被砸了，文件被盗走了，这个事件就这样秘而不宣，马上被彻底掩盖了起来。他接到有关他人身安全的威胁。他认为伯克利和其他任何地方的激进分子，不都是假扮的儿童，他们是年纪很轻的男人和女人，许多人并不比帕蒂大，但罗尼认为他们的领导人是危险的革命者，是什么事都能干得出来的。他不是个胆小怕事的人，但南希和罗尼却都感觉到，步入公共生活之后，他便开始冒最大的危险了。

但是，在当选之夜，他们一点也没有去想这些。当收音机里宣布罗尼已经当选时，他们正在前去赴当选晚会的途中。"不可能就结束了，"南希宣布说，"我们还没有到会呢！"最后，罗尼以绝对的优势获胜，总共得到 993 739 张选票。

Chapter 13
州长和州长夫人

　　当一九三七年五月下旬那个温暖的春夜，罗尼驱车来到洛杉矶时，密西西比河以东的美国人，还认为加利福尼亚是一个遥远的海岛。对世界上其他地方的人而言，加州仍意味着电影、太阳和浪漫的异国情调。加利福尼亚的一千九百万人口使该州成了合众国最大的一个州。它的国民生产总值已经排名全美第六。

　　加利福尼亚使人感到它的繁华在望，它代表着将来。"代沟"在加利福尼亚已经开始出现。罗尼和他的同代人认为他们兴旺发达的中产阶层是加利福尼亚的代表。但是正值罗尼盼望他的就职宣誓典礼之时，那些穿戴打扮得稀奇古怪的"嬉皮士"却在旧金山一个叫"黑特－阿什伯里"的贫民窟里住下来了。几个月之内，数以千计的年轻的美国人，据说要搞个什么"爱的夏天"而汇集在那里。在伯克利，自由演说运动标志着在全国将要出现的，在美国历史上历时最长的一个群众性抗议活动的开始，他们不仅仅要获得爱与和平的许诺，还会有激进的游行及反对越战的示威。

　　那些为罗尼的当选提供了差额票的、不满的中产阶层和工人阶级的选民，对此并不比罗尼了解得更多，也不想去了解。他们只想回到他们关于将来的构想上去。他们要一个在越南而不在本土作战的，给道德、正义的人们提供繁荣的美国。在选举中，当罗尼许诺"治理好伯克利的脏乱龌龊"，并说"伯克利出现的性的狂乱，是那样无耻、恶心，我简直无法启齿"时，他们欢呼并报以热烈的掌声。

到了就职庆典的时候，罗尼在他们自己人中间尽情作乐，大搞排场。噢！这可不是一般的质朴无华的人们的就职礼仪，而是加利福尼亚前所未有的、最大的、耗资高达十万美元的一次狂欢。一九六七年一月零点过一分，在州议会大厦的圆形大厅里，罗尼宣誓就职了。站在当选州长旁边的是他的几个好友，其中包括现任议员乔治·墨菲，他曾经也是一名演员，在南希最难忘的《话说一个生客》中与她共同演出过。墨菲为罗尼打开了通向政治的道路。他是现代政治史上第一个被选为重要官员的职业演员。罗尼非常感激墨菲这位在《从军乐》中扮演他父亲的男歌舞演员。"喂，墨菲，在此，我们又旧戏重演了。"罗尼说。

这次完全户外的就职庆典，程序安排得太细致严密，使得有个记者想起了"三十年代米高梅电影公司的电影脚本"。因为安全的需要，当萨克拉门托州立学院的乐队演奏"美洲，美！"的时候，一架直升飞机在头上嗡嗡地盘旋，在州议会大厦的屋顶上至少有四个手持来福枪的警官站在那里。

自从南希在社交界崭露头角以来，还不曾有过这样的机会，在一个大型的就职舞会上显露她的风度和迷人的光彩。她穿了一件由洛杉矶年轻的服装设计师詹姆斯·加拉诺斯设计的、不同一般的白色斜肩长礼服。长服镶着像玻璃雏菊般的珠宝；她那深褐色的头发被做成了外膨的发型；耳朵上戴着绿宝石的耳饰；她有四十五岁，但看起来比实际年龄至少年轻十岁。

至于五十五岁的罗尼，看上去不会超过四十岁。他这个候补选手的起步一跳，正好在一连串联赛冠军队比赛中获得了致胜的一局。他没有在政府机关中任过职，但全国的宣传舆论界早已议定他是总统竞选人了。在他周围的赞助者、参谋、朋友们正在玩配着音乐的抢椅子游戏，他们想法接近他，想成为他不可缺少的人，能得到他的名声和权威的庇护。

　　甚至连罗尼的哥哥也忍耐不住了。罗尼的哥哥尼尔在选举中比其他任何人都卖力，但他和妻子贝斯却没有被邀请去参加某些宴会。尼尔虽没责怪他兄弟，但很生气。有一次里根的赞助者举办宴会时，尼尔坐在宾馆的酒吧间里喝着闷酒。

　　"怎么回事呀？"里根的一位助手轻快地走过时问道，"不去参加宴会吗？"

　　"没有邀请我们，贝斯还在楼上哭丧着脸呢！"

　　经过好一阵劝说哄骗，尼尔的妻子最后才算是下了楼，就这样，州长的兄嫂一起进入了宴会厅。

　　虽然南希因为想到要成为加利福尼亚州长夫人而感到高兴，但她却乐意搬到萨克拉门托以南的贝弗利山庄和贝尔艾尔之间的什么地方去。从加州中部谷地平坦肥沃的地域到雷丁和贝克斯菲尔德之间，南希不认识任何一个人。这一地域的大部分钱财都来自政治、农业和石油，南希身边的人常常把这三种商品和卑鄙下流联系在一起。

　　她即刻遇到的问题是要安排她自己，罗尼和小罗恩住到城里第十六街的州长公寓里去。假如南希是一八七七年的中部加州某个最富有的商人的妻子，搬进那富丽堂皇的、维多利亚结构的公寓大厦去，她一定会欣喜若狂。在当时，这栋有两层屋顶、钟形小阁的，饰有很多熟铁和意大利式窗户的四层楼的房子，是值得人们坐上马车去光顾一番的。但是，那是一九六六年，比大部分人开始欣赏维多利亚时期的衣物家具整整早了十年。南希一想到要住进这栋通风的、没有太平门设施的楼房里，就感到震惊与害怕。

　　十一月中旬，当伯尼斯·布朗引着南希看了这栋年久失修的公寓大楼，即将成为州长夫人的南希倒并不那么挑剔苛求。"很好，很漂亮，"当布朗夫人领着她通过楼上一间间房子时，她兴致勃勃地说，"我相信我们会很愿意住在这儿。"

　　但当只有南希、罗尼和他的两个助手去参观他们的新家时，南希却显得很沮丧。"火炉放的地方不对！"她说。几乎对每间房，她都要指手画脚挑出一大堆毛病来。再说她也讨厌这周围的环境：与州长公寓背靠背的是退伍军人的美国军团大厅，隔壁便是个加油站和一个旅店。南希认为这不是一个适合教养孩子的地方。

罗尼陪南希视察房间，他实际上什么也没有说。罗尼对环境倒不太在乎，即使住在拖车屋或是简陋的棚子里，他也会高兴的。因为他的政治参谋劝告他：倘使这房子对帕特·布朗和伯爵沃伦足够好的话，那么对一个要缩减政府开支的新当选的州长来说也是好的。

里根夫妇搬进了州长公寓，但对南希来说，这比住在外面的营房里好不了多少。糊在室内墙上的纸又旧又黄，枝形水晶吊灯和褪了颜色的红地毯，只需要再摆一个痰盂，这便是一个完整的从一八九〇年遗留下来的起居室的形象了。罗尼常穿着睡衣和浴衣坐在楼下，尽量用一条毯子围住肩的四周。但是，有一天南希和小罗恩听见火警警报响了，他们不得不慌忙跑出门外。南希坚持要搬出去，住自己租的房子。让政治见鬼去吧！快到四月份时，他们便搬出了州长公寓。

那些支持罗尼竞选的人，大部分并不指望通过什么立法给他们特殊的工业或生意带来好处。"里根获胜后没有什么义务，"萨尔维托里说，"我们不提出这类要求，这当然是难能可贵的。"

萨尔维托里和他的朋友们对罗尼的全部希望，是要他砍掉政府前进路上的树丛和荆棘，以便让营业收入在加利福尼亚的阳光照耀下成倍增长。他们也并不指望能被派到萨克拉门托捞个一官半职，待里根的任期期满后，他们对政府的日常工作也就渐渐失去了兴趣。

除了萨尔维托里，里根的智囊团还包括塔特尔，里根的律师威廉·弗伦奇·史密斯，帮助里根在《通用电气剧场》节目组谋得一个位子的塔夫脱·施赖伯，轮胎公司的经理伦纳德·费尔斯通，旧金山商人贾克林·休姆和小阿奇·蒙森，霍姆斯·塔特尔企业的副经理爱德华·米尔斯和退休银行家利兰·M.凯泽。他们出席每月召开的顾问会议，他们打电话与罗尼交谈，但他们都有自己的公司，都要去赚钱。

作为州长，罗尼将不会成为一个包揽一切的行政长官。他让职能人员去料理各自的事务。他的竞选活动主任菲利普·巴塔格利亚已成了高级行政助理，是罗尼的高级助手。巴塔格利亚是个成功的律师，一个聪明的青壮年派，他像是华盛顿人熟悉的那种又利索又圆滑的暹罗猫的原型。

经罗尼同意，林·诺夫齐格自称为"通讯部长"。保守的曾经是记者的诺夫齐格，对通讯广播的了解精透深刻，他就像大红杉树一样自负自大，这时，他已经同南希在闹纠纷了。南希同智囊团的二十三岁的秘书、文雅谦恭的威廉·P.克拉克之间的关系要好得多。他曾安排过里根在文图拉的竞选活动。

罗尼信任这一帮人，在重大决策问题上让他们提供意见，并让他们料理一般性日常工作。在好莱坞那些年，他就习惯让人为他办事，使他显得干练、稳重。当了州长，他还是这样行事。当需要做出重要决断的时候，他喜欢把一条条短小简洁、有选择的备忘录，清清楚楚地摆出来，这就是他所听到的东西。

布朗州长留下的欢迎罗尼的礼物，是一项使人震惊的，以前从未披露过的，在一九六七年估计为二亿美元的财政预算赤字。这样，一样保守的新任州长是不可能削减税收的，他得提高税收才行。他在上台的头三个月中，就宣布了三项引起争论和并不成功的平衡预算建议：他竭力用"收学费"来给州立大学压力，让学生至少得负担一部分教育经费；全面减少各系 10% 的课程并裁减四千名州工作人员。

每天傍晚五点或六点钟，一辆高级轿车载着罗尼回到他花了一千二百五十美元在第四十五街租的一幢都铎王朝样式的新住宅里。这幢新住宅有两层楼、十二间房。要是罗尼回得稍迟了一些，南希就会站在门口等候，用接吻表示欢迎。在不用参加政治会议和赴宴的情况下，罗尼会换上睡服和浴衣准备吃饭——要是运气好，还可以吃上通心粉和干乳酪。

南希对政策毫不介意，她的能耐不在那一方面。她只关心罗尼，关心罗尼的表情如何。她要严斥那些使他难堪和不快的人。罗尼刚上班不久，在办公室和一位记者谈话，而加州新任财政部长戈登·保罗·史密斯当时刚好在洛杉矶发表谈话，直接同罗尼在萨克拉门托所讲的相矛盾。

这时电话响了。

"哦，是我妻子！"罗尼拿起了电话筒。

"是，亲爱的，"他接口说，"是亲爱的……不，亲爱的，我认为他不至于那样和我对着干吧！正当我在萨克拉门托讲话时，他在洛杉矶同我唱反调，我们有必要在一起好好谈谈。"

对南希来说，在萨克拉门托的第一年，是难受的一年。南希讨厌萨克拉门托的雾和州里的政客们。但她尽量使自己忙碌着：州议会大厦一楼的州长办公室，从一九五一年以来就没有布置装修过，她开始着手改造，使它们像个样子，更能代表加州的风貌，也使她的丈夫有个更舒适的工作环境。

她把通向罗尼内室的厅堂重新铺上鲜红的地毯，墙上挂上描绘西方的加利福尼亚历史时代的名画。她还在罗尼的办公室悬挂起红色和白色的帷幔，给沙发套上套子。在他生日那天，特地摆上古色古香的桌子，她把家人的照片放在他的办公室里，把量瓶装上糖果放在桌上。

为了缓解一下因搬出州长公寓而引起的愤怒情绪，南希请共和党妇女们参观州长公寓，指出其缺点与不足，以求得她们谅解。她也要赴数不清的午餐、早餐和茶会，但拒绝发表谈话，她表示："对我来说，那样做是冒昧、放肆的。"她忙于接待记者或参加会议，除非有小罗恩同去的全家郊游活动，她是不轻易拒绝周末应尽的义务的。

把小罗恩从戴伊学校转出来使得他很难受，小罗恩被转到一间强调创造性技艺和基础的很小的私立小学——布鲁克菲尔德学校的三年级就读。不过，他是作为州长的儿子而被接纳的。

帕蒂也成了个难题，对南希来说这是操心的时候，帕蒂已经成长为六十年代赶时髦、个性别扭、难于约束的孩子。

南希还很想念那些洛杉矶的朋友们，她们都善于锦上添花博她欢心。在贝弗尼希尔斯的午宴上，南希是出了名的不破整钞的人。而她的朋友们都满不在乎：贝特西·贝蒂、玛丽·简和其他女士知道，她不像她们那样有钱。既然她现今已是加利福尼亚的州长夫人，花费点钱帮助她布置州长之家，她们同样也不在乎。租住的房屋要一些新的家具，朋友们送的那些她们送得起的东西，总共达二万五千美元。当然，那些家具全部可免税，日后将要归公，但这总归是为了南希。贝特西和艾尔弗雷德送给她一张能坐二十四人、价值三千五百美元的桃花心木的餐桌；马里恩和尼尔捐献了两张安妮式的皇后椅，和十二把价值三千美元的边椅；维吉尼亚·米尔纳送了价值一万七千三百六十五美元的陈设物，其中包括成了南希的心爱物的法国统治时期的果木树的柜桌。两年后，当房主要出售这幢房子时，南希和罗尼的朋友中，有十七人共凑了十五万美元买下了这幢房子，仍以每月一千二百五十美元的原价租给他们住。这事在水门事件以后的年代是很敏感的，人们认为这是一种恶心的纯粹金钱的交易。

南希喜欢她在太平洋帕利塞兹的房子，她感到高兴的是安妮还充任管家，看守房屋。但她也担心在安妮的休假日，狗可能喂不饱。据工作人员说，有个助手每周去一次洛杉矶专门喂狗，并在屋子里住上一夜。

"感谢上帝！周末我们能逃到贝弗利山庄去。"南希感到她简直非飞到南边去不可，因为"在萨克拉门托，没有人给她做头发"。有报道说，她曾在萨克拉门托的马格宁商店买过一次东西。然而，南希说："这里的一切都因那些谷地的农场女人而降低了等级。"

罗尼上任两个半月之后，记者招待会上有记者提问：什么是州长的立法纲领？"我可以向局外人请教，"他说，"是否有人能回忆起我说过的立法纲领？"

在职的第一年，罗尼至少能达到一个目的，他曾想革去加利福尼亚大学校长克拉克·克尔之职，他不留任何痕迹地把这件事办成了。大选几周之后，克尔选择了一个完全错误的时间要求州教育会议投信任票，由于罗尼威胁性地提议减少三千万美元的预算，克拉克·克尔就此完蛋了。

面对巨额财政赤字，根据州法律，政府有权平衡预算，罗尼的工作组搞了一个创纪录的一年五十亿美元的收入预算，包括增加税收十亿美元的计划。换上另一个保守的州长，可能对此狂叫大骂，以致失去一半的赞助者，但是罗尼在电视中和在记者招待会上的表现与反映却是出奇地好。

州长办公司里有些工作人员，因梦想进入白宫显得神情认真而紧张，他们憧憬着罗尼将在一九六八年的大选中有机会与总统林登·约翰逊竞争。这一前景已在各种出版文章中有所阐述。《每周新闻》说："东部共和党领袖现正嘲笑里根有可能被提名的议论，正如同嘲笑四年前戈德华特寻求机会被提名一样"；《世界报》说："女孩们也都知道加利福尼亚的有才艺、有前途、五十六岁的州长竞选总统大有希望"；《星期六晚邮报》的埃文斯和诺瓦克说："去年秋天竞选州长时，他屡次保证要点燃全国可见的'燎原之火'，里根的朋友与知己相信火已经燃起，并将照亮他通往提名为总统候选人之路。"

罗尼好像发现自己已经参加了，并走在举他的旗、奏他的歌的游行队伍中间。虽然他低估自己被提名为候选人的潜在可能性，但他仍在州外发表演说，花很多时间同全国的记者、编辑们周旋。许多东部的新闻记者把罗尼当作加利福尼亚的乡巴佬，但他能侃侃而谈国事，对他们来说却是一大新闻。一个对国内外事务方面的知识那么贫乏的人究竟能否当总统，这个问题却很少有人问起。实际上，他举行的记者招待会总是进展顺利，会后，记者们整理笔记，无不感到惊奇，因为他的讲话总是很具有说服力。

一九六七年九月十二日，罗尼撇开日常文书工作和其他萨克拉门托的事务，到了圣迭戈，住在科罗纳多宾馆。当一群非同一般的人物——他的一个高级助理和同僚一齐进入他的套间时，罗尼还穿着睡服和浴衣。

诺夫齐格曾是把这一组人聚合在一起的人物。他得知另外有两名罗尼的助手是政府中的一帮同性恋者中的成员。在诺夫齐格看来，刚毅的雄心壮志充分施展之时，应是光明幸福降临之日。要是两个被指控的同性恋者被迫离开，诺夫齐格相信，驱逐了在行政人员中最大的竞争者后，他为罗尼服务会更顺利。通讯部长同克拉克和其他工作人员讨论了这一情况，并对这一指控进行了调查。

"我的上帝！州政府要失败了吗？"罗尼问。他从未想到过在他的工作人员中，竟会出现同性恋者。他把同性恋视为一种疾病，把他助手的行为视为是对他们自己以及事业的背叛。当他听人说起在塔霍湖边小棚屋里的纵欲狂欢时，他感到十分震怒。

罗尼越听越感到问题严重，除了这两个人，还有关于对其他年轻人和政界人物的议论，有些人甚至是结过婚的。总而言之，在那个年代，同性恋者还未出现在公共领域，还在受到指责、羞骂甚至驱逐之时，这种事是极其令人讨厌与忧郁的。

次日，被怀疑的高级助手被迫辞职，接着又有人辞职，还有几个也离开了政府机关。群僚厌恶那些人，认为他们是对罗尼所主张的"诚实"这个基本原则的践踏与背叛。罗尼对这些议论听得很多，但像他经常在感情上感到复杂为难的情况下处理问题时一样，他撇开这些，使自己与现实保持一段距离，继续做他自己的事。

一个高级官员闯进离州府五百一十三英里外的一幢宾馆的房间里，向罗尼告发他一点也不知道的骇人听闻的事情。但他们仍像往常一样行事，照样授权和安排任务给他的工作人员。他让克拉克做高级助理，好像丑闻只不过是暂时的偶发事件。

九月下旬，当《每周新闻》的匿名新闻"老大党（共和党）高级官员竞选总统前景"和"潜藏的肮脏丑闻"刊登之后，事情便公开化了。

诺夫齐格认为事情免不了要全被揭示出来，便去找了三个加利福尼亚当地的和三个全国性的报刊记者，向他们讲了情况。十月三十一日，州政府最不希望看到的自由派新闻记者德普·皮尔逊在全国栏目上第一次刊登了此事。

为了减少损失与危害，罗尼可以一举宣布当事人的名字，但是他没有那样做。皮尔逊曾说，州政府明知其事，但却将那些同性恋窝藏达六个月之久。罗尼肺都要气炸了，他称皮尔逊为"骗子"。后来，他发誓，"要是皮尔逊来加利福尼亚，要是他不想被逮捕的话，他千万莫在地上吐痰。"

为了掩盖他所认为的肮脏的私人生活，罗尼对新闻记者撒谎，否定诺夫齐格泄露了此事。诺夫齐格很笨拙地泄露了天机，南希责怪他扩散丑闻，他没有得到原谅。他不再是罗尼的心腹，而这是他孜孜以求的。一连六个月，南希甚至没有同诺夫齐格讲过一句话，她终于使得他被解雇了。

尽管有丑闻发生，罗尼的几个助手和参谋，都主张他参加总统竞选。虽然罗尼后来常说，他没有准备当总统，但他还是让人们为喧嚣吵嚷的充满政治狂热的真正竞选，筹集了四十五万美元费用。

作为有可能当上总统夫人的女人，南希受到各种关注。她为自己是州长的妻子而感到高兴，但想到罗尼一旦当了总统的景象，她就感到发愁。倒不是她认为罗尼干不了那工作——她的罗尼是什么都能干得了的。

一九六七年三月，在华盛顿麦迪逊宾馆召开的记者招待会上，一个记者问南希想住到华盛顿来吗？"我从未想过这事，"南希说，随后发出一阵深沉的莫名其妙的笑声。一年之后，她又坐在宾馆的一个放下帷幄的房间里，其时，室外浓烟正滚向灰色的天空。在马丁·路德·金被刺之后的大骚乱中，六个街区的房屋在燃烧，南希比任何时候都更不愿罗尼去参加竞选。

同年春天，当时的《星期六晚邮报》的专栏作家琼·迪戴恩专程到南希在萨克拉门托的家里，对她进行访问。南希认为礼貌待客是最高的美德之一，她和认为礼貌比单纯新闻更为重要的记者们在一起，感到很自在。迪戴恩看起来彬彬有礼，南希带她参观自己的房子，还想办法把她介绍给拘束的小罗恩。

后来，到了五月份，南希飞往芝加哥进行三天的短期旅游时，她读到了最新一期的《星期六晚邮报》："漂亮的南希·里根——加利福尼亚州长夫人，站在萨克拉门托第四十五号街所租房屋的餐厅门口，倾听一位电视新闻记者说的想做的事情，她全神贯注地听着，她是一个非常专注的听众。"

南希笑了，然而，当她继续读下去时，她感到不解和受到中伤。迪戴恩把南希说成在"表演大约在一九四八年某些中产阶级的美国女人的幻想，这一幻想的布景，已装点就绪，每一个细节都正确……景中的每一个社交秘书、厨师都在微笑。"

南希摇了摇头，把报纸放下。"我想我们相处得不错嘛！"她说。然后她转向同伴——一个不会用那种方法写东西的社会记者，"听起来好像是陈词滥调。我喜欢人们，并且我认为除非有什么异样的表征，人们也是喜欢我的。同人们相遇，表现友好，这纯属礼貌，难道你认为她会更喜欢我大喊大叫吗？"

南希从不大喊大叫、暴跳如雷。她生气时，便去洗个热水澡，一面泡在水里，一面同坏人，是新闻记者也好，是政客也罢，进行想象中的谈话。她认为当今生活中有很多丑恶现象，她尽其所能避开那些丑恶的东西。她不理解那些"仅是出于好奇"去看那些激情和耸人听闻的电影的人们，她也不理解人们为什么要买粗俗、低级趣味的书，或穿透明的衣服。她被那些新的电影弄得心烦，因为她知道那是要影响人们的行为的。她认为到了该好莱坞自我检查的时候了，该出一些健康的东西了。

南希相信罗尼将是这个国家所需要的总统，但是她不希望他当总统。为了他，也为了她自己，她不希望这样。尽管如此，当另一个加利福尼亚人理查德·尼克松在预选快要结束时独占了提名时，罗尼的热心的支持者和雄心勃勃的参谋们，还是推着他进入竞选。这次会议，南希由于去料理其他事情，没有参加。这个加州的政治宠儿罗尼，听从了威廉·诺兰这位前参议员想要他以参加竞选而使提名公开化的劝告。

南希在等着与人会见时，从收音机里听到了罗尼的决定，感到大吃一惊。在他们婚后的生活中，罗尼作重大决策而不同她商量还是第一次，而且这是一个不好的决定。要是罗尼作为演员有这种不合时宜的选择，他一定会永远失业。尼克松在第一次决选投票中被提名。

当尼克松和他的支持者们欢庆胜利之时，罗尼和南希借了一艘游艇，巡游在佛罗里达南部狭长的珊瑚群岛之间。从那以后，罗尼再也不在没有与南希商量的情况下独自作重大决定了。

里根夫妇在家或乘坐州府的高级轿车过私人生活时，他们可能与帕蒂或莫林、迈克尔讨论以致争执一些并不愉快的事情。罗尼的大女儿在太平洋西南航空公司加利福尼亚航线谋得一个公共关系职位。对于一个在这方面毫无经验的中学毕业生来说，这的确是个很高的位置。多年来，她与家庭的来往甚少，但现在她却成了萨克拉门托的常客。在罗尼和某些工作人员看来，她是一个刺激的、敏感的、年轻的、经常需要有人注目的女郎。

　　莫林对事情有不同的看法。"当了州长，他较以前容易找到，因为他坐办公室嘛！"莫林说，"但是有点吓唬人，伙计，我要是去找他，最好是有要紧的事，他不这样认为，可我认为如此。过后我们用很长时间谈过此事，他说，'你不也很忙吗？'我说，'但我们忙得不一样。'"

　　迈克尔参加了赛艇竞赛，在一九六七年的全国赛艇环行中名列第五。"我这样做，是想要确定我自己的身份与地位。"迈克尔说，"当你要成就什么时是很难的，你全力以赴，成功了，于是人们都认为'有其父，必有其子'。"尽管如此，迈克尔的运动项目还需要商业担保人，并且他也是一个潜在的政治上的负担。

　　罗尼的前妻珍妮，也已成为一颗未被引爆的定时炸弹。她的事业已近尾声，并且有议论说她面临严重问题。据里根的私人助手说，在就职的头一年，罗尼曾帮过珍妮，但他的儿子迈克尔却说没有那回事。

　　在公众场合，里根夫妇表现出其家庭似乎可以被编写成"奥奇和哈里特"的演出本，但在隐蔽处却有不少暗流。在罗尼获得当年全国"父亲奖"的那天，他的工作人员接到南希打来的婉转的、歇斯底里的、极其秘密的电话；帕蒂从学校回家了，她留了个纸条就跑掉了，要找到她！尽快找到她，并且严守秘密，不得声张，这点至关重要。帕蒂在那天晚些时候回家了，工作人员得知，她是在抽烟被发现后逃走的。

　　要罗纳德·里根当好一个年轻的与六十年代的进程和理想保持吻合的女孩的父亲，可不是件容易的事。帕蒂信奉那种被她的父母认为是无政府主义的、毁灭的势力，而且在学校有关反对政府政策的宣讲会上，在课堂里，以及许多的流行书刊里，学生们了解到有一个隐蔽的美国社会面。当那民主被大企业、社团和五角大楼所操纵蹂躏，海外许多政府被美国中央情报局和美国商业的利益所控制或颠覆，学生们走上街头向美国的银行家抗议，反对征兵和轰炸北越。在加利福尼亚受过教育的年轻人和他们的父辈之间的一场文化之战正在展开，双方处于对峙状态，互不信任，充满误解。

　　如同帕蒂和州长的一些年轻的助手们所感觉到的那样，罗尼对大学生一无所知，就仿佛他们是从另一个星系上来的人。有一天他去圣克鲁斯大学，当他离开行政大楼，挤过两面夹击的学生时，一个漂亮的、碧眼金发的女生用亵渎的语言向他高声嘶叫，一直跟随到他的汽车边。当高级轿车开动后，罗尼转向助手，"她的眼里充满了仇恨，"他带着困惑不解的神情说，显然是被这个年轻女人吓坏了，"我真不理解她。"

罗尼认为"疏远"无异是一种逃避的新形式。他不理解为什么学生不安分学习，为什么不把那些颓废派、狂人和寄生虫赶出校外。学生们不充分利用摆在他们面前的这个世界的优势，这使得他很反感。对于这个被认为智慧存在于不智者身上，只有青年是善的标志的六十年代——这个无与伦比的时代，他竟一点都不理解。

伯克利的人民公园事件，是罗尼与这些年轻得宠的抗议者之间、"保守"与"反保守"之间的大的象征性事件。直到一九六九年的春天，人民公园内的一块长二百七十英尺、宽四百五十英尺的，靠近伯克利校园的空地还是属于大学的。嬉皮士、流浪汉和活动分子，在地上铺草皮、种花、加上滑坡沙箱，把空地变成了一个地区性的公园。尽管公园显得生机盎然，但这块地仍应属大学所有，并且大学决定在这块自己的财产周围加上篱墙。像大部分为财产所有权抗争的双方那样，大学与人民公园之间的产权之争闹得很不像话。在二月的学生罢课期间，罗尼已宣布过处于"极端紧急状态"，于五月十五日派驻警察二百五十名，将七十名嬉皮士和流浪汉赶走，筑了一道八英尺高的围墙。消息传开，很快就有几千人蜂拥而至，有的打开消防龙头，有的扔砖头。一名警察打了一梭子弹，另一名警察扔了罐催泪瓦斯。混战行将结束之际，站在附近屋顶上的一个年轻人被人号铅弹击毙，另一个青年被滑膛枪的爆炸气浪弄瞎了眼睛，一名警官被刺伤，其他六十三人受重伤，需要进医院救治。

罗尼并未直接对人民公园事件做出处理决定，他本可以使此事趋于平息，或至少可使事态缓和下来，但是，他也像许多闹事者一样任性与激昂。他在人民公园事件上看到了革命来临的先兆，他把穿花衣和留长发的人看成是乔装打扮的新的"列宁"和"斯大林"。

帕蒂在念高中的后两年里，也经受了这一切，她已经身高一米七七，整整比她母亲高了十公分。她有意像她们那一代人一样，在穿着上漫不经心。

"我是很反叛的，"帕蒂回忆说，"我想我这种感情是来源于对越战的反对。他对我很耐心，但六十年代有一条规律：只管往前走，不要听另一方怎么说……要改变我是很难的。报纸把他描绘成一个妖魔。那是一个非常容易被激怒的时代，他对时代激进化的回答也是用强硬的态度，所以很难奏效，有害无益。当时存在那样多的矛盾冲突，那样多的恼人事件。"

罗尼可以站起身，很有权威地对会上的报社编辑们说，"激进分子们头一次在反战运动中得到大多数学生的支持。"但是他不能够理解，那一代人中就有一个他所知道和爱抚的人，那就是他自己的女儿，并且南希同样也不了解她。

每当帕蒂从奥姆学校回到家里，据说她不把自己的烦恼告诉她妈妈，而是向她父亲的助理秘书迈克·笛弗的妻子卡罗林·迪弗诉说。卡罗林刚结婚不久，只有二十多岁，耳朵很软，富于同情心。

南希想把握住小罗恩，使他不要走向帕蒂的发展道路。她对他十分溺爱，还把他当成小孩子，异常娇惯。罗尼的一个助手一度怀疑这孩子能否成人。四年级后，南希把他从布鲁克菲尔德学校转到圣心学校——萨克拉门托城里的一所天主教学校。小罗恩在该校坚持待了一年，又转到萨克拉门托一所有钱人上的私立学校。她希望他像所有其他孩子一样，能乘轮流共用的汽车上学，但由于总受到危及生命的威胁，很快他便由一辆拆了标记的警车接送。

南希在她的自传中写过，她在观看小罗恩玩一种非正式的橄榄球游戏中，听到其他孩子说：里根在那里——让我们抓住他。"他从未对我讲过这事，但我实际上必须退缩，不去追赶那些孩子。"

"有时候，要是其他队发现谁是罗恩时，他们一定去追赶他，"学校的副校长、小罗恩的代数教师和垒球教练弗兰克·皮格纳塔说，"但是他的队友们对他很关照，因为他打球很卖劲。我记得有一次，我正补教练的缺，里根夫人特意来告诉我这件事以前发生过，所以我同裁判商量，在事态未变坏之前结束了这场球赛……"

"她尽量保护他。"皮格纳塔说，"这使得罗恩非常尴尬，他毕竟感到自己已经长大了，不需要这种保护了。"

小罗恩变得有点淘气，爱恶作剧了，碰巧南希看见了。南希偶然参加学校的一个集会，适逢一位公园管理人员作报告，他使用兽皮来阐明他的谈话。小罗恩像大多数男孩那样，不愿坐在母亲身边，他想法坐在离她最远的第一排。他眨了眨眼睛，伸出手去拿了一块兽皮，开始模仿起报告人的声音来。这位森林看守官转身一望，当场抓住了这个恶作剧的小家伙。每一个人——演讲者、教师、学生，除了南希外，都笑了。

尽管罗尼紧张忙碌，日程排得满满的，他还是尽力参与儿子的活动。他经常去观看小罗恩打橄榄球。有一次他去得很早，给球队提供热身训练。"他脱掉外衣，开始把球传给孩子们。"皮格纳搭边回忆边说，"大家都认为他了不起。"另有一次，罗恩班上的同学到州议会大厦参观时，罗尼把孩子们请到他的办公室里，而且使人感到惊喜的是他还请他们到家去吃午饭。

南希尽量在小罗恩从学校回来时赶回家来，她常把他弄进客厅，在表示赞许的记者面前亮相，或带他参加些社会活动。"我觉察到我受到特殊的待遇。"罗恩回忆说，"并非我的朋友们待我不同，而是成年人。他们总是出格地对我好，说上许多废话，他们总要问上一句：'你怎么样？我的孩子！'这多少也有点好处，因为这教会我小小年纪就识透了那些虚伪的谎话。"

在太平洋帕利塞兹度圣诞节之夜，罗尼全家都聚集在客厅里，为了新闻报道而装饰、修剪圣诞树，因为小罗恩和帕蒂是那样喜欢这个节日。他们很讨厌有人照相，并声言出去。"南希给他们递上一些礼品、装饰物，他们便把这些挂起来。"当年里根州政府的新闻助理，现在的《洛杉矶时报》专栏作家赞·汤姆森说，"那也真难为他们了，因为他们实在不喜欢这样做。"

有一年圣诞节，小罗恩厌烦摄影师对他的摆布，说，"走开，别弄我！"南希站在旁边被弄得目瞪口呆。

南希不同家人在一起时，则忙于官场工作和社交生活。从圣马特奥到华盛顿，到处都有集资募捐活动，慈善事业也遍布全州。她同罗尼一起去夏威夷、塔尔萨，以及参观加利福尼亚北部的奥罗维尔大坝。也有小小的有失体面的时候：当她命名一个小潜艇为"拉夫尼克号"时，向船身挥洒一大瓶香槟酒，当她挥洒到第五次时，酒瓶脱手摔破了。她参加茶会、丰盛的宴会、午宴和其他类似的活动。她去医院慰问病伤者。"作为一个医生的女儿，我总是习惯于去医院的。"南希后来写道。南希一生大部分时间都在回避肮脏龌龊，远离贫病，然而却常出现在退伍军人医院的走廊里，慰问那些伤病者。一九六七年的一天，在波莫纳的太平洋州立医院，一个叫乔治的患脑积水的小孩拉住她的手，握住不放。当她要离开时，南希和孩子都哭了。接着，她又在另外的时候去别的医院，同别的孩子一块哭泣洒泪，然后又去其他的医院。

南希常常乘车去旧金山这个最为标准的西方城市，参加午宴和其他活动。城市的社会名流望着洛杉矶，就像马车制造者望着第一辆汽车一样。粗俗人物会很快退出舞台，然而南希和罗尼却受到欢迎，他们是歌舞剧院的雅致装饰面，是社交日历上最负盛名的人物篇。《奥克兰论坛报》的社会版编辑罗宾·奥尔统计：尽管前州长来自海湾地域，里根夫妇参加城市的社会庆祝活动，要比布朗夫妇多。

这时的南希显得美丽清秀，一点不像她以前那样了。她曾是个丰满的大学女生，也曾是个诅咒扮演母亲和已婚家庭主妇的女演员。"从外表上看，她比以前瘦了，进入政界以前的那种温柔丰满的体形不复存在了。"《妇女时装日报》在一九六九年编年记，"南希风度独占鳌头"一篇中这样写道："总是打扮和穿得那样恰到好处，这些天她显得更漂亮。那爽朗、无拘无束的笑容，比以前更加迷人了。连非里根推崇者、专栏作家赫布·凯恩在今年旧金山歌剧演出开幕之后也说，'里根夫人的笑容，可使龙骑兵在二十步以外就得下马。'从情绪神态来看，她对扮演州长夫人这一新的角色，显得更加悠然自在。她对正在做的事很有信心，并将参与更多的事务。虽然她仍然愿意同贝弗利山庄的老伙伴们来往，宁愿住她那太平洋帕利塞兹的房子……但这些日子，她在萨克拉门托发挥的基石作用，似乎使她显得更快活、爱笑。"

南希的大多数朋友仍在洛杉矶，她到那里去做头发，买衣服，参加午宴，在贝弗利希尔斯的比斯特罗花园酒家和人闲聊。当南希来到西部时，贝弗利希尔斯还是个乡里乡气的地方。一九六九年，一个有名的高级意大利品牌专卖店——古驰，在这里的罗德奥大道开张营业。古驰开始在美国出名，是从总统夫人杰基·肯尼迪在纽约买了这个品牌的商品开始的。然而，古驰虽在纽约获得成功，但这里的很多人认为店里的东西太贵，太东部化，是为那些新迁来的少数洛杉矶人服务的。因此，古驰先生一定很快就要收起他的皮拖鞋和手提包返回到东部去。

开张伊始，为了打开局面，古驰雇了卡洛·塞洛尼——一个像他的商品一样奢华的年轻漂亮的推销员，他知道，要想在洛杉矶获得成功，店里不能单靠卖好的雌鹿皮的软皮鞋和体面的晚宴包。顾客穿上皮鞋，提着提包，应该像带了护身符一样显得成功、富有和有风度。要达到这一目的，他想法让电影明星和社会上的领袖人物穿戴使用他的商品。没有比州长的风度翩翩的夫人穿上他们的衣服更合适的了，所以塞洛尼打电话给南希，邀请她来光顾。

南希喜欢塞洛尼对她的殷勤款待：给她送来午饭，或拿出没有人见过的新颖款式给她看。她喜欢名师设计的适合她审美观的东西。由于南希和其他社会名流、明星的捧场，古驰把国际商场的各种专利货物运往罗德奥大道。

南希不止光顾古驰一家，她还常沿街去阿米莉亚·格雷的商店，从她初到洛杉矶起，一直是这家商店的常客。在马格林商店，她也有自己的售货员——多纳休小姐，一个不太露面的女人，她穿着像在法国柜窗里一样的色调柔和的衣服。多纳休小姐经常特别为南希留些东西，如在一组新服装中留一件刚好适合南希的苗条身材的衣服。

南希喜欢买完东西后和她的朋友们共进午餐，她可以整整一个下午都坐在比斯特罗花园酒家宴会厅里，同贝特西或者贝蒂或者玛丽·简在一起谈笑风生。

南希在加州，甚至在全国，都算是走在时尚前端的女性。很多服装设计师、慈善家和她仰慕的社会上有名声的女士，莫不对她献媚讨好。她的名字被列在一九六八年的最佳着装女性名单之中，还有一种玫瑰用她的名字来命名，并且被拍成长达一小时的彩色镜头，在全国电视节目中播放。但由于私人朋友的亡故，这类活动很快中断了。

一九六九年的春天，罗伯特（鲍勃）·泰勒病危。他抽烟抽得太厉害，好几个月来，南希听到鲍勃的干咳声，很为他担心。当鲍勃知道自己患有肺癌，准备前往医院治疗时，南希飞去同他和厄休拉待在一起。南希心善，身体也好。六月九日，她得知鲍勃还能拖几天，决定飞回萨克拉门托。那天，她离开屋子后，又转回去吻了吻鲍勃的面颊。

当她乘坐的飞机一抵达萨克拉门托，南希便接到鲍勃逝世的消息。她又赶下一班飞机返回了洛杉矶。"她接替了我的工作，"厄休拉回忆说，"我受到很大打击，是南希打电话通知所有亲友，安排料理后事，从衣柜里挑出衣物等一切事务都由她打理。南希不在万不得已的情况下，从不同罗尼有一天的分离，但是她同我一起待了好些天，并且照料我。"

帕蒂也前往医院探望过鲍勃，坐在他的床边。举行葬礼时，里根全家都出席了。罗尼讲了话，他声音颤抖，眼睛里闪着泪花，他讲述鲍勃的事迹，仿佛他还活着。

一周后，厄休拉二十三岁的儿子米歇尔也死了。"是用药过量，看来是药物中毒，"厄休拉说，"他正要入睡，一点也没有痛苦挣扎。在两起悲剧发生之后，我们收到了很多信，但帕蒂的信是最感人的。在我收到的所有信件中，帕蒂的信是最美好的。"

Chapter 14
"需要换换干净空气"

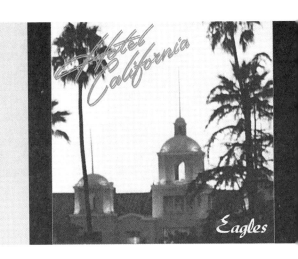

　　一九七○年劳动节那天，一辆汽车载着罗尼及其助手和一群记者，沿着公路向奥兰治县的集会市场驶去，罗尼正在此进行选举活动。奥兰治是罗尼的坚实领地，它于罗尼，犹如南波士顿之于肯尼迪家族一般。

　　对自由媒体来说，奥兰治县这个名字是乡巴佬、保守反动的标记和同义语。在洛杉矶之外的这块地方，住着不愿为共同福利和公益事业缴税的、有抱负的中产阶级美国人。当罗尼刚到加利福尼亚来时，这儿遍地是桔林，现在都被砍伐一空，而代之以一里接着一里的大片林立的楼房、商场、加油站、快餐店，不一而足。

　　《纽约时报》的一位记者朝外望着，看见一栋栋小巧的、用泥灰粉刷过的、有游廊的平房和车道上停着的老牌的福特汽车，穿着短裤的女人……看见像铺着地毯一样被阳光晒得灼热的高速公路，和道路旁墙垣毗连的建筑物。罗尼从同一窗户向外望去，映入眼帘的是美国前所未见的伟大的奇迹：二次大战后，数以百万计的普通的美国人，勤俭储蓄，买房置产，有了发家致富的地盘，那些单个的小门庭是他们经济上成功的证明。在美国，每一个人都可以通过经营上升为中产阶级。无疑，桔林曾经是美丽的，但在罗尼看来，人们可以从佛罗里达买进桔子，在这里建更多的房屋，还可以修另一条高速公路。

靠近集会市场，一个劳工领袖因出席的人少而表示歉意。劳动群众不出来参加这些用他们习以为常的方式举办的劳动节的庆祝活动。

"你们年轻人大概不记得了，"罗尼对劳工领袖们说，"但是，当我年轻时，高尔夫球乃是那些女人气的、有钱的男人们的游戏；划船、溜冰、骑马也是那些人喜欢的运动。可现在，这些都成了劳动者周末的娱乐活动，因此用不着去参加劳动节的野餐了。"

罗尼在第一届任期内，从某些方面说，是在进行职业训练，学习如何同立法机关一道工作，怎样以及在什么地方妥协。现在他与莱塞·昂鲁，一个矮胖的州议会下院的发言人对峙。昂鲁看起来像一个古典的美国政客，像《金石盟》中的小人物。这个粗暴、精明老练的政客，却喜欢搞交易，搞甜言蜜语的政治交易。他是一个有才能的、忠心的立法官。但是同罗尼——在电视上经常出现的，仪容像保守的、用散文诗歌唱人民、歌唱勤劳、敬畏上帝、无可指责的人民的诗人沃尔特·惠特曼一样的罗尼，昂鲁是无法比拟和匹敌的。

"我们被指责，被咒骂，被贬低，被干扰，直至产生自怨自艾的负罪情结。又被那些以照事实讲话为荣的、我们的子女们的指控夹攻。"他这样告诉商会。"是的，我要提醒他们——实际情况并非这样。至于我们这一代人，我没有什么要道歉的，在整个历史上，没有人为自由付出过这样高的代价，没有人为提高人的尊严做了那么多工作，……我们被称为物质主义，也可以这样说——但是我们的物质主义已使我们的孩子们成了最高大、最漂亮和最聪明的一代美国人。因为疾病的减少，他们将活得更长些，他们将学得更多、见到更大的世面。在实现他们个人的梦想和抱负方面，因为我们的'物质主义'，他们比在历史上的任何时期，都将取得更大的成功。"

在一个失去正义感的国家里，罗尼是一个没有罪过的人。其他美国人，他们的孩子们逃离家庭，违背父母的梦想，反而控告他们，而他们茫然不解自己错在哪里。罗尼不是这样，他理解那一般小镇的中产阶级的自我奋斗，爱国主义等道德品行，尊重他一贯认为的狭隘的观念。其他美国人追求富裕的彩虹，乘船宿营，买彩色电视机，把全屋都铺上地毯，借从未借过的大宗金钱，同时常年为他们的将来而担忧。罗尼也不这样，他对失去控制的消费不感兴趣，他相信人民值得享受那些东西，因为人民为创造它们而工作，他们应该做更多工作，并享用更多的东西。其他美国人在电视新闻中看到一个受了重创的、被流血和死亡充斥的越南，他们对这场战争含混的道义感到怀疑，而罗尼决不这样，他认为参与这场战争是庄严而高尚的事业。

他在选举中所侧重的一些基本问题，使他远离了某些加利福尼亚更为棘手的现实：税收，政府的规模，州立大学的经费，法律，治安，环境，建立州的经济体系等。正如同纽约时报记者史蒂文·罗伯特所写的：罗尼没有关注"贫困，贫民窟，疾病，歧视或职业教育，公平正义。"

罗尼领悟到了他非常热爱的这个国家的一个伟大的真理：美国的未来有赖于人民对自己和国家有乐观主义的信念。国家经济依靠人民通过购销与借贷表明信赖；此外，民主也依靠人民自信及对政府的信任，对所有有关日常生活中的规定与政策做出积极的反应，与人公平交易，交纳税金，履行应尽的公民义务，加强与社会组织的联系。

"当今这个我们知道的世界，看起来好像越来越脱节。"他在奥兰治县的零售商品店员国际协会的年度劳动节野餐会上这样说。上一次选举，罗尼在工人阶级的民主党选民中的工作做得不错。那些男女劳工把美国大型农业联合企业的产品——冰冻肉馅饼、佛罗里达的桔子、面包、冰淇淋、汽水和一排排的谷类食物贮藏在货架上。劳工们要为自己、为他们的孩子们得到美国梦想中的属于他们的一份，他们抬头望着罗尼，并且听得很出神。

"我有一个新的消除烟雾的办法。"他说，"停止烧毁学校！"这些店员们没能从加利福尼亚高等教育免费制度中得到好处，看到大学生们在街上横冲直闯，他们中的许多人怀恨在心。"这些年轻人要三个政党：一个掌权，一个在野，另一个继续向萨克拉门托前进。"

"纳税者最大的家庭支出，是在福利事业方面，并且福利支出的增长比税收的增长要快得多。"他说，"我还相信有占相当大百分比的人利用我们的漏洞占便宜……让别人花钱，他们增加收入。"

罗尼所讲的听起来似乎都有理，把那些懒鬼踢出去，不让他们享受福利，把那些"小鬼头""怪物"和"胆小的法西斯"赶出学校。减轻税收，让人民自己行事，事情一定会好办，他们甚至很了不起。

罗尼是个特别出色的竞选者，他耗资比昂鲁多一倍，他比对手多得五十多万张选票，以52.9%的支持率获胜。

在美国的生活中，正如弗·斯科特·菲茨杰拉德所相信的那样，要是不存在两幕剧的话，生活便总是一系列的独幕剧。一出戏与一出戏没有关联，人们换个工作，换个配偶，又继续生活。罗尼在填写州长履历表时，没有提及曾与珍妮结婚并生了两个孩子。至于南希，她在她的传记开头写道："南希·戴维斯·里根，生于芝加哥，洛亚尔·戴维斯医生及夫人的独生女。"

然而，"过去"往往有门路闯入你的生活，就像麦克佩斯的宴会上出现的鬼影一样。在新泽西州东部，南希的生父肯·罗宾斯已走近他生命的尽头。他的妻子帕齐去世了，他正变卖房产偿还债务。"医生上周告诉我，我应该加入退休人员俱乐部，并且要去见见人。"肯在一九七〇年五月二十日给他的侄女凯思林·杨的信中这样写道，"我在这里非常孤独，这真可怕。六个月前，我的老伴帕齐离我长逝了。"

一年多以后，当情况更糟时，凯思林决定与她的表姐南希联系。凯思林回忆道："肯住在医院，帕齐又已死了，我不知道该怎么办，我不能分身回那里帮他的忙。我想法抓住南希，我给共和党打电话。我说，喂，我是南希的表妹，我什么也不要……他们叫我打电话给州长办公室，我打了，和秘书通了话，并告诉她关于肯的情况。我要求南希接电话，秘书说他们将打电话给我，但是他们没有回电话。"

一九七二年二月二日，肯·罗宾斯去世。

南希不仅想尽量忘却早年的很多时日,并且还想忘记她少女时的许多经历。在纽约和洛杉矶的剧团和电影业,同她的同时代人相比,她过的远非那种刻板的生活。而今,南希的道德观念是那般的顽固与不妥协,就好像她是在修道院里长大的一般。虽然罗尼已签订了一个法案,批准堕胎合法化,而南希认为堕胎是一种罪过。"无论对与错,这是以主要人物而开始的一个运动,他们说,这是最简便最容易的事,在性问题上可以为所欲为,而不用负什么责任——我完全不同意这种说法。"

她同妇女解放走的不是一条路。

"荒谬可笑,"她这样抨击此事,"她们打算以成为不幸的女人而告终。"她对"小姐"一词的新用法,或者是结过婚的女人开始保留少女的名字很不理解。"我一生中最幸福的一天,就是由戴维斯小姐变成了里根夫人的时候。"早在二十年前,当她在电影公司填写履历时,她写过,她最怕的是虚伪、庸俗……思想和身子不干不净以及抽烟。像许多她那一代的女人一样,从小到大,她都相信外表美好与否是一个人性格好坏的可靠的标记。她把风度、爱好归入到了道德的范畴。她可以这样说,正如同她在一九七二年六月四日的"萨克拉门托联合会"每周问答栏中所写的那样:"我想我们忘了每个时代都有它的爱好、风尚……我承认我讨厌穿牛仔裤和留长头发。"但是,当她看见自己女儿又直又长的头发和牛仔裤时,她的看法却并不那般哲理化。在她看来,帕蒂的衣着,只是表示她过着反抗社会规范和尺度的生活而已——充其量不过是无政府主义的东西。

南希痛恨淫秽、猥亵的语言。"听到人们使用某些他们知道会引起情感冲动的、带刺激性的语言时,我恶心到了极点。"她写道,"站在女人的立场,当我听到学生们喊叫出那些污秽的言语时,我简直吓坏了。"她还对一个会见者这样说:"我想起了希特勒的青年运动。"

南希认为,那些年轻的反抗者是些稀奇古怪的、可怕的、代表她所憎恨与害怕的无礼的一伙人。在罗尼州长任职届满后,碰巧她去旧金山地区一个集资活动处。那天她的汽车司机与陪伴者是丹尼斯·亨特——一个漂亮的公共关系官员，也是里根夫妇热情的敬慕者。亨特对海湾地区不甚了解，当他驾驶着格拉那达通过伯克利时，他一边寻路，一边认真听南希讲话。

"你知道的，在曼森家族连环杀人案发生时，他们威胁州长说将送给他一颗被杀者的头颅。"南希是在小车快速穿过大学区域时说这番话的。

"恐怕我是迷路了，里根夫人，"亨特说，"路很远，但我们能到那儿。"

南希朝外望着伯克利，这是一个她丈夫认为充满政治丑闻和道德卑劣的城市。她往后挪了挪，把所有的窗了都关上。"你不知道，"她说，"你哪能知道，说不定什么时候有人认出我来。"

在萨克拉门托，南希举行茶话会并与人会晤，以州长妻子的身份进行日常的政治联系。里根夫妇只要可能，经常在星期四晚离开萨克拉门托去他们在太平洋帕利塞兹的家，逗留到星期一返回。

南希的朋友群已成了洛杉矶一个非常固定的群体，马撒·莱尔斯和玛丽·简·威客，是南希的故友。罗尼的秘书威廉·伦奇的妻子琼·史密斯，是新近光顾的朋友，而秘书则在罗尼入选州长时就是南希的好朋友了。威廉·威尔逊是罗尼的参谋之一，而南希又与贝蒂——威尔逊的穿着讲究的妻子很亲近。随后几年，里根夫妇很高兴飞到墨西哥，在威尔逊的牧场和庄园住宅度周末。在那儿，贝蒂在松弛平和的气氛中用上等的食品款待他们。

南希另两个朋友，是罗尼多年前遇见过的、以前的电影演员。简·布莱恩是与罗尼在一九三八年的影片《试用期的姑娘们》中一同演出时认识的。那还是在她与贾斯迁·达特结婚之前。达特的前妻是一家杂货店的女继承人，他也成了罗尼的参谋和经济上的资助者之一。博妮塔（"邦尼"）·格兰维利是罗尼的另一个老演员朋友。她的父亲曾是齐格菲歌舞团的明星，并且邦尼七岁时就到了好莱坞因在莉莲·赫尔曼的《三人行》中的出色表演，她在十二岁时就获得了奥斯卡金像奖最佳女配角的提名。在她退休持家之前，邦尼已参加了五十五部电影的演出。现在她是南希的朋友，同一个在石油、娱乐、房产界的大亨——杰克·雷瑟结了婚，此人是罗尼的又一个顾问。她同他共同制作了电视系列片《拉西》。这两对夫妇同威尔逊夫妇一起成了蔡森饭店的常客。

弗吉尼亚·塔特尔与罗尼同路回来。一九四六年，当罗尼从她丈夫霍姆斯那儿买福特汽车时，他们见过面。弗吉尼亚曾在为里根竞选州长而设立的办公室工作过。州长选举获胜后，弗吉尼亚和霍姆斯在他们的家里，为里根举办了庆祝会。塔特尔夫妇在秋季舞会上，把里根夫妇介绍给马里恩和伯爵乔根森。乔根森伯爵，这位钢铁大王，也成了罗尼重要的顾问。他同艾尔弗雷德·布卢明代尔作为委员帮助罗尼挑选他的第一届班子。马里恩是个漂亮时髦的女郎，戴着漂亮的帽子，穿着典型的加拉诺斯长服。

贝特西·布卢明代尔和南希一起带着他们的孩子去宿营。在罗尼连任期间，南希与贝特西来往甚密，所以罗尼的新闻秘书保罗·贝克认为贝特西是"南希最好的朋友"。尽管贝特西有了三个孩子，但体形和风度宛如少女，穿八号服装非常合身。她所热衷的是宴会和衣着。她在"同仁会"中售卖衣服以尽微力，但她更愿意在比斯特罗和南希喋喋不休，消磨时光。"她迷人，是一个生气勃勃的人。"一个仰慕贝特西的人说。另外一个熟识的人把她描绘成"在上流社会属于身材过高、严格、古朴、黄瘦、喜欢寻欢作乐的女人。"

南希和贝特西坐在一起，像少小无猜的密友般亲爱。她们都认为两人之间的友谊提高了彼此的地位。贝特西与丈夫艾尔弗雷德于一九四六年结婚，她的丈夫发展了"大莱俱乐部"，俱乐部为会员们提供一种能够证明身份和支付能力的卡片——大来卡，这让他赚了数百万美元。

贝特西的一个朋友叫杰姆（杰里）·齐普金，他是安妮特·戈尔茨坦和戴维·齐普金的儿子。杰里的父亲在纽约房地产中发迹。杰里上过普林斯顿大学，但没有在他一九三六年上的那个班级读到毕业。走进萧条时期的社会，除了金钱，什么也不能保护他抵御厄运。他到了加利福尼亚和欧洲，开始走上认真去干别人认为琐碎无意义的事业的人生道路。

对有些人来说，杰里好像不过是个鼻子朝天的人而已。但杰里确有风采和吸引力，而且是个最文明谦和的朋友。老迈厌世的小说家萨默塞特·莫姆就是经常喜欢同杰里结伴同行的一个。莫姆的传记作者特德·摩根想到，这位英国作家可能会以他这个美国朋友为原型来创作他在《刀锋》一书中的势利小人埃利奥特·坦普尔顿这一人物。

一九四九年，杰里到莫姆在里维拉的家里看望了莫姆。之后，这位小说家写信给他的情人艾伦·塞尔，谈到杰里"完全在疯狂地花钱作乐"。"我们要阻止他在所到的商店买下许多东西是极其困难的，"他写道，"就这样，他返回时买了一大堆古玩、衬衣、套衫，这些东西中的大部分在纽约只要花一半的价钱便能买到。但由于他在帕克大街占有的不只是一套而是成排的公寓，所以我认为，这就没什么要紧的了。"

当贝特西把南希介绍给杰里及其社交圈子里的人时，南希简直给迷住了。对那些无法消磨空闲时间的有钱的太太们来说，他在那里有着异性的温和，经常是很有趣的。他喜欢极度愉快的时刻，他追求这种时刻，就像那是珍贵少见的彩蝶一样——他网住它们，把它们拴在自己的记忆里，然后又去追扑新的。然而不论他走到哪里，无论舞宴多么辉煌，宴席间谈话多么投机，他总要流露出某种不快，就好像一切都不怎么对劲似的。

"杰里就像巴尔扎克小说中那个总是很了解内幕消息的人一样，"里根的一位亲密朋友说，"他不是那种你能攀缘得上的人物，他用好同伴的方式来照料人们。贝特西和杰里两人都很忙，南希对那些兴味索然的人是不能容忍的。"

望着南希、贝特西和杰里，有些社会知名女士认为南希的两个朋友在重新造就她，给了她以前所缺少的那种风度以及机灵和圆滑。但是南希已把最好的衣服开了一个单子，她的朋友们只需要帮她在已有的基础上提炼润色罢了。杰里关照南希，告诉她该穿什么衣服，接见什么人，以及该办什么事。南希深爱罗尼，但她不能在花园酒家的午餐上，同他一起窃笑比尔·布拉斯的新戏，或者中伤某些在角落里讲着妙语的古怪的主妇。对南希来说，花园酒家绝不是一个灰暗的政治领域，而是一个轻松漫谈和甜蜜的情感交流的世界。

通过贝特西和杰里，南希结集了一群时髦的青春年少的陪伴人员。她的其他朋友不能理解她怎能有那么多时间和他们在一起厮混。"在她周围有一帮疯狂的人，"伦纳德·施皮格加斯说，"他们那样令人感到困窘，我非常喜欢南希，但是我发现她的朋友荒唐可笑，实在荒唐！花许多时间同贝特西·布卢明代尔在一起，是可想而知的。"

这种生活对罗尼和他的政治生涯是有危险的。像威廉·F.巴克利那样的保守的专栏作家沦为一个知识界势利小人，是一回事。的确，谄上欺下的人，差不多都是博主子欢心的。但如果加利福尼亚州长的妻子成为社会上的势利小人，那就是另一码事了。罗尼的职能人员担心南希与这类人的社会交往会得罪选民。

南希的一些朋友的生活作风，将会引起迪克森理发店的小伙子们玩味深思。根据维克·摩根的证词，一九七一年，她十七岁时就和五十三岁的艾尔弗雷德·布卢明代尔私通。布卢明代尔是他那一群人中的社会台柱，据说喜欢揍他年轻的情妇。"十一年前当南希看见我和艾尔弗雷德在一起时，她曾对贝特西透露有关我的事情，"维克·摩根一九八二年这样告诉《洛杉矶先驱检查报》，"艾尔弗雷德是和我一起去吃午饭时被南希看见的。"南希否认知道此事，要是她不这样做，在贝弗利山庄的贝特西纳一群人中，倒是反常的。

一九七五年摩根小姐结婚了，对贝特西来说，似乎艾尔弗雷德回到了夫妻生活的乐园，可是在后来的年月里，他仍继续保持着与摩根的那种使贝特西蒙受羞辱、使南希和罗尼也难堪的暧昧关系。

在罗尼连任州长期间，他完全沉湎于自己的工作之中。他是个很好的父母官，他满怀信心地工作，而这种信心是他以前缺少的。往后几年他将努力取得一系列惊人的巨大成就，刷新州记录。罗尼现在独当一面，是一个大的州全盛时期的州长。他要消除集体的和零散的黑势力，使靠福利过日子的那些人得到转变，清除当时当地政府中的官僚主义，打击犯罪和无政府主义的罪恶团伙。

罗尼有权为他的某些措施造舆论，民主党控制的州立法机关也有权吹嘘。州长利用立法机关取得了很多改革的成功。加利福尼亚一九七一年《福利改革法》是罗尼诚实地将理想变为法令的表现。罗尼的工作人员积极主动地与州立法院发言人鲍勃·莫雷蒂商讨，一面严格清除作伪享受福利的人，一面为真正需要者提高福利待遇43%以实现改革方案。

　　罗尼的某些纯理论的东西，不得不让位给实用主义。他曾发誓缩减州政府开支，但是人口仍向加州涌进，他所能做的便是放慢州工作人员的增加。他就职时的在职工作人数为一十五万八千四百人，到卸职时人数已为一十九万二千四百人。尽管他在竞选中一再保证，可是他创造了这个州历史上税收的最高增长率。州预算翻了一番多，他上台时为四十六亿，下台时已增至一百零二亿美元。同时，加利福尼亚财产占有者在减免财产税的过程中，口袋里多装入了四十亿美元。至于罗尼对犯罪严厉打击的保证，尽管他欲达目的，签了四十个法令条款，但杀人者却倍增，武装抢劫有增无减，达到了更高的比率。

　　罗尼曾抽出他的宝剑，想砍去政府部门庞杂的支出，但有如住宅山后的矮灌木丛，越砍越长。他想过要是把那些一贯干得不好的人一脚踢开，不给福利，而让福利领取者出去工作，那么领取福利金的人数就会大大减少。但是未结婚的和被遗弃的母亲、病人、文盲，仍然充塞名单。无论有无罗尼，那些人依然存在。那是美国令人忧郁的薄弱的一环。

　　南希为罗尼而骄傲已到了无以复加的地步，她为他受到批评感到愤怒。一九七一年，罗尼的一九七〇年的加利福尼亚所得税缴纳情况被泄露给报界，州长未付所得税一事得到揭发。在列举工作过失时，罗尼不得不承认一九七〇年或另外一年没有缴税。像大部分富人那样，罗尼也抱怨税收太重，但普通劳动者估计他没有像其他富人一样缴纳税金。每隔几年，美国人都会为某政客、某企业、某个大人物不纳税的新闻而惊讶，而冷嘲热讽。但在一九七一年，大部分美国人都还未觉察到：会计师们已成为生意经、诈骗术的能手，他们为逃避税收和工作过失掩饰修补，使得罗尼及其朋友们用不着把他们应缴的钱投入山姆大叔的金库。一切都可以合法化，罗尼有律师和会计作证——但这却使某些人激愤不已。

　　南希因"肮脏"的政治"深受伤害"，所以她希望罗尼不要再谋求官职。尽管如此，"我仍基本相信那些不是政客的人，应该去搞政治。"她于一九七一年这样对萨克拉门托的电视台说，"我坚信这一点：整个社会需要换换干净空气。"

南希继续保护她的两个孩子免受颓靡的公共生活之害。一九七〇年，帕蒂进了伊利诺斯州的西北大学，在校时对写作发生兴趣，但只坚持了一年便回到西部，转入南加利福尼亚大学学习戏剧，三年级学完又离开了。帕蒂是六十年代的青年，她曾经除了跳舞、过嬉皮士的生活以外，别无他求。那十年间的理想主义，已经消散，而在洛杉矶，摇摆乐师还仍然是六十年代的最后一个象征。

帕蒂与一个叫伯尼·利多恩的弹吉他的人来往甚密。伯尼·利多恩是七十年代早期著名的老鹰乐队的第一任吉他手。有时，他也弹奏班卓琴。帕蒂与利多恩心灵相通，彼此欣赏。这位音乐人因为很难快速地名利双收而两次离开他的乐队。利多恩是本地南加利福尼亚人，穿短袖圆领紧身汗衫和牛仔裤，他喜用化名，与帕蒂情投意合。老鹰乐队已成为不安的一代人的象征。这一代人中数以百万计的人买他们的录音磁带。"他们所代表的全部生活方式，毫无疑问，是出自他们的要求。"一九七五年八月的《新时代报》这样写道，"焦躁不安、自怜、好奇、浪漫的厌恶女人者……所有这一切，为好莱坞拍摄焦虑的影像出了一份力量。但是使这一幅图像更为完整的，是那特别强烈的厌倦、混乱的情绪，以及内心世界的痛苦。"

南希恐惧的是她的女儿，不仅喜欢那些音乐，而且还与一个主要的发起者住在一起。即使告诉南希，这个不修边幅的利多恩和与他一起的一群人不是吸毒者和逃避现实的叛逆者，而是通过音乐赚钱并且比罗尼拍电影赚钱还多的商人和文化企业家，也是没有用的。这好像她自己的女儿沦落、迷失在一个直接向她所信奉的原则、礼教挑战的世界里，一个毒品比比皆是的世界里，一个不仅危及帕蒂，而且还会损害父母名声及尊严的世界里。南希看见毒品是怎样坑害毁灭了厄休拉·泰勒的儿子，而帕蒂正处于一个毒品无所不在的世界里。

罗尼非常愿意与帕蒂讨论政治问题，但他不愿听她在干些什么。"当他们与帕蒂发生争执、不快时，我记得父亲说，'无论发生了什么事，不说不就行了吗？'"莫林回忆说，"他说，'我还记得我小时候做了母亲不喜欢的事时，我常常希望她不要发觉。现在我们生活在一个人人都不会特意去告诉其他人什么的时代，为什么他们就不能不告诉我呢？不告诉我，我倒感到更高兴些。'"

里根夫妇继续成为古典的美国家庭形象的代表，实际上，他们已经有了一个古典的美国家庭，只不过这是一个新型的罢了。七十年代的早期，因为孩子们拒绝其父母的生活模式，而父母出于固有的骄傲，对子女发出最后通牒而导致家庭分裂。

七十年代所有的分解演变，使得像里根夫妇这样严格按教条生活的人更加困惑不解。他们相信家庭、国家、纪律、工作、集体精神，并深信用不着去怀疑它们的价值——这些道德价值是固定的、日常生活交往的基础。

南希比以往任何时候更想保护她的小罗恩。当他要上中学时，她积极为他寻找最适合他的寄宿学校，要选一个要求严格、保守而具有较高教学水平的学校。她参观了在洛杉矶以东三十英里的克莱尔蒙特的韦布学校，算是找到了她理想的学校。

学校建在城外的圣加夫列尔的山麓小丘上，校园与喧闹诱人的外界远远隔离，一百六十五个男学生，穿戴得整整齐齐，不留长发，晚上十点半熄灯，纪律惩处制度严格，一旦发现学生喝酒或夜间不经请假外出，立即开除。南希认为韦布是小罗恩该去的地方。她一经拿定主意，便带着罗恩一同去实地考察了一番。

一九七二年秋，小罗恩进了这所偏远的学校，他表现沉默，安分守己。南希请求学校把她朋友家的小孩钱·兰德安排在她儿子那个寝室，作为他效仿的楷模。钱勤奋好学，有礼貌，听教且不表示异议，整齐干净，是母亲们理想中的年轻人。

小罗恩很快找到了另一群朋友，他们没有一个能达到南希的完美青年的要求。"很显然，他是非常隐蔽的，"马蒂·布赖尼——一个在韦布成了他最好的朋友的人说，"在一年级时，罗恩几个新结交的朋友决定给那个使他们生活刻板、早响七点就吃饭、夜敲十点就熄灯的那口大自鸣钟搞点什么花样。一天晚上他们爬上了钟楼，用毛巾把钟的响板包扎住，次日早晨便听不见讨厌的钟响了。"

那是些好打听的青年，他们不接受学校的苛刻条件，就因为那是些古老的规矩。他们对课程也提出质疑，并怀疑韦布培养他们去服务的那个社会。"我们大家都很有哲学头脑"，马蒂·布赖尼说，"我们把预备学校的教育环境看作是这部社会机器的大齿轮。我们已保住了在星期天喝啤酒的自由，从而保住了我们在那个社会上个人独立存在的唯一机会，虽然喝啤酒对我们也并不是很有趣的事情。"

小罗恩也加入了橄榄球二队，但不像他父亲那样是个雄心勃勃的队员，他很快就走开去写诗了。"他不为报社写诗，因为报社不要他写的关于球场里的东西。"他的小顾问比尔·里普利说，"而他宁愿描写日出的景象。"

小罗恩读起书来废寝忘食，不像他父亲那样把周围世界的一切都看成是美好的，事先注定的。年轻的罗恩对一切都打个问号。二年级时，他和他的朋友们同住在一栋平房的寝室里。他们懒洋洋地躺在抽烟室里，在清晰、探索性的交谈中，无休止地讨论着这个世界上的事情。"我们每个人都觉得要是有不同意之处，尽可提问；若不喜欢某种回答，也必须拿出自己的看法和意见来解决问题。"这个寝室的另一个成员道·麦克恩说。

这些谈话，经常涉及州政府。"罗恩非常聪明灵活，而且很健谈，"当时的学生部主任、现在的注册部主任罗伊·伯杰森回忆说，"同他争辩很有趣，因为他思维敏捷。他像律师，能为不必做某事提出各种可能的理由。"

这一群学生并未完全放弃那些恶作剧行径。念三年级时，他们把主教练的德国造的金龟汽车推进食堂，给它包上假头，在挡风玻璃上画一张脸，再戴上一顶垒球帽；晚间，他们溜出校园去参加有圣露西学校女生出席的舞会；毒品之类的东西，他们也不是没有品尝过。为了掩盖毒品的气味，不泄露天机，他们燃起一些香火，把整个寝室弄得香气扑鼻，像一个印度寺庙。香火被没收后，便由烧油代替，如敬鬼神。

这群人反主流文化的趋向，和他们不停地质疑，开始使学校怨恨他们。"我们成了眼中钉。"布赖尼说。校方告诫这些学生当心他们的"怀疑主义"，所以，他们便自取绰号为"怀疑论者"。

三年级快要结束时，小罗恩已是一个口齿伶俐、有决断的青年了，他成了

"怀疑论者"的发言人。"罗恩才思敏捷，"组内另一个成员克里斯·阿范特说，"他口齿那样清楚，我们大部分人常常气极败坏，不能连贯说出我们的愤怒，我们都不能像罗恩那样表达我们的不满，或者同他们辩论。"

南希开始感到她的儿子发生了变化。"她感到她把罗恩送进学校时，他是个纯洁的孩子，是我们腐蚀了他，"阿范特说，"但是，实际上是他正在成长。"

每当假日，小罗恩到布莱尼家里，南希都很担心。"她常打电话问我妈妈：'他们去哪儿？同什么人一道去？'"布莱尼说，"她太过分，没有必要这样保护他，我一直喜欢和信任罗恩的父亲，而对里根夫人的反应则是害怕和讨厌。即使在她表现得很友好时，你仍会感到她硬在开倒车，把什么东西都往后拖，或者是要数落你一番。"

南希开始与学校联系，了解罗恩的情况及学业成绩。"他妈妈是个非常主动积极的家长，"伯格森说，"她是一个个性非常强的女人，为了一点小事可以兴师动众。她很关心吸毒的事，很警惕校园里出现毒品，要瞒过她是不容易的，她很精明。要是她觉得哪个老师、哪个班，或他的寝室有问题，她一定会打电话把事情讲出来。"

小罗恩对付南希并不缺少机敏与对策，他经常逃避她那成了负担的过分的关注，有时便干脆硬闯、对抗。

有一天，南希打电话给伯格森，这位学生部主任记得南希说："我儿子就要回家来过周末了，为了避免他们父子间的一切争吵，您能否让他把头发剪短？"

"我不能做到这一点，里根夫人，"伯格森说，"他的头发是符合规定的。"学生们蓄发到衣领是被允许的，但不得再往下留，这是同七十年代风行的发式的一种妥协。

"不过他并不经常看到他父亲，我真希望他们的会见是愉快的。"学生部主任认为里根之家是"一个典型的中上阶层的家庭，家里有一个一切要按自己意志办事的母亲"。他是同情小罗恩的，尽管如此，他还是答应去试试，所以伯格森去看他所管辖下的小罗恩，向他转达了南希的央求。

他已经长成了一个高瘦的小伙子，有张滑稽而且善于表达各种情感的脸。

"你没法让我这样做，我知道校规。"

"你妈想避免一场争吵。"

"完全不可能，我决不剪短。"

伯格森离开了，脑子里暗地产生了一个印象，即罗恩并不怕与母亲对抗。"罗恩上寄宿学校是好多了，"伯格森几年后说，"没有人能在他家里活下去，她不习惯于收回成命。"

小罗恩继续说改革一事，态度坚决，使得学校行政当局对他越来越不耐烦。他们让罗恩换了寝室，把他与布莱尼分开。"罗恩的藐视态度比我表现得更露骨，"麦科恩说，"他似乎是想让学校把他赶走，那他就造反到顶了。"

在他父亲第二任州长行将期满，和与韦布学校领导产生麻烦之后，小罗恩回到了太平洋帕利塞兹，去哈佛寄宿。一九七四年十二月，三年级只读了一半时，他最终离开了韦布学校。三方面都如释重负：对罗恩来说，他终于从严厉校规的约束下解放出来了；对校方来说，则是驱走了一个口齿伶俐的持不同政见者；使儿子脱离了她认为是腐化他的那一群人的熏染之后，南希也松了一口气。

南希因能重新对儿子进行直接控制显得高兴。当布莱尼打电话要求和他的朋友罗恩交谈之时，南希总是说罗恩不在。有一天，布莱尼将罗恩的一些录音磁带送给南希，他在套子下面藏了一张纸条。"很难与你取得联系，"布莱尼写道，"我们很快就要分道扬镳了。"

道旁栽满鲜花、红瓦屋顶的哈佛，看起来更像墨西哥寺院，而不像一个极负盛名的预科学校。尽管它起初是个军校，但学生们的礼貌、举止和思想，却不是完全不能接受的。罗恩让自己的头发长得更长并使自己感到是这个时代和年轻一代的一部分。

他与戴伊学校的老相识、南希的朋友的儿子尼尔·伦纳德相逢后，交往密切。伦纳德把罗恩介绍给自己的朋友约翰·昂格莱德、丹·麦凯布和查利·斯塔克。这些年轻人像罗恩在韦布学校的朋友一样结成死党。他们也因为哈佛绝大部分学生所缺乏的那种好奇的特性而结合在一起。但是罗恩的新朋友们在烟室外也大谈改革。昂格莱德是校报的编辑，在学校有他自己的办公室。

"同那群人在一起，你会感觉到处于有生气的理智的环境与气氛之中。"一个教师说。

当他们计划讨论下一期出刊的报纸时，他们常常坐在办公室一连数小时谈论政治，小罗恩很快就适应了，并开始画那些使得保守主义者大怒的漫画。

罗恩不是一个杰出的学生，但是他天性幽默，他那些有独创性的文章给某些教师留下了深刻印象。艺术成了他的特殊领地和联系朋友的纽带。"这群人不仅讨论政治，"麦凯布说，"我们更热衷于艺术，这就是为什么罗恩很适应的原因。在谈论政治时，罗恩总是保持沉默。我们理会他的处境，我们很理智，小心翼翼地不让他站在他父亲的立场上。在讨论艺术时，他侃侃而谈，建树颇多。我们还谈电影，听音乐，爵士音乐是大家最爱的。"

南希每天盘问儿子，将儿子抓在手上，就像捏在手心的一只酒杯一样。对他同这群人厮混在一起，她也开始担心。"这群学生的整个环境气氛使她感到忧虑，"一位老师说，"她是个代表官方的保守主义者，她看到这些学生不是被引导去搞正经事。"她曾打电话给韦布学校检查罗恩的情况，而现在给哈佛的电话就更为频繁。罗恩告诉他的老师们防着他的母亲即将打到他们家里去的电话。她经常在吃饭时间打电话，讲个没完，使得老师的饭菜都凉了。

她和罗尼的做法，看来是要把他们的儿子套进一个预制的模子里。南希深爱自己儿子罗恩，但尽管她经常地向老师询问，好像她并没有了解、吸收或掌握有关她儿子的任何真实情况，不知道他有创造力和前途。老师们接到南希打来的电话后，听完都觉得很奇怪——这就是其丈夫正在鼓吹家庭是美国的拯救者的里根夫人？

小罗恩要摆脱南希的束缚，日子艰难。他们的近邻诺埃尔夫人间或听到小罗恩的尖叫声："别打扰我！我只要求你们别管我！"

南希的心里很快地又完全为新的烦恼与忧虑所占据。哈佛的一个黑人新老师约翰·韦斯特劝学校领导让他教舞蹈课作为规定的体育课程的选修课。许多年轻人宁愿上编织课而不选舞蹈课，因为要像歌剧《星鸟》中甜言蜜语的小仙子那样旋转跳动，但是罗恩那一伙人都选了舞蹈课。这可帮了大忙。他没有舞厅，没有镜子和练舞的扶手，但他让他的四个学生感受到舞蹈的造型和舞蹈本身的艺术美。在韦斯特看来，这几个青年需要加强纪律，他让他们练到汗流浃背，像打完一场橄榄球后那样腰酸背痛。

韦斯特发现十六岁的小罗恩有舞蹈演员的身材，漂亮的轮廓，柔软流畅的动作。当罗恩努力表现出优美的舞蹈和造型时，他完全沉浸在动作之中，被一种奇异的美感吸住。在罗恩开始跳舞以前，他甚至没有看过生动的芭蕾表演。

"当个舞蹈演员怎么样？"有一天，韦斯特这样问罗恩，这位老师知道罗恩对舞蹈十分认真。

"能到这一步，能看到罗恩真正去练舞蹈是很有趣的。"麦凯布说，"对罗恩来说，进入艺术之宫，犹如进入了避难所。进入其他领域，他父亲还会认为是有问题的。舞蹈最终成了他兴趣之所在，同时又排除了家庭阻挠。舞蹈是他所擅长的，而且也是能完全归于他个人所有的。"

"我一直很喜欢体育运动，但从来不是运动员。"小罗恩后来说，"打橄榄球时，我从不热衷于战胜谁，但我喜欢体育，同时喜欢写作、绘画和有创造性的事务。我想舞蹈便是体育和创造这两股冲动的溶合体。"

南希和罗尼以为儿子把舞蹈只作为一种玩乐时，他们倒并不在意。但小罗恩开始对舞蹈越来越津津乐道时，他们又开始忧虑起来。"我不是一个他家里人很喜欢的教师。"韦斯特说，"罗恩总是别出心裁，想搞别的事，尝试新鲜花样，但他的父母又不让他这样做。同学们总是这样问他，'干这个，你父母会怎么说呢？'罗恩通常是尊重父亲的，而在母亲面前更敢于说话。他们将要分开，罗恩也要收拾行李去姐姐处住一段时间。罗恩需要空间，他所希望的只是按本身的实际情况得到接受和承认。"

尽管他们对舞蹈持有不同见解，罗恩却与父亲更亲近了。"这种亲密关系以前本来存在，但却是很脆弱的。"韦斯特说，"罗恩是个非常热情的青年，学生们告诉我，里根也是心直口快的人，他们经常在罗恩家里度过很多时间，他们很喜欢罗恩的父亲，同他谈论政治，同他辩论。他很宽容，并鼓励同学们发表意见。尽管同学们不同意他的主张，但仍很尊重他。"

"里根是加利福尼亚政治史上一个如此之坏的人。"麦凯布说，"当时对他有如此之大的憎恨与敌意，这也是美国文化传统的一部分。他是加利福尼亚的校园里，人们不喜欢的人。"

"这使我很烦恼——事情往往是如此，你关心的人被歪曲了。"小罗恩说，"他长期以来被描绘为一个妖魔鬼怪，但实际上，他是一个文雅的人，一个真正的人。我常常想抓住那些人，用力击他们一拳。"

无论小罗恩走到哪里，都被看作是州长的儿子。当他参加宴会时，人们会小声议论他。有一次，罗恩和昂格莱德赴麦凯布家的宴会，那群同学曾给昂格莱德取了个诨名叫"鲍勃·迪伦。"

"这是鲍勃·迪伦和罗恩·里根。"麦凯布把他的这两个朋友介绍给一位年轻女人时说。

"鲍勃·迪伦，我相信。"这女人边说边望着他们，"但罗恩·里根，这不可能。"

虽然罗恩很爱他的父亲，但他不愿把自己永远地和罗纳德·里根的身份连在一起，他想得到自由。在一九七六年的年历里，罗恩没有把往常的照片放在里面，也没有填写过去的学历，而是代之以一张重印的有趣的画片——一个青年裸体在古堡前游泳的画片。画的上面是一首为圣胡安而作的小诗：

小鸟孤独，原因有五

其一，它飞呀，飞到了最高处

其二，对朋友冷漠，哪怕是亲骨肉

其三，目空一切，昂首阔步

其四，变换颜色，无常反复

最后一条，歌声细弱，热情不够。

Chapter 15
从牧场到竞选

　　在罗尼第二任州长任期的最后几个月，他同威廉·威尔森驱车前往洛杉矶西北部的圣伊内斯山地。威尔森是一个绅士派头的牧场主，是投资人、参谋和好朋友。汽车沿着长达六英里的蜿蜒曲折、悬崖陡峭的峡谷行走，穿过潮湿、豆科灌木覆盖的地带。当汽车忽然爬上大约海拔二千二百英尺的高地时，道路终于变得平坦，直通一片高原。高原隆起，像一座高踞世界之上的天然御座，俯瞰着三十五英里外的大洋。

　　威尔森是罗尼钦慕的那种倔强、说话不转弯抹角的生意人，他在附近拥有家产。这时，两人已站在这片土地隆起的条状地带。罗尼是西部人，对他来说，进入无限宽广的空间便是自由的开始。当他驶过这片未开垦的荒凉土地时，他觉得心旷神怡。他需要有更大的范围，当他准备离开那禁锢人的办公室时，他发现自己迫切需要开阔的领域。威尔森指给罗尼看一个六百八十八公顷的待卖的牧场，时价为五十二万七千美元，分期付款，首次付九万美元。这对于经济前景不确定的罗尼来说，是一笔难于接受的数字；他已经花钱在洛杉矶南面的里弗赛德置了一个七百七十八公顷的牧场。那是他于一九六八年花了三十四万七千美元买的。他想把这个大牧场变成一个工作牧场，但他搞不到水或者所需的电力。罗尼知道要拥有他所要的牧场，就必须购买这新的"天上牧场"。一九七四年十一月，他将这牧场买下了。

在"天上牧场"，罗尼感到他高踞于下面那个复杂和妥协的世界之上。但是他的牧场本身却是一个商人们不生产而只搞交易的新的美国的产物，牧场不是住所而是投资逃避税收的地方。在加利福尼亚，农业财产的价值大幅提高，所以农场主、牧场主要缴纳土地税。因此，很多场主被迫把那曾经是种植粮食和牧草的土地，卖给那些准备去建大片房屋、加油站和商业中心的开发商和建筑家们。为了防止这种局面，加州最近通过一条法令，划定"农业保留区"。凡被划地区，税收极其低微。抓住这条法令做文章是有利可图的。罗尼只喂养了二十二头牛，他的牧场便可考虑划为"农业保留区"。一九七九年，罗尼所缴的财产税不是四万元，而是只有八百六十二元。

在此地，罗尼不必考虑这些事情。他常常砍树劈柴，手持板斧有节奏地一起一落，像樵夫在跳芭蕾舞。就这样，罗尼身边堆起了一大堆木柴，足够这所墨西哥式的砖屋一冬取暖御寒了。给他帮忙的威廉·巴尼特（巴尼），是加利福尼亚州的前警官、罗尼当州长时的司机和警卫员。巴尼与同罗尼交往的那些富人们大不相同，他不想谈政治，不期求报偿，正合迪克森人的胃口。许多人都发觉巴尼是罗尼相处得感到心情最舒畅的人。当他们一起工作时，人们很难分辨出谁是总统候选人，谁是司机。

周末，用袋子装上一些三明治备作午餐，两人便从太平洋帕利塞兹乘车出发了。他们肩并肩工作，谈论着已有八十七年历史的两间卧室。他们拆了些墙，砌了一个新的厨房，又在一千五百平方的简陋房子的有屏风的走廊上，建起了一个颇大的家用房。他们掀了波状屋顶，想在屋顶盖上古式的瓦，又担心太重，砖墙承受不了，所以改用红褐色的纤维玻璃瓦。

南希也来到了牧场，但"天上牧场"是罗尼的天下，正如太平洋帕利塞兹的房子由南希主宰一样。南希穿上牛仔裤、牛仔衣，与其说像个牧场主的妻子，倒不如说更像是霍帕朗·卡西迪电影中的女主角。她干活很起劲，但仍需要花许多时间打电话。对罗尼来说，这也是求之不得的事，他到了这里，正好逃避那讨厌的电话铃声。

罗尼是个在公开场合很吸引人的人物，但他也很喜欢独处。与许多演员不同，他不需要周围有伴随者。想同他接近的人，往往发现那就像水中月一样，使人捞得一场空。他自己牢牢掌握住个人的隐私和易受批评的弱点，不对外声张，就像赌徒抓住主牌不放一样。"我想，要是他还没有结婚，没有南希，他一个人肯定蛮逍遥自在的。"莱恩·洛夫齐格说，"从情感方面来说，我从未见过他真正需要任何人。当你同他在一起，或者一群人在一起，你不会感到孤单、腼腆或者被冷落。然而没有你们，他也完全过得很好。"

罗尼在担任州长的八年时间里，与人广泛交往，但却不是交朋友。他仍关心在迪克森的和在电影业的那些老朋友。但他以其风度和魅力，与职业工作方面有关的人员保持不冷不热的联系。只有工作人员找他，他不会去找工作人员。在他刚上任时，他的私人助手在赌气的时候，干脆卷着行李回家去了。在第一次州长竞选时，此人像其他人一样花许多时间陪着州长，尽可能为他办事。一连好多天他都坐在电话机旁，但是罗尼本人和其他人都没有去找过他问问有什么情况。

"他不是那种在你离开时担心你打算怎样归还抵押贷款的人。"他的一个前助理说，"可能他没有慎重考虑抵押贷款的事。"

一九七四年十二月离职后，罗尼设立了一个令人羡慕的机构，宣传他的行为准则，并进一步完善他尚未宣布的参加总统竞选的工作。他从前的两名助手迈克尔·K. 迪弗和彼得·D. 汉南福特，设立了一个公共关系公司，专为罗尼服务。对六十四岁的罗尼来说，日子过得并不赖。巴尼·巴尼特每周几次开车去迪弗和汉南福特设在韦斯特伍德的威尔夏尔大街一零九六零号办公室。罗尼在此，要翻一大堆三分钟广播评论，那是从全美二百个电台录下来的。那些他不曾写在那本黄色的正式的拍纸簿上的，都由汉南福特准备好了。然后他谈会儿话，或阅读一下信件。"他经常有时间同大家谈话，同秘书和每一个人。"当时迪弗和汉南福特公司的董事玛丽·尼莫说。

罗尼常常出去演说，每次的收入高达一万美元。一九七五年的其中一个月，他计划安排去伦敦、乌利布、德梅因、洛瓦、杰克逊、密西西比、帕拉默斯、新泽西州、奥克兰、密歇根、博卡拉顿和佛罗里达。他没有多少时间打理牧场，但是收入并不差。那年，他的牧场收入大约为八十万美元。

这时的罗尼同其他大部分政客的不同之处，在于他酷爱享受日常生活。每当他一到牧场，就好像他一生都过着放牧生活一样。甚至在洛杉矶或旅行演说途中，他都表现出对生活的喜悦和无尽的赞美。这种生活在年轻人身上是很少见到的。在前加利福尼亚六十五岁的州长身上，就更少见到了。

罗尼是当代霍雷肖·阿尔杰式的人物。那些十九世纪的英雄们的崛起，不单是他们主观努力的结果。正如约翰·G.考尔蒂在《自我成才的倡导者》一书中写的："在他事业的初端，阿尔杰表现了他愿与仁慈和有益的朋友们偶遇的惊人的癖好，而且他的成功大部分仰仗朋友们的庇护和帮助。"当年轻的罗尼还在迪克森当救生员时，他就同有钱的商人们交谈，他讨好的富人有：霍姆斯·塔特尔、贾斯·达特、比尔·威尔逊、杰克·雷瑟、亨利·萨尔维托里、艾尔弗雷德·布卢明代尔、沃尔特·安南伯格、厄尔·乔根森。他们都是保守的支持罗尼竞选的后台老板，当他投资的参谋，为他的竞选出钱，将他提携到共和党的统治集团。大致说来，他们的夫人也是南希的朋友，当罗尼高升，进入白宫，一人在朝，这些夫人、太太们，整个社会政治圈子里的人，也一起鸡犬升天。

罗尼的朋友不是新教徒商业机构的那部分人，艾尔弗雷德·布卢明代尔、沃尔特·安南伯格是犹太人，罗尼的另一个朋友、参谋查利·威克也是犹太人。萨尔维托里和威尔逊是天主教徒。三十年代，南安伯格的父亲摩西是全国有名的收入最高的人。他的儿子，一个报纸广播电视宣传部的巨头，不能装作是靠自己的努力而飞黄腾达的人。但是，罗尼的大多数参谋都以为他们是靠自我奋斗闯出来的。布卢明代尔是布卢明代尔百货商店创始人的孙子；达特同鲁恩·沃尔格林——一个杂货店的继承人结了婚；雷瑟从石油业搞到钱后，在娱乐和房地产业上发了家；至于曼哈顿移民的儿子萨尔维托里和乔森根，他们曾苦苦挣扎过。

　　这些人即使不是自我奋斗者，也是投机商、赌徒，他们的扩张性、乐观主义的幻想，同二次世界大战后的加利福尼亚可以媲美。乔森根发展了一个很大的钢铁公司，萨尔维托里也建立了一个石油公司。但是罗尼的朋友中，没有像他们前面的洛克菲勒和卡内基那一代人中那样有修建铁路、制造大的船舶和创办大的石油企业的人，也没有大胆地搞边缘技术和改造、搞开发计算机或者微型集成电路的发明家。这些人只有《情侣》、《孤独的漫游者》、《白雪公主》、《三个滑稽演员的副手》、塑料装置、电视指南、杜兰塞尔电池、杂货店、丁勒斯俱乐部、福特和林肯自动售货权。

　　罗尼的朋友们支持他重建一种不受拘束、不受干涉、曾经保护他们取得成功与成就的环境。他们年事渐高，希望能保住他们的遗产。他们认为没有什么比帮助罗尼进入白宫，把美国拉回原来的轨道这一成就更高的了。

　　罗尼离开萨克拉门托时，曾期望他的那些阔朋友们能像通常那样给他帮忙——把他拉入公司董事会，按他的方式发送各种协议。但他的朋友并没有尽其所能来帮助他。尽管如此，他依靠发表广播评论和演说，也能赚一大笔钱。"有人告诉我罗尼与那些人的关系处于不断变化之中。"吉姆·莱克说。吉姆在里根任州长的最后一年加入了里根的圈子，因为他得知里根要竞选总统。(新的选举法把个人对总统候选人的捐助限制在一千美元，这也减少了罗尼那些有钱的朋友们的重要性。)

　　他仍然在做着总统梦。在尼克松连任两届总统之后，罗尼的高参们希望他能赢得提名。早在一九七四年，当尼克松还高居总统宝座时，罗尼就与一群高参们相聚，讨论当选总统的前景问题。他们还是那些混杂的常客，有钱的工商人士，其中有达特和塔特尔，故友和以前的支持者如迪弗、汉南福特、埃德·米斯和诺夫齐格，也包括像莱克和华威顿律师约翰·西尔斯少数几个外围人员。

　　西尔斯是位政治技师和战略家，他曾特地为尼克松物色一九六七和一九六八年的代表团时做过精心安排。在竞选活动的高级助手中，西尔斯是被破格任用的一个。迪弗、汉南福特和诺夫齐格成为显贵出名的人物，几乎全是罗尼的功劳。米斯和克拉克事业的成功在很大程度上也多亏了里根。西尔斯就其个人情况，可谓雄心勃勃，深邃莫测，是个首要人物。西尔斯不为政治而是为竞选活着，就像赛马的骑师，失去了马便成了一个渺小的人物一样。西尔斯这张皮不附在候选人身上，他充其量不过是一个穿着黑套服的华威顿律师而已。

"呃，您以为如何？"米斯用他那一贯礼貌的态度问道。

"尼克松还要留任。"有人说，这个意见很快得到赞同。罗尼的某些高参认为尼克松最大的罪过不是水门事件，而是他有可能毁了让他们的人进入白宫的方案。参谋们同意，倘若尼克松继任总统，罗尼则在一九七六年参加竞选。有鉴于此，让尼克松留在椭圆形办公室是至关重要的。

"忘掉尼克松的任职吧，"西尔斯带着戏剧性的口吻说，"我认为能够在这场角逐中取胜。我想理应如此，党的需要，国家的需要嘛！但我不同意尼克松留任，实际上他在六个月内就要滚蛋。"

党内居然有人开始舍弃尼克松了，罗尼不知水门事件如此严重。他相信对理查德·尼克松的罪过未免言过其实，过于夸大了。

西尔斯接着说："杰里·福特是不符合要求的，他没有被看作为领袖，他不能领导国会、国家。他很脆弱，我们能击败他，不把他当作政府的真正执政者。同他一样，在全国各地都有很多人拥护支持你，我们可在新罕布什尔同他挑战，一定能赢。"

那天没人支持西尔斯，但是尼克松在八月辞职之后，西尔斯似乎越来越像一个预言家了。现在，椭圆形办公室里坐着的是一位因偶然机会当上总统的人杰拉尔德·福特。他占住位子，无意放弃它而让给罗尼。他的后台老板是纳尔逊·洛克菲勒，此人是共和党右翼一霸，曾压倒罗尼被选为副总统。

罗尼继续劈柴，发表演说，等待时机。南希仍是他最贴心的参谋，她像竭力保护他的身体一样保护他的名誉。她经过长期和艰苦的思索之后，才同意让罗尼争夺美国最高的政治交椅，而不像以前那样反对他。正如米尔斯·维特科佛所写的那样，一些人认为，她是一个强势的女人。她决不是一个让人能忘怀或原谅的女人。她赞成让诺弗齐格参加竞选工作。尽管她不满意西尔斯在萨克拉门托的工作表现，但她很快同他站在一边，缩小诺弗齐格的作用，把他限制在仅参与加利福尼亚的预选范围之内。

西尔斯和诺弗齐格两人都希望罗尼起跳，参加竞选。但是罗尼却在等待，等待着投入战斗。"他是那种善于留一手以观察反应如何的人。"他以前的新闻秘书保罗·贝克说，"他按兵不动是要看人们是否做好了准备。"是请求简·怀曼抑或是南希同他结婚，是否宣布参加竞选，这都不要紧。重要的是在冒险提出问题之前，他总是要确有把握——这会得到怎样的对待。

据说罗尼是个理想主义者，而不是一个不成熟、光有野心的人。事实是，他在考虑与在位的总统、他自己党内的一个同志较量，与一个温和、体面的政客较量。体面、和蔼曾一度是最高的道德标准。倘若罗尼小上十岁的话，也许他会用不同的眼光来看福特，但罗尼已是六十五岁的人了，并且一九六七年的竞选总统，肯定是他最后的一次机会了。

假如福特聪明机灵一些，或者更狡猾一些，他应该想法去抬举、讨好罗尼，听取劝告、建议，许愿给他一个高级官职入阁，使之放弃竞选。当福特刚选上总统时，罗尼自己估计会当一个副总统，但他被忽略，而保守派藐视的威尔逊·洛克菲勒却捷足先登。而且福特也不曾将这一决定告诉罗尼。后来，福特给予罗尼一个被罗尼认为无足轻重的职位，让他干自己那一行，当一个运输部长。

现在福特拼命阻止罗尼参加竞选，向自己挑战。一九七五年四月，里根夫妇前去拜访当时在棕榈泉休假的福特夫妇。福特曾邀请罗尼交谈，希望能说服他放弃竞选，但为时已晚。据福特夫人说，里根夫妇离开的当晚，福特夫妇对罗尼是竞选对手这一点已经心照不宣了。不过罗尼和福特都不记恨在心。虽然他们对各自的实力都作了充分的估量，但没有像肯尼迪与约翰逊那样，有过那种令人厌恶的报复与恶意存在。可是南希和贝蒂·福特之间的反应却很强烈。"她是个冷酷无情的人，"福特夫人后来对一个助手这样说，"南希不可能再冷淡了，不过，闪光灯亮时，她又笑又吻我——一瞬间像是老朋友一样。我不能原谅这一套：在照相机前，她热情有余；照相机一离开，她冷若冰霜。"

那些各方面很相似的人，往往相互间打从内心里仇恨与厌恶，只有旁人才能反照出她们各自的真实形象。虽然南希把杰基·肯尼迪作为自己的楷模，但贝蒂·福特是当代的总统夫人，而且她俩大部分的情况相似：她们属于同一代人，贝蒂只比南希大三岁；两人都是貌美而惹人羡慕的女性；都在有名的新英格兰学校上过学——南希曾毕业于史密斯学院戏剧系，贝蒂曾经在本宁顿舞蹈学校就读；两人都到过纽约追求艺术事业，与此同时当过模特儿，并与她们各自在普林斯顿和哈佛的男学生频频相会；贝蒂第一次与一个密歇根商人结婚，五年后离婚，时年二十九岁；南希二十多岁时，也有过几次关系很深只差结婚的恋爱；两人都在年到三十才同他们现在的丈夫结婚，都有四个孩子，不过南希那头有两个孩子是罗尼前妻所生养；她们从无名的郊区主妇、母亲，一跃而为知名女士，举国瞩目，然而她们却也感到害怕。

南希和贝蒂显著的分别，在于她们如何处理周围世界的事物。要是说里根夫妇表演的是"奥齐和哈利特"，那么福特之家演的则是电影纪录片。有一天，莫林·塞弗在《六十分钟》屏幕上问贝蒂，要是她的女儿告诉她说，她已经与人发生性关系了，她会作何处理？总统夫人回答说："噢，我不会感到惊奇的，我认为她完全是一个普普通通的女孩子，像所有的年轻女子一样，并无特殊。倘若她还要继续下去，我一定会同她商量，就此事给她一些劝告。并且我还要尽可能多地知道那个年轻男子的情况。"总统夫人相信婚前的性生活，可能会降低离婚率。所以，最高法院使堕胎合法化是对的。还有，她的孩子们可能也抽大麻。

私下里，南希对贝蒂的这番表演颇为震惊，但在公开场合，她并不特别地指责贝蒂，只表示她持相反的看法。她表现出温和、体面的形象。一九七五年九月十九日，在密歇根，她告诉格罗塞波因特的女共和党人俱乐部说，她不能容忍那所谓的包括婚前性生活在内的新的道德观念，而且她反对轻而易举地让年轻人堕胎。

最为讽刺的是：南希，这个家庭和子女的保守的保护者，却有那么一个叫帕蒂的女儿，同一个摇滚音乐人住在一起。大家知道帕蒂不止一次吸毒。大胆地说出了新的女权主义者的呼声的贝蒂，却也有一个十八岁的女儿，她既没有品尝过毒品，也没有性方面的经历。她感到她妈妈的讲话是诱发她在似一张白纸的少女生活中去接受那些错误的思想。

苏珊·福特在选举活动中工作积极主动，而帕蒂却不想沾边。"我没有想到竞选总统搞得那样好。"帕蒂回忆说，"我想，我不（喜欢）。我对政治够讨厌的了，我有点有意识离开那个众目注视的场合……这是非常自私的。"

一九七五年十一月二十日，罗尼在华盛顿的全国新闻俱乐部正式宣布他的候选人身份，并动身去五个州访问。在迈阿密，他和南希站在讲台上，正演讲之时，听到一个声音："喂！达切，很高兴见到你。"

"喂！我讲完之后，下来看你。"罗尼说他认出了说话人是个中西部的老朋友。随后，罗尼和南希挤入人群中，挤出一条通道，以便接近罗尼的老伙伴。突然间，秘密警察向一个年轻人涌去，并将他团团围住。这个人拿了一支玩具枪，不过看上去像真枪。南希此时又有了一层新的忧虑。

罗尼是个了不起的竞选者，假如说新闻记者厌倦了那些稍加变换改动的"演说"，但听众还是发现他用词新鲜。竞选总统毕竟不同于影视行业，它是一个循环出现的从城市到城市的路演。言词至关重要，或者于无意中对记者谈话，或者读某某人写过的演讲稿，词语是重要的。

一九七五年九月二十六日，即正式宣布参加竞选的前两个月，罗尼在芝加哥行政官员俱乐部讲话时，犯了一个致命的错误。讲话稿是一保守的知识分子杰弗里·贝尔所写，也是罗尼的老调重弹，什么联邦政府和它的税收勒住了国家的脖子了之类的话。罗尼建议把联邦政府的某些权责下放给州政府，以此缩减联邦政府高达九百亿美元的费用支出。罗尼保证把这笔省下的钱用于平衡调整联邦预算，开始支付国家欠债和平均减少征收23%的所得税。这不是渺茫的空头支票，而是切实可以兑现的。减少的两亿两千五百万元，可分摊给美国的每一个家庭。

讲话的纲要与以前讲过多次的并没有什么不同，他还是以通常的热情读着讲稿。使人吃惊的是九百亿美元这个数字，罗尼以前轻率地用过可疑的统计数字，但是这一次他太过分了一些。

福特那帮人由斯图尔特·斯彭斯领导，此人曾帮过罗尼竞选州长，看出九百亿这个数字，像他们所认为的那样可以被用来说明罗尼的笨拙，以及他想架空联邦政府是极其天真错误的。他们等待着，一旦时机成熟，就剖析他的讲话，把九百亿变成个"信天翁"套在罗尼的脖子上，无论他怎样挣扎、动弹，总摆脱不掉。

他继续向前，到了下雪的新罕布什尔，在几次有利害关系的丢脸的失败中，他把选举成功的赌注押在早些把福特击垮上。初选过程对未来的总统们来说，是一所备受折磨的新兵训练营。但罗尼在这些寒冷的覆盖着白雪的街道上穿过，怀着极大的热情走进商店，显得乐观主动。

他的竞选总管人西尔斯，注意竞选活动中的细小微妙之处。正如西尔斯后来所说："里根的观念是太靠右了，很接近乔治·华莱士。"罗尼必须在不去疏远真正的信任者的同时，向中间移动；他还必须避免向福特脸上抹黑。"共和党人对团结是很敏感的，你对福特不能粗暴。"西尔斯说。

这是很有趣的一场双人舞。"里根是个很好共事的人，"西尔斯说，"他总是很理解你想要做什么……他是个很出色的政治舞台上的前台演员，但是他的全班人马还得在幕后做工作。"

控制他自己的组织，那是罗尼不愿意做的事，他宁肯让别人制片、导演，自己来演主角。当新罕布什尔预选临近时，西尔斯和莱克两人及新英格兰的协调人后来说，里根的票数大致以多了 5% 而领先。据民意测验者理查德·B.沃恩林说，西尔斯对信息严守秘密，票数表明这场竞赛势均力敌。当二月二十四日预选靠近时，沃恩林知道，双方选票将很接近，所以新罕布什尔一役，需要拿出最后的武器。但他的高级工作人员相信：最重要的是选举前一天弄清楚忠实的工作人员是否准备好让投票人参加投票。准备这项任务，候选人的露面，以及让注意力跟着他转，效果会适得其反。遵循这一战略原则，西尔斯安排罗尼在预选前去伊利诺斯搞两天竞选活动。

　　预选的前夜，罗尼飞回到新罕布什尔。当飞机在向北嗡嗡响时，沃恩林第一次告诉罗尼已得票数以及双方何等接近。"我希望那边有人能帮我点支蜡烛。"当飞机滑落进曼彻斯特这座漆黑的城市时，罗尼说。

　　当选举过程刚开始时，罗尼处于领先地位。他含笑拿着有他获胜大标题的报纸让记者们照相。但是当选票继续报数时，罗尼的领先地位越来越动摇，凌晨一点，福特占了优势。最终，福特以五万四千八百二十四对五万三千五百零七险胜。在这次总数为十万零八千三百三十一张选票的选举中，两人票数只相差一千二百一十七张。

　　失败是不愉快的，而更令人不甘心的是以微弱的差数受挫。但细细琢磨，为什么他一定要留在新罕布什尔选举，而不是飞往伊利诺斯去选举呢？在如此紧逼的选举中，点滴因素都可能起重要作用。从里根的日程安排到九百亿这个不准确的数字，以及不成熟地虚夸必胜等，都值得反思。竞选工作人员也抱怨他们参与得太少。足见总统大选不容有奢望，罗尼得继续前进。

　　当罗尼的竞选活动计划订好后，佛罗里达被认为是他的第二个可以取胜的州，但这次已知投票处反映的情况不妙。于是在佛罗里达他把宣传的兴趣，从九百亿的失言转到福特的外交政策，特别是转到福特主张支持巴拿马运河条约这个问题上来。罗尼坚决反对这个条约，很多保守的佛罗里达人也反对，所以罗尼的票数稍有转机，但增加数并不太多，仍以47%比53%败给福特。

　　接着轮到了罗尼出生的那个伊利诺斯州，这个州的共和党组织对杰里·福特是关闭的。假如能照迪克森通常的情况办的话，罗尼可以单凭一片欢呼声被选定为总统。从罗尼离开迪克森后，有过三四次来这里参加大的公开活动：一九四一年的卢埃拉牧师节、一九五〇年的印第安人复庆节和一九六三年的迪克森高中授誉宴会。此外还有过一些未曾公布的造访。每次回家乡，他都带着对人民和他们对生活的新思想与信念而归，如同每次去牧场都会给他增添新的精神营养一样。

　　这次罗尼安排了一次特殊的私人访问：去看望温斯顿（温克）·麦克雷诺兹。罗尼和尼尔曾经在中学同温克一起踢过球，温克是罗尼非常了解并称得上朋友的黑人之一。罗尼关于取消政府某些规章，黑人就能获得完全的民权这一思想，大半来源于他与温克和尤里卡学院的一些黑人橄榄球队员之间的毫不虚假的友谊。罗尼一直不理解为什么人们不能像他兄弟俩对待温克那样去与黑人交往相处。当他们都还是孩子时，罗尼的母亲曾帮过温克的忙。罗尼认为人们应该那样去做。温克一生中也表现很好，他在当地的董事会工作，他帮助制定了老年人住房发展计划，但现在温克患了脑肿瘤，住在疗养院里。

"在达切来访前一周的一个晚上，大约十点钟，我丈夫和我接到了电话。"一个从小就认识里根兄弟的护士卡里·里德鲍说，"人们怀疑达切到医院来看温克是真的，他们说，要是换上其他任何人，都不会来的。"

在约定来访那天，罗尼在迪克森中学发表演说，然后一串高级轿车队、便衣警察和记者，停留在奥查德·格伦疗养院的大门口。这是一次朋友间的访问，罗尼不让记者参加。当然公开报道这些事也无妨，那只会缓和对他关于种族问题反映迟钝的责难。新闻记者一律留在外边，一个地方记者也被人架着送出了温克的房间。

罗尼和南希一同进入病房，温克已经失明。罗尼站在床边紧紧抓住温克的手。没有摄影师照相，也没有记者在场记下这一场面。

两周后，温克死了。

三月十六日，罗尼在伊利诺斯预选中得票40%，败给福特，以致竞选班子中的人认为听到了丧钟的敲响声，但罗尼不愿承认这一点。要是三月二十三日在北卡罗来纳的预选中再失败的话，他这光辉的竞选征途，将会出现分裂，最后以混乱收兵。

"当情况变得艰难时，一个表演者应该把他的拿手好戏亮出来，继续干下去。"这是影剧界的一句格言。罗尼在二十年中以这种或那种说法发表讲话。他知道要是把这用在电视上，他一定会受欢迎。约翰·西尔斯是一个世故老练，不会为"爱情故事"而落泪的人。他认为人们不会坐在客厅里去听罗尼高谈阔论，他一讲就半小时。他认为想要在南方竞选成功，只要围绕爱国主义、国家防御和外交政策等方面的问题下功夫就行，不必谈那些在东北部强调的经济问题。但是选举运动中的其他人很欣赏罗尼的口才，他们重新修订了一部在佛罗里达预选期间摄制的影片。当这部讲演复制片在北卡罗来纳的十五个电视台播演时，卡罗莱纳人坐着倾听罗尼描绘的他们所向往的、像《约翰·韦恩》影片中一样美好的世界。

三月二十三日，即北卡罗来纳预选日，罗尼向北飞往威斯康星，在一个猎人俱乐部——德克斯有限公司发表演说。然后，没有按原计划在威斯康星参加竞选活动而直接飞回洛杉矶，在全国电视节目中要求捐助。几周来，他一直说必须在电视上呼吁，时下竞选运动已负债二百万美元，而且财政来源枯竭。这是有意义的，甚至西尔斯也如此认为。

当北卡罗来纳的第一批选票结果报出来时，罗尼几乎不敢相信有这么好的消息。在飞往洛杉矶的飞机上，驾驶员受权宣布罗尼以52%对46%获胜。现在他该准备庆祝了。当他的助手们东倒西歪站立在过道上唱起"预选中给福特一点颜色瞧，没有什么比这更美妙"的时候，小罗恩和他父亲两人正拿着橄榄球在扔呢！

小罗恩得到哈佛预科学校的许诺，最后一学期为他父亲的竞选做些工作。他来帮助拿拿行李，做些杂事，这听起来倒是个很高明的主意。但是，工作人员注意到了南希老在挑剔他儿子，对他提出很多要求。他们知道他什么时候会离开竞选运动。"他母亲和父亲好像一点也看不出他们的儿子会离去。"一个助手说。

南希因为儿子热衷于跳舞，想当个舞蹈演员而感到不安，但她知道至少秋季他得去上耶鲁大学。"当他第一次说他要上耶鲁时，他说那是因为父母要他去。"哈佛预科学校的舞蹈老师约翰·韦斯特说，"但是他说过，他知道自己不会念完的。他威胁他将以考试不及格而退学，因为父母不尊重他的意愿。"

在北卡罗来纳意外的胜利的鼓舞下，罗尼于三月三十一日在全国广播公司发表了谈话。他募集了不寻常的能使他维持竞选的一百五十万美元，即使有了这笔钱，竞选基金还是不够，他去得克萨斯不是乘包机，而是乘班机。罗尼受挫艰苦时比取胜得意时干得更好。在华莱士那些不信任联邦政府的、罗尼的支持者的帮助下，在五月一日得克萨斯预选中，他获得全胜，赢得了总共九十六个代表的支持。三天后，他拿下印第安纳、亚拉巴马、佐治亚，第一次在代表的票数方面领先。五月十一日，当福特于西弗吉尼亚取胜时，罗尼又拿下了内布拉斯加。

罗尼连续推进，在总统福特的家乡密歇根州向福特挑战。这时，他沉溺在竞选领先者的美梦之中，大谈竞选的副职伙伴。但投票者支持本州出身的福特，福特以65%比34%打败罗尼，从而在最后的预选中超过罗尼一百个代表的选票。两人都没有在堪萨斯城大会上得以提名所需的选票，在剩下的两个月中，双方都竞相讨好，拍那些未投票代表的马屁。

罗尼在大会前八周期间做了努力，但他没有已在总统宝座上的福特那种庄严的权威和声望，并且比不上福特能做出很多许诺。在堪萨斯城大会上，西尔斯策划了最后一着，为了抓住温和派的选票，西尔斯要罗尼于七月二十六日宣布：宾夕法尼亚的一位中间派参议员理查德·施韦克将是他竞选的副职伙伴。在西尔斯提及施韦克时，罗尼和大多数美国人一样，对他几乎一无所知。在许多真正的里根派看来，这是一个不恰当的主意，会使里根遭受批评，不过是临时取巧的招数而已。

甚至南希也成了一时的公众注目的对象。会议的第二夜，在南希刚要进入圆形剧场就座之前，贝蒂·福特和她的随行人员也进了场。坐在她包厢里的有她的女儿苏珊。苏珊穿着蓝色斜纹粗棉布衬衫，衬衫上写着福特的字样，像是做推销广告一样。托尼·奥兰多也在场，他是一位歌手，对唱流行歌曲的节目来说，他是不可缺少的，就像用肉和菜作馅的玉米饼在墨西哥食品中不可缺少一样。当南希进场时，忠实的里根派以雷鸣般的掌声欢迎她，把观众的注意力从福特夫人那边吸引了过来。接着，乐队奏起了"给老栎树缠根的黄丝带"。苏珊忙说："这是你的歌，托尼，来，你和妈妈站起来跳舞。"

贝蒂和托尼翩翩起舞，全美国都在看着他们，苏珊已经不是电影中的新手了，她像古德伊尔小飞船一样旋转，转动时胸前佩戴的"福特"闪闪发光。这是一场夫人间的争斗——一面是总统夫人小姐随着乐曲旋转起舞，一面是娴静庄重的南希向欢呼的人群很有礼貌地频频点头、鞠躬致谢。

尽管如此，对里根夫妇来说，大会最使人感到亲切可贵的是，里根的支持者所表现的那种对里根的由衷的信任。围绕着他的人中有一帮是有钱有权势的里根集团中的先生太太。但大多数为里根工作的人，都是单纯、朴素、虔敬的人，他们牺牲了时间和钱财帮助里根。尽管他们看来可能是理想主义，天真了一些，但他们相信里根能改变美国的面貌，并且他们一直坚信这一点。

"不要愤世嫉俗。"次日，待一场争斗过后，罗尼对所有的工作人员说，南希则站在他旁边哭泣。"不要抱悲观态度，相信你们自己，想想你们所愿意去做的，并且要看到还有千百万美国人也想你们之所想，他们要求事情照理想去办，他们希望那会是山上一个闪光的城市。"

罗尼可能失去共和党内提名参加大选的机会。但是贝特西、琼、简、帮尼、弗吉尼亚、马里恩、马撒、马珀·琼，却已经认为南希是他们的第一夫人了。她的这一群朋友已经成了洛杉矶最稳固的一个社交圈子，十多年以来，没有一个外人能打进这一伙人之中。

"当我们比较年轻的时候，我们没有听人说起过这样一些人，"一个社会名流这样说，"在你一生中的任何时候，当你有了一个帮派，那总是不安全的。那就像你在大学时，你是个兄弟会的成员，人们总想使最漂亮或最聪明的姑娘不同你那个小集团沾边。我认为南希周围那一帮人是危险不可靠的。有许多这样的女人，他们想从社交生活中捞点什么，当南希是州长太太时，他们就将这作为一个机会。那是一群阿谀奉承、什么都在所不顾的人——他们彼此极端需要。"

"她们想在晚上八点赴宴，喝一杯白酒闲聊，十点半散场归去，睡一觉，次日起来换一套新衣，又去赴宴。她们生活在一个虚幻的世界里，不想谈论任何正经事。"

南希常常驱车前往贝弗利山庄，同她的朋友们一块吃午餐，车子就停在罗德奥大道由一个随从照管。当她三十年前第一次在这条道上行走时，这里曾令人愉快地汇聚着许多地方商店：有格林威治的，康涅狄格的，贝塞斯达的马里兰等地方的商店。自从古驰迁来之后，整块地方都布满了华贵的国际酒店，使得这条大街成了世界上最有名的商业大道。从一九七六到一九七八年短短两年间，与古驰相接的街区的十七家商店中有八家为更有声望的时装、珠宝店所替代。仅古驰所在的那一个街区，就是一个储藏衣服、银器、皮毛、丝绸和珠宝等物的宝库。

女士们佩戴款式新颖的高级珠宝，穿着新设计的时装。白天，她们穿着阿道夫或者圣罗兰的服装，提着古驰的提包。夜间，她们通常穿着奥斯卡·德拉伦塔、比尔·布拉斯的服装和迪奥长裙，带着朱迪思·雷伯的手提包。

这些女人及其丈夫都各有尊崇和诋毁他们的人。"男人们大都是自我奋斗、取得了高成就的人，"洛杉矶热心慈善事业的社会名流米齐·克拉克说，"他们都同那些按各自情况来看也取得了大的成功的、漂亮的女人们结了婚，他们有自己的事业，是巨额捐款人和慈善事业的组织者。"

"这些夫人们太孤陋寡闻，"另一个洛杉矶社会生活参加者说，"他们房间里很少有书籍，但却有数不尽的花俏的小装饰物。照片是室内装饰的一部分。他们有着小城镇十几到二十岁那些人的传统文化习惯，老是去同样的地方。"

这些太太大部分都决心使自己成为金发碧眼的女郎。尽管她们是母亲，是祖母，但借助于整容、面部按摩、化妆，在化妆品的装点掩护下，她们都显得异常年轻。多年后，她们彼此越来越相像。在蔡森饭店里，坐在年纪比她们大的丈夫旁边，这些太太还是那般妖艳美丽，美色经久不衰，就像在默塞德或者好莱坞山富有的公寓楼阁的另一种必需的装配物一样。

里根夫妇和他们的朋友们，还不像许多同龄人那样衰老，怎么会有人怀疑罗尼太老而不能于一九八〇年竞选总统呢？这些人有活力、精力充沛，正处于事业旺盛时期。他们奋斗着，并且对好的拳击仍然欣赏。这些女人们则娴静而讨人欢心，在丈夫一天的疲劳之后，给他们以体贴安慰。她们极力想成为海伦，鼓舞丈夫更努力地工作，多获取财富供她们消费，供她们永葆美丽。她们相信对自己最有实际意义的莫过于寻找一个惹人钦羡的丈夫。

那些夫人太太相互紧跟，唯恐落后。她们和年轻自傲的人相互隔开。在宴会和狂欢会上，她们打扮得极其年轻漂亮，饶有风韵，并且总是大胆卖弄，相互鉴赏衣饰，奉承捧场。但压倒群芳的仍是南希。罗尼仍像美国人所相信的那样年轻活跃，南希则是周围女性中最可爱的佼佼者。

那些向往有一天也能坐在这一群人的桌旁啃啃色拉、品尝加利福尼亚的白葡萄酒的有钱的女人，经常去光顾上面那群人常去的商店，照标价购买相仿的衣服。但是在罗德奥大道的商店里，那些夫人是有名的紧紧抓住她们古驰提包中的钱不放的人。她们有些人坚持要特殊照顾，要求打折扣，或者用其他方式付比实际价码少的钱。

尽管贝特西·布卢明代尔的丈夫是百万富翁，她还是认为没有理由要她为从巴黎购运来的衣服缴税。海关们很敏锐，对这些阔太太的名堂明察秋毫。一九七五年四月十四日，贝特西在洛杉矶国际机场因走私两件价值三千八百八十美元的华服被抓获。贝特西知道她展出的一件又一件设计精美的服装和她的仪容仍在给《妇女时装日报》的版面增辉。但这件事的败露毕竟会被人奚落，特别是两件衣服也要被拍卖掉，还要罚款五千美元。

接受富人们施舍，南希也并不例外。她的朋友经常向她赠送礼物。她的生日是人们为她进贡的日子。尽管她只把某些售货员视为穿着制服的仆人，罗德奥大道上的商店仍寻求她的庇护。

"南希是个只进不出的人，"现在在阿米莉亚·格雷商店的多萝西·塔珀说，"她常打电话说，'哦，多萝西，给我拿午饭来。'有一次她说，'你愿要一部分我吃的三明治吗，亲爱的！'"

"我回答说，'哦，那太妙了，南希，四分之一就够了，那么说，我不必买午餐了。'

"接着，我要走，她又说，'哦，很抱歉，亲爱的，我把整块三明治都吃掉了。'我真想把一纸板盒牛奶倒在她的头上。

"这些事都是阿米莉亚为她干了，她购进了一件价值二千五百美元的外衣，阿米莉亚把它送给了她。现在阿米莉亚生病卧床了，南希进店来时说，'哦，可怜的阿米莉亚。'但是她会去看望病者吗？她是个只进不出的人。"

对南希和她的朋友们，生活不单纯是没完没了的宴会，她们也要保证为慈善事业尽一份力，这是对要成为社会名流的人的要求之一。贝蒂、琼、马里恩和邦尼在令人惊异的兰缎带四百号——一个支持洛杉矶音乐的中心，不对外的社团组织中很积极。贝蒂和马里恩是四百号的共同主席，邦尼是执行副主席。作为《情侣》的共同拍片人，邦尼跑遍全国做报告，大讲电视节目内容健康的重要性。她和南希多次讨论过有关堕胎的道德问题。

不管她们如何忙碌，这些女士都是以完美的打扮与装束示人。她们短头发，并且常常戴着圆耳环。从来没见她们在街上穿牛仔裤，她们总是显得那样时髦、风度翩翩。她们的风度是多姿多彩的，比大部分加利福尼亚的年轻妇女远为保守，但比起东部的同龄人却非常飘逸潇洒。要保持那副模样，没有人能知道她们在修剪指甲、整容、染发、做发型和修面等方面花了多少时间。她们总是这个季节就在做下个季节的准备工作。

多纳林小姐是南希最喜欢的贝弗利山庄的马格尼商店的女售货员，她谈论这一群夫人、太太时说："她们是职业女人。"这意思是说，她们把做女人当作职业。"里根夫人光顾我店已有多年，我也接待照顾她们中大多数人多年了，她们是群可爱的女性，是那么温顺尽职。"

"她们前来购物都有规律，每周或是每两周一次，"商店经理多丽丝菲尔德说，"她们如此是因社交日程排得满满的。新俏货一到，就有店员、营业员打电话告诉她们。我们对她们每个人都熟悉，她们穿多大码子，穿几号，心里都有个数。店员们常说，'你不认为某某夫人会喜欢这个吗？'凡店员说过这话，十有八九都能成交。八月份，我们还搞展销，她们都是提前订购衣服，她们是这个城市里的一群特殊的贵妇人。"

Chapter 16
"德行、神明、家庭和国家"

　　南希已成了一位有权威的女人和社会名流，她公开炫耀自己和丈夫能取得成功。一九七六年的总统大选，福特被吉米·卡特击败后的第三周，在罗尼同他的高级助手、支持者们讨论其前途问题的一次午宴上，南希起着支配作用。她对杰里·福特积怨很深。罗尼曾支持福特反对卡特，但南希还要问与会者有多少人投了福特的票。只有三人承认投了共和党的票。在午宴会行将结束时，形势已经明朗，罗尼将于一九八〇年再次上阵夺取总统王冠。

　　若听任罗尼自便，他可能已骑马去森塞特伐木和到"天上牧场"喂马去了，但罗尼身不由己，不再是属于自己的罗尼了。他是事业、目标的象征，他身系着整个团队的命运与兴衰。

　　到一九七八年春，罗尼的支持者们看到，罗尼最后的时机到来了。经过六十年代，由于当权者这一股势力已使得美国向右转化，"自由主义"一词正受到政客们的批判。总统吉米·卡特对全国唠叨个没完，从能源储备到道德伦理，他什么都讲，举国对卡特的说教已生厌倦。人们开始准备接受罗尼的乐观主义以及他的许诺：把美国回复到过去政府规模小和机会无限的好年景。

罗尼最为突出的问题不再是保守主义而是年龄问题。要是当选，到任期届满，他将是七十三岁高龄的老人，迄今为止是美国历史上年岁最大的总统。当记者建议他将白发染黑或者说他劈柴只是为了照几个镜头时，他感到很恼火。不过，确实很少有人年过花甲还能像他那般神采奕奕的。

对罗尼来说，他没有宣布竞选的妙处在于他能像往常一样行事：一星期内匆匆发表一两次演说，反对巴拿马运河条约，接见记者和发表广播评论，抨击卡特总统的能源和税收政策。他有时间在牧场逗留或与老朋友会晤，而与此同时他手下一伙人都在积极准备，为他铺平道路。

林·诺夫齐格是一九八〇年大选时，罗尼的一个事务管理组织"共和国公民"的头子。诺夫齐格使用一九七六年大选留存的一百万美元向罗尼的保守的选区印发了成千上万的新闻信札和新闻稿。从巴拿马运河条约到卡斯特罗和克里姆林宫的卑劣行径等等无不一一进行攻击。那些接受他观点的听众将支持罗尼作为共和党候选人参加竞选。

约翰·西尔斯也回来参加选举活动了。与罗尼的大多数助手有所不同，西尔斯对候选人的任何个人关系一概不感兴趣。他曾经为尼克松工作过，他感到尼克松和罗尼两人都无真正的朋友。所不同的是，在尼克松方面，人人都知道这一事实。"我为尼克松工作，没有人同他接近，"西尔斯说，"但那是相当公开和人所共知的，而里根的孤立却有所不同。这原因多半在于里根是演员。明星就是明星。对同他工作的人来说，他是明星。这里存在着一种内在的隔膜。我深切相信人们是渐渐变成他们这个样子的。他当了明星，那是因为他在很多方面有能力成为一个明星。他能够得到那方面的磨练。"

作为罗尼竞选活动的主任，西尔斯企图运用罗尼明星的特点。他知道自己不是造就明星的人，但自认为是造就总统者。要获得一九八〇年大选的胜利，罗尼必须受到制约与控制，但是罗尼不但不愿交给西尔斯完全控制的权力，他还把控制权更广泛地向周围分散。西尔斯的两个伙计吉姆·莱克和查尔斯·布莱克也加入了这个组。然后迈克·迪弗和彼得·汉纳福德也相继加入；汉纳福德的公共关系公司从一开始就大量仰仗于罗尼。民意测验人理查德·沃思林也要定期请来商谈。在加利福尼亚大本营，谦恭有礼的前地区助理律师和罗尼当第二任州长时的高级参谋埃德米斯被挑选来向罗尼报告有关问题和担任工作人员的首领。

诺夫齐格和西尔斯是为野心所驱使的、莎士比亚剧中错综复杂的人物，他们之间的竞争将是竞选运动的第一仗。两人都视政治为生命。对诺夫齐格来说争执即是思想意识；而西尔斯则认为政治即策略和技巧。他们无尽无休地谈论政治，认为谈论他们的本行就是谈论世界大事。两人都在为罗尼高升的服务之中蒙受过羞辱。诺夫齐格在罗尼任萨克拉门托州长的年代被解职，又于一九七六年大选时再度靠边站，但他并不责怪罗尼本人。西尔斯挣扎着，在一九七六年攻克了一次饮酒问题。他成了与福特之争失利的、大家最喜欢的替罪羊。两人都很自负，他们长期保存这种自负，每有灾难的迹象，这种自负便自动伸张，并且它驱使他们回来投入又一次竞选活动。

尽管诺夫齐格为罗尼服务多年，他知道罗尼能够像忘记一双心爱却又磨损用旧了的鞋子一样忘掉他。他极其讨厌西尔斯，西尔斯不是一个真正的保守主义者，而且在他心目中，西尔斯曾使得一九七六年的竞选失败。诺夫齐格关心罗尼，而西尔斯却像一个编辑，一个认为要是作者能被消灭，出版事业会搞得很好的编辑。他有时认为候选人是政治的祸根。

西尔斯攻击的第一个目标是诺夫齐格。一九七九年的十月，在南希的帮助下，利用通讯员迪弗，西尔斯发难反对诺夫齐格。西尔斯指控诺夫齐格在筹募资金方面糟糕透顶，所以他必须滚蛋。当迪弗前来告诉诺夫齐格他已被解职时，这位被拖下了台的前新闻秘书预言，迪弗将是西尔斯刀下的下一个牺牲品，并说西尔斯将一不做二不休，不剔除所有的老加利福尼亚人是绝不会罢休的。

迪弗同弗兰克·西纳特拉和迪安·马丁负责三个义演音乐会，其中一个在波士顿，这个音乐会差不多是赔钱的买卖。"竞选活动就像一个乐队一样，"西尔斯后来说，"每个人必须坐在自己的位置上，并且必须奏同一个曲调，依我所见，迪弗坐的位置所演奏的曲调遇到了麻烦。"

"当时存在着许多暗流，"南希后来说，"这对罗尼来说是困难的，他不理解这些暗流。当出现紧张局面和人事纠纷与不和时，他会茫然不知所措。大家都想解决这个问题，我们虽然一直想把他们凑合在一起，但并无成效。"

南希比里根班子里的任何其他人都更了解这种潜流。她像狩猎季节里的鹿那样睁大了眼睛提防着，为罗尼探明有无危险存在。她专听那些含沙射影，旁敲侧击以及牢骚满腹的话。实际上，罗尼在萨克拉门托的工作人员中唯有迈克尔·迪弗和南希关系有所发展，相互信任与了解。迪弗是天生的善处公共关系方面的人物。他谦卑、谨慎，由于与南希的关系而在事业上大大得到提升。

南希喜欢迪弗忠心耿耿，同时也尊重西尔斯的办事能力。她不理解为什么这两个人不能合作共事，将关系搞得更融洽些。莱克想方设法让他们一道工作，但他们仍经常争吵不休。正值罗尼一九七九年十一月十三日正式宣布竞选之际，他们两人间的关系也搞得越发紧张，迪弗甚至不同西尔斯讲话，并离开了纽约集会。

无休止的口角舌战和勾心斗角威胁着整个选举运动，使它面临涣散瓦解的危险。在南希的怂恿下，里根夫妇于十一月二十六日在太平洋帕利塞兹的住宅里召开了一次会议，以解决整个事务方面的问题。迪弗和西尔斯像装在一个麻布袋里的猫狗一样，你咬我，我咬你，互不相让。西尔斯直截了当地说，要是迪弗不走，他便离开，并把莱克和布莱克也带走。尽管罗尼有妥协、让步的传奇般的才能也不能使他二人言归于好，合作共事。

"是啊，亲爱的，你必须做出选择。"南希直率地说。

"不，州长，你用不着做出选择，"迪弗说，"我将辞职。"他突然站起身走出门外。

罗尼恳求他，想挽回他，但迪弗却继续往前走去。

"这里最重要的人物离开了这个房间，"罗尼返回房间时这样说，"他是愿意迁就和妥协的，就是你们这些家伙不干。"

不过情况是迪弗已走，西尔斯仍然坐在客厅里。像在自己家里的一贯表现那样，罗尼不介入这些争吵。他喜欢迪弗。的确如此，四年前，当罗尼被一个花生米噎住时，迪弗救了他的性命。但是那天罗尼还是让迪弗回家去了，罗尼回报他的是最新式的沉默：不打去电话。

南希决定写自传，有一部分原因是为了选举做些准备。但她不是作家，所以她雇了作家，一个愿卖作品的记者比尔·利比，利用她的口述录音来写这本书。一九七九年的年初，利比驱车每周与南希会晤两次，并将谈话录下，另外把她写好的文字交给南希过目。他是个多产作家，发表了近五十部作品，其中许多是与人合著的。他的任务并非搜集事实，而是把南希所要写的，用合乎情理的大致符合她本人情况的调子写下来。

为帮助利比写好此书，南希要求她读一本关于道德伦理方面的好书。她把自己的一生视为道德教育的典范，并且她希望利比尽量写成一本与十九世纪严谨节制的道德相当的、有教诲意义的教科书。"人类需要有道德标准来指引，"南希在自传中这样说，"克己是区分行为成熟与幼稚的标志。"她视此书纯属她个人，虽然她谈及对罗尼的爱情，但在本书中她极少谈她的丈夫和孩子们的事情。她审阅利比写成的书稿，把个人的轶事删去，砍掉了书中生动的部分。她不希望伤害罗尼或她的朋友们，不愿谈及与她恋爱约会过的人，不交代自己的年龄，也不谈家庭的详情。当出版社的编辑们看过原稿之后，决定不出版这本他们认为是令人生厌的、毫无生气的书。出版社的一位编辑到南希处，要求她增添有生活细节的内容。她很勉强加进了一些插曲、趣闻，但她仍然拒绝提到简·怀曼的名字和过多地谈及迈克尔和莫林。

南希把她在贝塞斯达度过的童年描写成相对说来暗淡、情趣索然的部分，避而不谈她曾在一所昂贵的私立学校就读一事。她说从十四五岁起就没有见过她父亲，实际上多年后，她还同他会过面。她说在与罗尼结婚前一年两人开始相约来往，实际上，来往时间两倍于此还要多。她对六十年代当母亲时的艰辛只字不提。

"她把主要热情倾注在罗尼身上，"利比在为南希写传后说，"他们的关系很牢固，彼此需要。无论相聚和分开，两人都非常诚恳……南希对罗尼施加影响。她希望能比现在更引人注目。在我看来，原因在于她要强烈地按自己的生活方式生活，并希望把它施之于人。德行、神明、家庭和国家是南希所信奉的。她生活在一个狭小的天地里，她并不理智，而是一个顽强、聪明、知道自己需要什么的女人。她有小市民的机智、灵巧，然而却体面而有风度。无论有什么脾气，她都能自控。她真正爱她的丈夫，并认为他将给予我们这个国家所需要的道义方面的引导。"

数年来，罗尼生活在一个较小的社会圈子里，对大部分美国人的追求以及存在的问题很陌生。当言语简练而经历丰富的乔治·布什在洛瓦从早到晚地进行竞选活动之时，罗尼却像罗马教皇旅行似的到各地发表演说，向人群祝福。当约翰·康纳利、参议员罗伯特·多尔、参议员霍华德·贝克和国会议员约翰·安德森在为获得人们的承认而争斗之时，罗尼站在一边，并不介入他们的争夺。

要是罗尼想到过他要成为总统的话，在洛瓦一月份召开的选举秘密会议上，他大致能悟到些情况。他得到 30% 的选票，布什得到 33% 的选票。在好莱坞，胜负是无论如何都要到最后一轮才见分晓的。罗尼在新罕布什尔的预选中扮演一个有奋斗精神的候选人，比他的有钱的对手表演要出色得多。他坐着竞选汽车到处奔走，站在新英格兰严寒的室外回答地方报刊记者的问题。他连日不断地继续推进。虽然已六十六岁高龄，他比年岁少他一半、跟随在他屁股后面转的记者们恢复体力还快，比他们显得更有生气。

无论罗尼何等劳累，有一大群人跟随都使他受到鼓舞。使他感到困倦的是他的助手们的无休止的争吵。迪弗离职之后，西尔斯又赶走了保守主义的经济学家、加利福尼亚人马丁·安德森，把他送回到大学校园中去了。现在米斯是唯一留下来的老加利福尼亚人了。一月下旬的某天，经过一整天的竞选活动后，罗尼回到马萨诸塞州的安多弗，由于紧张，他患了胃痉挛。要不是这般情况，下人的争吵会一直闹到代表大会召开。罗尼对周围不协调的状况那样担心，这使南希简直忍受不了。

"南希对里根的最大帮助是引导他朝着他的天性和本能去行事，"某些地区选举活动的主任弗兰克·多纳特利说，"你必须倾听意见和劝告，但你应该顺其本能做出决定。在引导他回到自然的本能这一点上她是非常出色的。"

二月初，西尔斯来同南希交谈。"她是同罗尼亲近的人，"西尔斯后来说，"这就是我要找她的原因。"

南希有办法使人感到她似乎理解他们。从战胜了迪弗这桩事来看，西尔斯很有理由信任她。这位竞选活动主任告诉她，透过新泽西州游客旅馆的薄墙，他偷听到了米斯给里根的助手之一戴夫·费希尔打电话时的谈话内容。米斯说，在新罕布什尔预选之后，西尔斯和他的两名同伙莱克和布莱克即刻就要被解雇。并且西尔斯此前就听到过这样的传闻，他感到再也不能不正视选举活动工作人员分裂和陷入混乱这一局面了。而且他仍感到米斯在竞选活动中在很大程度上是不称职的。

"原来的机构已经运转不灵了，"多纳特利说，"西尔斯再也不是竞选活动主任了。这是一个问题。谁也不是头头。他们在里根的房子里聚会，企图达成一项协议，但是这做不到。西尔斯没有任何权威，其他任何人也没有权威。"

南希对西尔斯本人做了些安抚工作，两人还谈起聘请一个竞选活动管理人一事。南希为她将来需要永远解决争执问题开了个头。她乘飞机去加利福尼亚，同罗尼的前助手、现在是加利福尼亚最高法院的法官威廉·克拉克面谈，问他是否愿意担任新工作班子的头头。此事未能谈妥，里根夫妇又与前证券交易管理委员会主席威廉·J.凯西商谈，凯西应允担任这一职务。

西尔斯跑到南希处控诉米斯，因为现在他发现他本人及其权威受到了更大的挑战。晚上在安多弗游客旅馆里，西尔斯同布莱克和莱克一起走进里根夫妇的套间。

西尔斯开始一件件罗列米斯的罪状。他指控米斯泄露消息，破坏竞选，这是对罗尼钦羡、尊重的米斯的严重控告。

"你指控迈克·迪弗，"罗尼大喊道，"但是，老天爷，你不能把埃德·米斯也搞掉。"

"州长，"西尔斯几乎是一本正经地说，"这是你的竞选活动，你应该做你必须得做的事情。不过在这种情况下我是待不下去的。"

"该死的!"罗尼咆哮起来了。当他站起身走到西尔斯面前,莱克心想,"要是里根不极力控制,他会揍西尔斯一顿的。"南希抓住罗尼的手臂阻止住了他。

"我不会赶走埃德·米斯!你们这些家伙逼人太甚,要是你们现在就走,事情就解决了!"当三个竞选助手离开后,心里都明白事情已经解决。他们何时被清洗只是个时间问题。他们已经在考虑退出竞选活动一事,但相信他们一旦退出,罗尼将会在预选中失利,尔后得不到提名。他们不想当拆台的罪人。尽管如此,他们仍相信罗尼是最好的候选人,他们决定坚持下去。

新罕布什尔预选那一幕戏,远不如里根竞选工作员人内部的演出精彩,但预选已临近。那纯属是演戏,那是一场由妇女投票团体发起的,于二月二十日在曼彻斯特由六位候选人表演的舞台戏。三天后,在纳舒尔的双人辩论开始时,这场表演变成了戏剧性的大吵大闹。

罗尼在曼彻斯特表演得不错,但在二月二十三日的与竞选中处于领先地位的布什辩论显得更为重要。罗尼对特殊的问题并不熟悉,但他就像擦了凡士林的中卫一样灵活,对提出的问题对答如流,显得对特殊问题不熟悉并不要紧。布什看来是个很强的对手,姑且不谈他在办企事业上的成功,就凭他是国会议员、中央情报局局长、驻中国大使等公共服务事业方面的任职而论,就没有一个候选人能与之相比。念大学时,他是个比罗尼那样的橄榄球队员强得多的垒球队员。既然竞选中还有五个其他的候选人,举行两人辩论未免有点不近情理,但这是政治,不是分享民主,并且两个候选人都认为辩论对他们有利。约翰·西尔斯意识到,不管怎样说,这次辩论是里根集团付钱,他想出了个很妙的歪点子。为什么不把其他候选人召来,让他们也到纳舒尔参加辩论呢?

直到辩论那天中午,当莱克给罗尼带来一份新闻稿时,他才知道西尔斯到底要搞什么名堂。在那寒冷的二月的夜晚,在去往纳舒尔高中体育馆的途中,他还不知道会发生什么事。他在学校的一间教室里遇见其余四名决定前来竞争的对手:安德森、贝克、克兰和多尔。罗尼临时与四人达成协议,若他们不参加,他便不与布什辩论。同时,西尔斯将这一新的安排通知布什和他的竞选团主任詹姆斯·贝克。布什上耶鲁大学不是白上的，他坚持按规则办事。罗尼是个台词记得很快的演员，他很会表演，但此时，他因义愤而显得傲慢。当布什呆呆地坐在台上时，罗尼带领安德森、贝克、多尔和克兰朝指挥台走去。

"想要我干什么？"罗尼走上过道时向莱克露出一副严厉的面孔，"到底想要我干什么？"

"我们就到那边去，"莱克说，"你就声明应该允许这四个伙计发言。要是他们走了，你正好留下进行辩论。"

当莱克坐在那儿看见罗尼面带怒色时，这位新闻秘书有点着急。因为他那副不屈的进攻姿势使得观众的视线已经转向布什。罗尼只要不发脾气，不同其他的总统候选人一同离开，他可以轻而易举地取得胜利。只要不走，他就可以取胜。莱克借来一本黄纸便笺簿，在上面写道："要搞得他们受不了，州长，整个地盘都是你的。"

一个特工人员把这张纸条递给罗尼，他看了一下，眉头深深一皱，再抬起头朝莱克挤了挤眼，又继续皱了几下眉头。莱克松了一口气，他知道罗尼会意，懂得他有听众。

听众中一片喧哗，人们叫喊着让其他候选人讲话。《纳舒尔电讯》出版人、这次辩论的发起人J.赫尔曼·波略特想法使听众保持安静。

"把里根先生的麦克风关上！"《纳舒尔电讯》的编辑乔恩.布林高声叫道，想以此来控制集会群众。

"我付了租麦克风的钱，格林先生。"罗尼说，他叫错了编辑先生的名字，这是他当晚出现的唯一错误。罗尼的演讲把理想主义、气愤和天真的信仰融为一体，而这是詹姆斯·史都华在《史密斯先生去华盛顿》中表现得很完美了的东西。当时的情况是音响系统很保险地掌握在里根集团付款雇佣的公司手里，他们无意把罗尼的话筒关闭掉。

假如罗尼在好莱坞也能扮演这样美好的角色，他可能就不会进入政界了。他是轰动一时的人物，最后在两个候选人之间展开的辩论就像是正片后加演的一场乙级片那样。但是罗尼也赢得了这场辩论赛。

这也是西尔斯的胜利，他能得到的最后一场胜利。预选那天下午，即二月二十六日，罗尼通知西尔斯、布莱克和莱克到曼彻斯顿度假旅馆的三楼套间有事商量。罗尼就坐在威廉·凯西旁边，南希则在房间的另一边，好像她与此事并无牵连一样。

"我们内部发生了些问题，我们希望能把它解决。"罗尼说。近日来，罗尼几乎早知道会有这一幕出现，所以他对这三位一直很热情。即使是现在，他也不能直截了当地把该说的话和盘托出。他把打印好的、宣布三人解职和指派凯西为竞选主任的一纸声明递给西尔斯。西尔斯默读后把这张纸传给布莱克和莱克。

"怎么样，约翰？"南希在房间的另一边说，"怎么样？"

"我并不感到惊奇。"西尔斯耸了耸肩。

"西尔斯被解雇南希起了很大作用，"多纳特利说，"她帮忙把凯西请进班子里，并且在何时解雇他的问题上她的话也是很有分量的。其实，当迪弗被逼走时，很多人就想到西尔斯待下去的时日也不会太长了。我想里根和南希早已商定：下次西尔斯要求解雇米斯时也就是西尔斯离去之日。"

在新罕布什尔预选中，罗尼以高出 27% 的比分击败布什。不久，受了几个月委屈的迪弗又重返竞选团。保守的知识分子安德森也回来指挥发行组的工作，诺夫齐格也回来当他的新闻秘书官了。

为了实现他的雄心壮志，罗尼和南希只得暂时把他们的三位最老最忠实的助手兼参谋摆到了一旁。要是西尔斯做得不是那么过头的话，迪弗、诺夫齐格和安德森不会进而与里根夫妇有更亲密、更深层的关系。然而对他的助手来说，罗尼已经越过了那令人不快的摩擦，他仍然是一个宽厚，仁慈的好人。打个比方，他就像在一个毒品的世界里，他经销毒品自己却又不沾手。

里根的孩子们也是这样看待他们的父亲的。迈克尔现在也是一个两岁男孩卡梅伦的爸爸。他希望罗尼能对孙子尽祖父的慈爱，但罗尼几乎无时间花在孙子身上。迈克尔仅应邀去"天上牧场"两次，有时他不免感到自己更像个孤儿。

早在竞选活动初期，迈克尔和罗尼就难得有短暂的两人单独在一起的时候。他后来向记者透露说，他告诉过他父亲，希望通过竞选能出现一件好事：全家人能变得更亲密些。但是，据迈克尔说，南希直截了当地告诉他，那样的好事是绝不会出现的。

迈克尔相信罗尼和他的主张，相信他是个很好的竞选人。尽管迈克尔不时感到他们并不真正需要他，工作人员认为他和他姐姐定会感到很尴尬。"我猜想，有这么大的子女在身边，会使父亲显得年老。"迈克尔说。不过当工作人员要他出场时，他们是不考虑他个人的要求的。他们知道迈克尔会放弃一切去帮助他的父亲。他全年所盼望的唯一的一件好事是在元月份抽两周时间到阿斯彭去滑雪。但他被通知去洛瓦，所以他只去滑了四天雪。

至于莫林，当他父亲在洛瓦上空飞过时，她正乘车在该地为竞选做些工作。她很少见到罗尼，因为她一周接一周地在为罗尼的选举奔忙。当她得不到罗尼的信息时，她并不责怪他，而是责怪南希。

小罗恩在纽约跳舞，他甚至没在纽约的预选中投票。他自行其是，虽然他希望父亲成功，但他把全副精力都花在了新的事业上。他希望尽可能与选举的事少沾边。

帕蒂也不准备参与竞选活动。一九八〇年的春天，托潘加峡谷洪水泛滥，使她不能住在所租的房子里。在未找到房子之前，她暂时回老家住下。在太平洋帕利塞兹，帕蒂觉得她的丰田小汽车配不上她，她贴在汽车上的那些的大张的反核广告也有些刺眼。她的事业并非一帆风顺，但这位二十八岁的女演员倒不想利用她父亲的名声。她也不想让人觉得她永远是罗尼的女儿。她发现同外界以及记者们很难说得清楚。

"你父亲对于人们应该怎样生活的观点与看法与我们这一代大多数人不同，"一天，一位年轻的女记者对帕蒂说，"并且他对你做的某些选择也持不同意见。假如果真如此，你是怎样解决同他们的矛盾的？"

"什么意思？"帕蒂问，她的声音听起来有点像简·方达的声音。

"我指人们同居的问题。你的父亲非常相信婚姻制，就是这个意思。"

"我不想发表个人看法，也不想谈自己的私生活。"帕蒂心平气和地说。

记者执意要问："但我的意思是指在他公开发表的消息里有许多这方面的问题。他谈到了道德、性爱和婚姻问题……贞节、离异以及家庭的恶化与衰颓。"

帕蒂想了片刻，"是的，我相信贞节，"她边说边放声大笑，"我愿支持这一观点。"

当她的两个孩子继续过着他们自己选定的生活时，南希正积极参与选举活动。她愿意同罗尼在一起，但她常常需要作为他的代理人出访，间或，她甚至要发表正式的演说。竞选初期，罗尼的飞机在新罕布什尔被大雪围困时，南希代表罗尼在加利福尼亚接见了二百多名有钱的支持者。她望着人群说她但愿罗尼能在这里"看见这些漂亮的白色的面孔……"。她停了片刻，觉得此话听起来似欠准确，又补充说，"……漂亮的黑色的和白色的面孔。"

罗尼在新罕布什尔打了一个漂亮仗后一周，去了佛罗里达，南希也在他身边。罗尼随意说了些不可信的、没有根据的事实。在此之前的一个晚上，在南卡罗来纳的辩论会上，罗尼声言在美国大麻是最危险的毒品。有一位记者毫不客气地把罗尼的话援引下来并读给他听。罗尼纠正记者说，他所说的是科学家认为大麻是最毒的毒品之一。接着他列举新的事实说：科学家们发现"一支大麻香烟大概比一支烟草香烟在导致肺癌和喉癌的危险性方面要大好多倍。"

记者们听到这种演讲后，无疑想到的是，罗尼知道很少有人一天抽一包大麻。记者说，人们不必抽那么多大麻就能造成严重的后果。听到这种讨论，南希看出了对罗尼的不利兆头。因为罗尼听力不好，南希小声讲，怕他听不见。"你大概不知道。"她大声而肯定地说。

"我大概不知道。"罗尼说。

尽管罗尼或南希偶尔失言，但也影响不大，罗尼仍然接连获得成功。先是贝克、多尔、克兰和康纳利四人退出辩论，最后布什也退场，安德森因以无党派人士身份去参加竞选而离开了会场。

里根竞选团的人知道，里根离开讲稿即兴发言时，经常免不了引起些麻烦。

六月下旬时，提名已定，两辆汽车的新闻记者被运送到了"天上牧场"的山边。今天将是个"摄影会"，记者们要问许多新的问题。

这一天，天上牧场变成了一个电影制作厂。罗尼戴着牛仔帽，穿着牛仔裤和棉布方格衬衣站立着，又跨上马鞍给大家讲西部牧人的故事。周围除了他的谈话声音外，只有照相机、摄像机咔嚓的声音及风呼呼而过的声音。南希同罗尼长时间地握着手，以便让大家照个够。然后，他们骑着马缓缓而行走进山里。当他们爬到山顶，便向四周旋转，面向摄像机。摄影会到此即将结束，这是最后一个镜头，早先拍得都没有这个镜头这样美妙。这次，他们都想拍几张十全十美的照片。

"他们还等什么？"一个摄影师抱着很重的摄影器材在那里埋怨。

"排着长队呢！"另一个摄影师说。

"来了！"洛杉矶《每周新闻》的办公室主任马蒂·卡辛多尔夫大声叫道。

南希和罗尼骑马来了，就像《死亡谷岁月》的一个场景。

竞选活动的工作人员本可以也像那天在"天上牧场"那样，弄上管弦乐吹打一番，但他们无法控制那些论及南希的文章。那些为南希画像的女记者大都是女权主义者，是平等权修正案的坚决支持者。她们母亲那一代人中所有令她们厌恶的特点，都在南希一个人身上淋漓尽致地体现出来了。让她们完成写南希的任务就同要求巴里·戈德华特去读《共产党宣言》一样困难。

《华盛顿邮报》的萨特·奎恩，甚至连南希的坐相也不喜欢。（"她好像从不会移动分寸，她的双唇从不抵着牙齿，很少眨眼或眯着眼看人。她的两条腿一动也不动，该不会是睡着了吧？"）《华盛顿邮报》的林恩·罗塞利尼，用些莫名的材料对南希进行挑剔。（"她经常对人大发雷霆。在里根身边呆了很长时间的一个前工作人员表示他领教过她发怒时的厉害。"）《纽约》杂志社的朱莉·鲍姆戈尔德称南希为"罗纳德·里根的绝对尽职的妻子"。（"她从不激烈地愤怒。她讨好人并且总是压制着一点内心的不快。"）

南希对这些评论感到震惊。全国的报道对她的每一点都进行挑剔。她对这些批评不能理解。当她阅读某些报道时，她感到无地自容，真想躲藏起来。她的一切都可成为攻击的对象：她的大腿、衣着、动作，甚至对罗尼的爱情都可让人挑剔一番。

七月十四日，星期一下午，罗尼和南希抵达底特律的普拉扎宾馆，共和党代表会的总部就设在这里。里根夫妇站在人群前，看起来好似时装模特儿在为格罗斯波因特、格林威治、波托马克或者是太平洋帕利塞兹的贵族们展出最新的夏服。罗尼穿着浅黑的裤子和白色短上衣，南希则穿着阿道夫礼服。"南希和我正好坐飞机飞过此地，我们想停下来看看这里发生的情况。"罗尼说，"有一天晚上我做了个梦，梦见吉米·卡特向我走来，并问我为什么要他的职务，我告诉他，我不是要他的职务，我想的是总统之职。"

莫林、迈克尔、帕蒂和小罗恩也都来到了底特律。这是他们父亲的凯旋周，但是他们每个人与此间呈现出的壮观景象都有一段很奇妙的距离。

近年来，莫林的体重增加了许多。她是个个子高大的女人，说话声音低沉，而自尊心比个头还要高强。她又离婚了。三十九岁时，她发誓要真的过很长一段时间才重新结婚。她的电视生涯已渐告终结，她现在在做促进美国物资出口方面的业务。她为选举工作花了很多时间。

"莫林非常活跃，"多纳特利说，"她同一群又一群女人，特别是年轻女人相处时很有耐性，她参加选举活动时表现得很出色，消息也很灵通，而且颇懂政治。她的急躁傲慢是有名的，但她真正是个宝贵的人才。"

另一个选举活动的工作人员记得莫林在她父亲发表演说时是如何鼓动群众的。"在恰当的时候，她会跳起来鼓掌，真的能够把听众的情绪带动起来。她真正显得与众不同。每当她这样干的时候，罗尼便向她眯眯眼。"莫林这样卖力，她想与父亲的关系能有新的进展，但没有那么回事。虽然她仍然渴望能得到父亲的爱，但她知道为什么亲密的关系不再出现。

"南希和父亲有着令人不能置信的无与伦比的关系，"她说，"他们不仅是理所当然的好朋友，他们还是夫妻，而且爱恋着。我们所能希望的世界上最好的事，便是保持我们现在这种不即不离的状况。但是，我以为他们像现在那样亲密，要他们再同孩子们也那样亲密地在一起，是有障碍的，因为他们除了他们自己并不需要同其他人在一起。

"我记得有一天对他说过此事，我说：'你应该懂得那是很热烈的场面，我全力以赴地表示支持。但是对于我们站在外面的人，你就不能间或向我们挥挥手，让我们知道你也看见我们在场吗？'

"要他理解是很困难的。他认为我想告诉他，他什么地方说错了。我不是这个意思，我是想说我懂，但也希望他知道我们在努力。但是他不停地说，'我什么地方做错了？'"

虽然迈克尔参加他父亲的选举活动有很长时间，也干得不错，但是他期望的不仅是使自己与罗尼更亲密一些，而且希望罗尼唯一的孙子卡梅伦将会像环氧树脂胶一样把他们连接在一起。在代表大会上，这个孩子像个道具一样被拖进拖出拍全家福照片。看起来，他还不认识自己的祖父呢。罗尼开玩笑说："他只在电视里看见过我。"

帕蒂虽然也来了底特律，但那与她愿意做的事有关。"我不是一个了不起的政治家，并且我有我自己的工作和抱负。"她说这番话来解释她为什么不为里根竞选卖力，"我认为任何人想为他帮忙都是好的，但是我不想干。"

她想成为"有钱有名的人"，但是进展得并不顺利。"我要设法弄到工作，"她说，"但进展缓慢了些。"她二十八岁，到了她妈妈进入好莱坞的年龄，她感到流年似水，时日过得很快。若想成为一个明星，现在已经该有端倪。代表会的前一周，她在"六十分钟银幕"上同迈克·华莱士谈了话。华莱士是南希的老朋友，他要帕蒂在电视接见中以和蔼可亲的面貌出现。会见结束时，帕蒂拿起吉他弹唱了她自己谱写的《没剩下地方好躲藏》。

一九六七年，小罗恩正在读预科学校，他休学一学期同他父亲一同参加竞选活动。但是现在，他甚至比帕蒂更不愿意卷入政治活动之中。"出去搞选举活动要花费很多精力，我不能同时又参加选举活动又跳舞。"他在参加选举活动时说。他已二十二岁，他远比六十九岁的父亲更感到年月催人，时不我待。在高中的后半段，他才开始练舞。只在耶鲁大学念了一学期，他就返回洛杉矶上了斯坦利·霍尔登舞蹈学校。为了挣钱，他在舞蹈学校的衣物商店和服饰店的男人用品部工作。他每天上很多节课，学得很快。现在他在芭蕾舞团做学徒，每天安排八小时，他有了成为舞蹈家的机会与可能性。他靠自己去闯，通过训练与努力，几年时间取得了许多其他人需要花上一倍时间才能取得的成绩。虽然他愿意在底特律露面，但他的努力是有限的。

在底特律的乔·路易斯·阿里纳所举行的共和党代表大会是为罗尼和南希而召开的代表大会。罗尼十四年前当州长时的愿望与追求实现了。底特律是民主党的城市，一个酿造啤酒和制造汽车的工业城市，但在这一周，它成了罗尼之城。这同四年前的堪萨斯城可大不相同：那时，罗尼的助手跑来跑去、轮番交易，也没有保卫住那场不可避免的失败。这一周，罗尼要做的全部工作就是准备一个接受提名的演说和选择一个副总统竞选人。

六月，罗尼在棕榈泉拜访了福特，敦促他的这位前对手支持他去战胜卡特。福特回想起提名之争的紧急关头的情景，简直要把罗尼拒之门外。但现在罗尼迷惑住了福特，他同意支持罗尼作为候选人。同时，罗尼请他充任副手候选人，但是这位前总统拒绝了。这使罗尼有了一个想法。在党的领导层向他提出一个他十分不喜欢的人乔治·布什来让其挑选时，他觉得布什似乎是更好点的人选。

七月十四日，在福特发表激烈的演讲之后，罗尼再次向他靠近。福特虽然对这个职务有兴趣，但他非常骄傲。在同哥伦比亚广告公司的沃尔特·克朗凯特谈话时，他说只有让他竞选双人总统，他才干。这是重要的电视接见。罗尼坐在他的房间里望着这番奇异的景象，感到震惊。他当机立断转向布什，请他参加竞选副总统之职。

至于南希，这次没有贝蒂·福特来抢她的好戏了，她成了共和党的皇后。在党的领袖们讲话时，他们的太太都同南希坐在一起。

代表大会为电视转播做了极妥善的安排，许多发言人像走马灯一样上上下下，就像"约翰尼·卡森展览会"上的过客一样。一切都为罗尼在七月十七日星期四接受提名时的演说，即本周的高潮做好准备。实况播放安排在当晚的黄金时间，这样大部分的美国人都可以观看到代表大会的盛况，也就有前所未有的数量的观众可以观看并聆听罗尼的讲话。

在他未到底特律之前，代表及观察家们就看了有关罗尼生平介绍的电影。电影出现了迪克森和尤里卡学院，杰克、内利及尼尔，有对好莱坞和电影演员工会的介绍，有在萨克拉门托的日子里以及南希的情况的片段。这同美国的很多旧电影一样，诠释了在美国要成为什么样的人，该做些什么事。"他相信'机会是无限的'这种美国观念。"播讲者这样说，并且罗尼的一生似乎具体地体现了这种思想。

当罗尼和南希出现在台前，代表们掌声雷动，那是一种超乎政治方面的感情。他们鼓掌鼓得手都麻木了；他们高声欢呼，把嗓子都叫哑了；他们跳跃顿足，像发狂似的，一片欢腾。

罗尼穿着一套蓝色的衣服站在观众前，欢呼的声音像潮水般向他涌来。接着，里根一家都上了台，小罗恩和帕蒂站在他们的母亲南希的左边；莫林、迈克尔和科利恩站在罗尼的右边，明显地把罗尼的两次婚姻情况区分开来。

在四十五分钟的发言中，罗尼还是讲他以前讲过多次的那些事情。他谈到了通货膨胀和减少税收，给人们重新安排工作，缩小联邦政府的规模以及美国力量的衰退。他还谈到了"家庭""邻居""工作""和平""自由"等等。那声音的力量似乎可以把他吐出的每一个字都镂刻在大理石上一样。他把听众带到美国开创的初期，从清教徒移民签订契约谈到人们用"生命、私有财产和他们神圣的荣誉建立了这个国家"。他带着听众重温美国历史，从建国讲到亚伯拉罕·林肯、富兰克林、罗斯福，并且用他们过去所说的话预示将来。他引用了托马斯·佩因的话："我们有力量重新开始一个世界。"

像任何伟大的表演家那样，罗尼感受到了听众的精神的激荡和脉搏的跳动，仿佛大家已融化成一个人。要是听众能听完他的讲话，他想要求大家默默祈祷。在这样一个洞穴似的竞技场上能有此举，实属大胆。但他向已经用掌声打断了他七十次的听众望去时，他知道这样做是行得通的。

"我要坦白地说，我有点害怕提出我打算提出的建议，有点害怕讲我打算讲的话。"他这样开始了他的演说，他的声音在颤抖。"要是我不讲呢，我就更为害怕。"

"我能请大家在共同开始这场改革运动之时，用一点时间默祷吗？"

整个大厅里的人都站了起来，低首默祷，然后罗尼抬起了头，说出了祈祷的最后几个字："上帝保佑美国。"

劳动节的周末，罗尼在新泽西州的自由公园的群众集会上揭开了他与民主党卡特竞选的序幕。他穿着有点皱了的白衬衣，卷着袖子，背朝着自由女神铜像，面向纽约港站立着，高谈着劳动者的光荣。要是整个选举活动都像今日这般情景，那就不仅是罗尼要取胜的问题，简直是投票者就是买门票也要来投他一票。

但是，竞选情况不是事先都能精心布置好的，罗尼已经出了很多严重的错误，这会削弱他在选票上的领先地位。八月，在向一群参加过外国战争的退伍军人讲话时，他在演讲稿上加了一段话，把对越南战争称为"高尚的事业"。这番描述反使他们尚未愈合的伤口重新开裂作痛。他认为美国对中国台湾的支持是另一高尚的事业，并提议与台湾有"官方的关系"。他提出这个建议则是意欲冒险放弃美国好不容易与中国大陆建立的外交关系。在达拉斯，他告诉一群赞成出版宗教读物的记者，说他认为圣经中的关于世界之创造可以和现代的进化论同时教授给学校学生。九月初，罗尼把卡特总统开始其竞选的阿拉巴马州的塔斯坎比亚说成是"他出生的地方以及三K党的母体所在地"①。

像许多人那样，罗尼经常对他只有一知半解的事发表意见，把记忆模糊的事实奉为神明。在这之前，这种行为尚能通过，但是现在，他的每一个字、每一个姿态都有人盯着。他们抓住一点，便可以把你说得一文不值，要是可能，还会把这些用作反击的炮弹。

南希明白发生了什么事情，她想应该把斯图尔顿·斯潘塞弄来，全力投入竞选活动。斯潘塞和他的伙伴比尔·罗伯茨曾在过去的州选举中帮助策划。罗

---

① 卡特出生于佐治亚州。

伯茨总是有不敬的言行，有时几乎是故意表现粗俗。他很难是南希所喜欢的那种在花园酒家一同参加午宴的人。再者，一九六七年他为福特在共和党提名竞选总统时出过力，因而反对过罗尼。但是，南希知道他们需要斯潘塞。

斯潘塞太了解里根的集团和他周围的人们了，所以他并不期待他们会用鲜花来欢迎他，首先他想知道的是南希是否需要他。当他被告知答案是肯定的时候，他便乘一九八〇年的"领袖号"飞机赶到，指导罗尼安渡竞选关。

九月初，在第一次南方选举巡回演讲中，罗尼坐在飞机里浏览下一站新奥尔良要用的发言稿。这时，他有足够的时间加点他自己的警句或强有力的反驳之词。他抬起头来，发觉斯潘塞在望着他。

"行啊！斯图，行，"罗尼笑了，"我照稿子说。"

自那以后，罗尼极少出现失误，也不信口开河了。罗尼对他的竞选活动表现出了新的信心。

有吉米·卡特作为竞选对手是不会感到有伤自尊的。事实已经证明，卡特是个很难喜欢别人的人，就像罗尼是个很难不喜欢别人的人一样。六月二十五日，总统自己的民意测验人帕特里克·卡德尔告诉过卡特，在机要的选举备忘录上写着"美国人民不要吉米·卡特当他们的总统……的确可以说，大部分人不喜欢总统"。管你喜不喜欢，卡特反正已经坐在白宫里了。因此民意测验人相信，卡特的再次当选"不仅可能，而且很有可能"。

卡特的对手往往要通过卡德尔所说的"可接受的门槛"。"我非常相信这样的时刻对每一个非在职的挑战者都是存在的，即由社会的绝大多数人来决定这个人——即令他不是他们所选择的——是否合格，是否能当总统，"卡德尔写道，"从预期的候选人到可能当选美国总统之间的通道是看不见的，危险的……无论选举走的是哪一条道，一经失败便无可挽回。"

多亏斯潘塞和其他人的帮助，罗尼已经在走那条看不见的、危险的旅程。在里根的座机上，斯潘塞想制造一种欢快、团结、关切的气氛，这种气氛将又会被写成新的新闻报道。罗尼同记者们闲聊，南希也发挥她的作用。她向记者们散发巧克力，她走到过道上与人交谈，她的语言就像她分发的巧克力一样甜。

有些新闻记者知道，里根夫人要等着他们把巧克力丢进嘴里后才肯移动。另外一些记者相信，在吃糖与罗尼的会晤之间显然有一种直接的联系。这是很有趣的理论。往往拒绝领情吃她的糖块的记者，其文章报道中肯定缺少点甜味。他们也无论如何得不到与罗尼的单独会见。同以前一样，南希会因有礼貌和表现得温柔斯文而受到报界的批评，现在，她更是加倍地受到讽刺与数落。

南希经常同罗尼一起参加竞选活动，听他那些讲过数百次的老话。同时，她还要代替罗尼去那些他无暇去的地方。无论她去哪里，她肯定一天之内要给罗尼挂一次或两次电话。

不管她是否与丈夫一道出征，她的一号助手彼得·麦科伊一定会同她一起，他好像生来就是辅助南希的。他是加利福尼亚人，是个电影界混出来的人。其父霍勒斯·麦科伊曾写过三十年代的反叛小说《他们射马，不是吗？》。他父亲死时，以好莱坞的标准，算是很穷。十四岁时，他开始奋斗，先是在剧场卖爆米花、卖票，进而在威廉·莫里斯的公司里做文学版权方面的经纪人，最后当了索瑟比·帕克·内纳特在洛杉矶办公室的头子，一个卖古玩艺术品的商人。并且，他同凯恩林·多亨尼，一个有一大笔遗产的石油富商的遗孀结了婚。

麦科伊没上过大学，并不是世上最卓越显赫的人物，但是他富有魅力、衣冠楚楚、机智灵活。他三十九岁，脑袋已经秃了顶。他殷勤快活，表现出一种与众不同的新风度。他看起来就好像是多年来一直陪伴着南希，为她提包携物，洞察周围情况，为她的各种奇想与意念奔走效劳。

"竞选的奔波对她来说是很重的负担，"麦科伊说，"但她一丝不苟地辛勤工作，每天只睡六个小时。她自己化妆，有时会显得气色不好。"

政客们大凡都有一种天然的腺素，在他们劳累困倦、有点小病或者泄气沮丧之时，能激励他们前进。彬彬有礼地絮絮叨叨，差劲的食物，奔波颠沛，这一切对南希来说，简直太乏味，但她仍坚持与人们相见，坚持外出在人群中工作。她乘坐商业或私人飞机从一个城市飞到另一个城市，从一个群众集会到另一个集会，举行完一次会晤接着又是一次，真是穿梭来往，忙个不停。

这样的生活不仅使人精疲力竭，而且也有危险。"竞选总统期间，我们曾乘坐一架从伊利诺斯的厄巴纳平原到纽约的私人飞机，"麦科伊说，"我上飞机放行李袋时，看见有个引擎上面漏了油，我把这件事告诉了一位飞行员，并说要是他们不检查清楚，我们便不起飞。检查后发现活塞有问题。那里有他们的一所航校，他们把活塞安好了。"

里根夫妇不参加竞选活动时，住在弗吉尼亚租来的房舍里。多年来，虽然他们身边总有一群陪同人员，但他们还是能经常退避到他们的牧场或家中过清静的生活。但是，当竞选深入到他们的住所所在的选区时，麦科伊看见人们不停地涌来，这对南希颇有影响。"有许多陌生人来来往往，进进出出，可也确实够她受的，"麦科伊说，"她经常说受不了，我想法限制来访人群，让里根夫妇能有点私人的时间。"

在此情况下，没有人，至少罗尼和南希不会有时间坐下来去梦想或玩味当总统和当总统夫人的滋味。吉米·卡特是个强大的对手，他自己的母亲都曾经把他说成是"一只漂亮的、具有利爪的猫"。里根竞选团害怕有"十月惊雷"，即释放在伊朗的五十二名美国人质。他们尽了一切努力稳住罗尼的支持者，并想法抓住那些不是确定支持他的选民。

罗尼原本是男女平等权的修正案的支持者，但南希感到修正案纯属女权主义者的愚蠢行为，妻唱夫和，罗尼也改变了主意。当他面对选民时，他又是个杰出人物，在男人和女人中间都很受欢迎和爱戴。为了讨好女选民，罗尼宣布，要是他能当选，在他任命的第一批高级法院的官员中保证有一名女子。

一九八〇年的真正的竞选总统之战是在影视宣传战线上展开的。在这一领域，罗尼是无可争议的冠军。共和党代表大会放映的有关罗尼的电影，是反响热烈、势不可挡的宣传杰作。而民主党放的只是卡特在椭圆形办公室桌旁思考关于世界问题的单调乏味的叙述。这样的片子展示了办公室里奇异的家具陈设，起到了家具广告的作用，但作为竞选设计却是很蹩脚的。

罗尼是一个多数党的领袖，他直截了当地采纳美国多数人通常反对的保守思想，与在职的总统抗衡竞争。当竞选进入到最后几周时，两任竞选人甚至干脆坐在投票处。即将到来的十月二十八日与卡特的辩论具有越来越重要的意义，罗尼集团的人有些担心。在九月的早些时候，他在与无党派的候选人约翰·安德森的辩论中表现出色，但是卡特却非约翰·安德森可以比拟的，不仅因为卡特现在是在职总统，还因为他具有广博的知识，且是天生的压倒群雄的辩论能手。

在辩论的准备过程中，竞选团安排了几场实验性的辩论，由一个口齿伶俐、雄心勃勃的密歇根的国会议员戴维斯·斯托克曼扮演卡特与里根对辩。斯托克曼比总统卡特本人更能为自己的处境开脱。在这次预演中，斯托克曼比卡特在有关核扩散问题上对罗尼的攻击更猛烈，使他显得像一个陶醉于炸弹的、迟钝的旧石器时期的尼安德特人。罗尼尽力给了最好的答复，但后来他说："我打算说，'你就再说下去吧。'我可以把我的回答放在辩论时再说。"

在真正的克利夫兰辩论赛中，卡特就罗尼的主张全面进行了攻击，从医疗到核扩散的每一个方面。这都是些严肃的问题，罗尼指控总统伪造事实而全盘否定不予回答。受挫的卡特时而向罗尼回击，直到后来，卡特自己的参谋们也发现，"吉米看起来像要举拳向罗尼猛击，拼个你死我活一样。"

很可笑的是民主党的最后的指责：卡特说自己的女儿艾米在与罗尼讨论核扩散时，罗尼傻呆呆的，什么也谈不出来。

卡特继续攻击罗尼的医疗改革方案。

"你就再攻击下去吧！"罗尼说着，带着茫然吃惊的神情望着美国总统。

但罗尼说出了决定性的几句话。"你们比四年前的日子更好过些吗？"他问。这是大选中一个根本性的问题。奇怪的是以前从没有一个总统候选人选择单刀直入地提出问题。"你们是否觉得比四年前去商店购物更容易了些？这个国家的失业人数比四年前是多了，还是少了呢？美国在国防上是否像以前一样受到尊重呢？你认为我们的安全防卫力量是保险可靠的吗？我们同四年前一样强大吗？

"假如你对这些问题的回答是肯定的，那么我想你投票选谁定是非常清楚不过的。要是你的回答是否定的，假如你认为我们四年来所走过的路程是你不愿在下一个四年里照着走下去的，那么我可以提出另外一条你们要走的道路。

"我要今天就掀起一个改革运动，我愿意领导这场改革运动……一场把压在这个国家的伟大的人民肩背上的政府从他们身上放下……使你们能松绑去做，我知道，你们能做得好那些事情，因为你们做过，并且使这个国家成为一个伟大的国家。"

尽管在选举前一周。看起来卡特可能会让在伊朗的美国人获释，但是"十月惊雷"没有震响。罗尼和南希兴致勃勃，满怀喜悦，乘一九八〇年的"领袖号"飞回洛杉矶。沃思林投票站的人说，罗尼将会以大幅度的票数差额赢得这次选举。

选举日的早晨，南希和罗尼在太平洋帕利塞兹投票。罗尼理了发，然后回到家。在漫长的等待之前，他们洗了个澡，把电视机开着。

"我洗澡后出来，裹着一条毛巾，"南希后来说，"罗尼洗完澡后，也裹上毛巾，正好听见他当选为总统的消息。时间是下午五点十五分，或者是五点三十分。当时我们俩站在卧室里，围着毛巾，身上还是湿漉漉的，听见他被选为美国总统了。我对他说：'我想形势不是一般猜想的那样……总之，我看到的完全与此不同。'正说着，电话铃响了，是吉米·卡特打来的电话。卡特总统在选举中被击败。"①

---

① 里根得票 43 899 248 张，占全部选票的 50.75%。卡特得票 35 481 435 张，占全部选票的 41.02%。安德森得票 5 719 439 张，占全部选票的 6.61%。在各州选举团的投票中，里根以 489 对 49 战胜了卡特。里根仅在六个州没有获得全票赞成。

Chapter 17
新的美好开端

　　大选后不久，华盛顿的许多政治家、慈善家、律师、企业家和牧师收到了请柬，应邀出席在 F 街俱乐部里举行的宴会，会见新总统和第一夫人。共和党新任总统会这样地友好，大家感到十分惊讶。应邀赴宴的大多数人毕竟名义上都是民主党人，有些人曾在大选中积极反对罗尼当选。他们已经习惯了和卡特这帮人打交道，而卡特这帮人是瞧不起华盛顿社交界的。四年前，这帮人像一支占领军一样开进了首都，准备整顿这个懒散而道德败坏的政治机构。

　　但是南希和罗尼不仅仅想成为公正的官员，而且想和当地的人们打成一片。南希向她的老朋友南希·雷诺兹请教。这时雷诺兹正住在华盛顿，任本迪克斯公司的副董事长。"我们刚来华盛顿，"南希说，"谁是当地人？谁是最有权势、最有影响的人物？"

　　里根夫妇决定在十一月十八日举行宴会，和社交界交朋友。在报刊专栏作家乔治·威尔的帮助下，南希·雷诺兹列出了华盛顿一些最知名的人士的名单。来做客的有慈善家约瑟夫·赫什霍恩，他曾将所收藏的文物捐献给了国家，并专门为此修建了一座博物馆；有国家交响乐队指挥米斯特拉夫、巴尔的摩金鹰队的老板爱德华·贝内特律师，出版商奥斯汀·基普林格以及《全国地理杂志》的主编梅尔文·佩田；还有弗吉尼亚州的州长，华盛顿市长马里恩·巴里和圣公会的华盛顿教区的主教。

晚宴开始时大家还都十分拘束，使雷诺兹想起了学生家长和教师的联谊会。但是，这次的宴会是由乔治·布什主持，他在华盛顿生活了多年，擅长调动人群气氛。他向新政府官员介绍华盛顿知名人物的方式，不像是一位新当选的副总统，而像是扶轮社的副社长。"喂，罗尼，过来见见艾贝·波林。"说着，他向罗尼介绍了这位首都体育中心的承建人。总统就职典礼即将在那里举行。

随后，客人围桌坐下，在烛光下吃饭。席上备有葡萄酒、加利福尼亚酒、菜汤、木莓和牛肉。对华盛顿的这些人来说，这是一次难得的休息。他们重新得到了彬彬有礼的款待，十分高兴。一个社会党人要了一杯加苏打水的苏格兰威士忌酒。他说："谢谢上帝，卡特这帮人走了。"吃过晚饭，五十名客人来到安静的俱乐部的客厅喝咖啡。大家坐在炉火边，全神贯注、津津有味地听罗尼讲有关好莱坞的事情。

里根夫妇回到了加利福尼亚州，他们知道自己给客人们留下了美好的印象。罗尼来洛杉矶的主要任务是挑选内阁成员和工作人员。罗尼和"临时委员会"的十九名顾问在威唐·弗伦奇的法律办事处的会议室举行会议，协商组建新政府的人选。从会议室可以俯瞰整个市区。这十九位顾问当中有一半都是家财万贯的大富翁，他们都是罗尼的老朋友。其中有比尔·威尔逊、霍姆斯·塔特、艾尔弗雷德·布卢明代尔、杰克·雷厄尔·乔根森瑟、亨利·萨尔瓦托利和贾斯廷·达特。

"他年纪太大了。"一个顾问不同意提名其中的一个候选人。

"什么？"八十三岁的乔根森大声嚷道，"他不过是一个小孩子！"

他所说的这个"小孩子"已经六十五岁了。

七十四岁的达特对一个人年纪有多大并不在乎，他认为只要是一个意志顽强的家伙就行。达特带着假臂一瘸一拐地走路。医生刚刚给他装了一个电子起搏器，告诉他应该慢慢地行走。但是他不愿听任何医生的劝告，他要成为给别人以忠告的人。一年前，当他接见记者时，一听说苏联入侵阿富汗一事，他就马上抓起话筒打电话给罗尼。他告诉罗尼，他要去把卡特找来，让卡特派海军去支援阿富汗，当时记者也在场听着。

当罗尼告诉他决定要任命唐纳德·里根为财政部长时，达特感到十分不安。达特认为，应该提名的是威廉·西蒙，因为西蒙也是临时委员会的成员，而且他以前曾经担任过这项职务。达特认为西蒙不仅很有"才气"，而且几乎是个"完美无缺"的人。然而，老朋友们对罗尼任命的大多数最高级行政官员都十分满意。萨尔瓦托利告诉《国民新闻报》的多姆·博纳菲尔德，老朋友们已经百分之九十九地同意了最后的人选决定。据史密斯说，罗尼对他们所推举的人几乎全部接受了。

他们选择人选的次序如下：先是里根派人士，其次是共和党的人，然后是保守主义者。如果有人要把内阁叫做"百万富翁内阁"的话，那么让他们去叫好了。对这些上了年纪的罗尼的顾问来说，内阁成员大多数是他们年轻时那种类型的人：在现实世界上自力更生、见过世面并且赚了大钱的人。内阁中还有他们中间的一个人，就是史密斯，他出任司法部长。其他他们了解并且信赖的人也得到了显赫的职位：米斯任总统的法律顾问，迪弗任副参谋长，威廉·凯西任中央情报局局长，卡斯泊·温伯格任国防部长。顾问们要把他们的办公室放在行政大楼里，紧靠白宫。他们计划尽量做到使其余的委任者也同样可靠。

罗尼对所提人选十分满意。但那些有关南希的报道，就令人有些不快。甚至在罗尼宣誓就职之前，南希就成了一个有争议的人物。她曾告诉记者，她在床边放了一支"小小的手枪"。当这番话出现在报纸上后，南希的新任新闻秘书罗宾·奥尔受到了指责。奥尔以前曾经担任过《富兰克先驱报》的社会专栏的作家，在南希接见记者说这番话时也在座，当时奥尔听起来并不觉得会出现什么大问题。

南希也想气一气卡特夫妇。她告诉临时委员会的头头杰克·沃斯特说，她想重新开始装饰白宫。如果卡特一家能早点从白宫搬出，迁到布莱尔宫，她就可以开始布置。这样难道不好吗？十二月中旬的一个星期六上午，南希第二次参观了白宫。她要求卡特的工作人员从西楼全部搬走，但遭到了拒绝。她的话使卡特的人感到十分不快。据报道，南希的这种举动触怒了他们，使他们十分生气。

这场新出现的争执，使奥尔又受到了指责。二十八天后，这名五十岁的记者被迫辞职，在旧金山的国际通讯社担任了一个临时职务。

总统就职典礼是南希梦寐以求的时刻，也是令人难以置信的一个星期，勾起了她日后一次又一次的回忆。就职典礼刚刚过去一个星期，南希和罗尼甚至还没有在白宫住下，就迎来了隆重而庄严的一天——欢迎作为人质被扣留在伊朗达三百三十三天之久而幸存下来的人回国。大家都希望罗尼会前往西点陆军军官学校去迎接五十二名回国的人质。当国务院把迎接计划呈递给罗尼时，他看了后说，"决不能这样，因为现在正是他们和家人团聚的时候。"他要等到这些人在一月二十七日飞抵华盛顿。

当十六辆市区公共汽车载着这些从伊朗回国的人质与他们的家人从安德鲁空军基地驶向白宫时，华盛顿的人群欣喜若狂，这是自从一九四五年德国投降日以来前所未有过的场面。汽车驶过马里兰市郊宿舍区，最荒凉的华盛顿黑人居住区，经过美国国山会上层人士居住区，然后从商业区边缘穿过。天气温暖如春，无论是共和党人还是民主党人，富人还是穷人，律师还是秘书，沿途大家都挥舞着旗帜，兴高采烈地高声大叫，热烈欢呼着。

罗尼看到，这些回国的人体现了他的信念，他对普通的美国人的英勇精神的信念。他站在白宫南边草坪上欢迎这些人归来，为他的国家和人民感到十分自豪。然而，罗尼知道那天不是他该多说的日子，于是他仅仅简短地说了两句，"我相信你们一定想知道，今天和我们在一起的还有为了营救你们而牺牲的八位英雄的家属。世界上再没有比为了他人而牺牲的人更加光荣的了。"

随后，罗尼和南希在白宫的蓝色会客厅接见了这些曾被扣押的人和他们的家属。遇难者家属则在隔壁的绿色会客厅静静地等待着。对他们来说，这是充满了痛苦的感情和回忆的一天。南希和罗尼走进了绿色的会客厅。好一会儿，大家都默默无语。"我必须拥抱您。"其中一个妇女说了一声，于是走上前去拥抱罗尼。

接着，两群人在蓝色会客厅的一个接待室里会面，他们中间有布鲁斯·兰根，他说话温柔，是曾被伊朗作为人质扣留的人中级别最高的美国外交官。一同参加会见的还有查理斯·贝克威斯上校，他勇敢地领导了一九七九年五月的突击行动。

"幸亏试了试。"兰根说。

"我们做得还不够。"贝克威斯说。站在旁边的一个参谋看见这两个人都快哭了。

罗尼十分高兴地欢迎这些人回来，但是作为总统，无论多么激动，都得保持庄重。罗尼每天都要做出决定，但是比他的前任工作时数要少得多。他把政府的日常事务交给以詹姆斯·贝克、迪弗和米斯为首的行政人员去处理。贝克被任命为国务卿。根据传统，这是历届政府中最有权力的职位。这位年纪五十岁、家财百万的得克萨斯律师自己没有参加大选，但也曾经领导了一九七六年的福特竞选和一九八〇年的布什竞选。每当早餐时，这三位头目便会举行会晤，贝克坐在桌子当头，但他并没有真正操纵早上七点三十分的会晤，罗尼的顾问米斯和副参谋长迪弗具有同样的发言权。

罗尼每天早晨和这三人会面，在他们准备好了的文件上签字。在执政头几个月里，这三个人在很大的程度上起了互相补充的作用。迪弗曾经的最高助理说，"米斯当过检察官，他以检察官的方式考虑问题。迪弗任过校长，是个富于想象的人。贝克则是位企业家兼政治家。这三人配合得很不错。"

大卫·格根曾经担任过福特的通讯部长，现在担任里根的助理。在罗尼执政以前，他写了一篇长篇纪实小说，书名为《执政的一百天》。书中将自从罗斯福总统以来的七届政府执政的初期阶段做了比较。在头几个星期里，罗尼规划了在今后四年要干的主要事情和采取的主要步骤。现在，没有人在街上排队购买面包，没有外国军队集结在边境地区，没有国内叛乱的威胁。但是罗尼认为，现在存在的问题比这些问题更加严重：政府机构不断膨胀；政府变得控制不住；苏联政府比美国的军事力量还强大；同时，通货膨胀率为13%，利率达21.5%，而生产率增长速度却连续两年降低。

他刚刚宣誓就职，就签署了冻结增加政府工作人员的命令。"现在是认识到我们正处于一个转折关头的时刻，"他在元月五日通过电视告诉美国人民，"我们面临重大的经济灾难，用通常的那套老办法已经不能使我们得到解脱。我们大家必须选择一条新的道路。"

二月十八日，罗尼要求在卡特制定的预算中裁减四百一十亿美元。他阐述了供应经济学理论，并且保证说削减预算可以非常有效地增强经济的活力，可以将人民没有释放的能量释放出来，使国家得到足够的资金。

罗尼没有简单地坐在办公室，通过发表电视讲话来达到目的。他不像卡特那样，他不光对国会议员容忍谦让，而且喜欢他们。在执政的最初两个月里，在他的工作人员陪同下，他亲自向四百名立法委员说明情况，陈述了他削减预算的理由。因为他很有领袖人物的魅力，待人诚挚而热情，很得人心，所以委员们都很喜欢他。这使他赢得了选票，在参议院形成了共和党多数，构成了非常保守的国会，增加了他的权力。

华盛顿的一些政界人物说罗尼是扮演着一个角色的演员。但是，他在公众面前和在日常生活中没有多大差别。罗尼把他许多次会议录相拍摄成电影，送给国家档案局。乔·霍姆斯曾在萨克拉门托任助理。他平时胡须修饰得整整齐齐，眼睛不停地转动。他负责管理的两个摄影组，拍摄了罗尼的许多日常活动。里根会见知名人士，比如政府首脑、朋友、新闻记者，或者举行内阁会议或讨论时，乔的摄影组经常在场。罗尼在拍摄时镇定自如，就好像在穿鞋子一样轻松。有时某个客人显得很紧张或者畏惧，罗尼也能马上让他放下心来。

这是罗尼对好莱坞和历史开的玩笑。一百年后，当人们对约翰·韦恩、克拉克·盖博和加里·格兰特的记忆变得模糊了的时候，美国人心中还会上映罗纳德·里根的最伟大的电影——他当总统的故事。

南希在电影中也有美好的时刻，没有比为来访的外国政府首脑在里根的白宫里举行正式宴会更加美好的时刻了。这个时刻总是非常特别，南希和里根总是显得风度翩翩。他们衣冠楚楚，站在台阶上，面对着车道对面平台上站着的几十名摄影记者。罗尼和南希站在那里，在众人温情目光的注视下，他们觉得非常幸福，就好像当总统和第一夫人是一场美梦。

一月二十七日，就职典礼已过了一个星期，也是被扣押的人质回到华盛顿的同一天，南希第一次举行宴会。这次是为一百四十一个国家的外交官举行的正式招待会，也是福特执政以来首次在白宫举行的需要穿燕尾服和打领带的正式招待会。南希身着总统就职典礼时所穿的礼服，热情地欢迎客人，使大家都感到宾至如归。

里根夫妇现在成了首都的明星，因为华盛顿人靠接近权力生存，许多人都模仿有权有势的人。四年前，卡特刚刚执政，白宫的新国务卿汉密尔顿·乔丹出席了一年一度在希尔顿酒店为白宫记者举办的招待宴会。此后，在《华尔街日报》举办的一次私人宴会上，乔丹站在房间中间，他拉下领带，喝着一瓶啤酒，开始评论女随从人员的胸部。几分钟后，其他的男人也开始拉下领带喝啤酒。如果乔丹把衣服脱光，边唱边跑下走廊的话，也许会有好几个赤身裸体的说客、记者和随同和他一唱一和，跟随他跑下走廊。

现在可能再也没人这样喝啤酒了。的确，宴会上几乎没有啤酒可喝。拥有财富又重新成为一件好事。在男人们身穿礼服的场合，女人们身穿短衣裙再也不合时宜了，因此，许多女士往往花费高达两千美元来购买出席宴会所必需的、由设计师特别裁制的礼服。南希·雷诺兹说，在新政府执政的头几个星期里，她应邀出席拥有私人管弦乐队或演奏乐队的宴会就有五次。约翰·奥西诺是负责承办筵席的阿维尼翁公司的职员，当初给卡特的人供应的几乎全是"酒和乳酪"，而现在供应的是新斯科舍鲑鱼、蘑菇馅蜗牛和蒜酱煎鲥鱼。豪华的酒店里挤满了穿着貂皮大衣的女士和身着呢料大衣的男士，高级轿车像皮毛柔滑的猫一样在车道上悄悄驶过。晚上，像乔基俱乐部或琼·路易斯这样一类高级酒店里总是挤满了里根的下属。

南希成为总统夫人后，华盛顿的另一类妇女成为了名流。七十年代末，华盛顿妇女的主要形象是有自己的抱负和职业的妇女。一个皮革公文包对妇女来说就好像一匹马对一个牧童一样必不可少。但是，现在看来，待在家里，养育孩子，享受丈夫恩惠的这种生活方式，不仅不坏，而且十分有益。高级时装用品商店的生意从来没有像现在这样兴隆。服装设计师特制的礼服和衣裙一批批离开了塞克斯百货公司和尼曼百货公司的货品陈列架。一个社会党人说："有人曾经说，里根当选后，大家就不必为穿蓝色天鹅绒服的小孩和穿三百美元一套的连衣裙的女士来赴茶会而感到难为情了。你可以和女仆们讨论你遇到的问题，和他们谈论社会大事。"

南希因为来到华盛顿而显得激动兴奋。但是对她来说，最初在白宫生活的几个月，既有幸福也有烦恼。她曾经告诉过别人，作为总统夫人，她要干些大事，但是她在白宫呆的头几个星期里，她把全部精力都投入了安家这项工作。记者问她为什么没有干什么大事，她回答说："在我没有把箱子打开把东西摆好之前，我对任何人都没有什么大用处。"

像她曾经作为州长太太那样，南希把重新布置装饰白宫的家庭住宅看作她的首要任务。她带来了一位加利福尼亚州的室内装饰师，六十一岁的特德·格雷伯。特德也是一个成年围着南希和她圈子里的太太们转的加利福尼亚的单身汉。作为室内装饰大师，他像个管家，很有魅力。他和贝特西的交情达三十年之久。他把贝特西的住宅装饰得像南希在太平洋帕利塞兹的住宅一样漂亮。他写了一本《社会名流住宅装饰》的书，把他的主顾称为"当今王族的商业王子"。他甚至和里根夫妇同坐总统专机飞往华盛顿，和南希同乘白宫直升飞机飞往戴维营。他在白宫住了下来，测量了总统私人住宅的十九间房子后，决定怎样摆设南希个人收藏的艺术品：英国古董和中国瓷器。

每届新任总统都能得到五万美元用来重新装饰房间。卡特一家甚至连这笔款子都没有用完。他们在白宫留下的房子，在南希看来是破旧不堪的。南希认为五万美元连开张都不够用，而重新修缮的花费要比这个数目多好几倍。特德·格雷伯通常花费五万美元装饰每间房子，还不包括艺术品和古董在内。白宫里曾经有过争论，是否应该宣布接受二十万美元的私人捐赠用于重新装饰。在许多美国人看来，二十万也许是个恰当的数目。但是情况十分明显，花费的钱肯定要多得多。不管怎样，当白宫公布了这一决定后，钱便从里根的朋友、支持者、私人基金会源源流入：厄尔和马里恩各捐了五万美元；艾尔费雷德和贝特西各捐了两万美元；贾斯廷和简各捐了一万美元；安南伯格基金会各捐了七万美元；霍姆斯和弗吉尼亚各捐了一万美元；杰克和邦尼各捐了一万美元。到三月为止，从二百一十五个捐赠人那里共收到 735 911.91 美元。所有的私人捐赠都免除了税金。

贾斯廷·霍姆斯和罗尼的私人顾问团的其他老朋友在旧的政府办公大楼建立了办事处。这幢办公大楼不在白宫内，但是通过地道与负责政治事务的林·诺夫齐格的办公室相通。

霍姆斯曾经帮助南希募捐装饰房屋。他接触的一些石油大王，当他请求他们捐献一万美元时，他们显得很不高兴。但是当罗尼解除了对石油价格的限制时，他们十分感激。私人顾问团也以"为新的开端而联合起来"为旗号提供了募捐。人们还以为这是为了说服公众来给罗尼的经济计划提供支持。金钱滚滚而来，总计达八十多万美元。这与美国的前途休戚相关，但是霍姆斯和贾斯廷却对此不太敏感。他们二人对罗尼来说，就好像一颗打出膛的炮弹在船只的甲板上滚动，对走近甲板的人是那样的危险。

加利福尼亚人来到了华盛顿，把华盛顿变成了他们的城市。艾尔弗雷德和贝特西在水门买下了第十一层作为临时住所。水门位于波托马河畔，是这个城市最昂贵最时髦的圆齿状合作公寓。带有两个卧室的套间卖二十万美元，车库里一个停车位卖一万五千美元。据传，艾尔弗雷德将被任命为大使。布卢明代尔接到邀请书后，便立刻飞到华盛顿来了。玛丽·简和查理在水门南侧的同一幢楼房租了一套公寓，每月租金为一千八百美元，查理是国际交流署的新任负责人。沃尔特与李·安南伯格在靠近时髦的水门旅馆的地方租了拥有三间卧室的套间，一套房间的租金通常为每天七百五十美元。李生平第一次担任公职，他是礼宾司的新任司长。贾斯廷和简·达特住在旅馆里，这样她就和她的丈夫离白宫只不过七个街区远。贝蒂和比尔·威尔逊也住在这里。后来威尔逊被指派为驻梵蒂冈的特使。

酒店经营得不错，百万富翁们很满意。酒店经理加博·奥拉是一个文雅的匈牙利人，早在意大利的酒店当经理时，他就熟知格里塔·加博、赫迪·拉马尔和阿瓦·加德纳。他富有魅力，具有加利福尼亚女士们喜欢的欧洲风度。奥拉总是挽着她们的胳膊，陪她们走到她们的房间，用轻柔的声音向她们致意。

比尔在司法部当新的检察长，琼和比尔·史密斯不住在水门而住在杰弗逊酒店，因为这里离司法部比较近。但是琼常去在水门附近的美容院和香榭丽舍大街上的精品店，例如：古驰、圣罗兰和瓦伦蒂诺。在这些地方，一套日常穿的普通西服往往要花费两千多美元。

为了住得离贝特西近些，庞基、玛丽·简、杰里·齐普金也住在水门。水门经理部保存着重要宾客的嗜好档案，按其所好款待客人，无论是新鲜水果、玫瑰花、香槟酒、歌帝梵巧克力，还是圣诞浴衣。当杰里还住在纽约时，南希很喜欢同他交谈。《妇女时装日报》把杰里称作"助步车"，即指一位对太太们大献殷勤又性情温和的先生。但是对南希来说，他是一位"当今的奥斯卡王尔德"。在他位于帕克大街的不太整洁的房间里，用银制镜框嵌着南希、贝特西、玛丽·简和其他一些朋友的上百张照片。当光线照在上面时，照片就像神龛前的上百只蜡烛一样闪闪发光。

进了白宫后，南希更加感到她需要六十六岁的杰里。他为人诚实，具有良好的判断事物的能力，而她周围充满了虚情假意。他说话幽默，而她整日为政治上的事务忙忙碌碌，心绪不定，觉得空虚无聊。他告诉南希应该怎样穿着，应该有什么样的举止，接见什么样的人。除了她的友谊之外，他别无所求。

杰里知道，南希在白宫度过的头几个星期中的最大事件是罗尼在二月六日星期五的七十岁生日。新年之际，南希和她的朋友们一块来到了森尼兰兹，在安南伯格夫妇二百五十英亩宽的棕榈温泉庄园度假。大家在那里欢度新年。南希和杰里、贝特西等人讨论了举办一个意想不到的生日宴会的事情。安南伯格夫妇、多伊奇夫妇、乔根森夫妇和威尔逊夫妇非常乐意支付生日宴会的开销，但是必须由南希来负责筹办，并对罗尼保密。

在一百人的客人名单上，加利福尼亚人占了大多数：艾尔弗雷德与贝特西、贝蒂与比尔、简与贾斯廷、弗吉尼亚与霍姆斯、琼与比尔、查利与玛丽·简都准备前来。莫林是晚辈中唯一来参加生日宴会的。

南希想要保密。她告诉罗尼说有几个朋友要来吃饭，让罗尼穿上礼服。但是罗尼走进大厅，看见他所有的朋友都在那里时，他感到惊讶不已。

南希十分喜爱鲜花，餐厅里摆满了百合花、郁金香、长寿花和无花果树。步入餐厅就好像迎来了春天。十张桌子都盖着白色的玻璃纱和绿色的波纹绸。每张桌子上都放着一大块香草海绵蛋糕，还有许多瓶木莓白兰地，桌子中间高高地立着一支白马。身着白衣、头戴白帽的厨师端着蛋糕走进餐厅。

南希环视了一下房间，然后祝酒："我知道罗尼所需要的就是继续得到各位的友谊。"

白宫很久没有这样令人愉快的时刻了。客人们来这里不仅仅是坐下来吃龙虾、小牛肉、点心和水果。当南希和罗尼领头跳舞时，大家都开始跳起舞来。

南希·雷诺兹回忆那时的情景说："当时出现了最有趣的场面，每个人都争着抢走别人的舞伴，互相抢舞伴，我肚皮都快笑破了。三十年来，我还没有看见人跳舞抢舞伴。莫林请她父亲一块儿跳。人们吃了又跳，对消化很有益。我相信医生一定会赞成。服务生也很高兴。大家把菜一扫而光。大家都开心地笑了。大家都大笑不止，因为罗纳德·里根是个滑稽又引人发笑的人物。他的朋友弗兰特说没有人像罗尼那样能逗人发笑。"

大家跳舞一直跳到深夜。女士们穿着阿道夫和加拉诺斯设计的礼服，先生们穿着腰身合体的黑色礼服。大家都上了年纪，但是那天晚上他们都忘记了这一点，也的确看不出这一点。弗朗西斯·艾伯特也不再是长着一副像牛头犬般的脸蛋、带着幽灵般声音的肥胖老人了；在他们看来，他是年轻的弗兰克·西纳特拉，有着时髦女郎般的爱好。简·邦尼和南希重新成为小电影明星，成为男人们想挽在臂上的可爱的年轻女郎。

南希身着罗尼喜欢的饰有晶亮珠子的白色礼服，成了舞会上的花魁，换了一双又一双手臂，一个又一个舞伴。管弦乐队奏起了"像带着笑脸的南希"之类的老的浪漫歌曲。午夜时分，白宫举行的晚会在这时通常会结束，而罗尼和南希还在挽着手臂跳舞。虽然客人们还想待下去，但他们觉得自己该离开了。于是他们慢慢开始离去，而罗尼和南希还在旋转，旋转，好像这一夜永远不会结束一样。

庆祝活动并没有随着星期五晚举行的生日晚会而结束。第二天晚上，玛丽·简和查利在水门的路易斯餐厅为庆祝罗尼生日举办了一次豪华的晚宴，每对夫妇的开销高达两百美元。路易斯的新厨师是法国人，年仅三十五岁便已经成了里根和他的朋友们所喜欢的厨师。威克斯夫妇每周要在这位厨师的高级小餐馆吃好几次饭。这个小餐馆与酒店的其他部分相隔离，中间有一条长廊相连，长廊中摆满了像一九一六年的拉图尔那样的陈酒。这个餐厅有加利福尼亚人所喜爱的私密感和亲密感。

每当琼·路易斯知道客人要来，他就按客人的喜好准备饭菜。这晚，他炒了八道菜，其中包括烤面肥鹅肝、扇贝、鲑鱼和野蘑菇煮鸽子。他还供应法国酒和香槟。"大家都唱着，跳着，"琼·路易斯回忆道，"总统最先唱起来，然后大家大合唱。他们是纯洁的人，彼此相爱。"

如果南希没有坚韧的毅力和在社会上成名的抱负，罗尼或许永远也当不了总统。然而南希十分胆怯，很容易受到报界批评。大多数记者她都不喜欢，而且害怕和他们打交道。关于她个人生活方面的许多事情都并非她自己所说的那样——正如她后来告诉哥伦比亚广播公司的黛安·索耶的那样。南希认为"确实有些事情是这样，是公开的，但除此之外，还有的则是我个人的私事"。

南希被迫在白宫记者面前露面。罗莎琳·卡特举行过茶会，向记者做自我介绍，并且和记者打成一片。但是南希不想那样做。然而，她同意谈谈"基本情况"，向记者们介绍她的工作人员，并且向他们说明由联邦政府改善邻国关系委员会资助的"养祖父母计划"。她不准记者照相，也不准他们提问。

七十五名记者，其中大多数为女性，坐在那里等待南希首次登台表演。他们中间有各种各样的人：其中有采访过好几届总统夫人的中年女记者；也有不甘被撵出这块领地的雄心勃勃的职业妇女；还有把白宫新闻记者采访证看作她们的社会地位证明的老年妇女；有为小报、外地报刊采访的；也有认为真正的记者是社会渣滓而自我标榜为社会仲裁者的人。他们当中的有些记者经常采访白宫。可是，那天下午没有什么东西可供采访。

二月九日，南希身穿粉红色的上衣和玫瑰色的裙子，在一群特工人员和工作人员的簇拥下抵达。记者们知道她衣着十分讲究，卡特执政时期的那种不修边幅的时代已经过去，于是记者们都特意打扮了一番，以适应这种场合。总统夫人面前是数不清的珍珠和各式各样的衣裙。《洛杉矶时报》的记者伊丽莎白·梅伦在她的笔记中写道，"除了一个记者身穿埃克森紧身连身裤便服以外，整个场面看起来就像《佩克与佩克之间的最后一站》里的场面一样。"

南希站在小讲台后面，显得小巧而娇柔。她很紧张，脚溜出她穿的法国布尔戈尼鞋。她开始介绍她手下的工作人员。首先介绍的是参谋长彼得·麦科伊。她面带微笑，把彼得称作是白宫东翼"男性的象征"。随后，她逐个介绍了她的随员，其中包括她新委任的新闻秘书希拉·塔特，他曾在国会和诺尔顿手下任过公共关系部长。还介绍了交际秘书马菲·布兰登和《伦敦星期日报》的记者亨利·布兰登的妻子。尽管这些夫人用褶边、缎纹、弧线刻意装扮一番，这些大骨架的妇女充其量也只能当当南希的贴身保镖而已。

南希谈了谈"养祖父母计划"。

"您不会让您丈夫把这个计划砍掉，对吗？"提问的是海伦·托玛斯，他是合众国际社的记者，也是白宫记者主任。

"这不是记者招待会，海伦，"南希说，"是的，我不会让他那样做。他也不会那样做。"

十二分钟后，南希告诉记者们说，他们最好把克里内克丝面巾纸拿来，看看关于这个计划的有关影片。放影完毕，重新亮灯时，南希已经走了。

在白宫里，罗尼和南希想尽量保持原来的生活习惯。但是在这幢拥有一百三十二间房间的公寓里，根本谈不上幽静的生活。南希可以听见一楼往来的游客嗒嗒的脚步声、喊喊喳喳的说话声。这些声音沿着拱顶楼梯一直飘到总统的私人住宅。

南希和罗尼爱好户外运动。特别是罗尼，他忍受不了关在窗户紧闭的白宫里。他十分喜爱他的大农场。在白宫刚刚度过一个月，他就和南希飞回加利福尼亚州的农场度过了几天周末生活。罗尼想休整一下，劈劈木头，玩玩骑"小人"。但是，他不想像尼克松在圣克利门蒂庄园所做的那样把他自己的农场变成西部白宫，他想让农场保持原貌。特工人员被安置在拖车式的活动房屋里，新闻记者则被隔在圣巴巴拉。

一回到华盛顿，南希便开始参加社交活动。利蒂希亚·鲍德里奇担任她的助手。利蒂希亚曾经当过杰奎琳·肯尼迪的新闻秘书。在头两个星期，她就住在白宫，负责装饰白宫东翼。她重新回到了二十年前她曾经工作过的那个办公室，但是她也意识到，二十年以来美国人对白宫和总统夫人的看法已经发生了重大变化。"当时的肯尼迪夫人十分年轻漂亮，她刚刚生过孩子，"她说，"她出身名门，仪表动人，像伊丽莎白·泰勒那样颇有盛名。在那些日子里，大家都有一个'我们'哲学。我们热爱我们的国家，关心我们宇航员的孩子。越南问题和水门事件使我们成了愤世嫉俗的革命者。大家再也不崇拜任何事物，这点，在报刊上可以看出来。以前的新闻界很胆小怕事。而现在，他们报道一切胡作非为的现象，指出他们发现的一切问题。"

鲍德里奇为南希举办了一连串的午宴。"这些午宴的目的是要将里根夫人介绍给真正的华盛顿人，他们能够告诉她关于这个城市里的事情。"鲍得里奇说。她所说的这些"真正的华盛顿人"指的是那些不常说话的、像被金银丝线绑住了鼻子似的上了年纪的贵妇人。她们大多住在乔治城。那里的人们崇尚古雅，反对去酒吧和供应汉堡包的小餐馆。这些"灿烂的古董"几乎全部是六十几岁或者年纪更大些的人。不像南希富有的加利福尼亚朋友那样，这些"灿烂的古董"都爱摆老资格，好像这是东部社会中的时尚，她们确实像珍贵的古董，好看但不好碰。

南希参加这些午宴时都极其静穆。她礼貌客气得太过分了一些，有时事先送花，宴后马上致信道谢。这些"灿烂的古董"中却很少有人像南希那样做。伊万杰琳·布鲁斯已故的丈夫曾红极一时，当过驻法国、西德和英国的大使。她的肤色像中了奖的女马球手一样光润柔滑，比南希更习惯于待在这种讨论国家大事的沙龙里。洛兰·库珀的丈夫曾经当过参议员和大使，她坐在餐桌旁谈起形势来悠闲自得。但是，太太们都喜欢南希，喜欢南希在餐桌上发出的咯咯笑声。

"假如更多的人能面对面看见南希，他们一定会喜爱她。"安·汉德说。当她的丈夫还在担任约翰逊的礼宾司司长的时候，她在一次午宴上看见了南希。"她很有趣，很容易发笑。现在我明白了为什么总统喜欢回家去见她。她风度翩翩，我们大家都完全被她迷住了。"

罗伯特·H.查尔斯夫人是首先设午宴款待南希的人之一。她不仅在乔治城的R街拥有一幢高大的维多利亚式楼房，还在纽波特拥有一幢别墅。"奥特西·查尔斯，"她说，"小时候就喜欢南方的黑人。"她有着瓦格纳歌剧中的女歌星那样结实的身体，拍卖烟草的商人那样的大嗓门，她把头发盘成发髻，说起话来非常坦率，这倒往往给俗气的宴会增添了几分情趣。"我不知不觉就六十二岁了，什么鬼事也不干。"她说。

当然，奥特西认识杰里。冬末的一天，齐普金打电话给她，建议她请南希吃午饭。这样奥特西就给白宫打电话，要找南希。电话接线员对南希很了解，于是问奥特西是否是南希本人的朋友。奥特西说不是，于是就不必多讲了。

几小时以后，电话铃响了。"您好，奥特西，别人对我谈起过许多关于您的事情，"南希细声细气地说，"因为我俩之间有许多共同的朋友。"

通过电话交谈，南希给奥特西留下的印象是像她后来所说的"理解别人，沉默寡言，并胆小羞怯"。她有这样一种感觉，认为她"了解南希的一生"。

"奥特西，我十分乐意来吃午饭。"南希说。

奥特西后来发现，请总统夫人吃饭并非易事。特工人员检查了一切物品。

在举行午宴的前一天，她又一次接到了白宫打来的电话，问她是否可以在被邀女士的客人名单上增加室内装饰师特德·格雷伯。

"他可以来，如果他不介意当头领的话。"奥特西说。

第二天，"头领"和太太们一块到达。

南希对新地方几乎像孩童般地好奇。这幢位于 R 街的房子，附有图书馆，摆设有各式各样的古董，对南希来说颇有新颖之处。

"查尔斯先生得病了吗？"南希问道。

"是的，他的病又发了，"奥特西十分悲伤地说，"厨师也在同一天走了。"

午餐过后，南希对奥特西谢了又谢，后来又寄来了短简。南希想培养她的女儿同样礼貌待人。但是对六十年代的年轻人来说，其中包括许多大骂过南希的年纪较轻的记者，这种礼貌像监牢一样难以忍受。他们常常会把粗野误认为是实事求是，但是南希彬彬有礼，很像日本人，这给上流社会的年老的太太们带来了欢乐。

穆菲·布兰登打电话给奥特西。"请您进白宫来吃晚餐，好吗？"交际秘书问道。她邀请奥特西于二月二十日出席新政府为英国首相玛格丽特·撒切尔举行的首次国宴。

"我太高兴了。我的头发弄得一团糟。"奥特西回答说。

当奥特西走进白宫的外交大门，经过围在丝绒带外面的竖琴师、记者和摄影师时，她大声嚷道："南希——我是说里根夫人——上星期给我打电话，非常友好地邀请我来。因为罗伯特第二次发病住院，她邀请我来是想使我愉快些。"

第二天上午，以上说的话便登在《华盛顿邮报》上。奥特西记得，那天晚些时候，副总统夫人巴巴拉·布什给她打了电话。很少有人像她这样在报上为南希说好话的。

奥特西继续和南希打电话。"她也知道我对她是总统夫人这一点毫不在乎，"奥特西后来说，"我并没有把她看作是总统夫人。我认为她是一个'美人'。我管她叫'美人'。有一次我对她说：'但愿我从未遇到过你'。我认为我很孤独，你们从声音中可以听出这一点。当时，每件事都值得怀疑，每个人都值得怀疑。私下里什么事也不能做。她不能说她想喝茶。她是个与时代不合的人，很单纯，也特别敏感。"

三月份的第二个星期，南希和罗尼一道首次到国外进行国事访问——去渥太华会见加拿大首相皮埃尔·特鲁多。罗尼对有人举行示威这点毫不在乎。这些示威者担心在萨尔瓦多问题上他的激烈言辞会导致出现第二个越南，他们还担心他反对控制空气污染的立场会造成北美大陆的酸雨增加。"我认为他们想使我感到无拘无束。"他对感到十分尴尬的特鲁多开了个玩笑。

举行盛大的欢迎仪式以后，当罗尼走出国家艺术中心时，他发现一名身穿红色大衣的加拿大骑警很像罗斯·玛丽影片中的纳尔逊·埃迪，那个骑警像烟草店门口摆放的木偶一样纹丝不动。于是罗尼迈着大步向那个留着胡须的警察走了过去，并且要人拍照。当摄影记者把这个镜头抢拍下来时，南希大笑不止。

第二天是三月十一日，按计划罗尼要向众议院发表演说。南希则安排了她自己的活动。加拿大人知道她对医院和特殊儿童很感兴趣。她穿着马克西米利安貂皮大衣，访问了渥太华郊外的克利福德·鲍伊特殊儿童学校。当她必须发表即席谈话或者到陌生环境去而罗尼不在身边时，她会觉得十分不安，但是她纵身向前，从一间教室走到另一间教室。特殊儿童对成人的情绪往往非常敏感，南希感到十分紧张。"不要不自在。"其中的一个学生告诉她说。

南希情不自禁地抚摸着、拥抱着孩子们。离别时，一个儿童给南希拿来了她的皮大衣，南希的脸上露出了惊惧怀疑的神色，这件不是她的大衣，更不是她那件合身的皮大衣。但是她马上注意控制那种混乱的情感。

南希终于带着她自己的貂皮大衣回到了渥太华。这是漫长的一天，但是值得庆幸的是，她的美容师朱利叶斯飞到了渥太华，来给她修饰头发。

李·安南伯格也飞到了渥太华。她不仅仅是南希的朋友，她还即将成为新上任的礼宾司长。南希知道，在欣赏趣味方面谁也比不上李。

几天以后，也就是三日二十日，李在华盛顿按原计划宣誓就职。大家都来到了华盛顿，住在水门，以便参加国务院举行的就职仪式和简及达特在水门庭园里举行的午宴。

"亲爱的，看见你真高兴。"杰里说。他很文明地吻了吻一位太太，十分亲热但很讲卫生，不用嘴去亲脸颊。"我刚刚在楼上看见了庞基，现在我开车去接贝茨。"

李宣誓就职完毕就开始工作。她不仅负责筹划国事访问和其他外事往来，也负责筹办宴会。她的丈夫沃尔特七十三岁了，也和她一块从事这项新的工作。但是妻子的显赫地位使他面临着当今时代令人忧郁的现实：妻子们比丈夫们更加重要。很难说李比沃尔特事业上更加成功，因为沃尔特除了拥有其他的财产外，他还拥有《电视导报》周刊，他还曾经担任过驻英国的大使，最近他还慷慨地向公共电视业捐献了一亿五千万美元。但是在李所处的华盛顿世界中，沃尔特间或是个坐在角落里的小人物。

对于上了年纪的顾问团来说，他们也发现了令人忧郁的事实，这就是缺乏权力。政府收到了国会方面的意见，罗尼无权将政府办公室配给个人用于私人活动。这样，顾问团被无情地从旧行政办公大楼的栖身之处赶了出来。更糟的是，国会要求他们结束他们"为了新的开端而结成的联盟。"并且归还他们的捐赠。"私人顾问团完成了它的使命，如果总统不召见我们中间的一些人，那么顾问团就算完了。"达特告诉《洛杉矶时报》的记者杰克·纳尔森。

罗尼不想使他的老朋友们感到伤心。而且没有什么比向别人请教更诱人的事了。罗尼继续和他的老朋友们保持对话，但是这些想成为政府的智慧老人、包揽国家事务的梦想即将结束了。

三月中旬，南希要和罗尼到纽约去度周末，她因此感到十分激动。罗尼在纽约处理了几件行政方面的小事，但是里根夫妇到这里来主要是为了过一次愉快的周末。星期六晚上，罗尼、南希、杰里、贝特西以及好莱坞的老友克劳德特·科尔伯特一起在西尔克餐厅吃饭。这个优雅的高级餐馆是南希和她的朋友们喜欢去的地方。坐在旁边的是比安卡·贾格尔，她是米克·贾格尔的前妻，在另一张桌子上进餐的有安迪·沃霍尔，他脸色苍白得像患了白化病一样，还有小罗恩的新娘多丽亚，她在沃霍尔主办的《采访》杂志社工作。安迪走了过来向南希和罗尼他们打招呼。

罗尼和贝特西谈到他的儿子小罗恩。他和南希第二天晚上要去看他的儿子作为职业舞蹈演员的表演。罗尼对有关舞蹈演员的其他含义非常敏感，他曾告诉记者说，他们给儿子罗恩做过检查，发现他还完全是个孩子。这话听起来就好像是说同性恋者有不同的结构一样。现在罗恩已经结婚，这种传言至少部分地得到了否定。罗尼为他的儿子首次和乔弗雷第二芭蕾剧团一起在大都会歌剧院演出而感到自豪。

罗恩与多丽亚·帕尔米里结婚是出于政治方面的让步，这样既结束了有关他俩人同居生活的传闻，也减少了关于他性生活方面的流言蜚语。但是，如果是南希为她儿子安排婚事，这桩婚姻也许不会存在。这一对情侣四年前在洛杉矶的舞蹈学校相识。多丽亚比他大七岁。她父亲是一个意大利移民，他设计了二十世纪狐步舞的成套舞步。多丽亚的衣着像个舞蹈演员，衣裙张开，富有戏剧色彩。她拥有黑黑的眼睛和眼圈以及一绺一绺的卷发。多利亚和罗恩十一月份在市政厅举行了婚礼，一个特工人员担任他们的证婚人。罗恩的父母没有出席婚礼。现在，小两口住在格林威治村一幢褐色大楼顶层的一个小套间里。

南希和多丽亚只见过几面。圣诞节住在大农场时，罗尼将手挽在他的新儿媳的肩膀上，在农场四处转了一个钟头。特工人员相隔一定距离小心翼翼地跟随在后面。

星期日晚上，罗尼和南希坐在首都歌剧院的包厢里，观看了儿子罗恩表演的剧名叫《开花》的抽象芭蕾舞。乔弗雷第二芭蕾剧团是培养新演员的场所，而罗恩更习惯在内地的大学礼堂和剧院里表演。虽然他像任何初次登台的演员一样，表演起来有些紧张，但是他的演出十分成功，他轻盈地将舞伴托起，向大家证明他登台并不是因为他是总统的儿子，而是因为他能跳舞。

随后，南希和罗尼来到了后台。小罗恩穿着蓝色的毛织浴衣和红色的运动长裤站在那里。由于大家都盯着他看，他看起来似乎有点显得不知所措，局促不安。南希身穿闪闪发亮的礼服，显得非常漂亮。她拥抱着还未卸妆的儿子。罗尼在一旁观看，就像一位父亲看到儿子给学校橄榄球队赢得了荣誉那样自豪。

小罗恩自己已经前进了那么远，而现在，他母亲的朋友们也开始给他提供帮助。"我收到了贾斯廷·达特的一封信，"一家大公司负责捐款的官员说，"这封信说小罗恩正在乔弗雷第二芭蕾剧团跳舞，南希要求我筹措资金。我感到十分气愤，拒绝了这个要求。还有其他的信件，也要求筹资。"

里根的多数孩子似乎都干得不错。帕蒂已搬进圣莫尼卡的新公寓里，虽然房子里还没有什么家具。没有特工人员驻扎在车库，她也能过下去。她在谋求职业。目前她被一位好莱坞的红人——威廉·莫里斯事务处的诺曼·布罗考所选中，与全国广播公司签订了一份年薪为六位数的合同。

莫林没有因为父亲进了白宫而受到伤害。作为一个促进出口商品的组织——美国海外出口公司的主席，并不会因为在椭圆办公室里有个朋友而受到伤害。现在，她在考虑在加利福尼亚州竞选参议员一事。她准备第三次结婚，未婚夫名叫丹尼斯·雷维尔，是一个法院职员。

至于迈克尔，他父亲在白宫待了两个月这一点的确给他带来了麻烦。地区法官正在调查他是否挪用了拨给他用于投资发展汽油生产的资金，以及是否在他刚建立的公司非法出售股票。迈克尔认为这是一桩小小的家族世仇，因为他姓里根。调查事件很快就告结束。但是，迈克尔在谢尔曼奥克斯的俭朴的住宅周围布满了特工人员，庭院里被装上了闭路电视。这样他的妻子甚至连在家里日光浴也是不可能的了。

Chapter 18
"生牛皮没有受伤，
重复一遍，没有受伤"

在很大程度上，华盛顿就是罗尼和南希的城市。

三月的最后一个礼拜日，早上阳光明媚，天气暖和。南希和罗尼决定步行去教堂。樱桃花偏偏还未开放，但是空气里已经充满了春天的气息。总统迈着稳健的步伐，和南希一道，大步穿过宾夕法尼亚林荫大道，经过拉斐特公园，走进了圣约翰的圣公会的大门。一支特工支队陪同着里根夫妇，其中一名警官捧着通讯黑匣子站在一旁。然而，罗尼根本没有考虑到安全问题，也没有想过要进行一场核大战。在教堂里，里根感到十分高兴。他坐在长凳上，唱着赞美诗祈祷。美国海军学院唱诗队为他专门唱了诗。

后来，罗尼和南希与海军学院合唱队的学员握手告别。他们从一群向他们表示良好祝愿的人们中走过，准备返回白宫。如果是在印度或者是在意大利，在那些把总统当作非常讲究礼仪的人物的国家里，罗尼一定会取得巨大的成功，因为他乐意向游客们挥手致意，并且乐意走出白宫与各种各样的人交谈。他的前任十分厌恶出于政治考虑而采取的甜蜜的交际方式。在这点上，罗尼与吉米·卡特不同，倒好像罗尼是在南方政治的培育下成长的。

罗尼在等待着下个星期的到来。他知道，政治生涯就像在一部电影里，一两个关键时刻，影响十分重大，对后来行动的目的和意义起着决定作用。当里根总统任期进入第十个星期时，就出现了这样关键性的时刻。再过几天，参议院就要投票表决，是否从卡特做出的预算中削减四百一十亿美元。如果提案获得通过，这就会意味着自罗斯福于一九三三年执政以来，政府第一次收缩减少开支，这样会给整个政府带来新的活力和动力。但是如果提案未获通过，他也许会发觉他当总统所怀的抱负就会像二流影片的结局一样，在斜晖中消失。

新闻界准备把罗纳德·里根上台执政的一百天与罗斯福总统采取戏剧性的变革的一百天相比较。星期一是三月三十日，是七十岁的总统上台执政的第七十天。不出罗尼所料，尽管他身居高位，他的时间大部分也是用来处理日常事务，而不是进行戏剧性的改革。像往常一样，这天早上，罗尼会见了他的三个最高级的助手，然后他扼要地叙述了一下当天的世界形势。上午十时，他对总统非正式的私人顾问团里一百四十名新任职的官员发表演说。他认为，这些人是与顽固不化的官僚主义者进行斗争的战士。演说中，他表示支持大家去揭露官僚主义者。演讲结束时，他又引用了托马斯·佩因的话："我们有能力重新建设这个世界。"这时，身穿黑色礼服的男女一齐报以热烈的掌声。

中午，罗尼乘坐缓缓运行的电梯回到二楼的私人住宅里。中餐有鳄梨、鸡肉色拉、红甜菜和苹果馅饼。饭后，他回到卧室午休。下午二时他要对美国劳工联合会－产业工会联合会发表演说。

往常都是南希和丈夫一道用午餐，然后和他一块到希尔顿酒店去听他的演说。可今天她自己的日程已经安排得满满的。上午南希和副总统夫人巴巴拉·布什一块到离希尔顿酒店只有四个街区的菲利普斯美术馆去，出席上午十时举行的招待会。她现在开始厌倦她所负责的一些事务性工作了。但是今天的活动会使她在繁重的工作之后得到一次休整。她十分不愿意和记者们谈话，而在这里她不需要这样做。年纪大的记者们不修边幅，而年纪轻的记者又是那样地鲁莽无礼，令人生厌。

今天的活动是活跃在艺术领域里的华盛顿妇女们的集会——她们不是画家与诗人，而是从事慈善事业的夫人们。这是一次时装的集会。各式各样的丝绸和亚麻衣裙，除了拥挤在丝带后的记者们外，这里没有人穿聚酯化纤衣裙。美术馆的馆长劳克林·菲利普斯，这位匹兹堡钢铁企业巨富的继承人，是美术馆中少数几个男人中的一个。当他领着里根夫人参观法国印象派绘画陈列室时，南希挽着他的手臂，对他说："不要离开我。"菲利普的妻子詹尼弗在远处望着南希，说她"像个小姑娘那样……楚楚动人"。

之后不久，南希和巴巴拉·布什驱车来到乔治城。在肯尼迪执政时期，这个可爱的地方看起来好像是世界的中心。南希十分喜爱这古老的街道。她今天来参观位于 Q 街 3021 号迈克尔·安斯利的意大利式维多利亚住宅，她十分喜欢看看这样的房子。全国古迹保护联合会主席安斯利今天举行宴会，款待南希、巴巴拉和一些内阁成员的太太们。

下午二时十五分，罗尼对美国劳工联合会－产业工会联合会的房屋建筑业部门的三千五百名工会领导人发表演讲，这是自他任总统以来听众最多的团体。他身穿漂亮的蓝色西服，有字母图案的白色衬衣，胸前口袋里插着一块白色手绢。希尔顿酒店位于康涅狄克大街。坐在旅馆舞厅听他演说的这些人并不是最容易对付的团体。他们的工会在大选中没有投票支持他。况且，失业的建筑工人现在高达六十六万人之多。虽然一开始他并没有受到非常热烈的欢迎，但是他的讲话鼓舞人心，先后四次被工会领导人的热烈掌声所打断。罗尼现在可以相信，民主党人牢牢操纵工会的局面已经结束了。

二时二十四分，罗尼轻快地穿过过道，踏着厚厚的红绿两色的地毯，朝着通向 T 街的双重门走去。当他走出来时，天空灰蒙蒙的，正下着毛毛细雨，他朝 T 街各幢大楼里注视着他的职员们挥了挥右手，然后朝站在左边大约十英尺远的记者们和旁观者举起了左手，向他们致意。

"总统先生。"美联社记者迈克尔·普策尔大声叫道，因为他想问一问有关波兰方面的问题。

如果说丘吉尔的典型姿势是 V 字形手势，拿破仑是把一只手指插在他的大衣里的话，那么罗尼的典型姿势则是微笑着转过头去回答某记者提出的问题。无论他的工作人员等得多么不耐烦，他总是有话可说。迈克·迪弗向身材魁梧的新闻秘书吉姆·布雷迪挥了挥手，示意要他走上前去帮助答复问题。

忽然，子弹一颗颗地飞过来。这不是电影胶片上的声带发出的那尖锐的排枪声，而是一串两英寸的焰火被点燃发射时发出的那种爆破声。总统愣住了。据目击者米基·克劳说，罗尼当时看起来"像遇见了死神一般……，并且说了一声'我现在完了'"。

当第一颗子弹飞来时，特工支队队长，五十岁的杰里·帕尔，马上伸出左手抓住总统的左臂，将他一把推倒在总统轿车的后排座位上，总统的头在车门上撞了一下。

"快开车！"帕尔一把扑在总统的身上，叉开双腿，压着总统，躺在宽宽的后排座椅上。"快开车！"

"你这个兔崽子，压断了我的肋骨！"总统对帕尔嚷道。当众人还在惊慌失措的时候，轿车已经飞快地驶离了这流血的现场。罗尼突然感到一阵剧痛，好像被锤子重重地打了一下。然而，他明白他还算幸运，因为他还没有被打死。帕尔干了十七年特工工作，是个老手，他对总统进行了检查，用手摸了摸他的背和腋下。帕尔告诉担任汽车司机的特工人员德鲁·昂鲁说，最好把车开往最安全的地方——白宫。

"生牛皮没有受伤，重复一遍，没有受伤。"帕尔用了总统的密码名字，对着特工人员使用的无线电话机说。

轿车正驶过杜邦圆形广场下的隧道，这里离希尔顿酒店六个街区远，这时，罗尼开始咳出血来。帕尔懂得鲜红的血意味着什么。带氧的血来自肺部，表明总统的肺部可能被击穿了。

"生牛皮正驶向乔治·华盛顿医院。"帕尔告诉白宫的特工指挥所。这时，总统的轿车和随从的车朝离该地有一英里多远的医院急驶，警察骑着摩托在两边护卫。

"我们要在乔治·华盛顿医院给您做次检查。"帕尔对罗尼说。

在急救入口处, 帕尔跳下车。随后罗尼也下了车。他脸色苍白, 眼睛里露出了惊恐的神色。可以看出, 应该将他抬进医院。但是特工人员知道, 罗尼想自己走进去。看起来, 罗尼认为只要有坚强的意志, 就不必担心越来越厉害的疼痛。他穿过三个自动双层门, 三个特工人员紧紧地跟在后面。

"我感到呼吸困难。"罗尼说, 接着他双膝弯曲往下一沉。这时, 身体结实、说话直率的二十八岁的护士凯西·保罗赶忙抓住了他的胳膊。两个特工人员和一名护理人员赶紧帮助把罗尼抬起来, 穿过急救室, 来到了四十英尺外的外伤急救间。

"我感到很难受。"罗尼躺在急救间的一张床上。房子里有两张床, 用于抢救危急或受伤病人。

就像在大多数城市的医院一样, 乔治·华盛顿医院的急救室, 医治的对象往往是野蛮的城市社会所带来的脓疮: 从抢劫到吸毒, 从精神病到殴打妻子等一切病症。像总统这样的例子, 急救室的医务人员已经司空见惯。凯西·保罗和急救室的另一个护士温迪·凯尼格, 毫不客气地撕开印有姓名字母"RR"的衬衣, 扣子嘣嘣落地, 然后护士把蓝色衣服剪开, 地上到处都是碎布。

从枪击开始到现在仅仅十分钟, 但是急救室已经挤满了人——特工人员、哥伦比亚特区警察、医生和专家。外面, 警笛嘟嘟地响个不停, 里面无线电吼叫着紧急通报。人们交谈的喧闹声越来越大, 后来, 人们相隔几英尺说话, 必须大喊大叫方能听见。

温迪·凯尼格弯下腰, 俯向总统身上, 想通过听诊器听听他的心脏, 但是噪声太大。

"我什么也听不见!"她高声喊道, "我不知道心脏收缩压多少!"

护士又听了一遍, 收缩压每分钟五六十次, 只有正常人的一半。不到十分钟前, 总统觉得, 他自己的生命和整个国家都操控在他的手里。而现在, 他却躺在医院处于医生称之为"昏迷"的状态之中, 迷迷糊糊地感到疼痛, 让那些不到他年龄一半的、身着白大褂的男男女女摸着他，推着他。他所有的精力和力气都消耗殆尽。

床头站着帕尔，另一头站着白宫的内科大夫丹尼尔·鲁奇。他是刚刚赶到医院的。鲁奇曾一度和南希的继父合过伙，他认识罗尼二十年了。虽然他十分傲慢，但是他在医学上表现得非常谦虚。他认为："人们走进医院的时候，最能提供照顾的是那些习惯干这事的人，总统大夫的任务是不去制造任何障碍。"

在乔治城的午宴还未结束，南希一反常态，决定早点离开，虽然她并没有什么特别的理由。她告别后驱车返回白宫。当她刚刚回到三楼的住宅，一个特工人员马上告诉她说："酒店那里发生了枪击，您的丈夫没有中弹。他没有受伤，但是现在他住进了医院。"

二十年来，南希一直和他的丈夫生活在一起，一切为了他。当罗尼需要她的时候，她总是在场。可是现在她不在场，而罗尼此时比以前任何时候都更需要她。轿车朝乔治·华盛顿医院驶去。她静静地坐着，眼睛里充满着晶亮的泪水。

"他没出事！他没出事！"她大声喊着，跳下车，穿过双层门。她一生都在努力维持纪律和秩序。当她赶到急诊室的时候，她看到了她最不愿意看到的场面。到处是说话声，屋子里挤满了人，医生来来去去，忙个不停；身材魁梧的华盛顿特区警察和特工人员显得十分紧张，脸上淌着汗水。整个房子里都充满了刺鼻的药味和汗气。罗尼处于这一团混乱之中，她摸不着，照顾不到。

迈克·迪弗站在那里，他是罗尼的助手中最受南希信赖的一个。

"他中了一颗子弹，但是不要紧。"迪弗对南希说。

"但是我要见他。"

"好的，不过现在还不行。"迪弗说。

"如果伤不重，为什么不能见他？"

"嗯，再等几分钟吧。"

说完，南希被领到一间长八英尺、宽十二英尺的小值班室里。她十分脆弱，像个艺术品，不适应被摆在她后来所说的"那间可怕的小屋子"里。南希坐在值班室的床上，床上有折叠起来供医生值晚班时用的被子，床边堆着盒子。大约有六个特工人员挤在这间没开窗户的橙绿色屋子里。南希几乎什么也看不到。据急救室秘书赫尔曼·古德伊尔说，南希看上去就好像是个"木头人"，她是那样地苍白，那样地紧张。南希四处张望，眼前是一片混乱。警察在走廊上边跑边喊，"把那些人赶走！"到处是说话声、吵嚷声以及急急忙忙的脚步声。古德伊尔坐在外面的办公桌旁，看见军官们端起枪将旁观者赶出急救室。

我一定要坚持下去，不要妨碍他们，南希心想。一定要坚持下去，不要妨碍他们……一定要坚持下去，不要妨碍他们……

时间一分钟一分钟地过去了，总统越来越难于控制自己和周围的人。现在他知道自己中弹了。医生在他的左边腋窝下发现了一个稍微发黑的洞。血沿着洞流出来。医生们用氧气罩盖住了罗尼的口和鼻子，并且在他的体内插进了一根导尿管，使他失去对膀胱的控制。通过手臂静脉注射，向他体内输血。负责麻醉的医生为他注射了一种当地使用的麻醉剂——木卡因。然后切了个小口子，把一根管子插进体内，把流入他左胸腔的血吸出来。

一位护士好不容易从站在那里的、像摆了个罗马方阵的特工人员中走过去。"没有人照料里根夫人吗？"她问道。

在急诊室，参议员保罗·拉克索尔特坚持要找一个人和总统夫人谈谈。南希现在开始明白还不到半个小时以前发生的事情的情况。吉姆·布雷迪头部中弹，一位名叫蒂莫西·麦卡锡的特工人员也被打倒了。他们也在医院接受治疗。哥伦比亚特区的警官托马斯·德拉汉蒂也中弹了，已被送往另一所医院。但是南希想要知道的只是她的罗尼现在怎样了。

代理外科主任尼奥菲托斯·茨安加里斯大夫同意和南希谈谈。这位希腊裔美籍医生是个很有才能的人，温和文静，和蔼可亲。他极力说服总统夫人，以便使她放心。茨安加里斯大夫发现南希"很有自制力"。不过，她仍坚持要见她的丈夫。

"如果您能给我们几分钟，我就会把事情安排好再回来。"茨安加里斯不能让总统夫人看到总统现在的样子。他赶紧回到外伤救护室，吩咐把总统负伤的身体盖起来，把扔掉的衣服捡起来，擦掉血迹，拉上帷幔，将罗尼和吉姆·布雷迪的病床隔开，这样在帷幔那边，医生继续竭尽全力为吉姗·布雷迪进行头部手术。开始时，茨安加里斯发现急诊室的噪声"几乎令人难以置信"，于是他对着特工人员大叫起来，等他回来看里根夫人时，屋子里已经安静多了。

与此同时，急诊室主任医师索尔·埃德尔斯坦走进值班室和里根夫人谈话。像大多数的医生一样，他如同南希的儿子那样年轻，但是他有知识，这能决定她丈夫的命运。

"子弹看起来打在他心脏外面。"这位年轻的大夫说，他刚刚看过 X 光片。

当南希听到医生们讨论技术性问题时，她吓得说不出话来。

茨安加里斯大夫回值班室，想和南希谈谈有关罗尼的具体情况，使她对将看到的事情不觉得意外。

"在他胸腔里插了根管子，因此他会觉得呼吸有些困难。"

当他领着南希从一群特工人员和警察的身边走过的时候，他对他们说："她看起来似乎随时都会吓得浑身发抖，再也不能保持她那双唇紧闭、沉着镇静的外表了。"

"但是她是一个意志坚强的人。"保罗·科洛姆巴尼回忆时说道。他是华盛顿医院一位上了年纪的大夫。布拉迪的外科手术就是他做的。"整个场面就像是部恐怖影片中的镜头。满地都是扔掉的绷带、管子、撕碎的衣服和血。确实是一团糟，如果不是医务人员，见了这种场面一定很害怕，但是南希走了进来，直接向罗尼走去，握着他的手。南希对罗尼来说的确是一股巨大的力量。"

南希看见罗尼躺在窄窄的病床上，一个氧气罩盖在脸上。当她俯身亲吻他的额头时，她发现他的嘴上有血。

"亲爱的，我忘记躲避啦。"面罩里发出十分含糊的声音。

听到这话，许多当妻子的一定会伤心落泪的，但是南希保持镇定自如。当她握着罗尼的手，就好像是她在给他输这活命的血，而不是挂在上方的血瓶。

南希回到那间小小的值班室后——在那里她和埃德·米斯、詹姆斯·贝克以及林·诺夫齐格进行交谈——医务人员又重新开始忙于给总统动手术。医生试图在他的颈静脉处进行静脉注射，但是当他们寻找血管时，罗尼不能安静地躺着不动，于是他们就放弃了这种努力。

如果他们必须给他动手术的话，那手术就得由乔治·华盛顿医院的心胸外科主任本杰明·艾伦大夫来执刀。这位外科主任四十八岁，曾经担任过海军外科医生。他一走进急诊室，就马上想到了肯尼迪的死，担心历史是不是再次重演。艾伦笃信基督，热心教会事务，但现在他没时间去考虑宗教问题或者进行祷告了。他一心想着躺在病床上的罗尼。

艾伦看见鲜血还在源源不断地从罗尼的胸膛流进管子里。这时，罗尼丧失的血液已超过体内本身血液的四分之一。如果情况继续这样下去的话，罗尼就有可能在进入手术室之前出现休克。

"总统先生，您的胸膛里还在大量地流血，"艾伦大夫镇静地说道，"我们知道子弹还留在您的胸膛里，但是我们并不知道伤着了哪个部位。因为出血不止，所以我们认为最为安全的办法是将您抬进手术室。目前您不会有生命危险，但是最为安全的是立即动手术而不是等着看您一直流血……我们不知道这种情况会持续多久。"

罗尼点点头，同意做手术。

在动手术之前，艾伦也取得了南希的同意。艾伦和她谈话时，知道"南希并不真正了解他伤势有多重"。艾伦认为自己的任务就是要说服她，使她相信总统能得救。站在南希旁边的还有迈克·迪弗，像在白宫里那样，他一直守在总统夫人身边。

"如果我们不给动手术的话，可能会出现某些问题，"这位外科医生说，"动手术是目前最为可靠、最为安全的方法。"

从法律上来说，在动手术之前，医院必须要南希书面签字同意。可现在医院根据她的口头同意，做出了动手术的决定。当她丈夫的病床慢慢地移向手术室时，南希紧紧地握着罗尼的手。这时罗尼的手臂正插着静脉注射器。艾伦大夫注意到南希看起来"泪汪汪的"。窄窄的病床，挂了一大串的瓶子、塑料袋、静脉注射管，窄窄的架子上放着输血袋。病床被慢慢地推向走廊，周围紧紧围着近三十名穿着长长的白大褂和绿色外科手术服的医生、护士和医疗助理人员。特工人员将身子靠着墙壁，以便让这行陌生、庞大的队伍移到走廊。当总统的病床从护士室旁边经过时，一位护士说："他脸色十分苍白，我担心他能不能过这一关。"

紧跟着罗尼，另一张病床也朝手术室移去，上面躺着吉姆·布拉迪。南希转过身，看见了"一个可怕的景象"：新闻秘书的头看起来像一个巨大的裂口。在手术区的门口，南希离开了罗尼，看着这队人进入医院最大的手术室——二号手术室。

进行重大的外科手术时，医生和护士总是把手术室挤得满满的，而这次医务人员还得让特工人员在场，他们站在手术台的附近和门边。这些特工人员以前从来没穿过外科手术服，他们现在看起来衣着不整，面罩歪带，裤子歪扭，十分笨拙地站在那里，心情非常焦急，但是保持着高度的警惕性。

罗尼轻轻地抬起头，好像是要在手术前看上最后一眼。"但愿你们都是共和党人。"他看了看挤在周围的人说着。

"今天，我们都是共和党人，总统先生。"约瑟夫·乔达诺大夫说。实际上，他是一个自由民主党。

"你们打算如何使我入睡？"罗尼问道，"我现在呼吸困难。"

乔治·莫拉莱斯准备用安定，外加一点合成麻醉剂和喷妥散纳。他向总统做了说明，好让总统放心。注射了喷妥散纳以后，总统马上就入睡了。接着，手术开始了。

联邦调查局曾经错误地告诉医疗组说罗尼是被三十八毫米大口径子弹而不是二十三毫米小口径子弹打中的。这样，在进入手术室前，外科手术组只好通过 X 光透视来寻找留在罗尼腹腔的大口径子弹的残片。后来，他们才发现联邦调查局的说法是错误的，这个错误耽误了手术，几乎使罗尼丧命。

在二号手术室，约瑟夫·乔达诺夫、戴维·金斯和韦其利·普赖斯首先检验了腹内的血液。他们在里根的腹部开了一个小口子，将一根导管插入腹内输入一升盐水，然后抽出来，观察液体的颜色。

半个小时后，他们确信腹部是完好的。

"外面出了什么事？"金斯大夫一边逢着腹部的切口，一边问道。

过了片刻，万籁俱寂，似乎整个宇宙间只存有这个绿色的手术室。

金斯又问："许多人都中弹了，会不会是一种预谋？"

金斯完成了他的检验，但是没有人有时间去回答他的问题。

艾伦大夫要完成一项最为困难的工作。在靠近罗尼心脏的地方做开胸检查。"需要考虑的事情相当多，"艾伦后来回忆道，"随时都不能马虎随便。我必须事先做出正确的估计，因为人民对我所做的一切都会反复地回顾检查。但我并不害怕，因为我确信，只要我努力地去做，这项任务一定会完成得很好。"

艾伦大夫在罗尼的左胸开了一个口子，然后开始对胸腔进行检查。他很快就发现在胸腔里有一大块淤血，而且鲜血还在不断地从肺部的一个洞里流出。子弹打穿的洞，像十美分硬币那样大。他观察着子弹的去向。弹头一直穿到了一根肋骨的顶部，然后向上偏斜。子弹一定在这块地方。他摸了摸罗尼的肺，按了按海绵体。罗尼的肺和他身体其他部分一样看起来很年轻健康。他想把子弹取出来。这时他突然想到，假如子弹已经进入了肺静脉，现在正在朝动脉树形区域运动，后果会是怎样呢？一旦出现那种情况，那该怎么办呢？

"取出子弹，这到底有多重要？"艾伦像是自言自语地对鲁奇大夫说。

"重要的是要总统活下去。"

艾伦继续寻找子弹。手术室里非常紧张，这点局外人并不了解。外科手术组表面上看起来十分镇静，但是现在遇到了非常严重可怕的问题，他们感到十分担心。曼弗雷迪·利希特曼给艾伦当麻醉师已经好几十次了，他知道这位外科大夫心里非常焦急。

"你觉得好过吗，本？"利希特曼说。他想打破这紧张的气氛。

"我在这里很不错，这是最好的时候。"

艾伦继续寻找。新的胸腔 X 光片表明，他应该朝更高的部位去寻找子弹。他把一根导管伸进子弹的洞里，以追踪子弹的路线。他把手指沿着子弹路线往前推，想找出子弹。

"我想我已经找到了子弹，"最后他高兴地说，很难抑制住那兴奋的心情。"再过一秒钟，我们就可以拿到了。"

晚上七点半，罗尼开始苏醒过来。他躺在宽敞的康复室的六个小间中的一间里，四面围着屏风。他胸部插有两根排泄管，一根从他的口里直通到气管，帮助他进行呼吸。身上还连有一个心电图检测仪和一个人工呼吸装置，接满了各种各样的线管，有用于监测血压和脉搏的仪器相连的线管和进行静脉注射用的管子等等。随着知觉的逐渐恢复，罗尼感到他并没有在呼吸，而且不能够呼吸。这是十分可怕的感觉。当他想呼出时，空气压进了他的咽喉。他想抬起头指那根管子。如果他能做到的话，他一定会将那根管子拉出他的咽喉的。

"您得信任我，"护士凯西·埃德蒙斯顿俯下身子对他说，"您得让我替您呼吸。"这时，她想到了她是在要求美利坚合众国的总统信任她。

罗尼仍然觉得他随时都可能窒息，但是他不再抬起头来，而是静静地躺在那里。

突然，康复室的后门开了。南希穿过铺有亚麻地毯的地板，果断地走了过来，医务人员急忙让路。手术之前，她曾握着罗尼的手，陪着走到手术室前。自那以后，她一直未能再见到罗尼。南希焦急地等了好几个钟头。当她看见他躺在那里，她哭了起来。"我爱你。"她一边说，一边抓住他的手。他们长时间默默地相互看着，一言不发。医生和护士都愣住了。的确，他们看见过不少这样的场面，但是这一次更加动人。莎姆·斯帕诺洛大夫站在离病床不到四英尺的地方。在他看来，"这是一次真正的、完全纯洁的爱情的流露，非常感人，情深意切，动人心弦，真令人难以置信。"

过了几分钟，总统在书写板上写了"我没法呼吸"。

南希转向医生们，好像她是丈夫唯一的保护人。"他没办法呼吸。"她紧紧盯着埃德尔斯坦大夫的双眼说。

"您别担心，里根夫人。"这位大夫说，"您瞧，这个装置正在为他呼吸。

他感觉困难是因为他还没有适应这东西。"

"他没法呼吸。"她重复了一遍, 好像任何奥秘的解释都无济于事。

里根的儿子罗恩现在也来到了这里。一听说他父亲被刺, 他马上租了一架私人飞机从内布拉斯加州林肯市飞来。当时他正在乔弗雷第二芭蕾舞团演出。多年来, 他与父亲的关系, 既充满了爱, 也充满了不快, 但是现在, 他懂得了他对父亲罗尼是怎么一种感情。他俯下身, 在罗尼的耳边小声说: "爸爸, 没关系。他们说的对, 这就像带水肺潜水一样, 爸爸。您记得, 当我带上水肺去潜水, 一带上面罩, 我就感到无法呼吸。"儿子说服了父亲, 使他放松, 这样呼吸器就可以工作。

到了必须离开康复室时, 南希还不想走。"我必须待在他身边,"她反复对埃德斯坦大夫说, "我必须待在他身边。"

最后, 鲁奇大夫只得非常礼貌但十分明确地告诉总统夫人——她必须离开。当她走出康复室, 转身看见罗尼向她做手势, 告诉她, 他无法呼吸。她独自站在门口朝他的病床看了好一会, 然后才转身离开。在通往医院门口的走廊上, 她遇到了特工人员蒂姆·麦卡锡的父母。在刺客行刺时, 蒂姆用身体挡住了总统。

"您的儿子救了我丈夫的命。"里根夫人说。

麦克锡先生抽泣着。

随后, 在医院的一楼, 南希遇到了新闻秘书的母亲多萝西·布拉迪。在动手术的那几个钟头, 南希坐在那里对布拉迪的妻子萨拉谈话, 当时电视报道说布拉迪已被打死, 而麦克锡和德拉汉蒂正在康复。

"你好, 南希。"布拉迪太太说, 她说话时, 完全镇定自如。"我们正在为他俩祷告。"

虽然罗尼很少醒过来, 但是他没有停止过服药。为了清除他肺部的淤血, 医生们使用了支气管窥镜。他们将纤维光管慢慢地推进到他的咽喉中。这个过程, 正如科洛姆巴尼大夫后来所说的, "会使人产生窒息的感觉"。这种方法没有成功, 于是那两位护士就朝罗尼的气管喷盐水, 让罗尼把痰吐出来。

"还有人受伤吗?"罗尼在书写板上潦草地写着。康复室的护士长丹尼斯·沙利文想了想说；"是的，还有两位中了弹。不过别担心，他们现在都还好。"当时，她并不知道德拉汉蒂还躺在另一家医院。

"凶手抓住了吗？"

"抓住了，当然抓住了。"

医生开始停止给罗尼注射吗啡了。大约在半夜，罗尼完全清醒了，于是他再次开始撞击呼吸器了。马里萨·迈兹俯视着他。作为一个康复室的护士，她知道，在这里，富人和穷人、名人和普通人并没有多大差别。尽管医生们说罗尼表现得很坚强，但她从他的眼神中可以看出，罗尼已经吓得魂不附体。

"您吓得不知所措。"她肯定地说。

罗尼点点头。

"但您并不孤独。"

在片刻休息的时候，罗尼在书写板上写道："总而言之，我宁愿待在费城。"

"哦，您不是这样想的。他们玩起来很胡闹。"迈兹说，她以为罗尼在想全国高等学校田径协会的篮球锦标赛。她并不知道这是一部关于美国西部沿海田园生活的老电影里的一句话。

罗尼忍受不了约束，而现在他却受到了呼吸器和一些仪器与管道的约束。在手术中，他的肋骨被张开，以便进行开胸手术。金斯大夫认为，"开胸手术后，恢复过程是最为痛苦的。大多数病人在手术后好几个月都会诉说持续不断的疼痛。"八小时以前，罗尼的生活看起来完全有条不紊，而现在他躺在这里，既不知道自身性命如何，也不知道其他受害者和整个国家的事情。

罗尼仍然十分担心，而且十分敏感。有一次，他听到艾伦大夫谈论他刚刚做过手术的一个心脏病患者的危险情况。

"我会出现那种情况吗？"他潦草地写道，看来他十分担心别人不会把一切都告诉他。

"不会的。"迈兹坐在罗尼的身边，握着他的手对他说。当她起身要离开一会时，总统抓住她的手，用眼睛瞧着她，意思是说他需要她。

清晨三时，医疗组拿走了罗尼的呼吸器，让他呼吸氧气。

"我当然相信有的人会被判处死刑的。"罗尼说，"那个人有什么可诉说的呢？他一定到死神那里走了三四趟了。"

没有人接过他的话往下说。早些时候，一个名叫戴维·费希尔的年轻的白宫助手，已经要求医生不要把有关布莱迪和其余两人的情况告诉总统。罗尼没有追问这事，这样，埃德斯坦大夫以为罗尼并不知道还有其他人中弹的事。

罗尼用了整整一个小时和医生护士们讲笑话和趣事，使他们开心。医生和护士都围着他的床。玛丽萨·迈兹是其中的一个，她认为医生应该像嘱咐其他病人那样要罗尼安静下来。但是，罗尼毕竟是美利坚合众国的总统。其他人都站在那里看着罗尼，他是多么地高兴又获得了新生，他热爱生活，对生活充满着信心。

"我要在这里待多久？"他的话透过氧气罩而显得含糊不清。

"大约十天。"一位护士说。

"我恢复得很快。"

"好，继续保持这种状况。"

"你是说这种情况又要出现？"

大家都笑了起来。

罗尼本可以整晚地谈话，可他需要睡眠。在清晨四点三十分，康复室的护士乔安妮·贝尔把一块纱布放在他的眼睛上，这样他就容易入睡。就在她离开病床之前，罗尼把纱布块揭开，又开始闲聊。

"总统先生，"她拿着纱布块，站在他面前说，"当我把纱布放在您的眼睛上，这也许是最有礼貌地告诉您，不要再说话了。"

说完，她又盖上了纱布，罗尼入睡了。

在这以后的几天里，两个负责手术的主要外科医生科洛姆巴尼和金斯，特别愿意比其他人多花些时间和罗尼待在一起。有时，他们在肾透析室睡觉。他们知道，这儿离病床很近，病人随时都可以叫醒他们。

"如果再晚五分钟，他就完了。"金斯后来说道。

"他的血压如此低，导致血液不能正常流动。他那时完全有可能出现脑溢血或者并发心脏病。一般像这样的病人咳出血来是不常见的。幸亏他咳出血了。如果车子继续往白宫开，可能他就完了。"

"毫无疑问，如果在白宫的路上再耽误十五分钟，那他就可能完了，或者得了脑溢血。他胸腔里流进了很多血。进院时，他眼睛无神，非常苍白。他那种年龄的大多数人都受不了那种苦。"科洛姆巴尼说。

在天亮前，罗尼被叫醒了。

"我想给您洗个澡，总统先生，您平时不这么早起早睡吧，总统先生？"一位护士瞧了瞧这位睡眼惺忪的病人说。

"我从九点睡到五点。"罗尼说。

在清晨六时一刻，罗尼睡了还不到两个小时，就被护士用轮椅推到四楼的康复护理间。半小时后，贝克、迪弗和米斯走进小房间，看见一位护士正在给罗尼刷牙。

"我早该知道要准备参加一次国务会议了。"他用手撑着坐起来说，管子还在鼻子里。外部世界早就开始进入了他的生活：他签署了一个法案，并且开始了解在希尔顿酒店前发生的行刺事件的严重性。

六十三岁的鲁奇大夫是罗尼周围唯一与他年纪相近的人。事情的全部经过是他告诉罗尼的。

"哎呀，真槽糕。哎呀，真槽糕。子弹打进脑袋里了吗？"罗尼听说布莱迪中弹后问道。

鲁奇说，布莱迪将来有可能会部分瘫痪。

"我们只好乞求上帝了。"罗尼说。

罗尼听说对他行刺的是科罗拉多州埃格林市的一个名叫约翰·W.欣克利的二十五岁的年轻人。他十分关心其他三位受伤者的情况，但并没有那样关心刺客的情况。罗尼知道，他像是西部城市中一个行政司法官一样，一旦他戴上肩章，就会有人向他开枪。但是他想到其他三位，特别是布拉迪，他们成了想用来打他的子弹的无辜受害者。

"一想到他们仅仅是因为和他有牵连就受了伤，他就十分不安。"科洛姆巴尼说。

南希、帕蒂和罗恩上午最早到医院去看望罗尼。莫林和迈克尔是在南希离开后才到医院的。帕蒂、迈克尔以及迈克尔的妻子科利恩，是前一天晚上从洛杉矶乘坐空军货机抵达华盛顿的。一路上，他们用毯子裹着身体御寒。

"我上次见到您是在您打垒球摔断了腿的时候，像现在一样。"迈克尔走进房间时说。

"对，是这样的。那个小伙子出身一个富裕家庭，而我当时穿了一套新衣服。他们最不该做的是给我一套新衣服。"罗尼说。

当天晚些时候，南希又来到了医院。她的继父是一名大夫，所以她懂得一些医学知识，提了一些探根究底的问题。她坚持要了解罗尼的手术情况和现在的身体状况。

"我们通常对家属的答复十分简单，但是她一定要了解更多的细节。她很精明，知道怎样使我们陷入困境。"科洛姆巴尼说。

埃德斯坦大夫认为她是一个"追根究底、执拗的妇女"。

"她每天下午都要得到一份病情报告。真难对付。她要求知道一切事情，要求对某件事做出解释。她不断地提出疑问。当我们用摄氏温度的度数告诉她罗尼发烧的情况，她都不能容忍。她要求我们告诉她体温的华氏度数。我总是尽力准备好她要提出的问题。她要求得到精确的回答。但是要在几分钟内把我们花了多年才懂得的东西解释清楚是不容易的。有时就像遇到了攻击一样，因为她会核实我所说的事情。南希对罗尼非常关心，这点可从她脸上看出来。后来，每当我经过她那时经常坐的房间，我总是有种莫名其妙的感觉，觉得她还坐在那里仔细盘问我。"金斯回忆道。

南希最为担心的事情就是罗尼躺的那间病房，为了安全起见，消毒的帘子用钉子钉紧了。由于气候反常，天气十分暖和，加之探望的人很多，房间热得难以忍受。中央空气调节系统没有打开。医务人员所能做的就是尽可能快地跑到三楼为总统准备房间。"总统套间"有八间卧室、一间办公室和一间在走廊附近可以被隔开并且保护起来的治疗室。工作人员把总统的病房漆成米色，挂上崭新的帘子。除此以外，乔治·华盛顿医院和白宫的工作人员还从各处弄来了家具：从医院行政办公室抬来了一张书桌，从白宫搬来了一张沙发，从大学校友董事会拿来了东方地毯和绘画，从白宫食堂那里弄来了银制茶具。

下午，罗尼的房子里非常炎热，这使埃德斯想起了"热气腾腾的蒸气浴"。南希坚持要把罗尼搬走，并且要求尽快地搬走他。

"如果四点钟的 X 光透视看起来不错，那么就可以把他搬走。"金斯说。当时白宫的鲁奇大夫也在场。

"我四点钟等你的电话。"南希说。

与南希打交道，对鲁奇来说并不是件非常容易的事。

四点整，金斯给白宫打电话，告诉南希说罗尼还不能搬房间，原因是为他准备的新房间的漆味仍然难以忍受。但是金斯不想把这种情况告诉南希。"对不起，里根夫人，已经推迟了搬房间的时间。"他说。

"哦，"她说，金斯感到一股冷风从电话中传来，"我还以为要在照了 X 光片后把他搬去呢！"

"里根夫人，我们将在六点至九点的时候搬房间。"

"六点搬吧。"南希说。

六点多一点，总统住宅区已经安排妥当，采取了安全措施，除了大门外，所有通往医院的入口都已关闭。罗尼的房间有一张沙发和两把安乐椅。为了安全，窗子朝一个屋内庭院开着，而不是朝阳。由于挂着沉甸甸的窗帘，康复室黑洞洞的。为南希准备的是一间客厅，带有一张长沙发椅，一张茶几和一块小地毯。另一间房子供鲁奇大夫备用。有两间房子供特工人员住。靠近罗尼房间有一间内室，一个特工人员坐在那里，通过一扇微开的门注视着他。在罗尼的门外坐着一个特工人员，他的公文皮包里装有一挺机关枪。在三楼靠电梯的地方搭起了活动隔间，摆了一张桌子，里面配置了特工人员。

南希感到不安，因为有这样多的医生能进入总统的房间。"他们提出了要求。"当金斯大夫了解到南希的忧虑时这样对茨安加里斯大夫说。从那以后，能进入总统房间的医生的数目受到了严格的限制。

对罗尼来说，他忍受着巨大的疼痛。现在他又得做另一次支气管镜检查。进行检查后，通常要给病人静脉注射"安定"，但是因为中东出现了麻烦的事件，三位执政官要求不要给总统注射镇痛剂。"他毫无惧色，"金斯说，"大多数人忍受不了这种疼痛。"

从那以后，罗尼拒绝服镇痛药，因为他想在早晨七点钟的简要汇报会上保持清醒的头脑，并且能够做出关键性的决定。

不管罗尼如何疼痛，医生还是不断地叩击他的胸腔，进行刺探。他还得遵照医嘱，咳嗽喘气，进行无数次化验。私下里排尿也不行。

第二天晚上，为了避免感染，导尿管暂时被取了出来。半夜，科伦巴尼大夫把罗尼叫醒。

"里根先生，对不起，您必须起床，"这位年轻的医生说，"我想陪您去附近走走，看是否能使您排尿。"

里根生气了。"我晚上从来不拉尿！"他大声嚷道。

"这不同，"这位大夫说，"如果我们不这样做，膀胱会越来越大。"

这样解释以后，罗尼让科伦巴大夫插上导尿管。第二天上午，金斯做拆除导尿管的工作，当他完成后，他将管子扔进了废物篓里。考虑到那个东西有可能被人偷去作为纪念品拍卖，一个特工人员把管子捡了出来，准备送回白宫处理。"真令人难以置信，"金斯后来说，"他连这种东西都不能保密。"

南希在医院的每一个行动，都是为了使罗尼的生活更加舒适。她带着鲜花和糖果到他的房间里来。因为她知道每次别人来探望，对罗尼来说是繁重的负担，而且具有政治上的目的，于是，她和迪弗一道会见了看望罗尼的人。她做出安排，推迟了墨西哥总统的国事访问，这样，罗尼就有几个星期的时间恢复身体健康。不管如何渴望和他待在一起，每次探望，她都不待得很长，而且努力使罗尼感到轻松愉快。

当医生们和其他人说罗尼看起来比他的实际年龄要年轻些时，南希不禁勃然大怒。她认为他年轻而充满活力。就是这个样子。南希喜欢提及这样的比较：林登·约翰逊在做了胆囊手术后曾经休息了一个月，而她的罗尼在中弹十六个小时后就能签署法案，把它变成法律。她讨厌胸导管。"讨厌，讨厌，"她说，"真是令人讨厌的管子。"她十分不愿意医生们重新开始使用鼻叉来供氧。

罗尼食欲不佳。南希知道，如果他不吃东西的话，那就好不了。她让白宫厨师为罗尼做饭，还叫人从白宫送来精美的食物，如通心面加乳酪、面包形肉块。这使得乔治·华盛顿医院的营养学权威们非常生气。当罗尼还不想吃饭时，南希派人到加利福尼亚州弄来他喜欢吃的菜——肉丸汤，但是罗尼也依然一动不动。

新闻界吵吵嚷嚷地要求得到罗尼康复的证据。三位执政官来找南希，建议给罗尼照一张照片。开始她不同意。"她觉得她的首要任务就是照顾她丈夫，"艾伦说，"她关心的是他怎样才能尽快康复。她知道当他疲倦时，看起来肌肉松弛，使得他比平时显得老一些，而她不想在照片里显露这些事情。"

新闻界的压力越来越大：如果没有照片，那么罗尼的伤势一定比白宫所说的更加严重。最后，拍了一张照片后，南希设法叫人把站在罗尼身边端着一个壶的护士从照片上小心剪掉，她端着的这个壶是用来收集从胸管中流出的液体的。

罗尼的房间里厚实的帘子从来没有拉开过。南希知道这是为了安全，但是她觉得罗尼应该知道外面是白天还是黑夜，而且，新鲜空气有助于康复。

"担任什么样的职务就有什么样的难处。"金斯大夫对南希说。现在他和总统夫人在一起不太拘束，于是就在担任总统的难处上开了一点小小的玩笑。后来他告诉南希说，"我要回家了，里根夫人。自星期一以来，我还没回过家，我妻子很不高兴。""担任什么样的职务就有什么样的难处。"南希有点嘲弄地微笑着说。"罗尼从来不问我为什么必须干某件事，但是南希总是要这样询问。"金斯回忆说，"当我们告诉罗尼他每天要做什么事情，比如说来回走上四五次，他总是同意。但是南希想知道要走多远，到底多少次，等等。她坚持要我们详细解释做某件事的理由。"

星期四，罗尼开始发烧，体温达华氏一百零二度到一百零三度，脸色变得苍白，这是完全意想不到的事。这时，全国上下都在为总统传奇般地康复而欢欣鼓舞，而罗尼的病情却在发展，医生称之为严重的，而且可能是预兆不祥的恶化。星期六，罗尼的体温越来越高，他不仅仅咳出凝结的血块而且还有鲜红的血液。艾伦大夫担心罗尼不久后又会重新流血。

南希想知道所发生的一切事情。

"你们为什么换了抗生素？"

"那是什么？那是干什么用的？"

"为什么？你为什么那样做？"

南希从小就受到医学的熏陶，她知道医学不是一门精密的科学，但是她要求别人给她以精确的回答。她怀疑医生给罗尼服用新的药物超过了预防感染的目的。她担心医务人员不把一切都告诉她。大夫们对某种情况的不同解释使她十分失望。

乔治·华盛顿医院的医疗组的大夫们对罗尼明显的病情恶化的严重程度持两种完全不同的意见。艾伦以一个外科医生的眼光看待事物，他认为发烧是手术后必然的结果。斯帕格诺洛大夫和其他内科医生则担心罗尼的肺部会形成脓肿，需要再做外科手术。

正当大夫们在有关罗尼的病情上继续争论时，罗尼的高烧开始减退。到第二个星期的星期三左右，连医生中持最悲观看法的人也认为罗尼正在全面康复。罗尼模仿詹姆斯·史都华来使医生们高兴。当他在过道上慢慢行走时，他对着护士玛利亚·布拉兹叫道，"第八圈了！"实际上，他刚刚走完三圈。他又恢复了常态——在崇拜他的人看来，他是一个乐观主义者，而在诋毁他的人看来，他是一个不可救药的吹牛家。

当他还在发烧时，医生们不让罗尼淋浴或者洗澡。有一天晚上，他感觉良好，于是，他起床走到一个小小的浴室用海绵擦身。洗澡中，他让水溅到地板上了。当他洗完澡后便跪下来，用海绵把水吸干。

"您为什么那样做？"乔治·布什在医院看望他时问道。

"我不想给护士添麻烦。"

一天上午，他躺在床上观看一场答问节目。这个节目里有克努特·罗克尼本人和帕特·奥布赖恩，他们在谈论关于他的老朋友罗尼的事，

"喂，罗纳德，我希望你好些了。"奥布赖恩说，他在电视里望着罗尼。

罗尼咯咯地自个儿笑了起来，马上应道，"我不错，帕特。你呢？"然后他开始和医生讲起关于奥布赖恩的事。

另一天，斯帕格诺洛正在对罗尼进行胸部检查，他的胸音听起来更加清楚了。"说九十九。"医生说，这样他就可以听到说数字的共鸣声。

"说九十八点五好不好？"罗尼开了句玩笑。

当南希看见罗尼正在康复，而且医院为他安排了一个出院的日子时，她放下心来，并且也开始和医生们开起玩笑来了。"她很热情，对我们十分感激，"艾伦说，"我实际上可以把她称作是非常友好、非常热情的人。"

四月十二日，星期六，罗尼牵着南希的手离开医院，帕蒂走在他身边。当时他穿了一件羊毛毛衣，里面套了一件防弹背心。他的民意测验分数高了十分。当他离开乔治·华盛顿医院时，白宫最高级的官员关心的不仅仅是罗尼的健康情形实际上如何，而且十分关心他的健康情况看起来如何。他们知道，苏联的和其他的情报机构会认真检查关于罗尼出院情况的影像，想知道他进出汽车时是否看起来健康状况比以前要好，并且想了解他什么时候可能会皱眉。

罗尼的一生都在充当主角——在孩童时期的梦幻之中，在五十多部影片中，在演说中，在他的政治生涯中，都是如此。但是，实际情况又不是都是如此，而且根本不是这样。作为演员，他所获得的唯一成功是在《克努特·罗克尼》里扮演的角色；在第二次世界大战期间，他在国内参战，至于他在电影中担任的反面角色，并没有引起多大注意；当他在萨克拉门托担任州长时，有人举行抗议示威，新闻界做过报道，但不久就被人遗忘了。

罗尼走出了乔治·华盛顿医院，他相信，这是因为上帝要让他做一番伟大的壮举而拯救了他的生命。他是一个从死神手中侥幸逃生的人。

南希也是一个与众不同的女人，在他俩的政治生涯中，她一直担心会有人

试图行刺她的丈夫。作为罗尼的保护者，她表现得十分勇敢。但是她也很清楚，她对罗尼的生命的保护是多么有限。

Chapter 19

"太阳出来了"

"我们前面还有许多伟大的事情要做。"罗尼激动地说。

"我们可以复兴我们的经济力量，使我们得到从来没有过的机会。航天飞机不仅仅改进了我们的技术能力，它使我们重新增加了希望，使我们重新开始憧憬。诗人卡尔·桑德伯格写道：'共和国也是憧憬。没有憧憬就将一事无成。'"

当罗尼在四月二十八日对国会参众联席会议发表演说时，他的出席看起来像梦一般。仅仅在一个月以前，他还面临着死神的威胁，而现在他开始自枪击事件以来首次作公开演说。起初，他的助手们要求他从椭圆形办公室里发表电视谈话，但是罗尼想要亲自到场演讲。大家热烈鼓掌，而罗尼挥手，微笑着。在议员和电视观众看来，罗尼像过去一样健康，但是金斯大夫倾听了他在电视谈话中的声调之后，发现他仍然有些喘不过气来。

罗尼讲了三个和他一块倒下的人的名字：麦卡锡、德拉汉蒂、布拉迪。每当他说出一个名字，听众都报以热烈的掌声。每次观众鼓掌时，他总是朝左望望。南希兴高采烈，正在那里目不转睛地盯着他。

多年来，罗尼一直谈论普通美国人在日常生活中表现出来的英雄主义精神，现在看来，在他身上体现了这种精神。今天他来到国会大厦，不仅仅是转一圈，发表充满感情的演说，而是要兜售他的经济计划，这项计划将卡特提出的预算方案削减了四百一十亿美元，并且减少了八十三项联邦计划，同时，增加了二百八十亿美元的国防预算。虽然他是在兜售他的经济计划，然而他说这是一次机会，他要求议员们和他一道共同创造历史，改变政府的发展方向。

他认为，当经济摆脱了毫无节制的政府开支这个沉重的包袱时，它本身会做出自我调节。他保证利率和通货膨胀率会下降，他建议减少税收以鼓励扩大企业和投资。但是如果国会害怕采取行动，受到各个利益集团的过分牵制，那么议员们就要承担后果。罗尼说，"大约八十年前，特迪·罗斯福在他致国会的第一封有教益的信中这样写道：'美国人民……不轻易动怒，但是一旦点燃他们的怒火，就会烧成熊熊大火。'"

众议院仍然操控在民主党人手里。第二个月，政府努力凑足选票，特别是在被称为"象鼻虫"的保守的南方民主党人中间开展工作。

不论是通过演说，还是通过和议员个别交谈，罗尼肯定是政府中最好的推销员。在后来的几个星期里，罗尼找了几十个持动摇态度的议员谈话，其他政府官员也努力拉票。如果必要的话，他们还做些让步。《华盛顿邮报》公布的一份民意测验表明，三分之二的美国人支持罗尼的计划。国会议员收到了许许多多的信件、电报和电话。议员们将在一年半以后再次投票表决。他们像火灾监视员一样，总是仔细观察地平线以发现政治烟雾。持保守态度和持中立立场的民主党人近来发现，最好还是给共和党人的计划投赞成票。

五月七日，预算方案以二百五十三票对一百七十六票在国会获得通过，其中有六十三名民主党议员投了赞成票。后来，政府又第二次削减预算，将社会计划通过划区补助移交给各州，限制公共医疗补助，加上取消的其他一些计划，共计五十亿美元。罗尼认为，第二个预算决议案是勒紧腰带以加强这个国家的经济力量。在接近投票的最后时刻，罗尼的工作人员从洛杉矶的百年广场旅馆给二十九名议员打电话拉票，就这样罗尼扭转了局面。在六月二十六日，政府以二百一十七票对二百一十票，取得了关键性的胜利。罗尼感到十分高兴。

罗尼本人不参与这些具体事务的运筹和交易。但是政治手腕体现在具体事物之中。为了使法案得以通过，政府对采油、土地出租方面做了特殊的让步，并且在税收方面，对不动产行业采取了保护性措施。公众和新闻界没有仔细掂量法规上的文字，但是可以看到，通过取消各项计划并且使用投资信贷，政府为许多公司取消了大部分的所得税。

"你看到贪婪的双手已经伸出来了吗？"预算主任戴维·斯托克曼对一名华盛顿记者透露说，"贪婪的人在饱食，我们对贪婪和投机已经失去了控制。"

罗尼也不介入外交方面的一些具体事务。"起初，当他给各国领导人打电话时，对我们总是场灾难，"一个国务院高级官员说，"我们总是要给他提供谈话要点，然后他就照念，而不是把这些要点作为提要。如果外国领导人变换或采取另一种策略的话，他就会茫然不知所措。"

尼克松或者卡特都是想通过关心外交事务成为世界名人的人。而罗尼则不然，他既不太关心整个外交局势，也不关心具体外交事务。他把重大的国际斗争看成是共产主义和自由世界之间的斗争。他很少注意外交手腕微妙的、细微的差别。然而，当他只是代表美国接待外国元首，而将具体事务交给别人去处理时，他给人以很深的印象。"里根仪容端庄，风度翩翩，"一名国务院顾问对国家安全委员会说，"也许他就是白宫里的约翰·韦恩，而且，他在待人方面显得非常和蔼可亲。当意大利的外交部长来这里访问时，罗尼的确获得了很大成功。正当那位部长起身告别时，里根说，'我想让你知道，部长先生，我们两国是多么亲密。但是我个人特别感谢意大利，因为一位意大利骑兵军官发明了我经常使用的圣地尼马鞍。'听了这话，部长非常感动。当你和里根呆在一起时，他使你感到十分亲切。"

尽管罗尼本人具有魅力，他的助手们总担心他也许会显得过分天真。五月下旬，当西德总理赫鲁穆特·施密特首次来美进行正式访问时，罗尼站在南边的草坪地上欢迎他，念着事先准备好的欢迎词。后来，当两位元首在椭圆形办公室举行会谈的时候，施密特把手伸进外衣口袋里，拿出了一个小盒子。西德领导人把盒子里的一种暗色的混合物倒在他的手腕上，然后用鼻子大声吸着，当口涎从施密特的上唇流下时，罗尼想保持镇静，但是没有成功。

七十分钟的会谈之后，罗尼的国务院助理们十分肯定地告诉他说，施密特甲状腺有问题，需要药物治疗。"天哪，我还以为这个人在我的办公室吸可卡因呢。"罗尼对一个助手说。事实上，这位西德总理只是保持了德国北部吸鼻烟的传统习惯。

如果白宫晚上没有安排社交活动，罗尼通常保持着多年来的习惯，穿上睡衣或者浴衣。枪伤后的几个月里，除了有时在一侧有麻木感外，其余感觉良好。为了恢复他发达的肌肉，他经常锻炼。现在对他来说，枪击事件就像做了一场噩梦。

枪击事件对南希说来也好像是一场噩梦，而且这场噩梦不断地出现。她一直是个勇士，但是现在她却时常难以入睡。她瘦了好几磅。她的衣服像服装模特儿的一样合身，但是她太瘦了。她以前就很容易伤心落泪。而现在，只要一提到那次枪击，她眼睛里就会充满泪水。

这无疑是里根的白宫，但是在社会氛围方面，在强调时尚礼仪方面，也可以说是南希的白宫，

"总是有一种礼仪的感觉，"一个年轻的白宫工作人员说，"他们强调建立一种等级制度。每个人都处于一定的位置。等级的特权对他们来说非常重要。人们装腔作势，整个权力结构就像一个套一个的苏联玩具。整个政府都存在特权。当某个人有权并且有特权，他就有势力。到处都可以感到这一点。我们所说的一切都受到严格的控制，连笑也受到约束。"

"一旦进了白宫，里根政府就失去了合作精神，"一个临时工作组的成员说，"在大选当中，里根总是到办公室来看望。在白宫，他从来不这样做。你成了一个小小的齿轮，权力成为很重要的东西。从津贴待遇上就可以知道谁掌权了，谁失宠了。"

白宫的大多数人都接受这个制度，认为这个制度是必要而且合适的。但是

也有人对所见所闻十分反感。"认为他们有能力来维持这个制度，并且把它说成是正常的，这是整个政府的幻想。"一个工作人员离开白宫以后对人说，"大家都有必须遵守的可怕的纪律。"但是他们提不出问题，这是提不出问题的政府。他们忽视了八十年代的事物。

"里根的信心很难令人置信。但是如果不懂得信心本身是什么，这种信心就好像死了一样。不支持任何人的灵感冲动，这就是纪律。纪律本身成为了目的。"

事实上，南希的确相信纪律，不光对她自己，对她周围的人也一样。她是在工作中不好相处的女人。她几乎从来不表扬她的工作人员，并且还由于她和新闻界发生的问题把部分责任归咎于他们。她常常花去好几个小时打电话，在电话里哈哈大笑或者闲聊。她的工作人员认为这是一个问题。如果她想作为第一夫人实施一系列严肃的计划的话，那么现在就是付诸行动的时候了。但是工作人员的大部分建议都遭到了她的否决。有时，里根夫人的助手举行白宫工作人员会议，邀请新闻界人士参加，在会议上预定要南希露面，但是据白宫工作人员说，在真正的白宫工作人员会议上，南希几乎从未到场。

南希的新闻秘书希拉·塔特常常被弄得十分被动。回答新闻界质询时，她生硬无礼，有时还发脾气。记者经常询问一些有关南希服装方面的问题。"新闻界开始把注意点放在南希的穿着上，"彼得·麦科伊说，"对南希的穿着进行评论没什么作用，我们只对他们说，你们自己看好了。"

"这是件有七年历史的阿道夫礼服，而这件是有七年之久的加拉诺斯礼服，那件是有七年之久的布拉斯礼服。"塔特告诉记者说。于是记者们赶快记下了这些关于服装历史的详细情况。

过了几个月，一个记者带着轻蔑的口气说，"天哪，南希一定在七年前就买了很多很多东西啦。"交际秘书马菲·布兰登先是请记者们参加社交宴会，然后又将他们推了出去，她似乎认为记者们难看的样子会冒犯客人们。对新闻界的一些女记者来说，布兰登毫无用处。"总统和里根夫人以他们那一代的生活方式生活，不是二三十岁的年轻记者们的那种生活方式。"布兰登对《采访》

杂志记者说，"有些年轻的记者对这种生活方式，这种彬彬有礼的态度，这种个人魅力，以及这种对待生活的态度并不熟悉。"

布兰登觉得她对历史的见解颇有独到之处。"在白宫的走廊中，我会告诉你这里的女人的穿着方式和以前政府里的女人穿着方式如何不同。"她说，"我们不必特别讲究典雅。但是我记得前些年有一个女孩子穿着木底鞋站在外交宴会厅前面接待我。我一直没有忘记这件事。现在我们不穿紧身短衬裤，也不穿木底鞋，因为我们代表我们的国家。"

作为礼宾司的司长，李·安南伯格不穿木底鞋。她十分讲究，非常注意打扮，穿着白色衣裙，上面绣着白花。她自己掏钱，在布莱尔宫宴请华盛顿的外交人士。她出生在好莱坞。她的丈夫是这个国家最富有的人之一，他曾在圣詹姆斯的宫廷里当过大使，因此李习惯了和世界上的领袖人物打交道，他和他们非常熟识。

当墨西哥总统洛珀兹·波蒂洛对华盛顿进行国事访问时，白宫举行了午宴来欢迎他。当这位拉丁语国家的总统到达时，李轻快地向他走过去，她的金黄色的头发衬托着崭新的绿色裙子。"总统先生，请您洗手好吗？"她喜气洋洋地说。波蒂洛瞧了她一会儿，似乎没把握他是否明白了她的意思。拉丁语国家有数不清的礼仪，于是他跟着李走进一间浴室，好像这种洗手是白宫的外交礼仪似的。

在白宫，南希实际上不能出去购物，这是一项严厉的限制。然而，她不仅从布尔加里和哈利·温斯顿那里接受珠宝，也从其他主要服装设计师那里接受衣裙和睡衣。这一切，她的工作人员并不知道。在就职仪式那天，她戴着价值二十五万美元的项链和耳环，那是由哈利·温斯顿的珠宝商设计制造的。珠宝商的用意是想在白宫引起一场收集珠宝的热潮。然而，这事从未公开过。在白宫的最初六个月里，南希还保存着这些珠宝。

南希不能冒险到服装陈列室去。但是比尔·布拉斯像其他人一样把有关他的服装的录像带送到了白宫。一九八一年，布拉斯送给南希两条日常穿的连衣裙，一套套裙，两件夜礼服，两件短大衣。"她是一位朋友和顾客，她的衣服可以用来达到公开展出的目的。"布拉斯是这样解释他为什么把衣裙送给南希的。"法国政府为他们的大使夫人提供衣服,这已经有几百年的历史了。"

加拉诺斯送给南希一套晚礼服,一件短大衣,一套衣裙。"并不是因为我们想与她做更多的生意,"加拉诺斯说,"我的生意特别好。但这样的确使更多的人注意我们。"

琼·路易斯送给南希一件晚礼服。戴维·海恩斯送了两条白天穿的连衣裙。贝特西·布卢明代尔送给南希三条她自己设计的宽敞便服。费迪送了一件外套。

目前还不清楚,南希除了当总统的妻子外,作为第一夫人发挥的作用如何。她手下有十七名工作人员,五十万美元预算,因此她必须做些事情。她对"养祖父母计划"十分感兴趣,但是在华盛顿地区只有两项这样的计划,她不能一次又一次地去参观这些地区。她也对处理吸毒问题感兴趣。但是麦科伊觉得,既然白宫"还没有指派夫人负责处理吸毒问题,如果跑出去并且干些事可能会与白宫的政策发生冲突。因此对这问题的处理要慢慢来"。

南希继续和乔治城的"灿烂的古董"一道出席一系列的宴会。有时大家意见不一,但是彼此都彬彬有礼,互相调和。只有一次发生了分歧,而且也根本没有调解好。

有一次,一位上了年纪的华盛顿专栏作家的妻子波利·弗里切举办午宴。在宴会上,南希开始谈论她喜欢谈论的题目——吸毒。屋子里最年轻的女人是个中年妇女,她的孩子已经长大成人了。听着南希的谈话,她感到非常失望,越往下听,就觉得总统夫人对吸毒问题一无所知。

"我们必须从电影里除掉吸大麻的镜头。"南希说。

"我认为对中上阶层最危险的毒品是可卡因。"这位中年妇女说,因为她自己的孩子曾经吸过毒。"如果您想制订一个有效的反吸毒计划,担心电影里吸大麻的镜头只会起到相反的作用。"

南希神情紧张地嗤嗤地笑着。"不管怎样,电影里不应该出现吸大麻的场面。"南希轻轻地说。

"如果说这种场面不雅,不应该出现,这点我同意。但是我认为您不应该到处游说，反复强调这一点。"

接着，讨论转向另一个话题，但这像水田芥三明治一样索然无味。

南希出席一连串的午宴，但是更使她激动的是她自己安排的社交活动。她一直喜爱王族的浪漫生活。五月的第一个星期六的晚上，也就是总统遇刺的五个星期后，里根夫妇在白宫家属区设家宴招待了查尔斯王子。那晚是南希的夜晚，她邀请了被彼得·麦科伊称为"游乐队"的一群人。

电影明星最接近美国王族和南希，这些人包括加里·格兰特、奥黛丽·赫本，和以前被称之为"查利的天使"的莎莉·哈克和社交界的钢琴师博比·肖特。还有少数社交名流，如伊万杰琳·布鲁斯、保尔·梅隆斯。《时装》杂志的老编辑黛安娜·弗里兰也是时尚和风度的楷模，以及威廉·F.巴克利夫妇。除此之外，还有杰里·齐普金、艾尔弗雷德和贝特西，沃尔特和李，第一装饰师格雷伯和第一服装设计师加拉诺斯。每件事情都必须办好。南希仔细地检查了菜单：新鲜龙须菜加沙果奶油冻、香草酱拌干酪花卷、羊筋拌薄荷卤汁、炁茴香青豆。还有"威尔士果汁冰水王子的王冠"，即把红木莓果汁牛奶冻、白椰子冰淇淋和蓝莓果汁牛奶冻，都放在一个冰淇淋盒里。但是，厨师做不好上面的糖羽，南希迫使他做了五次后，才把糖做得看起来像羽毛。

南希兴高采烈，穿着两件套的黑色镶金的加里诺长裙，显得非常漂亮。她站在这位未来的英国国王的身边，介绍她的客人们。早些时候，当查尔斯王子抵达华盛顿，礼宾司司长安南伯格去迎接时，她行了个屈膝礼，引起了无休止的争议。在《华盛顿邮报》上，爱纳斯小姐煞有介事地声称，"一个美国公民，更不用说一位美国官员，在外国王子面前屈下膝盖，这是不合情理的。"但是这种说法不能阻止黛安娜·弗里兰，因为她要自己决定采取什么方式。当介绍到她时，弗里兰深深地行了一个屈膝礼，而杰里在旁望着，表示赞许。

听说王子即将结婚，客人们都向他表示祝贺。宴会上，罗尼谈论演出，而贝特西则滔滔不绝地大谈饮用不列颠茶的乐趣。餐后，博比·肖特在黄色的椭圆形房间里弹奏钢琴。当杰里离开的时候，他说这是"我所度过的最美好的夜晚之一"。

这年最大的事件之一是南希的生日。那是她六十岁的生日，虽然大家都以为她才五十八岁。给南希送太多的礼物，从政治方面考虑是不合适的。于是她的十九个朋友——包括安南伯格夫妇、罗伯特·格雷和南希·雷诺兹——给哥伦比亚特区娱乐部捐献了三千九百美元用于清洗并油漆残疾人使用的游泳池。南希参加了在游泳池边举行的仪式，剪了彩，看着两个孩子跳入水中。

多年来，马里恩和厄尔、贝蒂和威廉一直为南希的生日举行庆祝活动。有时在私人飞机上，或者在某个大牧场，总是有些特别的活动。大家曾经计划今年的生日聚会在邓巴顿橡树林里，即在美丽的乔治城庄园和哈佛大学的花园里度过。但是那个计划没有实行。上弗伦山的计划也取消了。他们最后决定去弗吉尼亚州的伍德劳恩种植园。

南希的生日是在七月六日，但是生日宴会在四日就举行了。全城都挂上了红、白、蓝三色彩旗。星期六下午，下着毛毛细雨，七十六位客人在水门旅馆前上了两辆公共汽车，穿过弗吉尼亚郊区来到了这个南北战争前的种植园。每个人都戴着红、白、蓝三色帽子，据白宫正式新闻稿上说，"先生们戴着红、白、蓝三色平顶宽边草帽，女士们则戴着红、白、蓝三色平底船帽。"在一辆公共汽车上，弗兰克·西纳特拉在汽车过道上走来走去分发软饮料，得到了一美元三十五美分的小费，包括艾尔弗雷德·布卢明代尔慷慨施舍的五十美分。

按计划，生日宴会要在户外的一个帐篷下举行，但是因为下雨，庆祝宴会移到了一幢十九世纪的砖砌的大楼里举行。六点钟，许多客人聚集在阳台上等待南希和罗尼坐直升飞机到达。

"太阳出来了。"查利·威克报告说。

"这你当然知道，"雷姆斯·塔特尔说，"不管南希和罗尼到达哪里，太阳都会跟到哪里。"

当总统的直升飞机垂直降落时，伍德罗恩的二三十匹纯种马奔驰着穿过田野。一个客人说，"这正像西部电影里的镜头。"

南希身穿白色的墨西哥农民样式的外衣和裙子，腰系一根红、白、蓝三色皮带，看起来比她六十岁的年龄要年轻十五岁。罗尼穿着浅色的运动衣，看起来就像一位加利福尼亚州前来参观的五十来岁的电影明星。

这次，南希的朋友们已经做出决定，要给南希带来一点加利福尼亚特产作为礼物，除此之外，还要进行庆祝，表示对故乡的热爱之情。他们在两间大房间里摆了八张六十六英寸的桌子，举行了西部海岸的烧烤大宴会。桌上盖着特地剪裁的蓝色桌布，蓝色桌布上铺有红、白、蓝格子布。每张桌子中央悬挂着一个红、白、蓝三色充氦的气球，气球上高高地悬着一个小小的篮子，篮子里面放着一些小小的美国国旗和写着"祝南希生日快乐"的小三角旗。

南希欣喜若狂，不断咯咯地笑着拥抱她的朋友们。她看到她的一个老朋友纳塔利·鲁宾逊正穿着蓝、黄、红、绿四色的楔形便鞋。"这双正是我想买的鞋，"南希说，"我很喜欢这双鞋。"

"祝你生日愉快，"纳塔利说着脱下了鞋子，"试一试。"

鞋子不光很合穿，而且和南希的一身打扮很相配。这样，整个晚上南希都穿着这双便鞋，而纳塔利则光着脚走路。

在一间屋子里，南希坐在桌子当头，罗尼则坐在另一间屋里。在就餐之前，客人们咀嚼着香脆的玉米饼，试了试供拌菜用的色拉调味酱汁。南希很高兴地试吃了她和罗尼都喜欢吃的一道菜。餐桌上还摆有乡村食谱中的油炸鸡、红烧排骨、玉米松糕、香草面包、玉米穗轴、牛肉番茄、腌泡黄瓜和各种生菜。甜食有自制的草莓冰淇淋和四层红色山莓作馅的白色生日蛋糕。

罗尼引用了托马斯·杰斐逊的有关和睦、幸福和家庭的话向他的夫人祝酒，这时，客人们都站着。他们大多数都带了照相机，于是他们互相照相，也给罗尼和南希照相，并拍下了蛋糕和房子。但是谁都不如杰里·齐普金照的多。他在起着一个新的作用，成了南希和罗尼作为总统和第一夫人的执政时期的照相编年史家。他还在不断地按着快门照着，后来他才发现自己的照相机里没装胶卷。

现在是回到白宫观看焰火的时候了。南希和罗尼乘坐飞机越过波托马克河飞往华盛顿，而客人们则回到公共汽车上。不久，他们就和成千上万的人挤在一块，慢慢地进入城里。据一位客人说，马里恩·乔根森因为车速太慢，感到非常恼火，于是她发怒大骂起来。但是，对里根的大多数朋友来说，没有什么能破坏这天的快乐气氛。有人唱了起来，接着大家都唱了爱国歌曲和其他美国老歌曲。比尔·克拉克进行了独唱。据其中的一个客人说，后来大家看见了林肯纪念碑，这时"我们中间没有玩世不恭、消极厌世的思想。我们能在七月四日呆在华盛顿，并且和我们的好朋友——总统和总统夫人一起在白宫里观看焰火，大家感到十分兴奋激动，充满了崇敬感激的心情"。

在白宫，南希和罗尼已来到南侧草地上和大家照了一张合影。他们坐在草地上，和白宫的工作人员的家属坐在一起有几分钟之久，大家看起来像乡亲一样。然后他们走到远远高于人群的阳台上，和朋友们一块观看焰火。

第二天上午，南希觉得心烦意乱。在前一天举行宴会的时候，她把别人送她的一件礼物递给一个职员拿着，但是后来包裹弄丢了。因为这个职员把礼物交给了一个先遣人员，但是这个先遣人员把包裹丢在公共汽车上了。而这辆公共汽车已经打扫干净，开往印第安纳州了。

白宫东翼和先遣办公室现在唯一的任务是把总统夫人的礼物找回来。但是碰巧这件礼物在汽车公司的经理室锁着，很安全，而经理正在度假。但是，让南希等着，那可不行。于是门被踢开了，包裹拿到手了。

生日十分特别，但是南希最渴望的是在七月下旬去英国参加查尔斯王子和戴安娜女士的婚礼。罗尼工作太忙，没有时间去伦敦。这是南希在婚后首次将离开他整整一个星期。起初，对是否离开罗尼，南希有点犹豫不决，但是罗尼说的话让她放心了。"我知道我们在一起的时间使你失去了不少东西。这次将是一次长时间的度假。我希望你痛痛快快地玩一次。"

南希想带点特别的礼物给未来的英国国王和他的新娘。她挑了一个斯托本玻璃碗，零售价为七万五千美元，自一九七五年以来一直摆着没有出售。如果不是国务院从基金里拿出了八千美元，再加之借此可以进行大量的免费广告宣传的话，斯托本是不愿意抛售这件艺术品的。南希两次穿同样的衣服是不行的。据估计，南希带了二十件各式各样的连衣裙和礼服。她还从巴尔加里那里买了价值几千美元的珠宝，包括一套项链、耳环和镶嵌着钻石和红宝石的戒指。南希手下的人并不知道，这些珠宝大部分并不属于南希，而是她从高级珠宝商那里"借"来的，使用期限不限，用后将成为白宫收藏品的一部分。此外，南希也从哈利·温斯顿的珠宝商那里得到了镶嵌着钻石的项链。

和南希一块旅行的有她的三名高级助手、一名秘书、十名特工人员、一名护理、一名官方摄影师、一名国务院联络官、十三名记者，还有她的美容师朱利叶斯以及贝特和艾尔弗雷德·布卢明代尔。贝特西已经登上波音 707 喷气式飞机，联邦航空局给这架飞机取名的代号是"行政快步一号"。随后南希身穿一件红色阿道夫礼服，乘坐一辆高级轿车到达。在飞机前部她坐的特等舱里放了四个帽盒和一个化妆盒。她在出席婚礼仪式时穿什么样的衣服，现在仍然是个秘密。

"我从来没有看过一场马球比赛，"南希说，"从来没到过白金汉宫，对，没有见过这个宫殿。我从来没有参加过一次皇家婚礼。"对南希来所，这一切就像神话一般——魅力王子和他的新娘，住在一个叫英格兰王国的宫殿里。这一定十分美妙，她打扮一番去会见皇家家族——王子们和公主们，国王和王后们。随后是接二连三的宴会和各种娱乐，五彩缤纷，南希像很久以前在芝加哥初次参加社交那样无忧无虑，心旷神怡。在南希看来，传奇式的生活和礼仪紧密相连。不列颠王族衣饰华丽、彬彬有礼、仪表动人，他们的传统与美国政界的粗野无礼、尔虞我诈截然不同。

在美国大使的宅邸温菲尔德公馆稍稍休息了一会儿以后，南希就驱车前往杰克和德鲁·海因茨在乡间的庄园。这个庄园位于伦敦以西二十二英里处，靠近爱斯科赛马场。这是伦敦的一个寒冷而又潮湿的夜晚，南希穿着一件黑白相间的加拉诺斯祖肩礼服，冷得全身发抖。那辆黑色高级大轿车，正在访问的副总统布什刚刚坐过，现在又行驶在起伏不平的乡间道路上。除了一辆"美洲虎"牌小车是红色的外，南希一行人的其余六辆车都是礼服那样的黑色。

南希对杰克和德鲁十分了解。海因茨夫妇俩的财富来自番茄沙司、菜汤和豆子。现在这对移居国外的美国夫妇举行了在美国来说是盛况空前的宴会，邀请了至少五十七位王族、名流和社交界知名人士。这辆黑色高级轿车停放在庄园前面的砂石车道上，它象征着美国新近积聚的巨大财富。这辆轿车体积庞大，与停放在大楼前的那些私人汽车形成了鲜明的对比。

在海因茨夫妇家，南希好像回到家里一样。这里甚至连记者等在庄园大门口前都不允许，这样南希不必再担心她所说的话了。在这里她首次会见了伦敦王族：女王的第一表姐妹——亚历山德拉公主、格罗斯特公爵和公爵夫人以及艾加·卡恩。她还会见了彼得·乌斯蒂诺夫等一些明星和戴维·弗罗斯特等电视界名流。

星期六一早，当南希醒来时，她发现几乎所有的伦敦报纸都在攻击她。报界感到十分恼火，原因是她不准备向女王鞠躬或行屈膝礼。而且这仅仅是批评的开始。《卫报》嘲笑了她当电影演员的生涯。甚至连沉着冷静的《泰晤士报》也挖苦她，评论说她"在皇家家族婚礼前一周她不断挤进去约会的次数比爱丽丝的小白兔还多"。

南希继续勇敢地前进，参观了美国首相乡间别墅、不列颠的戴维营，在那幽静的乡村与英国首相玛格特·撒切尔共进午餐。那天晚上，她回到了伦敦，出席了亚历山德拉公主举行的宴会。星期日下午，南希穿上一件红色的阿道夫礼服，拜会了女王母亲以后，驱车前往观看帝国国际马球锦标赛。

与南希随行的六辆车刚刚停在肃静的马球场上，特工人员就立即跳了出来，大家知道，这可能是美国第一夫人驾临了。后来，伊丽莎白二世乘坐一辆绿色的沃克斯霍尔牌面包车穿过大门，被废黜的希腊君主康斯坦丁国王与她同车，坐在她的身边。女王的女儿安妮公主也引人注目地驾了另一辆蓝色的兰奇罗弗牌轿车到达那里。

彼得·麦科伊注意到，有一辆坐着助手的车跑在女王的车前面，另一辆车跟在女王的车后面，而南希和皇家家族并不是像表面上看起来那样形成了鲜明的对照。但是皇家家族的确表现了不列颠人的克制，南希和她的加利福尼亚朋友对这一点，就像对热水盆浴和集体心理治疗法一样，一无所知。

皇家专座，是一个不大的围子，四周由警戒栅栏所隔开。在那里，看见总统夫人后，王子连忙起来表示欢迎并向她介绍了他的未婚妻——黛安娜小姐。

不久前，王子曾在白宫受到盛情款待。现在他首先向南希表示欢迎，然后请她坐在薄薄的木椅上。在马匹和骑手冲上场时，查尔斯向南希解释了马球，然后他离开座位去参加英格兰二队对西班牙的比赛。

比赛刚开始，女王便到达比赛场。这是南希本次外交出访在政治上的重大时刻。"见到您十分高兴。"南希说。她握着英国君主的手，一点也没有鞠躬。

南希的新闻秘书密切注视着这次会面，就好像在观察华盛顿总统和国王乔治三世的会见。塔特说："南希与女王握手，就像和一般人见面一样，身体只是微微向前倾了倾。这肯定不是鞠躬。"

南希很喜欢这次比赛。"但是在我看来，好像他们都准备自杀似的。"然而，她的日程安排得很紧，这样她不能待得太久，没能看到查尔斯王子和他的队友们以十比五击败西班牙队。

因为她必须准备出席美国大使约翰·路易斯为她举行的宴会，几小时后，她身穿阿道夫设计的斜肩的红色礼服，站在位于伦敦的摄政公园大使馆门前，向她的新老朋友贝特西和艾尔弗雷德、李和沃尔等人致意。当艾尔弗雷德还是大使的时候，他们自己花钱整修了这三十六间房屋。南希在这里还见到了格雷斯公主，她曾经和南希一起在美国米高梅电影公司拍过电影。还有巴拉·沃尔特斯、道格拉斯·费尔班克斯、美国全国广播公司的汤姆·布罗考、伍尔沃斯的女继承人巴巴拉·赫顿、戴维·弗罗斯特，总共一百四十名客人。

第二天晚上，南希出席了在白金汉宫举行的一千五百人的女王庆祝舞会，这次舞会只邀请皇家家族成员和欧洲的贵族参加，甚至连法国总统弗朗索瓦·密特朗也未接到请帖。然而南希和贝特西却收到了请帖。妇女的帽状宝石头饰很流行。南希没有这种头饰，她穿了件饰有小珠的祖肩的白色加拉诺斯礼服，戴着钻石项链前去参加舞会。后来她也出席了威斯特摩兰勋爵举行的午宴，和女王一家在白金汉宫进晚餐，随后又到海德公园与女王一家共赏焰火。"我想这真是妙极了！"她告诉一位美国的电视记者关于她对君主制度的看法时说，"我想这真是妙极了。我真不愿意看到它消失。"

一九八一年七月三十日，那天终于来到了，查尔斯王子和黛安娜小姐在圣保罗大教堂举行了婚礼。南希注视着穿着红色长袜、扛着长矛的"英王卫兵"，和戴着饰有羽毛的金盔的武装卫士们，步入这个具有悠久历史的教堂。南希身穿三件套的桃红色加拉诺斯礼服，头戴一顶草帽，系着一条雪纺绸围巾，和二千五百名客人同坐在那里。她和罗尼的婚礼既快又简单，但是她十分喜爱皇家婚礼神话般的浪漫场面。

当查尔斯和黛安娜起誓时，南希目不转睛地注视着。"每个人都喜欢浪漫生活，"她后来说，"伦敦的每个人对王子的婚礼都特别注意。这是一种十分美妙的感情。"此后，南希在登上飞机回国之前还出席了一连串的宴会和庆祝活动。对南希来说，这是"可爱的一天，美丽的一天，难忘的一天"。

"黛安娜小姐看起来的确十分可爱，我十分欣赏皇家家庭的幽雅风度。总之，这是十分美好的一周。"南希后来回忆道。

Chapter 20
"我永远不戴王冠"

　　南希从伦敦返回一个星期后，便同里根离开白宫到牧场去度了二十八天假。白宫新闻官员说这次度假花费了纳税人二十五万美元。"我想他并不了解去农场的复杂程度，"负责安排这次度假的一位助手说，"如果罗尼只带一名助手，登上联合航空公司的飞机飞到农场去，他会感到十分高兴的。当南希感到罗尼需要旅行时，她提出到牧场去的建议。然后由我们来制订计划，把事情预备好，再向南希报告，说我们能够把事情办好。"

　　南希远非像罗尼那样喜爱牧场。的确，这里有山脉的全景和广阔的土地，还有小路。尽管如此，她还是感到这里没有白宫那样私密。在附近的一座山上有广播电视联播摄影组，他们带着远距离镜头照相机。在南希看来，似乎照相机能够把镜头伸进她的卧室里，她告诉一个朋友说，她连浴室都挂了窗帘。

　　对罗尼来说，在"天上牧场"的四个星期确实是一次度假。他阅读报纸评论，做他认为必须做的事，大部分时间还是休息。劈劈木头，骑骑马，或者到处磨蹭一阵。"到现在为止，这个牧场一定是世界上最清洁的牧场了。"一个助手说。

"我真的十分愿意以这样的总统而留名史册——让美国人民相信自己的力量。"罗尼说。像少数几个当代的领袖人物一样，他能够给美国人以鼓舞。但是，总统不仅仅是国家的象征，不光要有雄辩的口才。他有权发动一场核大战，下达命令致使一亿多苏联人丧命。他的经济政策是降低通货膨胀，但是失业率在逐步上升。房屋建筑的数量在下降，股票市场也一样。

令人吃惊的是，罗尼与总统职位这个包袱保持着明显的心理距离。在举行内阁会议时，他常坐在那里乱写乱画。除非受到一个规定的议事日程的限制，否则他总是要谈论好莱坞的事情或者迪克森的橄榄球赛。在与另一个人交谈时，罗尼看起来常常是心不在焉，心烦意乱。"他现在有一种习惯，"他的兄弟尼尔说，"你一边和他说话，似乎他一边还在剪指甲。但是实际上，他正在对他自己说话。"

"如果和人们说，罗尼生活在自己的世界里面，他们是不会相信的，"一位白宫助手说，"有十至十五个人知道这件事。但是如果不开始谈话或者谈完话之后，没有人会相信这一点。"

"也许保持权威的唯一方法就是不去改变，不去触动世界的任何部分，"另一个政府官员更喜欢用哲学的眼光去看待罗尼，"当世界的其余部分在发生变化的时候，他保持着老样子。"

与他所生活的世界保持距离并不总是一个消极因素。"人们急需信任总统。"西尔斯说，他在一九七六和一九八〇年的大选中曾经看见罗尼使自己从问题中解脱出来。"在那种意义上，现在他们比过去更加信任总统了。正如他们在公共场所看见他一样，他并没有表现出担任总统职务这种沉重的压抑感，部分原因是他能回避这一现实，把担任总统这一现实留给了他的工作人员。"

工作人员有时也需要休息一下。八月的第三个星期，迪弗在马撒的葡萄园和莉莲·赫尔曼这样的保守作家、这样著名的可怕人物同桌共饮。贝克也到得克萨斯休息了一段时间。米斯和总统一起去了加利福尼亚。八月二十日，华盛顿时间清晨二时零四分，米斯得知两架海军 F-14 型战斗机在地中海上空遭到两架利比亚飞机的袭击。这两架 F-14 型战斗机打下了苏联制造的飞机，回到了航空母舰上。

米斯已建立了萨克拉门托制度，即只将极其紧要的事情向罗尼报告，而且要在工作人员已经仔细研究了一种方案以后。米斯没有去叫罗尼，因为那时是加利福尼亚时间午夜十一点以后，他不愿意去打扰总统。于是，他叫醒了副总统布什和国家安全委员的成员。直到五小时以后，即加利福尼亚时间清晨四时二十四分，米斯才把罗尼叫醒。

贝克、迪弗和米斯三人"共同执政"的局面结束了，也就是总统不寻常的蜜月结束了。贝克和迪弗有些怒气冲冲，他们担心美国人现在会认为罗尼没有管理政府，他正在安然酣睡而美国的武装部队正面临着新的、情况不明的危险。南希也十分不安，因为米斯使罗尼的脸色看起来不好。她开始有些莫名其妙地望着这个脸色红润的顾问，就好像一名顾客不能肯定她是否买了她要买的东西。

南希和罗尼于九月三日回到华盛顿后不久，白宫便宣布购买了一批新的国宴用的瓷器。二百二十套十九件套的餐具，每套花费九百一十美元四十九美分，合计为二十万九千五百零八美元。这套总计为四千七百三十二件的如象牙一样的新瓷器由伦诺克斯制造，边缘呈红色，上面有金字浮雕的总统印章。每套餐具有鱼盘、饭碗、肉汤杯、乳酪杯子和托盘、小咖啡杯和浆果钵以及餐盘、色拉盘、面包盘和奶油盘。

为了抵制外界的批评，白宫指出，自从约翰逊夫妇购买最后一批瓷器已有十四年之久，那批瓷器共有二百一十六套餐具，每套是十二件，花了八万零二十八美元。像那套瓷器一样，里根的瓷器费用从私人捐款里面支付，不在为重新装饰白宫而募集的八十二万二千六百四十一美元里开支，而是另外的捐款。白宫东翼公告带有的那种傲慢的腔调暗示说南希给国家带来了巨大的利益。评论漫画作家尖锐地讽刺了三项瓷器政策：中国大陆、中国台湾和南希。

当新闻界这场小小的骚动还在激烈进行时，南希的办公室宣布完成了重新装饰白宫的第二楼和三楼的工程。加利福尼亚人格雷伯在家属区里使用了粉红色、橙红色和黄色三种颜色，使房间具有南希精美的女性气质，也使房间充满了当地没有雾的日子里那种阳光明媚的欢乐气氛。他充分利用了白宫现有或库存的艺术品进行装饰，并且更换了门帘、窗帘、地毯和以前摆设的古董。他把里根的大多数太平洋帕利塞兹家具放在西厅的会客室。在那里他陈列了中国产的蓝色白底的花瓶和花坛，那是南希母亲送给她的。两个长长的绣花沙发摆在大拱窗前。一个枕头上面绣着"RR"，清楚地告诉来访者谁在掌权。

在国宴之前，罗尼和来访的外国首脑都要待在黄色椭圆形会客室闲聊。格雷伯和南希想把房间布置得更加舒适，使外国领导人感到更加轻松愉快，于是他们增添了新的黄色沙发和大理石桌面的桌子，以及四张古式椅子，这些椅子在卡特执政期都被镀了金。据估计，每张椅子价值为四至五万美元。

最漂亮的要数南希和罗尼的卧室了。墙上精致的橙红色的中国纸上面有人工描绘的盘旋的鸟儿图案。一个小桌摆在小小的橙红色沙发和两张椅子之间，上面有针绣花边的装饰品。紧靠沙发有一个小小的八角形桌子，上面放着南希从巴特西市弄来的九个盒子，其中一个放在中间，其余的八个放在这个盒子的周围。桌子腿和椅子腿看起来就像细树枝。床是超大号的，床头上面挂了一幅画，是卡罗尔·萨金特·泰森画的《在月亮升起之前》。紧挨着卧室的是南希的化妆室，墙上覆盖着以花形图案装饰的粉红色墙纸。南希和帕蒂的一张油画挂在五屉柜上方。南希二楼的地板上绘着嫩绿色的条纹，饰以野花图案。南希还有十二个双层衣橱，用以存放她个人的衣物。

从未公开过的费用开支大约达一百万美元，这还不包括捐赠或特殊优待的商品，也不包括整修新的美容院的全部设备和家具。白宫发言人十分自豪地指出，重新装饰白宫的费用全部由私人捐赠，纳税人未付分文。然而，这些私人捐款在计算个人所得税时可以抵扣。因此，公众其实支付了大约一半的开支。

布置了华丽的新房，这是南希在职以来头九个月的主要成就。在政府与公众之间，她成了问题最多的人物。起初，迈克·迪弗想尽可能少谈重新布置白宫这一问题。但对南希来说，就像和她同类的大多数太太们一样，显示重新装饰的家庭场面的唯一地方是《建筑文摘》，这是一份在室内装饰师和他们的主顾中十分流行的杂志。

杰里是总编辑佩奇·伦斯的一个朋友，特德·格雷伯认为这份杂志正是他宣传白宫的地方。伦斯坚持要拥有独家发表权，这样，这家发表的照片就不会出现在其他报刊杂志上。最后，一切事情都商谈妥当。南希挑选的摄影师是德里·穆尔，他是英国的贵族。他本身是一位子爵，是德罗伊达勋爵的儿子，也是英国大使和亨德森夫人的女婿。白宫的高级轿车迅速地把他从马萨诸塞大街的美国大使馆接到了白宫。

在《建筑文摘》一九八一年十二月的期刊上发表了十八张彩色照片。在售价四点九五美元的杂志的封面上有一副未装饰的白宫正面照片，而在报摊出售这份杂志时，有一条标识语一针见血地指出，"募捐人版：总统罗纳德·里根及其夫人的私人住宅。"而在正文里引用了南希的话，"这幢房子属于所有的美国人，我要使它成为美国人能够感到骄傲的东西。"

罗尼政权在国内的成功主要依靠他那让人看起来是公平的良好措施。他削减对受抚养孤儿、发给穷人的食物券、学校早餐、中餐计划、白日托儿中心、公共医疗补助计划、教育奖学金、就业训练等联邦财政补贴。然而，他保证不撤销保护穷人、病人和穷苦的人们净得的社会保险。更为重要的是，他做出许诺说，一旦美国人民摆脱了政府的束缚，美国资本主义这台大发动机就会全速运转，就会为每个愿意工作的人带去职业，带去美好的时光。

当广播电视发表有关"削减预算对穷人所产生的影响"的新闻报道时，政府十分恼火。这些报道本身就够糟糕的了，尤其是当这些报道将南希与这些加利福尼亚人的照片放在一起时，对政府就更加具有毁灭性的打击了。

十月二日，罗尼避暑回来后首次举行记者招待会，他准备好了回答记者们不可避免地要提出的关于南希的生活方式方面的问题。他也准备好了回答记者们提出关于那项已经失败了的计划的问题，那是一项有关农业部试图把番茄酱作为蔬菜归入学校午餐的营养需求中的计划。

"总统先生，政府的组建被人称为'百万富翁全体登台'，"一位记者说，"您是否敏感地觉察到，一面是共和党人穿貂皮大衣，坐高级轿车，存放在白宫的是价值上千美元一个的瓷器盘子，而一面在要求黑人的孩子把番茄酱作为蔬菜来吃这些问题吗？"

"嗯，我们把那个问题已经作了改变，"罗尼说，"有人官僚主义，过于雄心勃勃……我不认为政府是'百万富翁全体出场'，我没有数过周围的貂皮大衣，同时，你还提到了瓷器问题。让我们把这个问题最后加以澄清，永远不要再提，因为南希为这事还被套上了莫须有的罪名。自从杜鲁门执政以来，白宫还没有购买过新的瓷器。在林登·约翰逊执政时期，添置过部分瓷器，但是没有购买过全套瓷器。现在甚至白宫里还有破损的瓷器。我知道人们以为这里每个人都肥饱了私囊，这是不真实的。事实上是，在一次国宴上，我们在桌上摆不了全套的盘子。我们就只好将盘碟混合起来，这样大家才不会仔细地注意这件事。结果，后来就有人捐款而没有留下姓名，同时，制造瓷器的公司以成本价卖给了我们一些瓷器。因此，在这件事上，纳税人未付分文。"

十月下旬，南希对纽约进行了为期五天的访问，她出席了艾尔弗雷德·E.史密斯举行的纪念宴会。在这种场合，她通常说几句无关紧要、亲切温和的话就马上坐下。然而这一次，她说了许多幽默的话，来抵制所有对她的批评。她取笑了一张画着她头带王冠的样子的流行明信片。"我永远也不要带上王冠，"她说，"它会把头发弄乱。"在回答那些批评她进行私人募捐用于装饰白宫的人时，她说："我为白宫募集了我所能募到的款子，我感到十分高兴。罗尼认为我干得好，他要我帮助解决赤字问题。"

在纽约，南希还参观了菲尼克斯大楼，这是一个昼夜二十四小时上班的吸毒治疗中心。她和年轻的吸毒者在一起待了一个小时，告诉他们说："如果我们不采取措施的话，我们将失去一代人。聪明人会变成玉米面糊糊了。"像许多其他的吸毒康复中心一样，菲尼克斯的资金也将被削减 25%。

帕蒂住在纽约，罗恩、多丽亚、帕蒂和两个姓威克的孩子杜格和辛迪，一起和帕蒂庆祝她二十九岁的生日。两星期以后，当帕蒂在全国广播公司的电视剧"女士节目"中露面时，南希和罗尼很难相信他们的眼睛。他们俩曾经因为他们所拍的影片的内容健康而获奖，而现在她们的女儿在演出一部关于一个脱衣男郎在几十名充满肉欲的女人面前旋转来谋生的电影。帕蒂扮演那个男人的女友。在罗尼看来，她是一部淫秽电影里具有一丝新鲜气息的唯一的人。

南希对帕蒂本人，对帕蒂与反裸体运动团体的牵连，以及她参加了要求冻结核试验运动这一点感到很不高兴。罗尼相信要求冻结核试验的运动中有苏联特务渗入。"有一段时间（一九八一年），帕蒂和她的母亲互不讲话，"有一位白宫高级官员说，"南希也许不对帕蒂抱有什么希望了，她疼爱的是儿子罗恩。至于莫林，你甚至不能当她的面提到莫林的名字。在她眼里，莫林是一个无关紧要的人。"

当莫林来到华盛顿时，她也不住在白宫。她决定在加利福尼亚州竞选参议员，而她父亲不希望她这样做，并且说过他不会给她提供任何支持。

罗尼想使华盛顿成为"山上的一个闪闪发光的城市"，但是首都依然如故，这是一个扎根在权力现实之中的城市，是一个政治交易所。在那里，每天都在进行着各种交易、买卖和让步。白宫的官员也和其他任何时候一样。在为数众多的身穿礼服、已经取得高官厚禄的人们中间，与其说他们在仔细注视着共和国的前途，不如说他们在仔细注视着他们自己的前途。总有人暗箭中伤别人，而精明的人从来不会视而不见。

罗尼对他的下属之间的勾心斗角感到痛心，他希望他手下的人团结得像一群亲兄弟一样。如果说罗尼的政府有什么不同的话，那就是与卡特和福特执政时期相比，向新闻界走漏的消息要少了。当政府成员向新闻界公布他们对各次会议和各项政策的意见时，罗尼认为那是背叛的行为。他不喜欢耍那种把戏，虽然那对白宫如对记者们一样有价值。"最令人吃惊的是，走漏的（关于总统所做的事情）消息和报道开头是'据不愿透露姓名的人士说'或者'据说……'。例如，罗尼参加了一个保密会议，会上讨论了一个至关重要的问题，而那天晚上就听到了关于这一问题的新闻，这是十分令人烦恼的事情。"

对罗尼来说，他手下的人是淳朴无邪的人。他根本不知道政府上台以来，戴维·斯托克曼就和当时担任《华盛顿邮报》助理主编的威廉·格雷德在早餐时经常在亚当斯旅馆见面。而在其他大部分的桌子旁坐着另一些人，也在做着斯托克曼和格雷德正做的事情——互相接触，交换意见，进行信息交易，为在华盛顿这个棋盘上朝前挪动几步而互相提供帮助。作为预算主任，三十四岁的斯托克曼是政府中发表新闻最多的人，他是杀死巨人的小戴维，正在杀死政府官僚机构里的巨人。他们之间的会话暂时还没有被引用或者报道，但是战斗一旦结束，格雷德就会写关于斯托克曼的大胆行动的故事，这样，两个人的日子都会过得不错。

这年秋天，格雷德认为已经等待的时间够长了，现在他可以写文章了。他在《大西洋月刊》里对政府削减预算这个过程做了十分详细而生动的描述。"支持削减的基础是'利益扩散'理论，"斯托克曼说，"但是为了在国会通过这项计划，政府不得不修改具体条文，使中下层美国人民也能得到利益。"他还说："这种理论认为，最高收入等级太高，这样对经济起着最具破坏性的作用。一般而论，为了在政治上符合民意，就必须降低收入上的等级。至少就罗尼来说，他对这一点并不感到怀疑。他认为，振兴经济的关键是在对各个部门减税。这样，富人和小康人家受益最大，按理他们可以把钱用于投资和购置股票，最大限度地造福于社会，使整个经济重新恢复活力。"

格雷德描述了一副戴维·斯托克曼与可憎的权力和经济理论顽强斗争的图画：一个联邦政府，就像许多消费者一样，有许多固定的开销要支付，要削减是十分困难的，此外还存在着一种政治制度，被选举出来的官员想将削减预算所带来的痛苦转嫁给别人，转嫁给不支持他们的集团。

文章中提到，早在一月，斯托克曼就得到计算机计算出的预测，据估计，里根削减税务和增加国防开支将导致联邦预算赤字在一九八四年达到一千一百六十亿美元。那可不行。于是斯托克曼只将使人得到乐观结果的新资料输入计算机，结果预示利率和价格将会下降而生产率将达到惊人的增长。

当《大西洋月刊》上发表的文章在十一月刊出时，迪弗和米斯想解雇斯托克曼，但是在四十五分钟的私人午宴以后，罗尼同意继续留下他当预算主任。"戴维·斯托克曼没有罪过，而是别人对他犯有罪过，"罗尼说，"新闻界的伦理观念在哪里？斯托克曼被老朋友出卖了，这个朋友误解并且歪曲了事情的真相，这些事实完全是知心朋友间表示相互信任理解的谈话，并未留下任何记录。我认为这次出卖是另一次行刺，但愿这同样和第一次行刺那样以失败告终。"

政府成员中因为犯错误丢失职务的第一个人是国家安全委员会的顾问理查·爱伦。一九八一年一月二十一日，艾伦带了两名日本的《妇女之友》杂志社的记者来见南希，进行一次短时间的会晤和拍照。两位记者给了艾伦一千美金的酬金要他转交南希，并给了艾伦本人两块精工手表。艾伦将钱塞进白宫的一个保险柜里，而没有开一张正式收据，也没把这事放在心上。当钱被发现后，联邦调查局开始进行调查时，艾伦承认说这只不过是一个判断失误。但在十一月，当此事公开后，南希首先向罗尼建议要求艾伦辞职。罗尼早就对艾伦的行为不满，于是，这个国家安全委员会首脑应允休假，此后再也未返回白宫。

"总统先生，"阿尔特·布赫瓦·尔德，望着坐在肯尼迪中心授奖庆祝大会中央席上的罗尼说，"《大西洋月刊》的读者们……。"观众欢声雷动。这是肯尼迪中心第四年给著名的美国艺术家授奖。在罗尼和南希来到白宫后，对艺术家授奖的仪式更加隆重。这天上午，白宫为康特·巴锡、卡里·格兰特、海伦·海斯、杰罗姆·罗宾和鲁道夫·塞金举行了招待会，罗尼热烈地赞扬了艺术家们所做的贡献。"当他们舞蹈时，他们抓住了我们的心，"他说，"他们的才能，将我们的希望搬上了舞台和银幕，使我们的想象力得到了充分的发挥。"

里根夫妇前去肯尼迪中心参加庆祝活动，但是他们没留下吃饭，正式客人的名单上包括阿尔特·布赫瓦尔德、戴维·布鲁斯夫人、凯瑟琳·格雷厄姆夫人、奥德丽·赫伯恩、米克黑尔·巴里施尼古夫、罗杰·马德、威廉·佩利、参议员查尔斯·珀西、莫利·塞弗、西西·斯帕塞克、梅里尔·斯特里普和几十个其他的新闻界和政界名流，这是一群引人注目的人物在华盛顿的出现。在过去几年间，最受人奉承、得到盛宴款待的人是最主要的政治家和电影明星。但是今天晚上，无论是正在工作的跑来跑去的记者，还是在旁闲逛的、世故的华盛顿人的注意的焦点，都是坐在一百一十号桌上的人。她们是琼、李、马里恩和邦尼，她们是南希最亲密的朋友中的四个。她们都有淡黄色的卷发，戴着钻石项链，看起来就像四个孪生姐妹。她们的身旁坐着她们的丈夫：威廉·弗伦奇、史密斯、沃尔特·安南伯格、厄尔·乔根森和杰克·雷瑟。除了史密斯以外，这些人没有直接的政治权力，也没有从事电影和舞蹈的伟大经历。但是他们是南希最好的朋友，是风行一时的人物，是里根圈子周围的人物。

现在，里根夫妇有时仍然出去赴宴。在《华盛顿邮报》的主编凯瑟林·格雷厄姆在乔治城的住宅里举行的一次宴会上，罗尼想用他的好莱坞故事款待客人。但是有些客人是华盛顿的知情者，他们想讨论政治问题。还有一些客人是好莱坞的人，譬如导演艾伦·帕库拉，他来华盛顿不是为了听同行的故事。当罗尼继续谈着的时候，一些客人开始窃窃私语，并且拿他开玩笑。他们说话的声音很小，南希听不见。南希本人与乔治城那一群太太们的甜蜜友谊差不多结束了，并且她们已经没有什么东西可说了。有一次在白宫，罗尼告诉演员杰克·莱蒙说，他是多么想念加利福尼亚，想念那里的朋友和想念那里的生活。

几个月前，罗尼还前景辉煌。那时，罗尼似乎仅仅靠他那能说善辩的本领就能改变经济和政治历史五十年来的进程。现在，那种情况已经结束。没有什么容易削减的计划了，作为削减预算的经济学理论根据也解决不了什么问题。在罗尼执政的一年间，通货膨胀率大幅度地下降，使那些有固定收入的人产生了一种安全感。但是失业率在逐日增长，十月为8%，十一月为8.4%，十二月则为8.9%，几乎有九百五十万美国人找不到工作。

早在十二月份，罗尼就不得不承认他已经放弃了在一九八四年实现年度财政预算平衡的计划。政府估计赤字会上升：一九八二年达到一千零九十亿美元，一九八三年达到一千五百二十亿美元，一九八四年达到一千六百二十亿美元的记录。对一个持保守态度的总统来说，这些是令人难以相信的数字。这些数字使人们回忆起在怎样削减所得税、提高国防开支和平衡预算的问题上，约翰·安德森所做出的那令人难忘的回答。他在共和党的总统候选人之间的一场辩论中说："问题很简单，只要你用镜子照一照。"

一位高级行政官员说："里根旧账还未勾销，还未赢得人心，就已经开始发愁了。现在留下的尽是一些不体面的事情。经济没有复原，现在应该开始反省了。"

罗尼相信如果政府有足够的时间的话，它就会解决所有这些问题。在记者招待会上，或者在对工作人员的讲话中，或者在接见客人的时候，他继续表示对这些计划持有坚定的信心。他在记者招待会上所叙述的轶事常常是奇妙动听的故事，但是有时并没有达到演说的目的。当他作即席演讲时，常常说错。"听他即席谈论国内政策，就得屏住呼吸听莫名其妙的东西。"《华盛顿邮报》的记者戴维·布罗德在评论罗尼执政第一年时这样写道，"情况常常是，他表达的思想必须由别人来改正或者重新解释，这些解释者本来应该是他的下属，而不应是他的导师。"

世界并不像罗尼喜欢的那样。波兰政府在苏联人的支持下，镇压了团结工会运动，并宣布了军事管制。如果生活是一部好莱坞电影，罗尼就会帮助正义的莱希·韦尔萨和工会运动，那么他们会站起来将共产党人赶出去。但是波兰在苏联的势力范围内，西方如果进行任何引人注目的干涉都很可能导致核大战。此外，波兰还欠有西方银行的巨额款项，一旦这个国家不履行债务，世界金融系统就会陷入一团混乱。于是罗尼决定进行小小的制裁，他发表了鼓励性的讲话，赞扬了人民的意志，并要求美国人在圣诞节时将蜡烛放在窗台上。后来政府采取了进一步的措施，罗尼的朋友查利·威克准备了一部电视宣传片，片名叫"让波兰成为真正的波兰"，准备在世界各地公演。

罗尼和南希想和朋友一块庆祝圣诞节，但是白宫里各种各样的工作人员聚会、记者聚会和各种庆祝活动，南希都不大可能回避。十二月上旬，她向新闻界介绍了白宫的圣诞树和圣诞装饰品。后来，接到各方面的报告说，有一支利比亚突击队已经潜入美国准备刺杀总统，于是白宫采取了特别严密的保安措施。即使这样，罗尼和南希在白宫也不能说是完全太平无事。

南希身穿着红色衣裙步入蓝厅，朝十九英尺半高的圣诞树走去。当她走回来时，记者一齐拥了上去，靠近绒丝带的围栏。"我十分希望这次过一个传统的圣诞节。"南希轻轻地说。她神情紧张，十分不安，好像发条上得太紧的玩具。

当她未做准备时，她十分不愿意说话，因为很难知道记者会问些什么问题。现在是圣诞节假日，但是对在场的大约七十名记者来说，这又是一个工作日，需要准备一篇报道的日子。记者们的身后站着几个正在谈话、开玩笑的摄影师。

当南希解释她和罗尼是什么时候看见这些圣诞节装饰品时说道，"有一天晚上，我们从楼上下来。罗尼出来时，看见我站在槲寄生树下。"

"然后发生了什么？"萨姆·唐纳森大声嚷道。他是美国广播公司的记者，他说话时不光嗓门大，还会扬起他那恶魔般的眉毛。

南希哈哈大笑。"我永远也不会告诉您，萨姆。"

她向记者们介绍了白宫的圣诞树、玩具房子和姜饼房。她告诉记者们，今年的姜饼房里有软心豆粒糖。随后，南希请记者们一块去饮蛋奶酒，吃甜饼干。

记者们记得，在此之前，从来没有过总统夫人在新闻采访以后请记者们吃点心的事情。记者们要做的就是两件事，一是高声向南希提问，二是聊聊天。这样，这群记者朝铺着桌布、摆着用水晶盘盛着蛋酒的桌子走去。当他们从槲寄生树下经过时，唐纳森一把将圆胖圆胖的记者萨拉·麦克伦登搂在怀里，在她那老人的脸上啪地印了一个吻记。

"怎么也没想到他会这样干的。"南希咯咯地笑着说。

接着，唐纳森给总统夫人念了一首淫秽的打油诗，这使他一下成为大家注意的中心人物，而南希从来没有这样被人注意过。

他们站着饮用蛋奶酒时，记者们不知道该向南希说些什么。实际上，没有人想到要祝她圣诞愉快。无论何时，总有四五个人围着向她提问。

"您圣诞节希望得到什么？"

"安全的圣诞节。"南希说。她几乎有些喘不过气来。

"您能忘记过去发生的事吗？"

"我想忘记它。"

"但是您能忘吗？"

"常常不能。"南希小声地说，声音很难听见。这时，她的眼睛里充满了泪水。

　　圣诞节前夕，罗尼、南希、罗恩、多丽亚和帕蒂到威克在水门的公寓吃便饭。每年都会有一个人装扮成圣诞老人，今年轮到小罗恩了。这晚，南希坐在她儿子的膝盖上。"喂，小女孩，你想要什么？"罗恩问南希。圣诞那一天，威克夫妇来到白宫，吃了一顿提前开的晚餐。

　　新年那一天，罗尼和南希来到了他们每年都会来的老地方——帕姆温泉旁的安南伯格的森尼兰兹庄园。这个庄园四周围着六英尺高的带刺的铁丝篱笆，夹竹桃和桉树挡住了外人的视线。载客的轿车需停在入口，一个武装卫兵在检查证件。用以接待客人的房子有两幢，各有四间卧室。李在那里摆着鲜花和其他客人的花名册，以及当天的活动安排表。

　　在举行盛大宴会的前一天，罗尼和南希乘坐直升飞机降落在这个面积为二百零八英亩的庄园里。从高空他们就能看到主楼用瓦盖的粉红色屋顶。到了森尼兰兹就好像进入了一个独立的公园一样。这个庄园有自己的旗帜——太阳神旗帜在空中飘扬。挂在近三十英尺高的圆柱上的太阳神比真人大一些，是墨西哥城人类博物馆外面的那个太阳神的复制品。

　　罗尼和南希受到了老朋友的迎接，大家一同走进了房子里。房子呈粉红色，和东南面山的色彩相配。走进大门，可以看到罗丁雕刻的"夏娃"雕像耸立在一个水池中央，沐浴着从三十英尺高的顶蓬透进来的阳光。森兰尼兹是私人收藏印象派绘画最多的地方。对这一点，罗尼并不十分羡慕，虽然他十分钦佩沃尔特。至于李，罗尼认为她非常谦逊、风度优雅，是个十分理想的人物，这就是他要请她当礼宾司司长的理由之一。

　　杰里·齐普金十分快活，在客人中走来走去。他已学了照相，现在正在给他们照相，咔嗒咔嗒照个不停。他拍下的弗兰西斯·艾尔伯特的照片，看起来几乎像个光头，别人很难认出来。他让贝特西站在罗尼的直升飞机前照了一张。贝特西站在那里，双手放在臀部。这张照片看起来就像是一个十五岁的小伙子叫他的女朋友站在他的汽车旁照相似的。

　　安南伯格夫妇想使他们在森尼兰兹的生活就像索拉特的绘画，高雅别致而充满光明，但是现在光线开始变得暗淡了，绘画更加接近了现实。一年前，他们看起来非常健康，充满着活力，好像他们能够永远活下去似的。但是现在，沃尔特布不太愿意在弗拉德尔菲亚庄园与华盛顿之间奔走了。他剩下的岁月已经不多了，他想在余下的时间里同李·安南伯格一起度过，而不想要她作为礼宾司司长到处奔波，于是她决定辞去司长职务。

贝特西和艾尔弗雷德还保留了他们在水门的公寓。他们的公寓靠近李和沃尔特的公寓。他们计划和里根夫妇共享白宫的年华。但是艾尔弗雷德患了癌症，正在走向死亡。这个过程缓慢而痛苦。当他接近死亡时，大家想到了每个人都逃避不了的注定会死亡的命运。南希从来没有见过这种死亡。现在，新年快到了，南希时常有些恍惚不安。

Chapter 21
彩虹

　　一月中旬的一个星期五下午，下着雪，佛罗里达航空公司的喷气式飞机洛克希德737号在起飞后坠入波托马克河中。飞机跌成碎片，沉没在冰凉的河水之中。这时正是下午四时，直通华盛顿的公路被挤得水泄不通。电视摄影组立即赶到了现场。通过电视，华盛顿人在家里、酒吧和办公室看到了救援人员抢救幸存乘客的场面，看到的惨景使大家目瞪口呆。

　　这时，华盛顿的谢拉顿旅馆在准备举行宴会款待林·诺夫齐格，他即将离开白宫，加入顾问的行列。这次宴会由圣路易斯的企业家罗伊·福奇举办。他已经支付了二万五千多美元，前来进行表演节目的大象米格农已经上路。要取消宴会和节目表演看来不行了，一切需按计划进行。现在，电视报道的死亡人数增加到了七十八人。这时，诺夫齐格、威廉·弗伦奇·史密斯夫妇、白宫的工作人员、议院说客以及记者们都站着在交谈。表演节目的小丑们在分发棉花糖和花生，大象米格农在进行表演。然后大家开始跳舞，记者们也带着他们各自的妻子或丈夫在舞厅里和大家一块跳起了华尔兹舞。

　　按原定计划，罗尼和南希不参加这次宴会。南希也看到了电视播放的飞机失事的情况，她想帮忙做点什么事情。当时担任迪弗助理的约瑟夫·坎泽里说："南希想去医院探望。于是迈克说，'南希想去，让我们一块去。'当时，南希的工作人员并不知道这件事，所以他们非常生气。我们不需要带记者去。在大厅里，我碰见了哥伦比亚广播公司的记者艾克·帕帕斯，我让他答应不要报道这件事。到了医院后，南希坐在那里哭泣，紧紧搂着一个受伤的女孩。我们比预定的时间多待了十五分钟。安排这次探望，我费了不少时间。南希抱着那女孩，我看了很难过。"

又过了一个星期，就是罗尼担任总统一周年的日子。在以前执政的政府里，这个日子除了专栏作家和热心政治的人以外，一般是不为人们注意而悄悄过去的。但是对里根这批人来说，任何事件都可以成为举行宴会的借口，没有任何盛大的活动比纪念新时期诞生这件大事更值得庆祝。事实上，一次宴会是不够的，他们一共举行了三次盛大宴会，另外还举行了几十次私人宴会。在华盛顿的希尔顿酒店举行了大型舞会，米斯和其他官员都出席了。在科科伦美术馆举行了一次热闹的宴会，参加者主要是年轻的共和党人，每人花费二十五美元。规模最大的宴会是在希尔顿酒店为在共和党竞选中最大的捐款者——鹰派举行的宴会。这次，共和党全国委员会联合募捐，正在为秋季的国会大选筹集资金。委员会邀请了内阁成员和国会议员，允诺凡购买宴会票者能够和一个或者几个社会名人坐在一起。一万美元一桌，餐票很快售光。甚至总统和总统夫人也被分派到一张桌子上。然而，在举行宴会的前一天晚上，南希已经请求委员会安排罗尼和她坐在首席，与众人分开。

南希穿着黑色的礼服，上面饰有一个很大的星状珠宝。这件礼服看起来就好像是一个悔改了的嬉皮士设计的。这也是件加拉诺斯服装，曾经陈放在一个舞厅里。这个舞厅也是南希所喜爱的设计师——加拉诺斯、比尔·布拉斯和阿道夫的服装陈列室。这里陈列的钻石首饰比蒂芙尼服装陈列室展出的还要多。

南希和罗尼一走进舞厅随着莱斯特·拉宁的舞曲跳舞时，摄影师和记者们都挤上前去。这时其余的五十对也跳起舞来，并且朝着总统和总统夫人移动。大家挤在一起，与其说是在跳舞还不如说是在走步。于是，南希和罗尼在椅子上坐了下去。

"这是一次难忘的聚会，"罗尼对大家说，一边说一边望着华丽的女式晚礼服和黑色的男式无燕尾的晚礼服，"我一走进去就感到我回到了上流社会之中。"

尽管两千多名客人向罗尼致意，但是其中的一些鹰派人士对政府并不十分满意。共和党全国委员会主席理查德·德沃斯问大家："你们今晚和去年一样充满信心吗？"这时，即使德沃斯向大家引见肯尼迪，也不会得到比此时更加鼓舞人心的欢呼。

罗尼和南希在文娱节目开始之前就离开了。不久以后，许多客人相继离去。罗尼和南希穿上毛皮大衣，拿着一包吉利·贝利斯牌豆粒软糖和几本有关"一个伟大的开端"的纪念性的书籍走出了舞场。这时，玛丽·奥斯蒙正在演唱《上帝保佑美国》。

查利·威克十分高兴。

"哦，查尔斯，查尔斯。"贝蒂·亚当斯喊道。正如洛杉矶社交界的一个知名人士玛丽·布雷默在《纽约》中所写的那样，这位戴着钻石和绿宝石的夫人手里拿着软糖嚷嚷道："瞧！我现在有豆粒形软糖了！"

查利认为，"在萧条时期，当人们还在卖苹果时，……他们总是喜爱看那些驾着漂亮的汽车、穿着漂亮礼服的女人的迷人的图画。"查利自己就这样，他不想为节省开支而改变生活方式。旅行途中他总是坐头等车。他也极力赞同南希、罗尼以及政府继续慷慨大方地花钱。

但是白宫里也有些人对查利、杰里、贝特西与L.A.格利特拉蒂十分不满。贝克、迪弗和米斯三人知道，南希给政府形象带来了最大的问题，她已成了招致批评的导火线。私下里，贝克也可能对南希十分不满，但是迪弗处处护着她。南希使迪弗获得了权力。如果南希让他在打电话时等上十分钟或者更长的时间，他也不会抱怨。

南希给政府带来的问题不仅仅是在形象方面，还有比这更严重的问题。据白宫十分保守地估计，在一九八一年间，里根夫妇接受的免费礼物超过三万美元。这些礼物中包括一个沃特福德牌水晶盛酒冰箱（一千九百美元），银制腰带扣（五百美元），两个手工艺腰带扣（二千美元），运动服（五百美元），贝姆瓷雕"美洲之鹰"（二千五百美元），以及一个自动奏乐器（一百二十五美元）。除此之外，还有南希所接受的免费赠送的价值数千美元的衣物以及从希尔加里和哈利·温斯顿那里"借来的"珠宝。白宫的一位高级官员认为，政府在南希的服装问题上应该采取老实的态度。在新闻发布会上，白宫承认南希曾经接受过礼物，但是现在考虑这样做的确是不太合适的，因此，已经将礼物归还，并且保证南希今后将不再接受赠送衣物。

但是，归还采取了一种不同的方法。一月十四日，南希给纽约市的帕森斯设计学校发了一封电报，说她将捐赠一批女服，要求设计学校分发给全国的博物馆。同时，白宫把南希"借"衣服的故事向几名记者做了透露。接着，南希清查了她的衣柜，决定归还哪些衣物。四天以后，白宫宣布，南希决定将"借"来的、由设计师设计的十二套服装捐赠给博物馆。

假如南希仅仅是当罗尼的贤惠而忠实的妻子，与贝特西和杰里聊聊天，出去买买衣服，照顾一下国宴，那么她在白宫一定会过得很舒适。的确，回想起来，几名助手现在都希望南希像她在一年前就说过的，她要当总统的夫人，除了作为总统夫人之外，不管其他任何事情。但是事实并非如此，现在南希已成为奢侈和挥霍的典型。这种形象不仅使南希本人感到难过，也使罗尼十分伤心。在一九八二年的头几个星期里，南希的工作人员竭力想办法使大家改变这一看法。迪弗引见了一名新的参谋长——詹姆斯·罗斯布什，三十二岁，是一位相貌英俊的共和党人。他曾在商业部当过商业联络办公室主任。

南希一夜也不愿离开罗尼。尽管这样，她还是决定在二月中旬到吸毒治疗中心去做一系列的访问。"去年是迷惘的一年，"她对她一道飞往佛罗里达和得克萨斯的记者们说，"也不是我一生中最幸福的一年。"在佛罗里达州的派尼拉斯公园，南希和吸毒少年以及他们的家长坐在一起交谈。他们进行了"直接控制""技术控制"吸毒康复治疗。麻醉药、大麻叶、可卡因、毒气，这些孩子都试过。他们用撒谎、偷窃的办法来得到这些毒品。他们吸毒以后陷入迷乱状态。他们连续不断的自述令人十分震惊。南希默默地坐着，眼睛里充满了泪水。"我心里有许多话要对你们说，"她说，"我为你们感到自豪，也很爱你们。"

南希进行了两天的旅行，还视察了佛罗里达州和得克萨斯州其他的吸毒治疗中心。在后来的几个月里，南希又先后几次视察了吸毒治疗中心。政府现在正在减少吸毒治疗计划的基金，因为这些计划几乎全部属于社会计划范畴。但是，南希把这个问题看作是主要有待于个人做出努力来解决的问题。

起初，记者们为南希的视察旅行而欢呼（"一个'新'的南希走出来了""总统夫人找到了一项事业"）。但是，看起来她自己并没有通过这些旅行学到任何东西，并没有开阔视野或者加深她的认识。她不断重复原话，用同样的方式重复原话。记者们对一次又一次听她做同样的演讲、报道同样的事情已经感到厌倦。

南希在格里迪龙宴会上的表演使出席这次宴会的华盛顿记者们十分激动。格里迪龙是由记者们选举出来的由六十名记者组成的记者团体。在这个团体内，有些知名的记者，也有些不太出名的。还有少数几个，他们认为成为这个团体的成员就是他们的最大成就。格里迪龙的首要作用就是每年举办一次私人宴会，邀请总统、高级行政官员以及华盛顿名流出席。这是一年一度华盛顿官方人士出头露面的大事。南希并不是出席格里迪龙宴会的第一位总统夫人。一九七五年，贝蒂·福特出席过，而在一九七八年罗莎琳还和吉米·卡特在宴会后跳了吉特巴舞。

在首都的希尔顿酒店举行的这次正式宴会上，罗尼和南希坐在六百个客人中，倾听记者们用唱歌和幽默故事的形式讽刺政府。一名记者合着《旧玫瑰》的曲子，改了歌词模仿南希：

旧衣服
我捐献旧衣服
拿给博物馆收藏，到处去展览

他们收下多高兴啊

从未发现衣边早破烂

去你的，这些旧东西

我的衣裙从不穿两次

卡尔文·克莱恩、阿道夫、拉尔夫·劳伦

再加比尔·布拉斯

里根太太要外出

衣着总要数一流

罗德奥大道，我肯定会想念

在这穿着过时的华盛顿

旧戒指，旧耳环

捐献这用过的东西

谋划者们把它们减了去

我们的生活就像国王一样啊

罗尼减了福利又怎样

我的冠冕头饰照样是珍珠翠玉。

歌一结束，南希就从台上的座位上站起来冲了出去。有些要人认为，因为这个玩笑开得太过分了，所以南希狼狈不堪地离开了。罗尼则估计她上盥洗室去了。

过了几分钟，一个打扮得稀奇古怪的妇女登上台在舞台上闲逛。她系着一条白色的羽毛围巾，外套是用一根别针系住的水色裙，内穿一条绣着蓝色蝴蝶的白色裤子，头戴一顶羽毛帽子，脚穿一双黄色的橡胶鞋。当观众察觉到那是南希时，大家热烈鼓掌，站起来向她欢呼。

南希手里拿了一个盘子，盘子涂成白色，看起来像白宫的瓷器，一边唱起了她改编的《旧玫瑰》：

我身穿旧衣服

旧衣服，旧衣服

件件都时髦

春季时装全滞销

皮领子的战壕雨衣，

罗尼花钱一块一

旧衣服

旧衣服

新东西唯一算瓷器

即便大家告诉我，

不再当皇后

要不要罗尼给我买上那台

新的缝纫机

我真希望米斯会逢衣。

　　她在舞台生涯中，从未得到这样热烈的掌声。她重唱了一次，在喝彩声中，打碎了那个瓷盘。

　　一月二十六日晚，罗尼和国会领导人一起步入国会大厦，对参众两院首次发表国情咨文。和罗尼走在一起的白宫摄影记者迈克尔·埃文斯发现，参议院多数派领袖贝克和众议院发言人议员托马斯·P.奥尼尔看起来神情十分紧张，而"总统的举止就好像他是和几个好朋友一块在晚间散步一样"。

　　尽管议员们热烈鼓掌欢迎罗尼，但是没有人再像他表示那种他遇刺后曾经得到过的充满感情的敬意。他提出的预算方案在国会遇到了麻烦。经济并没有像他曾经许诺过那样迅速恢复活力，在下一个财政年度，预计又会有一千亿美元的赤字。

　　尽管面临所有这些问题，罗尼一点也没有退缩。经济顾问们十分担心会造成巨大的财政赤字，建议他提高税收，但是罗尼拒绝这样做。相反，他十分自豪地指出："我们不仅仅将政府的支出几乎削减了一半，而且最大规模地削减了税收，带来了自本世纪开始以来税收结构方面最大的变化。"为了使政府更有能力，他要求采取"一项既简单又大胆的尝试"，那就是将四十个联邦项目下达到各州。这样，实际上结束了华盛顿操纵国内大多数主要工程项目的局面。

在演讲结束时，像往常一样，他又回到了赞扬爱国主义和个人英雄行为的主题上。"就在两周以前，在波马克河上发生的可怕的悲剧中，再一次充分体现了美国人的英雄主义精神，"他说，"我们亲眼目睹了年轻的政府职员伦尼·斯卡特尼克的英勇行为。"

为了抢救一名妇女，斯卡特尼克曾经潜入寒冷的波托马克河。今晚他和南希并排坐着。国会议员们听到罗尼的介绍，都一齐朝斯卡特尼克鼓掌，这位青年英雄因此显得十分腼腆。在政府方面，这是改善政府与公众关系的一段良好插曲。当罗尼结束演说时，他最后的话又一次在美国人民中引起了共鸣。

"我们要让世人看到美国的黄金时代并没有过去，我们的美国精神也没有被打败。"

三月上旬，南希和罗尼来到了洛杉矶。这次，他们主要是前来度假。三月七日是星期天。这天下午，他们出席了一次户外演唱音乐会，这次音乐会使演唱西部田园歌曲的默尔·哈格德一举成为明星。这次演出的地点是在"天上牧场"附近的一个牧场上。演出被拍摄成电影，在公共电视上播放。当里根夫妇乘坐直升飞机飞过他们自己的牧场，朝演出地点飞来时，其他的客人早已经在一个大谷仓里的临时舞台前的干草堆上坐好了。

罗尼身穿一条奶油色的牛仔裤，脚穿一双牛仔鞋，打着一条网线图案的领带，领带上夹着一个特制的银制别扣。南希穿着合身的工装和非常漂亮的棕色皮革短上衣。其余的客人也都穿着西部服装。里根夫妇还邀请了他们的"百万富翁"朋友，其他一些共和党的主要募捐人，及老电影明星弗雷德·麦克默里和巴迪埃布森。这里没有黑人，没有有色人种，除了霍姆斯·塔特尔带来的管事以外，几乎全都是白人，全都是百万富翁。

记者仍被隔开，离总统远远的，差一点要被锁在一个牛棚里。甚至有些客人也不能接近罗尼和南希。据科利恩·摩尔说："后来我对南希说，'南希，我想要你知道我在那里，但是，亲爱的，甚至我都见不着你。'南希回答说：'发生了那件事（行刺事件）以后，安全措施真好。'"

南希和罗尼坐在前排。南希合着音乐轻轻拍手，罗尼则用靴子在地上轻轻打着拍子。哈格德演唱的乡村歌曲就像听众中的新贵一样考究。但是正是因为这些歌曲是有关艰苦生活和忠贞的爱这样的主题，加上电子吉他伴凑，才使得西部乡村歌曲这样流行。

哈格德曾经因为盗窃在圣昆廷监狱服过刑。虽然他出狱已有二十年了，从他的演唱听来就好像是一个亲身经历了他所唱的艰辛生活的人。他消瘦而结实，留有整齐的胡须，目光炯炯有神地盯着听众。他唱了一首歌，歌名叫《克里克的雇主》，唱的是一个雇工厌倦了美国所有的疯狂的变化，这首歌使哈格德成了思想特别保守的人所崇拜的偶像。他另外还唱了一首，歌名叫《劳动者的忧郁》，歌词大意是有一个人一生都在努力工作但是却一无所获。歌词是什么没有关系，在听众听来这些歌全部甜美而动听，因此他们连续不断地报以热烈的掌声。

"我想我们今天所听到的歌声打动了所有美国人的心。"罗尼在演唱会结束时说，"正如有人所说的那样，'一个民族的政治生活仅仅是它最肤浅的方面。如果要了解它的内部生活，要真正了解这个民族，就必须深入了解这个民族的文学、哲学和艺术。这样你才能够了解整个民族的理想、感情和愿望。'不过，我要补充说，在这个民族的梦幻里，你会知道这个民族的前途。"

接着，哈格德唱了最后一首歌——《彩虹》。

得到幸福我们不必爬很高

只要想想什么会发生

当人们开始行动

做他们应该做的事情

那么我们就不再自暴自弃

当一位总统步入白宫

做他说要做的事情

我们即可开怀畅饮

吃彩虹般的炖品

吃彩虹般的炖品

手拿一片银匙

头顶蔚蓝色的天空

我们开怀畅饮

吃彩虹般的炖品。

对里根夫妇来说，到洛杉矶旅行是与迈克尔、帕蒂和莫林保持更加密切联系的机会。帕蒂喜爱音乐，她也出席了默尔·哈格德的演唱会。尽管帕蒂拥有极有权势的代理人诺曼·布罗考，还有和公众保持联系的一班人，但目前她还没有开始她的事业。尽管她曾起誓要致富并且成名，但是她并没有凭借她是总统的女儿这一点来达到她的目的。

然而，帕蒂大胆地公开宣布她支持冻结核武器运动。六月在罗斯·鲍尔举办的"和平星期日"义演音乐会上，她和琼·贝兹和鲍勃·迪伦一起站在舞台上。她父母这一代人十分讨厌贝兹和迪伦这两人。帕蒂要对八万五千名听众演说，大多数听众很不喜欢听到她父亲的名字。帕蒂积极促进冻结核武器运动。在讲演中，她既表达了对父亲的爱，同时也表达了对世界和平的关切。

莫林也同样敬爱父亲，但是父亲没有接受她全部的爱。这年春天，罗尼没有出席她的婚礼。这是可以理解的，因为那是莫林的第三次婚礼，而且因为莫林的母亲简·怀曼出席了婚礼。后来，罗尼试图劝说她不要竞选参议员。当别人问罗尼是否认为莫林会参加竞选时，罗尼说："我希望她不会。"三月份，当莫林宣布她将参加竞选时，罗尼表示他持中立态度。

在此之前，莫林从未竞选过公职。靠她自己的成就，她本来可以竞选众议员，并且有可能在几个选区获胜。从童年时代起，她一直就渴望得到大家的注意。她的一个好朋友认为她很可爱。如果单独和她在一起，她很大方、体贴人，而且十分有趣。但是对莫林来说，两个人就构成了听众。她走上了台，坚持要控制任何团体，这样她从一开始就卷入了徒劳无益的竞争，不仅仅她父亲反对她，她的伯父尼尔也一样地反对。尼尔曾经主持过她的婚礼，他是一个性情暴躁的老人。他曾经通过电台为现任圣迪戈市市长的皮特·威尔逊进行竞选宣传，说里根夫妇支持威尔逊，使他在竞选中获胜。

莫林现在依然非常亲近迈克尔和他的一家。后来迈克尔担任了戴纳·英戈尔斯·普罗菲尔零部件公司的销售副经理，这是一家制造导弹和飞机零部件的公司。这样，迈克尔就更成了使他父亲为难的人。《俄克拉何马城时报》透露了他的一封信。他在信中写道："我知道我父亲在白宫掌权时会加强和巩固国家的军事力量。普罗菲尔公司的人准备积极参与这个过程。"迈克尔认为他并没有滥用他的家庭关系，他把《俄克拉何马城时报》称作"真理报"。然而当他意识到他被在权术方面比他更加精明、更加狡猾的人利用时，他就从公司辞职了。

对南希来说，到加利福尼亚去旅行，也是采购衣物和看望老朋友的机会。每到一处，南希身后总是跟着一大群特工人员和助手。当她去马格宁家时，总是带着大队人马。南希通常从秘密入口到达马格宁家。"每当她来之前，她总是事先打电话，"多纳休小姐说，"她说，'我要一件特殊的东西，唐尼'。"

南希依然到罗迪奥大街参观。与她相识多年的商人和店主觉得那条街不是以前那个样子了。在过去的几年间，这里的地租增加了四倍多，商品的价格非常高，特别富裕的人才能经常在这里购物。而且，人们只要走过几个街区，在一个不那么著名的街道上，就可以买到同样的商品而价格会便宜得多。

然而，罗迪奥大街具有国际声誉。街上充满了被商人们称为"招徕品"的东西。周末的时候这里到处都是游客。游客们从旅游广告上了解到的是雇佣司机所驾驶的高级轿车和代客购物的一流经纪人。但是游客们在这里所看到的大部分是其他的游客。"这里就好像迪斯内兰德一样，人们只购买印有罗迪奥商标的衣服。大家所需要的是商品上面印有罗迪奥的商标。"一位服装店老板说。正是这位老板本人设计了最时新的罗迪奥的蓝色天鹅绒男女紧身外套。

"太豪华了，太富有了。我现在很少上街。街道也许很美，但我不喜欢脱衣舞。大家称这条街为花钱街。"格雷店里的多萝西·塔珀说。

当南希不去采购也不去干别的事时，她就去看望朋友。这些朋友现在很少到华盛顿来。贝特西甚至退掉了她在水门的公寓。一位接近南希朋友的社交界人士说："这些人认为华盛顿会成为好莱坞的地盘。在那里每天要穿着打扮。每晚都有宴会，有国王、王后和宫廷的所有贵族和贵妇人参加。事实上，可能会出现预算问题上的交锋，不过他们会在舞会中解决所争执的问题。"

罗尼早年在迪克和尤里卡的生活，在他的一生中打下了深深的印记。当他在白宫遇到数不清的复杂问题时，他总是回想起自己的早年生活。他从未和他的家乡及母校失去联系。现在，他经常回想起过去的那些年代。在白宫，他花时间接见从迪克森来的人，而让别的人等待。他还记得五十年前碰巧遇见的朋友的名字。有关在伊利诺斯州一个小城的生活情况，他可以谈论几个小时。迪克森的一个年轻邮递员发起了一项运动，将罗尼在那里的故居改建成一个纪念馆。改建费用不是政府的资金，而是私人募捐。罗尼知道这个邮递员的一切情况。当罗尼以前的戏剧教练B.J.弗雷泽去世时，他虽然没能前去参加葬礼仪式，但是他献了花。而且他还多次亲笔写信给他在迪克森的许多老朋友，了解故乡的情况。

五月，罗尼来到尤里卡学院发表开学讲演。他选择了将母校作为他发表一次重要的外交政策讲话的地方。他号召大规模削减苏联和美国的核武器。对支持冻结核武器的人来说，罗尼的这篇讲话仅仅是想回避这场日益增长的冻结核武器运动。但是如果实现了削减幅度达到三分之一的话，那么尤里卡学院就会成为一个新的圣地。

"尤里卡学院的一些人对他这样做感到十分惊讶。"尤里卡学院校务会的委员尼尔·里根说。

"这是一个小城。他们将直升飞机停在棒球场上。棒球场与演讲地点相隔大约三十码远，有一辆高级轿车负责接送。

"后来他飞到皮里亚，在校友聚餐会上发表演讲。我不想去，因为我听不太清楚。但是学院的院长把我叫住了，对我说，'你一定要去。'

"这样，我们来到了宴会厅。在那里和我们以前的橄榄球教练麦克·麦金齐打了个招呼。他九十岁了。后来罗尼走了进来。他说，'我想见见我兄弟。'不久后，他生气地问，'为什么我还没有见到他？'

"他发表了演说，后来叫人为我们预备饭菜。一个特工人员朝我走来，对我说，'您就是尼尔·里根吧。我整整花了十分钟在人群中找您。'

"我们走上楼，南希和我太太走到一边去了。罗尼坐在一把安乐椅上，而我在屋子里踱来踱去。我们谈了谈话。"

南希盼望在六月上旬花一周时间去欧洲旅行。这次罗尼将和她一块到法国去参加讨论经济问题的最高级会议。一位国务院官员指出，罗尼的"目的是要使欧洲人做事更像个大丈夫一样"。然而，对南希来说，从一个国家的首都飞到另一个国家的首都，将是一次十分愉快而且成功的旅行。

南希想使一切事情安排得十分满意。据白宫的一位高级官员说，英国人不想让里根夫妇待在温莎宫，因为英国军队正在福克兰群岛打仗，他们认为现在不是摆排场的时候。"迪弗只好施加压力以得到英国人的邀请，这使得皇家家族很不高兴。"

即将启程时，南希发觉她可能去不成了。过去几年间，她一直认为她母亲伊迪丝可能很快会去世。她母亲身体越来越差。于是她的继父洛亚尔大夫退休回到福尼克斯的家里，照料并且保护着她。南希曾经对朋友们说，还是伊迪丝先故为好，因为一旦洛亚尔大夫先故的话，伊迪丝没有他就活不了两个星期。

"南希在年初时就请她母亲和继父住在白宫。"她母亲最亲密的朋友科利恩·摩尔说，"南希单独和母亲待在一块儿，这是她第一次意识到她母亲正在走向另一个世界。"

然而，一九八二年春，南希的继父却患了严重的心脏病住进医院。像南希一样，他十分沉默寡言。科利恩说："南希的继父不是个容易动感情的人。但是南希打电话给我，哽咽着对我说，'刚才我在对爸爸说话。我知道他不行了。爸爸说，'南希，我要你知道我爱你，我非常爱你。'

"我认为南希继父的病更促使她打定主意去欧洲。听到她说话的调子，特别是看到她对待父亲的方式，我就知道她是在演戏。事实上，她和父亲只谈了谈有关为她母亲请夜间护理人员的事，然后就对我说，'我得去欧洲了。'"

当南希对洛亚尔大夫说话时，她表现得很坚强，努力给予他安慰和鼓励；而当她和准备去欧洲的工作人员说话时，她就像一个普鲁士军官一样，执拗不屈，咄咄逼人；但是当她和熟人好友谈起欧洲旅行，她就像个小孩子一样，咯咯地笑个不停，憧憬起古老的宫殿和盛大的宴会。五月中旬，也就是她流着泪和科利恩·摩尔打电话的前后，她和电影制片商戴维·莱德进行面谈，第一次告诉他欧洲之行的安排。南希的谈吐听起来十分愉快，无忧无虑，莱德怎么也没想到此时她的继父正躺在病床上，生命垂危。

南希渴望去欧洲的部分原因是她花了许多时间和精力来安排她的旅行。白宫东翼参谋长罗斯·布什已两次飞往欧洲为她做准备工作。南希仔细挑选了她要随身携带的衣物，对日程做了详细安排。她下定决心要去欧洲。

因为即将要去欧洲进行为期九天的访问旅行，几个星期内白宫里都充满了兴奋的情绪。"任何人，任何人的妻子，只要想去并且有门路，这次都可以去。"一位工作人员说，"这就好像都铎王朝的全体王室人员都外出参加打猎会餐一样。"

白宫一行于六月三日抵达巴黎，参加这次旅行的共有二百四十七人，这个数目还不包括早已在罗马、伦敦、波恩和柏林的一大批先遣人员。贝克夫人、迪弗夫人、克拉克夫人、米斯夫人以及其他人的夫人能够去购物，参观时装展览，而南希只得保持严肃的姿态。为了强调这一点，里贝斯子爵夫人计划为南希举行的宴会也取消了。

巴黎既充满了灯光带来的光明，也充满了黑暗。在古老的街道上，人们常常可以听到塑料炸弹的爆炸声，现在这种爆炸声比自二十年前阿尔及利亚战争以来的任何时候都更加频繁。一个自称为"直接行动"的恐怖组织，清晨在美国人的圣克劳德学校投放了一枚炸弹，以表示对罗尼访法的"欢迎"。当天下午，在美国驻法大使馆拜会南希的有三百名美国人，其中就有这所学校学生的家长。前来拜会南希的还有沙伦·雷，她的丈夫叫查尔斯·雷，是一名陆军中校，六个月前在巴黎被恐怖分子杀死。在宴会上，南希坐着握着雷夫人的手，好像他们是亲姐妹一样。

晚上，罗尼和南希为法国总统密特朗和密特朗夫人举行盛大宴会。在南希看来，巴黎仍然是讲究时尚的首都，因此她想向法国首都的人们显示一点美国的风格。于是，她穿了一件黑色的加拉诺斯锻面的束腰外衣和扎口马裤。

"来大使馆赴宴的都是上了年纪的人。他们对时尚都很讲究，但在穿着方面十分正统。当里根夫人走进来时，大家都十分惊讶。她的衣着真是出人意料。"一位官员说。

一位妇女应该穿长裙礼服，而且这种长裙礼服应是受到妇女和专门从事妇女时装衣着研究的人赞赏的，这是每个人都懂得的道理。《洛杉矶先驱考察家报》时装编辑格温·琼斯写道："密特朗夫人穿着一条路易斯·弗罗德式套裙和波纹衬衫，看起来十分潇洒漂亮，而里根夫人则显得无比笨拙。她的束腰外衣有产妇孕期服装的风格，扎口马裤使她的腿肚看起来十分肿胀。"

凡尔赛举行的经济问题首脑会晤，像希区柯克的电影一样安排得十分周密。但是三天的会议并没有取得惊人的进展。会议期间，以色列入侵了黎巴嫩，这使人们再一次看到中东政治中的野蛮行径，也看到了以色列在道义上不负责任的这种复杂的现实，这种现实是罗尼没有预料到的。周末首脑会议结束时，七位领导人表明了概括性的原则立场，这就是努力促进经济增长，与通货膨胀作斗争。在首脑会晤中，罗尼最关心的是，提出一项强硬的经济制裁计划来对付苏联，但是其他国家的大多数领导人都不像罗尼那样看待苏联。罗尼只好满足于在宣言中号召各国采取"一种谨慎的、多样化的经济方式"，在限制向外提供信用贷款方面"保持商业上的谨慎态度"。

会后，里根乘飞机离开法国，对罗马、伦敦、波恩和柏林四城市进行为期四天的访问。迈克·迪弗负责安排这次旅行。他像一个着魔的旅游承办人一样，把一群游客从一个首都拉到另一个首都。游客们在旅途中，仅仅有空购买明信片，然后又得马上动身。这次旅行的一位参加者说，"事实上，这是一场噩梦。安排待在意大利的时间只有五个小时。正如特工人员所说的，这趟旅行是次'耗子交配'。没有人知道什么时候到了哪里。气候反常，十分炎热。总统感到精疲力竭。大家总是非常担心安全问题。对工作人员来说，这是一次十分不愉快的旅行。"

在梵蒂冈，罗尼和约翰·保罗二世大主教一起坐在图书馆大厅里。大主教用英语对听众和几百万电视听众演讲。大主教谈到了世界和平以及在经济上必须公平地对待发展中国家的问题。他善于言辞，很有口才。但是罗尼十分疲倦，看上去像快要打瞌睡似的。

天一黑，他们准时到达英国。当晚，里根夫妇及随行人员抵达伦敦。历届的美国总统从未在温莎宫下榻。这次旅行，南希最盼望的是在这里住一住。半小时后，里根夫妇飞抵希恩罗机场，伊丽莎白女王和菲力普亲王到机场迎接。当罗尼和女王检阅仪仗队时，南希站在罗尼的身边。后来，当南希注意到菲力普亲王站在后排时，她也想往后站，但是亲王向她示意，让她不要动。

到达机场时南希穿着一套米色的衣裙，这是她那天的第三次换衣。在温莎宫，她又换了一件衣服，和女王、菲力普亲王以及其他的三十四位客人一同进餐。这些客人包括白宫的助手和他们的太太。英国记者称他们为"里根王室"。

上午，罗尼和女王骑马出游，受到了人们的热烈欢呼。这是自汉尼拔骑大象进入意大利以来最为隆重的一次。几个星期前，总统的先遣人员就到达了温莎宫，讨论新闻报道范围问题。

这天，女王和罗尼都同样穿着花呢衣服和马裤，骑着马慢慢地走出王宫，来到外面，朝圈在一块的普通记者们走去。女王和总统不动声色，看起来十分冷静沉着。美国的记者大声地问罗尼骑马的感觉如何。"美极了！"罗尼也大声回答，"是的，骑马确实不错。"后来，罗尼大声嚷道："别挡路了，我会骑过来了。"

美国记者知道他们的罗尼不会撞倒他们，但是英国记者对这一点并不清楚。他们对美国总统会不会从英国马上摔下来持半信半疑的态度。

罗尼还没来得及在工作人员面前大摇大摆，女王就已经骑马单独朝公园跑去了。于是，罗尼骑马像骑士一样跟了上去。

跟随着罗尼和女王的大队人马，其规模像罗尼曾经在《死亡谷岁月》所率领参战的骑兵队那样庞大。其中包括女王王室的侍从、温莎宫的马夫、两名骑着马的特工人员和六名坐在汽车里的保安人员。南希和菲利普亲王静穆地坐在一辆由四匹栗色马拉着的马车上，前排坐着两名骑手，马车上还坐着一个头戴硬圆顶礼帽的英国保安人员和一个戴着深色墨镜的美国人。还有一辆轻便汽车跟在马车的后面。

后来，罗尼在议院发表演说。这可以通过电视在美国的早晨新闻节目中进行实况转播。在庄严的议会大厅里，他使用了讲稿提示器。这次演讲是里根最出色的一次讲话：感情充沛、辞藻华美，充满爱国热情，既朴实又动人。

他瞧了瞧讲稿提示器说：“我常常在想，为什么我们西方有些人不敢理直气壮地去支持别人，以减轻人类的痛苦，改造这个并不完美的世界。我们再不要胆小怕事。让我们鼓起勇气，给人们带来希望吧！”

世界上没有哪个立法机构在辩论或演说时能如此巧妙地运用语言。一篇动人的演说不仅仅使人在政治上受到鼓舞，而且其语言也会给人带来美的享受。罗尼真是一位卓越的演说家、一位卓越的美国演说家。议员们高声叫着“说得好！说得好！”打断了他的讲话。

南希坐在英国首相撒切尔夫人身旁，倾听着演说。那天下午，南希本来打算去圣巴塞洛缪医院，到少儿癌症病室探望病人，但后来这个计划取消了，因为南希想花些时间做好出席国宴的准备。在宴会上，南希穿了一件白色的加拉诺斯长袖礼服，并戴上了项链和耳环，看上去就像女王一样。尽管她在白宫举行的宴会连续不断，但是像现在这样的宴会，她是不可能举行的。这里有穿着深红色制服的仆人，还有穿着红色制服的女王亲卫兵。一百六十名客人围着桌子坐在金椅上，桌上设有金色的枝形烛台。如果有什么不足之处的话，那就是总统夫人有足够的整套餐具，而女王没有，只得使用两套不同图案的餐具。

离开伦敦后，里根飞往波恩与北大西洋公约组织领导人举行会晤。经过五小时的会谈后，十六位西方领导人签署了一项内容复杂的公报。加拿大首相特鲁多认为，只是"盖盖橡皮图章……因为公报的内容早已预备好"。会谈即将结束时，这个城市的三十万人举行了示威游行，抗议美国的防务政策。这是德国战后以来规模最大的示威。于是，罗尼发表了一篇讲话，批评七十年代的缓和政策，号召建立"实质的、平衡的东西方关系，以达到真正的缓和"。

最后一站是柏林。二十年前的这个月，肯尼迪来到了柏林。那时，苏联支持的东德政权建起的柏林墙将这个城市分开有九个月了。当时这位年轻的美国总统站着用德文说："我是一个柏林人。"西柏林人听后，跺着脚高声欢呼，有些人甚至流下了眼泪。

罗尼在夏洛坦堡宫广场对两万人发表演说，他无疑是想像肯尼迪二十年前那样打动柏林人。在东德建立柏林墙以后，苏联人镇压了捷克人的自由运动，支持波兰当局镇压了波兰团结工会运动。由柏林墙象征的牢固的政治地理分界，依然如故。

因为政治家现在的任务与以前不同，所以罗尼的讲话，既是对武器控制的技术人员而言，也是对站在他面前的听众而言。他说："建议在一些领域里，双方交换情报，例如互相通知战略演习、导弹的发射，扩大战略情报资料的交换……，这样就可以对核时代的环境有实质性的改善。"他说的这些话，并不是他本人的语言，而是美国国务院的语言。他的几位前任如何理解这些语言的涵义，他并不详细了解。

访问四国首都以后，罗尼和南希几乎是精疲力尽地登上总统专机飞回美国。为了组织热烈的欢迎，以表明这次旅行是成功的，白宫分送了特别入场票，在安德鲁空军基地举行了欢迎仪式。华盛顿人十分喜欢得到特别入场票。六月十一日是星期五。这天下午持有入场票的幸运的人们来到休特兰德大街。据报道，白宫颁发了五万张入场票。飞机刚着陆，机场周围就挤得水泄不通，汽车堵塞达数英里长。外交官们十分恼火，只好叫司机开着汽车慢慢地往前挤。里根的忠实下属放弃汽车不坐，匆匆忙忙朝大门跑去。

大约有一万五千人到机场迎接。罗尼在欢迎会上说，这"完全使我大吃一惊"。这番话使听众大笑不已。

南希回到了华盛顿。洛亚尔大夫已经奄奄一息。此外，南希还遇到了一连串令人不快的事情。七月，维基·摩根起诉控告艾尔弗雷德和贝特西。在她的证词和指控中，这个二十七岁的漂亮女人宣称她从十七岁开始就成了艾尔弗雷德的情妇。他每个月付给她一万八千美元。但是七月上旬，他躺在病床上快要死于咽喉癌。由于他不能再在支票上签字，这样她的经济来源就被切断了。

在后来公布的证词中，摩根谈到了艾尔弗雷德患的"塞德侯爵"情结。她说他喜欢将女人的衣服脱光，然后将她绑起来毒打。在他们来往的最初四年中，他曾用英国式的严厉的惩罚方式对待他的情妇，经常毒打她。在加利福尼亚州南部，精神病医生和不动产代理人的数量同样多。摩根声称，她为了给他"治疗"，拒绝了和他进行施虐与受虐型的性交，并说服他到一位精神病大夫那里去看病。

对小报的读者来说，这些是有趣的新闻。但是对里根夫妇和他们的朋友来说，这是一桩丑闻。对南希和罗尼来说，布卢明代尔夫妇不仅仅是他们的朋友，也是美国制度下的典范。所有的朋友都知道，艾尔弗雷德和贝特西的婚姻生活并不十分美满。当艾尔弗雷德躺在病床上的时候，贝特西仍旧继续到处出席宴会。现在这桩丑闻已经公开，这使大家都十分为难。更糟的是，摩根可能实现她的诺言，写一本书来详细描述艾尔弗雷德所说的有关南希、罗尼以及他们一群人的话。

正当报纸上充满了关于布卢明代尔的丑闻时，米斯夫妇十九岁的儿子斯科特一天早晨在弗吉尼亚州乔治·华盛顿大街被车撞死。罗尼和南希自斯科特很小的时候就认识他。斯科特当时是普林斯顿学院的一名新生，是一位十分不错的年轻人。这种无缘无故的死亡使罗尼和南希感到非常震惊。

当他们还在为年轻的斯科特·米斯的死亡而悲痛时，洛亚尔大夫的情形日益恶化。他于八月十九日病故。翌日，艾尔弗雷德也去世了。不到一个月后，格雷斯·凯利在一次车祸中死去,南希乘飞机去摩纳哥参加了她的葬礼。里根夫妇和他们的朋友把这些人的死亡看作是死神对人的侮辱。可是,现在他们自己也已上了年纪,死亡在他们中已成了常事。他们经常发现,他们的老朋友的名字不是出现在娱乐版或新闻版,而是登在讣告上。里根的另一个"百万富翁"朋友也患了咽喉癌,他的妻子也患了同样的病。这种病好像流行在他们中的一种瘟疫。

南希怀念美好的时光和那些宝贵的时刻。儿子罗恩已经被选到乔弗雷芭蕾舞剧团,南希为此而感到自豪。她说,即使罗恩暂时失业,她也为他感到骄傲。后来,罗恩为了从事另一门职业而从公司辞职时,南希说她能够理解这点。另一件她十分盼望的事情是,在十月下旬为她的《为了爱一个孩子》这本书的出版而举行的盛大庆祝宴会。书中描述了二十八个收养孩子的祖父母的形象。"养祖父母计划"是南希所喜爱的事业。这本书不是她写的,而是简·威尔基写的。作者是一个自由作家,为写这部书他得了一笔酬金,而他本人几乎从未遇到过书中所描写的二十八位养祖父母中的任何一个。南希认为那本《为了爱一个孩子》在很大程度上是她的书。的确,据一名工作人员说,她起初想保有版权,但是后来,别人告诉她最好把版权捐给"养祖父母计划"。

十月十九日,正在进行国事访问的黎巴嫩的新总统艾明·杰梅耶尔,按计划要到白宫出席午宴。以色列入侵黎巴嫩后,政府认为杰梅耶尔的访问至关重要。但是南希早已安排了那天的宴会,于是只得改请黎巴嫩总统来白宫共进早餐。

秋天的一个下午,风和日丽。六百个养祖父母和孩子们坐在白宫南边的草坪望着临时舞台。南希、弗兰克、西纳特拉和一群小孩站在台上。南希让弗朗西斯·艾伯特录下一首歌,歌名叫《为了爱一个孩子》,由南希、弗朗西斯和孩子们一道演唱。弗朗西斯只好通过一张卡片念着唱,并且不断地提醒南希注意,她的声音十分单调。但是,孩子们演唱得很好。

如同这个人问那个人

让我问问你

如果需要太阳和雨露

树木方能生长

如果需要月亮和潮汐

海洋方能流动

那么需要什么

方能爱上一个孩子

为了爱上一个孩子

首先你要微笑

过了一会儿

还得亲吻和拥抱

不需要比这做得更多

就能爱上一个孩子

就能爱上一个孩子。

罗尼是至今为止华盛顿所拥有的最好的推销员，这点是肯定的。实际上，他可以推销任何东西。我们可以从一九八二年最后几个月里看到这一点。联邦政府赤字在急剧上升，于是他在八月发表电视讲话，推出一条达九百八十三亿美元的税务法案。这是有史以来数额增加最大的单项税。国会通过了这项法案。九月二十八日，他在记者招待会上说，除非发生"宫廷政变"，否则他决不会同意增加任何税收。然而两个月后，他又在赞扬每加仑煤气增加了五美分的税。政府把这称为"收入增加"。他还要求国会在任期届满前举行一次会议，来推行他的"社会保险改革计划"和他的"MX 导弹计划"。但是，即使将来政府本身没有一个明确的立场，国会也不准备去涉及社会保险这个棘手的问题。但是，当这些计划在国会未获通过时，他马上准备推出一个改头换面的计划。

同时，失业人数还在逐月上升，年底失业率已达到了 10.8%，然后才开始下降。罗尼有时很动感情，曾经想过给一位失业者打个电话安慰一番，但是他不可能打一千二百万个电话。连他最亲密的顾问也知道有上千万的工作勤奋的人已经失业。看起来，失业者很可能在许多个月内找不到工作。但是，就像在公开场合中那样，罗尼私下里也是持乐观态度的。他指着报纸上登载的有关市场股票价格上涨的消息和招聘广告，表示相信经济形势正在好转。

罗尼现在用更多的时间回顾过去。他在给迪克森的朋友的信中写道，他一星期中最好的时刻是"爬上飞往戴维营的飞机"。在周末，他和南希喜欢看一些由隆巴德和盖博主演的"金色的"老影片。有人赠送给他一幅印刷的《克努特·罗克尼》的画。他再次仔细地看了一遍。他告诉《人民》季刊的记者说："虽然我不认为这是我们看到的最好的画，但我最喜爱这幅画。"

这年年底，白宫接二连三地举行宴会。十二月五日晚，高级轿车和小汽车载了大约三百名客人来到白宫，参加为庆祝肯尼迪中心落成五周年而举行的招待会。在宾夕法尼亚大街附近的拉斐特公园对面设有一个食堂，每晚有几十个饥肠辘辘、无家可归的男男女女来到这里得到点食物充饥，挤在一起度过寒冷的夜晚。从白宫的顶楼可以看到这块地方。

在白宫里，男人们系着黑色的领带，太太们穿着华丽的礼服，戴着耀眼的珠宝。当太太们经过铁栏栅时，圈在外面的记者高声向太太们询问她们所穿的礼服的设计师是谁。

国宴厅里，墙上挂着希利所画的林肯的肖像。肖像下面的一个大桌子上摆着一个巨大的餐架。上面有大盘的牛腰肉，身穿白色外套的厨师把牛肉切得十分精细别致；还有一盘盘的虾子和肉末饼；奶油酱汁面条装在银制火锅里，另外还有蛋糕和其他各种美味佳肴。服务人员在就餐者中忙个不停。其中一个手捧着一个银制托盘，上面摆满了各种酒瓶，另一个服务员依照吩咐在调配饮料。

在绿厅里，罗尼和南希在和五位贵宾闲聊。南希正在和莉莲·吉什谈话。她们在芝加哥时就相识。这位文静的电影明星看起来像一个小小的瓷器玩偶。罗尼和吉恩·凯利已保持多年的友谊。她也是一位贵客。罗尼十分喜爱谈论好莱坞，这远远超过了他对政治的兴趣。谈话进行得十分投机。

南希和罗尼在蓝厅接见了其他客人。大家穿过大厅来到了东厅。在那里，客人们坐在供舞厅用的金制的椅子上。

罗尼站在一个小小的讲台上。南希站在他的旁边，她身穿红色紧身礼服，中间系着一根腰带，看起来十分漂亮。但是，正如罗尼常常说的那样，在白宫待了两年，南希变得比他还要老得多。她起斑的双手满是皱纹，看上去就像弄皱了的旧口袋似的。她不笑时显得更老些。罗尼也变老了。当摄影记者不十分友好时，他在照片上看起来就像失去了一大截下巴。

现在是罗尼发表演说的时候。他说："有人曾经说过，艺术家是有梦想的人，并且愿意在现实世界实现梦想的人。今晚，我们授予荣誉称号的艺术家们用他们毕生的精力描绘了世界的全景……这就使我们经常能够把我们日常生活中的世界与他们所描绘的五彩缤纷的、梦幻般的世界融合在一起。"

虽然罗尼说的是这些获得荣誉称号的艺术家们，不过，他也许是在谈论南希和他自己。

附录

有关资料的来源

　　这本《南希与里根传奇》是通过近四百次与各种人会面而写成的，主要是根据过去从未谈论过里根夫妇情况的人的叙述整理的。叙述里根夫人事情的人主要有：她在史密斯学院的同窗学友；她在贝塞斯达和芝加哥生活时的孩提时期的朋友；她在美国米高梅电影公司的同事；她在太平洋帕利塞兹的密友和邻居，以及她在白宫的助手和其他一些人。叙述里根总统事情的人主要有：伊利诺斯迪克森和尤里卡的人们及其演出同伴、同事、政治伙伴和密友。我在这里不可能列举所有这些人，况且他们中的许多人请求不要提及他们的名字。

　　以下人员和机构为本书提供了特殊的帮助：国会图书馆电影部、广播电视博物馆、加利福尼亚大学洛杉矶分校电影档案室、史密斯学院档案员玛丽·特罗特、迈克尔·里根、尼尔·里根、里根的表姐妹夏洛特·拉梅奇、伊利诺斯州迪克森的老居民卡里·雷德鲍；以及彼得·索勒姆、厄休拉·泰勒·沙克、纳内特·弗布雷、安·萨森、帕特·奥布赖恩、佩特里希亚·尼尔、里根夫人的表姐妹凯瑟林·扬；和朗达·弗莱明、利蒂希亚·鲍德里奇、尼克松以前的新闻秘书海伦·史密斯、尤里卡学院的院长乔治·赫恩、《洛杉矶时报》华盛顿办事处的图书馆管理员黛安娜·穆尔、约翰·西尔斯、乔·坎泽利、《华盛顿邮报》图书管理员威廉·希弗纳、《洛杉矶先驱考察者报》的记者旺达·麦克丹尼尔、白宫的摄影办公室主任黛安·穆尔、本尼·索、保罗·科洛姆巴尼、《芝加哥论坛》的图书管理员凯西·阿克曼、科利恩·摩尔和克莱文·布恩·卢斯。

　　里根和南希有许多轶事可以入传，在这一点上，其他任何总统与总统夫人都不能与之相比。大量阅读文献目录是件十分辛苦的差事。本书引用了大量报纸、杂志和书籍中的文章，由于篇幅有限，在此不逐一列举。然而，作者想在此列举两篇颇有帮助且不易找到的文章：一篇是《好莱坞的黑名单》，作者为汤姆·伯恩，发表在一九八二年二月十三日《洛杉矶自由周报》的"读者"专栏；另一篇是《南希生活中的另一个人》，作者为詹尼弗·埃伦，登在一九八〇年十一月二十五日的《曼哈顿》杂志上。

译后记

　　劳伦斯·利默撰写的这本《南希与里根传奇》，为纽约德尔出版公司出版。成书之前，作者做了大量调查研究工作，参阅了近四十本有关的书籍及三十多种不同的报刊杂志，走访了南希儿时的朋友，在史密斯学院的同窗好友、邻居、白宫助手及其他形形色色的人物；访问了里根在迪克森、尤里卡学院有过交往的人们，会见了他的一些同事、同僚，造访的人前后近四百人之多。此外，他还通过街谈巷议及新闻界的朋友，掌握了大量的第一手材料。

　　本书的第一个特点是：内容丰富，材料具体详尽。对里根和南希的家庭身世、童年、学校生活、电影生涯、婚姻恋爱、社交政治活动都做了细致的叙述与描写。从时间的跨度来说，本书从二战前一直延续到二十世纪八十年代；从涉及面来说，涉及社会文化、习俗、政治、经济、家庭生活等各个方面。从这一点来说，本书是美国社会的一个缩影。

　　本书的第二个特点是：作者试图用事实说话，从各个不同的生活侧面来介绍南希和里根，把他们作为普通人来描写，写他们的奋斗、烦恼、欢乐、失败与成功，有褒有贬，没有阿谀奉承的痕迹，也无诋毁之意，具有真实性。

　　本书的第三个特点是：作者侧重写南希和里根的家庭、社会生活，与社会联系紧密，使用口语、俚语，注重对话和细节的描写，充满生活气息和情趣，具有可读性。

　　虽然本书存在有诸如某些地方过于繁琐等缺点，但仍不失为一部好的传记文学，对我们了解南希与里根，并透过他们了解美国社会及其政治、经济、文化等方面的情况是会有所助益的。

本书第一至第十六章由洪振国、李燕珍翻译，第十七章至二十一章由谭外元翻译。

本书原为湖南文艺出版社 1988 年的约稿，当时已排版、发出征订准备付印，后因故而未能付梓。鉴于该书仍有出版价值，此次由世界图书出版公司北京公司出版发行，始与读者见面。

由于该书是多年前译就，又限于译者水平，缺点、错误在所难免，欢迎读者批评指正。

译者

2016 年 3 月

出版后记

美国政府于 2004 年 6 月 11 日在华盛顿国家大教堂为前总统罗纳德·里根举行了隆重的国葬仪式。那天，里根的遗体在细雨中由国会大厦运抵华盛顿国家大教堂。时任美国总统的布什及当时仍在世的四位美国前总统等约 4000 人出席了国葬仪式。来宾中还包括英国前首相撒切尔夫人和原苏联领导人戈尔巴乔夫。

本书的英文版成书于 1983 年，作者劳伦斯·利默抱着对这本书稿的极大热忱和新闻记者的专业精神，走访了近四百人。这本书的全部故事来自南希与里根身边的人们的叙述，让我们得以窥见有血有肉的真实的里根夫妇。那时，里根 72 岁，南希 62 岁，他们已经在一起 31 年。这个年纪，对大多数人来说，已经开始了悠闲的退休生活。然而，他们人生的巅峰时期才刚刚开始。

在里根就任总统之前，美国正处于各方面都非常困难的时期。1983 年，本书成书之时，南希还在被批评生活奢靡、"垂帘听政"，里根对美国的政治和经济的对策还没有见到明显的成效。

然而，1983 年到 1984 年，美国经济出现了朝鲜战争以来最高的增长率。1984 年 4 月，里根访问中国，成为中美建交后第一位在任期间访问中国的美国总统。1984 年 11 月，里根再次竞选成功，当选为美国第 50 届总统。1989 年 1 月，他结束了总统任期，已经 78 岁的里根向其原副手布什交卸了总统职务，从政治舞台上圆满"谢幕"。

里根卸任后，南希与里根一同回到加州，享受灿烂的阳光和宁静的生活。美国政府于 1993 年授予他总统自由勋章。1994 年 11 月，里根通过电视向公众宣布，他罹患了阿尔茨海默病。2002 年 5 月，美国国会授予他金质奖章。2004 年 2 月 6 日，美国加州决定将里根的生日定为"里根日"。

里根逝世后，他在包括盖洛普民意测验在内的很多民调测验中，被选为美国最受欢迎的总统；被美国的权威期刊《大西洋月刊》评为影响美国的 100 位人物中的第 17 名。

以上这一切，都发生在本书成书之后。

在里根得知自己罹患阿尔茨海默病后，他通过一封致全国观众的信，祖露了自己的病情，这一举动，获得了全美国人民的好评和尊重。信是这样写的：

我亲爱的同胞们：

近期获知，我和数百万美国人一样，将遭受阿尔茨海默病的折磨。

得到这个信息后，南希和我必须作出决定：作为一名美国公民，我们是保留这一隐私还是应该将它公之于众？

南希曾为乳癌困扰，我也接受过癌症治疗。我们在公开这些事件的过程中发现，我们能够以此提高公众（对癌症）的关注意识。我们为许多人因为我们（的提醒）而前往医院接受检查而感到高兴。他们的病症在早期就得到治疗，能够重返正常工作和健康生活。

现在，我们觉得很有必要把它和你们共享。通过打开心扉，我们希望这样能引起人们对阿尔茨海默病的更多关注。这样做可能会让人们更好地了解那些饱受这种病症煎熬的家庭和个人。

现在，我感觉良好。我想要度过上帝在这个世上留给我的余生，做我该做的事。我会继续和我深爱的南希和家人分享生活历程。我打算走到户外，尽情享受生活，保持与朋友和我的支持者的联系。

不幸的是，随着阿尔茨海默病病情恶化，整个家庭将承受巨大负担。我只希望，能有办法把南希从这种痛苦中解救出来。我相信，当最后期限来临时，南希会在你们的帮助下，坚定勇敢地面对。

最后，请让我向你们致谢。感谢美国人民给予我的极大荣誉，让我担任你们的总统。当主向我召唤时，无论那是什么，我将把对我们国家的深爱和无尽的乐观留给它的未来。现在我开始了旅程，它将把我带向生命的日落。但我知道，美国永远会有一个灿烂的黎明。

谢谢你们，我的朋友们。

罗纳德·里根

从此以后，里根走上了他人生的最后一段路程。此前，他曾告别过影坛，告别过政坛，而这一次，是他对人生的告别，并且是一次"最漫长的告别"。他慢慢地开始忘记，忘记友人，忘记亲人，忘记自己一生的精彩历程，最后，他忘了他挚爱的南希。

2001年1月，里根在家里不慎摔倒，导致髋骨骨折，住院进行手术治疗。美国人民没有忘记这位老总统。在他住院的一周，从全美各地发来了10万多份慰问电。

2001年2月，在里根生日的前一天，南希在接受CNN的访问时，曾令无数美国人潸然泪下。她叹息着说："人到老年，却无法与一生相伴的爱人分享过去美好的回忆，情何以堪！"实际上，在里根患病后，南希一直扮演着里根的护士和保护者的双重角色。一方面她要细致地照顾里根，一方面她也要保护好里根的形象，尽量不让外界知道他最后的状况。那几年，每当人们问起里根的近况，南希总是微笑着回答说："他还不错。"此外便一言不发。这一次，几乎是南希唯一一次在媒体面前表达自己内心的伤痛。

那几年，除了照顾里根外，南希把大部分时间都花在了关于里根总统图书馆的工作上，帮助整理里根的资料和照片，有时会代表里根出席一些演讲和研讨会。无论何时何地，南希发言时几乎从来不说自己，她说得最多的总是"亲爱的罗尼"。

2004年6月5日，93岁的里根终于摆脱了纠缠自己数年的阿尔茨海默病，在家里与世长辞。时任美国总统的布什称："这是美国人民悲伤的一天。"正是他的父亲老布什接替里根成为总统的，老布什曾这样评价里根："他决心并找到了推动这个国家朝着与过去20年不同的方向发展的道路。……他以自己无限的乐观和自信，真正恢复了公众对深藏于美国这块土地上的国家根本的生命力的自信心。"

与他厮守半个世纪的遗孀南希于两日后首次公开露面，她含泪把脸颊贴在覆盖着国旗的亡夫灵柩上喃喃地说："我不能相信。"难掩心中悲痛之情。

里根的女儿帕蒂曾透露，患阿尔茨海默病10年的里根不认得妻子南希已有好几年，并且无法讲话、步行或自行进食。里根逝世前曾昏迷了5天，在他去世那天的下午，南希握住丈夫的手，看见里根深深吸了一口气后睁开了眼凝望着自己，那一刻，南希相信里根是认得她的。南希事后对家人说："这是他给我的最大礼物。" 当时在场的里根的儿子迈克尔也表示，那时的南希虽然因为丈夫离去而哀戚，但她的表情却恍如收到了礼物般。他说："爸爸在尘世凝望过妻子，便仰望上主而去。"里根的私家医生也认为，不排除里根临终前回光反照、重新认得妻子的可能。

里根辞世后，里根的女儿帕蒂曾在《人物》杂志上撰文怀念父亲。帕蒂写道："在他一息尚存时，他睁开了眼直望着母亲。那双有几天没有睁开过的眼睛，毫不混浊呆滞，反而清晰澄蓝，而且充满生气。假如死亡可以用美丽动人来形容，他的死便是如此。……他临终一刻教会我，没有什么事物比两个人心灵合一的爱更坚强。爱，使一个人在弥留之际睁开了眼睛，跨越疾病的障碍，重燃渐弱的生命之火。"

是的，正是因为南希·里根的存在，里根人生最后的旅程依然充满幸福。对南希·里根而言，罗纳德·里根不仅是美国总统，他还是她的丈夫，是她一生深爱并崇拜着的男人。

里根采用供应学派和货币学派的理论，奉行的"里根经济学"，主张实行减税和削减社会福利开支，严格控制货币流量增长速度和通货膨胀。经济指数证明了他的经济政策是正确的。可以确切地说，在里根总统执政期间，美国的经济和 20 世纪 50 年代相比是更健康的。里根时代的美国经济虽然也是起起落落，远没有克林顿时代那么风光，但是，克林顿时代经济高速增长的很多基础，是里根时代打下的。

有学者认为，在某种意义上讲，直到今天的美国还在里根开创的政治时代里。撒切尔夫人和里根共同使新自由主义取代了之前已经持续了几十年的凯恩斯主义，这不但对英美两国影响很大，对整个资本主义世界都影响深远。里根让基督教势力和美国保守势力在美国政治中的力量大大抬头，里根时代的整个美国都向保守主义转变，主流文化中二十世纪六七十年代的社会自由激进的思潮让位于以家庭价值和基督教信仰为核心的传统保守的思想。

在今日的美国，当人们就一系列重大社会议题辩论时，包括是否应该加强社会保障、增加政府服务职能，经济方面是否应该加强金融监管，社会方面是否应该支持堕胎和同性婚姻，人们无论支持或者反对，往往都是深受里根主义意识形态塑造的种种观念的影响。里根作为一个有影响的政治家，令所有关心政治和社会的人，无论对里根持什么态度，都不可能对里根无所谓。

这是里根的影响——无论你是否反对他开启的"星球大战"；无论你是否觉得他太过保守；无论你是否觉得他不善处理行政细节；无论你是否觉得他一切的成功只是取决于他擅长演讲。里根无疑是 20 世纪这一百年中最伟大的人物之一。就像本书中所说的，"这是罗尼对好莱坞和历史开的玩笑。一百年后，当人们对约翰·韦恩、克拉克·盖博和加里·格兰特的记忆变得模糊了的时候，美国人心中还会上映罗纳德·里根的最伟大的电影——他当总统的故事。"

在这一切的故事中，南希一直是里根生活中的浓墨重彩。南希从来不是一个成功的女人。她不是一个有着幸福童年的孩子，长大后，在好莱坞也一直没有得到重视，只是一个不起眼的小演员。南希对待里根前妻的孩子们的疏离态度，也曾为她招致不好的评价。在作为第一夫人的八年间，她生活的奢华和对里根的"强势"一直遭到公众的诟病。她甚至不是漂亮的。

然而，南希最大的成功，是她得到了罗尼的一生。他们的爱情持续了半个世纪之久，持续到了生命的最后一刻。而这，似乎也是南希唯一想要的。

在里根罹患阿尔茨海默病的10年间，南希对里根的悉心照料和对他矢志不渝的爱情，终于感动了美国人民。人们原谅了这位前第一夫人之前所做的一切，他们发现她所做的一切可能只是因为爱。

南希也曾在自己的书中表达过，在里根在世的最后几年，她也充满了绝望的情绪，"你们知道，这是一种慢性病，根本无法医治，就像隧道的尽头没有灯光，……你会感到疲惫和挫折，因为你无法控制，你会感到不愉快。"但最终，依然是爱，"有许多回忆我已经不能再与人分享，这实在太艰难了。……每天早晨我一起来，就把脚放在另一个人面前，然后就是去爱他，仅仅是爱。"

这是南希的爱情——无论你是否反对她奢华的"衣柜"；无论你是否觉得她太过"强势"；无论你是否觉得正是因为她作为第一夫人的表率作用，才使已经开始习惯职业妇女的美国社会重新要求女人回归家庭；无论你是否觉得她为了独占里根这个男人而不择手段。南希对里根的爱情无疑是20世纪最伟大的爱情之一。就像本书中所说的，"从他们第一次相约时起，她就一直想得到他。除了南希本人，无人知道她的努力是多么艰苦，她的计划是多么耐心，她对他的追求是多么小心谨慎，她曾经又是多么用心良苦地去争取他的孩子们。那马和牧场，还有他的政治说教，她都认真对待。"从那一天起，她对他的爱情从未变过。

2016 年 3 月